U0137552

# 明朝之宦者当国

郑云鹏 著

团结出版社
UNITY PRESS

图书在版编目（CIP）数据

明朝之宦者当国 / 郑云鹏著 — 北京：团结出版
社，2023.9

ISBN 978-7-5234-0286-3

Ⅰ.①明… Ⅱ.①郑… Ⅲ.①宦官－政治制度－研究
－中国－明代 Ⅳ.①D691.42

中国国家版本馆 CIP 数据核字 (2023) 第 133177 号

出　版：团结出版社

　　　　（北京市东城区东皇城根南街 84 号　邮编：100006）

电　话：（010）65228880　65244790（出版社）

　　　　（010）65238766　85113874　65133603（发行部）

　　　　（010）65133603（邮购）

网　址：http://www.tjpress.com

E-mail：zb65244790@vip.163.com

　　　　tjcbsfxb@163.com（发行部邮购）

经　销：全国新华书店

印　装：三河市东方印刷有限公司

开　本：170mm×240mm　16 开

印　张：26.5

字　数：416 千字

版　次：2023 年 9 月　第 1 版

印　次：2023 年 9 月　第 1 次印刷

书　号：978-7-5234-0286-3

定　价：79.00 元

# 自序　为什么偏偏是明代宦官？

记得那是我上高中的一天，我去逛新华书店，无意中发现了一本书：杨林的《马上天子》，书的封皮精美，我打开一看，立刻被里面的语言所吸引。文字清丽脱俗，贴近读者。作者把一位震古烁今的有为皇帝那波澜壮阔一生描述得栩栩如生。我毫不犹豫地买下了这本书。读完这本书，明成祖朱棣，这个以前我不曾注意的帝王走入了我的视野。

不得不承认，从小学开始，历史一直是我的最爱。从秦汉到三国，隋唐到宋元，那些历史上跌宕起伏的历史故事和人物令我神往。但是对于明朝，我并未有过多关注，是这本《马上天子》让我开始对谜一样的明朝产生了兴趣。

初涉明史，我也如同大多数人一样，为明朝的各种看似相互矛盾的历史现象所困惑。各种影视剧、通俗的历史作品乃至一些学术著作，它们所描述的明朝基本是一片黑暗，厂卫横行，宦官专权，皇帝昏庸无道，百姓生活在水深火热之中。事实真的如此吗！？

如果是这样，明朝何以能存续近300年，这在中国的大一统王朝中已经算是"高寿"了。而且明朝从靖难之役后，直到崇祯初年的陕北民军起事，整整维持了220年的和平岁月，无地方叛乱，无权臣作乱，无外戚专权，这种超稳定的政治局面到底如何得来？

后人提及明朝的黑暗，一直会拿明朝宦官的专横跋扈来说事。刘瑾号称"坐皇帝",却被明武宗朱厚照一纸诏书轻松拿下;气焰跋扈如"九千九百岁"魏忠贤,却被崇祯一纸诏书,剥夺了所有权力,最后无奈上吊自杀。明朝宦官既然如此跋扈,为何不能像汉唐宦官一样,废立天子乃至弑君?

明朝统治集团的皇帝也自幼接受严格的皇室教育,宦官如果乱政祸国,他们为何还一而再再而三地如此信任宦官?难道自幼熟读史书的他们不知道汉唐故事!?

其实答案很隐蔽,尽管找寻真相的过程漫长而艰辛。我们今人看到的关于宦官的史书,很大程度上经过了文官士大夫集团的精心刻画。如果宦官这个集团被文官们所不喜,他们能一五一十地真实记录宦官的历史吗?一分恶被十分夸大,那些宦官身上的善被刻意隐瞒,这也就是世人看到的宦官史。

为什么是明代宦官?一方面是我对明史的兴趣之所在,我想把我知道的明朝宦官告诉大家;另一方面是明史上宦官是被误读最深的,也导致了大众对这个"远迈汉唐"的瑰丽王朝的误读。我想身为一个明史爱好者,让大家认识到一个最大程度上接近历史真实的明朝,尽管知道这非常难,但这是我的使命。我想尽力一试,宦官是一个角度,可以说:不懂得明朝宦官政治,就不能理解真正的明朝。

是为序,明史研究对我而言,永远在路上,且行且珍重!

郑云鹏

2023 年 8 月

# 前言　宦官本是可怜人

　　中国传统帝制社会，从公元前221年秦始皇称帝到1912年溥仪退位，历时2100多年。在这漫长的两千多年间，影响各王朝政治命运的有各种力量：文官、武将、藩镇、叛民、番邦、后妃，等等。

　　有一种力量，在前帝制时代就已经开始登上了政治舞台，只不过那时候人们还没有重视他们的悄然崛起。直到秦汉时期，他们以惊人的破坏力引起了史官们的注意。从生理上来说，他们非男非女，是介于二者之间的第三性——宦官！

　　宦官到底是一群什么样的人？也许从各种影视作品或者小说中接触到了很多：他们一出场，就阴阳怪气，令人厌恶；他们有权力时，口含天宪，陷害忠良、祸害国家百姓；他们就是邪恶力量的代名词……不过我可以很负责任地告诉您，您看到的只是冰山一角。历史上真实的宦官并不完全是这样一群人。我的定义是：从某种程度上来说，他们只是一群可怜人。

　　让我们从一个悲惨故事开始吧！也许这个故事，有助于揭开这个特殊群体的神秘面纱。

　　晚清光绪年间，直隶京畿地区灾害频仍，民不聊生。就是那收成的好光景，贫苦农家也仅能维持温饱。那年头，越穷越生，家家户户都有三五个嗷嗷待哺的娃娃。男娃娃长大成人后，老实的农户人家为了谋一条生路，往往会给他们安排一条人生道路。这条道路是清代京畿地区很多贫苦人家的无奈选择，那就是入宫当太监。

入宫的太监大部分都是默默无闻，了此一生。可是毕竟也有人靠自己的本事，混到上层太监的位置，那就有享不尽的荣华富贵。贫困的农家一夜之间暴富，就是那十里八村的乡亲们也跟着沾光。为了这概率小的富贵，也为了摆脱世世代代为农的劳苦命运，很多人家为孩子选择了这条悲惨之路。

入宫之前的经历是每个太监最不堪回首的痛苦记忆。当然想入宫也不是那么容易的，千千万万的贫苦孩子在入宫前都要经历一道鬼门关的考验。清代至少有十几万名太监，可留下名姓的寥寥无几。

帝国上下对宦官有好感的人不多，在别人眼里，他们不男不女。在宫廷中，他们混得位置再高，也是奴仆。

宦官失去了正常的男女之情和子女家庭。于是，很多宦官只能通过追逐财富和权力来作为精神寄托。

即使很多宦官后来富可敌国，可是没有直系后裔可以继承这一切，更兼不能体会正常男女感情，这财富在他们离世之际，也不过是一个没有意义的数字。

即使很多宦官口含天宪，甚至可以操控帝国命运，拥立废黜皇帝，但是大多数都结局不佳，或横死街头，或身败名裂。

表面风光的宦官们，他们背后的辛酸罕为人知。本书要重点描述的明朝宦官们，其实也是一群可怜人。

在政治舞台上，风光无限、威风凛凛的明朝宦官们，他们背后都有皇权操控。如果他们的所作所为脱离了皇权设定的轨道，命运将会极其悲惨。明朝四大宦官，即王振、汪直、刘瑾、魏忠贤，他们的命运无一不以悲剧收场。

王振死于乱军之中，成为肉泥；汪直孤独地终老于南京；刘瑾被千刀万剐；魏忠贤上吊自尽。

政治舞台上显赫的宦官们，看似他们在操控天下臣工的命运，视文武百官为傀儡，实则他们自己才是傀儡。在背后操控这一切的是明朝皇帝们，那些或贪玩或懒惰或修道或佞佛的皇帝们，其实一刻都没有放松对权力的控制。

专权的宦官只不过是皇权的代理人，这也注定了他们的悲剧命运。

大宦官可怜，小宦官也不幸福。明朝近300年历史上数不胜数的宦官们，多数是默默无闻，连名姓都没有留下，如蝼蚁一般卑微地活在深宫之中。

　　总之，本书要讲述的就是这样一群可怜人的故事。他们因为帝国的政治需要登上了历史舞台，以自己独特的方式影响了帝国的命运，最后大多数以悲剧命运收场。

　　他们的故事步步惊心，他们的故事更发人深省！

# 目录

# 第一章　阉竖祸国论：一个流行千年的
## 政治话题


## 一、宦官制度的前世今生


首先我们要厘清三个概念：阉人、宦官、太监。众多的文史著作和影视作品往往将三者混为一谈。其实，宦官在特定历史阶段不完全等于阉人，宦官在某些历史阶段也不等于太监。

阉人是指去势的男子。在春秋时代，竖刁自宫以侍奉齐桓公，他之所以自宫成为阉人，是因为阉人才能成为诸侯国君的近侍。但阉人并不都是宦官。

宦官在史书之中被称作寺人、巷伯、奄尹、奄士、阉宦、中官、中涓、中贵、中使、内官、内臣、内侍、内监、珰，等等。

东汉之后，宦官都是阉人。但是在这之前，宦官不尽皆为阉人，也有非阉人出任。《后汉书·宦者列传》中记载："汉兴，仍袭秦制，置中常侍官。然亦引用士人，以参其选，皆银珰左貂，给事殿省。"

可见，西汉之时，宦官不都是阉人。接下来，《后汉书》又载："中兴之初，宦官悉用阉人，不复杂调他士。"

此处中兴亦指光武中兴。也就是说东汉一朝开始，宦官全部用阉人充任，除此之外，其他人不能担任宦官。

同样，太监在明代之前，并不是由阉人充任。先秦时代的古籍中，一般将"太"写作"大"，胡三省注释《资治通鉴》，他认为大监就是太监。隋朝开皇年间，主管将作大匠之人称作大监。到了辽代，南面官中的太府、少府、将作、都水、秘书等监的主管都称作太监。元朝的典用、典故、太府、利用、度支、经正、秘书等监，都设有太监一职。

元朝和元朝之前，虽然已经有太监的职官出现，但是极少使用阉人，基本都是正常男子出任。

到了明朝，情况为之一变。太监专指阉人担任的高级宦官，太监之下设有少监、监丞、奉御等职级。在明朝，太监是高级宦官担任的职位。

清朝，则以太监作为全体宦官的一般性统称。

可见阉人、宦官、太监三者之间在不同的历史时期，有不同的联系。

弄清这三个概念之后，我们再看宦官制度是如何产生的。

宦官制度之所以会出现，第一，是王室或皇室为了保持自身血统的纯正性。后宫佳丽三千，如果用正常男子充任宫廷服务人员，难免会出现他们染指后宫女子的可能。为了把这种可能完全扼杀，惨无人道的宦官制度出现了。第二，宫中杂事虽然有宫女，但女子身体力量有限，很多事情不能完成。这就需要去势的男子来担任宫廷各项杂务的处理，他们在身体力量上有女子不能替代的作用。

早在夏商时代，由于专制王权的需要，加之宫廷规模不断扩大，专家推测，这一时期出现了早期的宦官。此后这项制度一直延续到清朝皇室乃至伪满洲国时期，中国最后一个太监孙耀庭于 1996 年去世。

宦官制度在中国延续数千年，鲜为人知的是，这一制度并不是中国的专利。放眼世界历史，使用宦官的国家比比皆是。距今三四千年之前，古希腊、古埃及、古巴比伦、古印度都出现过宦官。

古罗马帝国的宫廷之中也出现了宦官的身影。著名的暴君尼禄就曾经宣布跟他最宠信的宦官斯普里斯结婚，并且任用宦官彼拉哥成立特务机构，监视天下臣民。

此后的东罗马帝国时代，宦官更是在政治、军事舞台上出尽了风头。东罗马史上的名将纳西斯、所罗门都是宦官出身。宦官西米尼努斯和尼西塔斯也是著名的海军统帅。宦官尼西福罗斯还曾经主持过改革事业。东罗马帝国首都君士坦丁堡的大部分主教也是宦官出身。

西亚的宦官历史更为久远。最早可以追溯到公元前 12 世纪，古巴比伦宫廷中就出现了宦官。此后影响极大的阿拉伯帝国和奥斯曼帝国，宦官更是被大量用于宫廷和权贵人家。奥斯曼帝国的白人宦官甚至掌握了帝国的教育、人事和财政权。

印度的宦官一直延续到近现代。20 世纪 90 年代，印度的一些大城市尚留存 10 万多名阉宦。

东亚和东南亚国家也普遍使用宦官。当然，由于种种原因，日本是一个例外。

让我们回头再看中国的宦官来源，主要有五种：

第一，实施宫刑后的罪犯。罪犯和罪犯的家人被实施宫刑后，送往宫廷服役。从先秦到秦汉再到隋朝，宫刑作为一种减死之刑普遍适用。我们熟知的司马迁就是被实施了宫刑。这些受刑者相当一部分成为宫廷宦官。不过，在隋朝废除宫刑后，罪犯在宦官来源中所占比例越来越小。

第二，抢掠而来的战利品。敌国和前朝的战俘很多被阉割，成为内廷宦官的来源。也有边地百姓被强行阉割，成为宦官者。明代天顺年间，镇守湖广、贵州的太监阮让在征伐苗民的战争中，一次性竟然将俘虏的苗童 1500 多人实施了阉割。

第三，进献而来的宦官。王公贵族、地方官员、宦官、藩属国都会进献宦官供皇室使用。

第四，宫廷招募而来。宫廷根据需要会不定期在各地招募宦官。

第五，民间自宫投充者。这种方式一般明清时代较多，魏忠贤就是自宫投充入宫的。自宫现象一度泛滥成灾，成为影响明代社会稳定的一个社会问题。

在明代之前，历经千年演变，宦官制度已经发展得十分成熟了。早在夏商时代，早期国家制度已经建立。夏禹之后，民主禅让制让位于王位世袭制。而王位世袭制对于君王后代的血统纯正要求甚高。君王为了维护自己后裔的纯正血统，必然会有使用阉人的需求。

河南偃师二里头发现的夏代时期遗址，其中的宫廷建筑群总面积约 1 万平方米。如此规模的宫廷，自然需要大量人员服役，而内外沟通，也需要专人来进行。由此，宫廷的出现也就成为阉宦活动的舞台。

当时阉割术的出现，也从技术上保障了阉人的出现。种种迹象显示，夏商时代，早期的宦官就已经出现在了王室内廷。

西周时期，国家制度更趋完善。根据《周礼》记载，王宫内掌管周天子宫女和女官戒令以及内外通令的就是阉人。除此之外，酒人、浆人、醯人、盐人、幂人、缝人、守祧等内廷职官都有阉人的身影。这一时期，宦官主要来自刑余之人。

春秋战国时期，随着礼崩乐坏，周天子权威不断下降。原本只有王室才能独享的使用宦官权，已经被各诸侯国国君僭越。周平王东迁之后，晋、宋、齐、楚、鲁、卫等大小各国的诸侯国国君，都开始在内廷使用宦官。同时这一时期，宦官开始介入政治。

这一时期的宦官来源于战俘、罪犯和自宫者。著名的刺客豫让为了替主人智伯报仇，就自宫入宫，以便行刺赵襄子。

当时的内廷宦官机构多归少府管辖。

秦始皇统一六国，中国历史进入帝制时代。帝制国家机构发展更加完备，宦官制度也随之更加系统化和正规化。

秦汉王朝宦官制度一个显著的变化是，国家通过设立机构、确定官号和职掌、分别官秩和发放俸禄等方式，明确了宦官机构是组成国家官僚体系的重要部分。通俗点说，宦官也是官，他们有双重身份：既是伺候皇帝起居的奴仆，又是参与王朝政治事务的官员。

这一时期的宦官来源于宫刑罪犯、阉割的幼童和自宫投充者。就西汉来说，李延年、司马迁、许广汉、张贺、石显、弘恭等人就是受宫刑后，成为宫廷宦官。

魏晋南北朝纷争乱世持续360多年。这一时期宦官机构进一步发展，宦官参与政治的舞台从中央扩展到地方。

隋唐时期，宦官机构变得更加庞大。内侍省是这一时期新设置的宦官机构，这一机构完全由宦官把持操控。

唐代宫廷中的宦官主要来自各地进献的阉割儿童和宦官养子，少部分是罪犯子弟。

唐代宦官对政治的影响力度较之以前，可谓是无出其右者。

宋代沿袭隋唐五代旧制，只不过在内侍省之外，又设置了入内内侍省，二者皆成为最主要的宦官机构。

这一时期的宦官主要来源于宦官世家和宦官家族，宦官子弟和养子成为宫廷宦官的重要来源。

与宋朝先后并立的辽、金，它们也沿用了汉民族王朝的宦官制度。

元朝的内廷杂用贵族子弟和阉宦。

值得注意的是，元朝宦官并不都是汉人，也杂用高丽人和其他民族之人。

## 二、明朝之前的宦官与政治

宦官这个君权社会的衍生物，自产生以来就跟政治发生着千丝万缕的联系。其既是家奴，又是官员的特殊身份，加之君权和国家政治发展的需要，决定了宦官是政治舞台上一股不可忽视的力量。

夏、商、西周时代，因为典籍记载的阙如，我们不能详知宦官在宫廷政治中的故事，甚至一个宦官的名字都不知道。

直到周幽王在位时期，终于出现了典籍记载的存姓宦官第一人——他就是孟子。当然此孟子非彼孟子，他本是士人出身，不知因为什么过错，被周幽王阉为宦官。这位孟子愤愤不平，作诗表达胸中愤懑，于是就有了我们今天在《诗经·小雅》中看到的"巷伯篇"。

西周末年，就已经出现了讽刺周幽王宠信宦官，导致政治黑暗的诗作。说明这一时期，宦官就已经开始涉足政治。

春秋战国时期，宦官成为一支活跃的政治力量。齐国的宦官在政治舞台上较为显眼。齐国的寺人貂泄露了国家军事秘密，齐灵公宠信的宦官夙沙卫接受莱国贿赂，甚至使得齐灵公改变了讨伐莱国的计划。齐桓公重用宦官竖刁等人，最终导致身后的争位之乱。寺人费在宫廷政变中为了保护齐襄公，最终送掉了性命。而宦官贾举勾结朝臣发动政变，杀死了齐庄公。

宋国的宦官惠樯伊戾和寺人柳，或迫害公子或诬陷良臣，给本国的政治造成了恶劣影响。

当然宦官并不都是起到负面作用，晋文公听从了寺人披的意见，任命赵衰为原地大夫；他还听从了宦官竖头须的建议，巧妙地稳定了即位之初的晋国局势。

赵国的宦官缪贤曾经推荐蔺相如出使秦国，而秦国的宦官景监曾经多次推荐商鞅给秦孝公。秦国的假宦官嫪毐权势之大，已经到了干涉秦国继承人问题的地步。

可见，这一时期，宦官已经在政治舞台上崭露头角，但是由于力量不够强大，地位和职掌不够明确，总体上对政治影响还不够深远。

公元前 221 年，秦始皇统一六国，中国历史进入大一统的封建王朝阶段。随着帝制国家各项制度的不断发展，宦官制度也日益发展，力量不断壮大。宦官在这一时期迎来了政治上的"第一个春天"。

随着秦朝的建立，宦官人数不断增多，活动范围不断扩大，机构不断系统化。

秦朝统一时间虽短，但是出现了中国历史上第一个掌权的大宦官赵高。出身赵国贵族远支的赵高因受家族牵连，幼年被处以宫刑。他通晓律令，政事干练，为秦始皇所赏识，提拔他为中车府令兼行符玺令事。

秦始皇病死沙丘，赵高伙同李斯、胡亥封锁消息，并篡改了秦始皇立扶苏为太子的遗诏，拥立胡亥为新君。秦二世胡亥封赵高为郎中令。

赵高建议秦二世尽杀自己的兄弟姐妹，又逼死丞相李斯，赵高成为中丞相，取而代之。

秦二世之权力大部为赵高所掌握，他"指鹿为马"，祸乱朝纲，闹得天下分崩离析。最后，赵高干脆杀了秦二世，立子婴为秦王，自己为丞相。

子婴不甘为傀儡，在宦官韩谈等人协助下，发动宫廷政变，又除掉了赵高。不过秦王朝也在此后不久，覆灭于民变浪潮之中。

赵高权势之大令人咋舌，他以阉人身份担任丞相，掌握了皇帝的生杀废立，甚至可以说在某种程度上，左右了秦王朝的历史走向。秦朝灭亡的原因很多，其中不可忽视的一点就是宦官赵高的专权乱政。

两汉时期的宦官势力令人不可小觑，他们在政治舞台上演了一幕幕历史活剧和闹剧。

西汉宦官对政治的渗透，发端于吕后掌权时期，发展于汉武帝时期，鼎盛于汉元帝之时。刘邦生病之时，与小宦官独处，并以其身体为枕高卧，不见群臣。愤怒的樊哙闯入，并以秦朝宦官专权教训劝诫刘邦。汉文帝也宠信宦官赵谈和北宫伯子，并以赵谈为自己的骖乘。汉文帝派宦官中行说出使匈奴，中行说却摇身一变，成为"汉奸"，投身匈奴，为之出谋划策。

汉初，宦官虽受到宠信，但对政治并没有产生太多影响。到了吕后专权时期，情况为之一变。宦官张释以中谒者身份，经常出入吕后身边，受宣诏命。他曾经受命出使匈奴，与匈奴维持和亲关系。吕后派张释游说大臣，封诸吕为王。事成之后，张释被封为建陵侯，开宦官封侯之先例。

汉武帝为了消除外朝势力，设置了内廷决策机构，称之为"中朝"，以宦官担任中书令。宦官的职权从此突破了内廷杂务的框架，开始在君臣之间担任承宣诏命的角色，并开始成为协助皇帝处理政治事务的得力助手。

这一时期，出现了诸多著名宦官。如受宫刑之后担任中书令的司马迁，因妹妹得宠于汉武帝的宦官李延年。汉武帝时期，宦官并没有形成专权，这也跟他本人的英察和雄才大略分不开。

之后汉昭帝、汉宣帝继位之时，宦官许广汉、张贺起了重要作用。这一时期，对政治产生重大影响的宦官有：汉宣帝时中书令弘恭和汉元帝时中书令石显。尤其是石显，陷害丞相萧望之，最终迫使其含冤自杀。一批反对他的朝廷重臣，或被贬或被杀，一时间朝政纷乱，汉朝中衰之象明显。

汉成帝之后直到西汉灭亡，外戚势力渐长，宦官势力暂时得到遏制。

公元 25 年建立的东汉王朝在宦官政治史上举足轻重，这一时期，宦官不再以个人形式参与政治，而是形成了一个庞大的宦官集团，以政治集团方式全方位地操控政局，东汉也成为中国历史上第一次宦官专权的高峰。

光武帝继位，采取一系列限制宦官干政的措施，这一时期直到汉明帝、章帝统治时，宦官在政治舞台上基本销声匿迹了。不过，光武帝时规定出入宫廷的中常侍一职专门由阉人充任，这也为东汉中后期宦官操控朝政提供了方便。

汉和帝执政时期，是东汉王朝的一个转折点。从此之后，朝政日非，外戚势力与皇帝、宦官集团展开了旷日持久的争权之路。汉章帝之后，因为继位者多为幼童，先后出现了六次皇太后临朝执政的局面。外戚集团得以掌权，幼帝长大后，想要收回权力，就不得不依靠宦官集团对抗外戚，以宫廷政变的形式，重新夺回权力。

汉和帝依靠宦官郑众除掉外戚窦宪，郑众因功被封大长秋，晋剿乡侯。汉安帝与宦官李闰、江京等密谋，除掉外戚邓氏兄弟，事后，二宦官皆被封侯。以孙程为首的宦官集团铲除了外戚阎氏，拥立顺帝继位。孙程等 19 名宦官皆封侯。孙程还担任骑都尉，掌握了军权。

汉桓帝与宦官唐衡、单超等人在厕所密谋，一举发动政变，诛杀了梁冀为首的梁氏外戚，主谋的五名宦官同日被封侯，时称"五侯"。五侯之党羽遍布天下，他们骄横跋扈，闹得天下不安。此时的东汉朝政，也是一片黑暗。士大夫集团对抗宦官集团不成，反而酿成了延熹年间的第一次"党锢之祸"。

汉灵帝时期，宦官侯览、曹节得势，他们诛杀朝臣窦武、陈蕃之后，文官集团又面临了第二次"党锢之祸"。

宦官在这一时期，对政治主流的影响是负面的，造成了国家的纷乱，进而酿成了黄巾起义事件。大规模民变对东汉王朝的打击是沉重的，不过宦官专权的局面却没有改变，以张让、赵忠等人为首的"十常侍"依旧把持朝政。汉灵帝口中念念不忘，以张让为父、赵忠为母，任命宦官在西园卖官鬻爵，一时间，整个朝廷乌烟瘴气。

此后，外戚何进谋诛宦官集团不成，反而死于宦官之手。袁绍带兵攻入宫中，尽诛宦官，宫中无须者皆被杀。张让等权阉在逃亡途中，全部身死。十常侍集团覆灭，宦官作为一个集团也终结了。

东汉宦官集团对政治的影响是深远的，他们干涉察举制、拥立皇帝、掌管禁军、诛杀朝臣、掌握刑狱，在经济上敲诈勒索、敲骨吸髓，大肆掠夺钱财。

掌握东汉权力的上层宦官集团应该为东汉王朝的最终覆灭承担主要责任。不过，绝大多数宦官只不过是处在宫廷底层的奴仆，他们的命运也是可怜的。其中有些宦官也做出了贡献。

汉灵帝时宦官吕强反对十常侍专权乱政，反而被诬陷，最后被迫自杀。宦官蔡伦的造纸术为中国和世界的文化史做出了卓越贡献，宦官宣诵在历法方面颇有成就，十常侍之一的毕岚创造翻车和"渴乌"，为水利和城市美化事业做出了贡献。

东汉的宦官乱政给后继的魏晋留下了惨重的历史教训。取代东汉的曹魏政权可以说跟宦官有一定的渊源。曹操的父亲曹嵩即是东汉宦官曹腾的养子。曹魏政权对宦官的防范是成功的，以散骑常侍取代中常侍一职，并且改由士人出任，这起到防范宦官插手中枢政治的作用。另外，汉代以宦官担任中书令的现象，在曹魏时代已经根绝。魏国的几代皇帝都能亲理国政，加之大臣的权力不断增长，宦官在政治舞台上也就失去了表演的机会。

与曹魏政权相比，政治制度多沿袭东汉的蜀汉政权，宦官干政现象比较严重。诸葛亮辅政期间，蜀汉宦官较为收敛。可东汉政权由宦官专任的中常侍一职，在蜀汉政权仍然予以保留。这也为后来的宦官干政提供了前提。

诸葛亮、董允等大臣去世之后，宦官黄皓深受后主刘禅赏识，由黄门丞升迁为中常侍、奉车都尉。黄皓的权势不断膨胀，他诋毁憎恨他专权的刘永，使得这位后主的弟弟十几年不能朝见天子。姜维欲除掉黄皓，为后主所阻，只得屯兵避祸。魏国意图进攻蜀国，姜维要求在险要处设兵把守，却被黄皓以鬼巫之言在后主面前进谗言。后主果然不设兵，导致魏国偷袭，蜀国最终覆灭。宦官的乱政无疑是蜀国灭亡的一大重要原因。

孙吴政权在孙权、孙亮、孙休统治期间，尚能防范宦官干政，也起到了不错的效果。除了孙亮时期，有宦官欲通过蜂蜜里的鼠粪陷害小吏之外，宦官这一时期几乎不见于东吴政治舞台。

及至末帝孙皓继位期间，情况为之大变。孙皓信任宦官岑昏、羊度等人，放手让他们全面干涉政治、军事和经济等各方面事务，由此加重了孙吴的政治危机。最后孙吴覆灭之时，朝臣们再遏制不住心中的愤怒，拥入宫内，将宦官岑昏碎尸万段并生吃其肉。

西晋延续魏国制度良多，宫卿多由士人担任。晋武帝司马炎登基不久，让宦官四处为其挑选民女充实后宫，造成了地方上的骚乱。八王之乱时，宦官比较活跃。贾皇后为了消灭政敌杨骏，重用宦官董猛，后封其为武安侯。之后，她又矫诏命宦官孙虑杀害了太子司马遹。

成都王司马颖宠信宦官孟玖，名臣陆机、陆云兄弟皆死于其手。

十六国纷纷乱世，宦官只在前赵、后赵、前秦等个别国家活跃，多数国家中都销声匿迹，与这一时期社会混乱状态相一致。

南北朝时期，中国依然处于割据政权的不断争战之中，这一时期，南北朝的宦官干政情况各不相同。总体来说，南朝宦官势力比较衰落，但是他们在政治舞台上也有自己的表演。

刘宋前废帝刘子业听信阉人华愿儿的谗言，赐死了权臣戴法兴。南齐前废帝萧昭业时期的宦官徐龙驹深受宠信，一度达到专权的地步。南齐东昏侯萧宝卷宠信王宝孙等宦官，他最终也死在了宦官黄泰平之手。

陈朝后主陈叔宝拜宦官王飞禽为"伏波将军"。之后，他不理政事，耽于酒色，政事一切委任宦官李善度、蔡脱儿，最终导致了亡国。

北魏政权汉化极深，其中宦官制度更是继承了汉民族王朝之大成。北魏刑罚严酷，对外战争频仍，宫刑犯人和战俘成为宫廷中宦官的主要来源。北魏宦官以汉人居多，其次夹杂有氐人和羌人等。

北魏是宦官势力极为膨胀的一朝。其原因有三：第一，北魏宦官任职范围大大扩张。除了内廷传统职位外，他们还担任外朝职位、军队职务和地方官员。北魏宦官授官最高可至一品，赐爵最高可为王公贵胄。其地位之显赫，为此前朝代所仅见。第二，北魏推行汉化，受到传统鲜卑贵族的极力抵制，北魏历代君主不得不把寻求人才的眼光放在身边的亲信家奴身上。出于汉化的需要，宦官们在政治上异常活跃。第三，就社会整体舆论环境而言，北魏尚未形成排斥和抵制宦官干政的传统。北魏统治集团极少受到传统礼法观念的束缚，他们任用人才主张不拘一格。就文官士大夫集团来说，他们也较少有反对宦官干政的声音，这对于宦官干政缺乏了舆论监督和制约。

北魏大宦官宗爱接连弑杀了太武帝拓跋焘和吴王拓跋余两代皇帝，北魏后期宦官刘腾权势之大，俨然朝廷的太上皇。

专擅朝政之外，北魏宦官还从征敌国，出使外邦，在地方上辖土治民，担任长官。

应该看到，北魏宦官的政治作用是复杂的。一方面，一些权阉乱政造成了朝政絮乱；另一方面，他们又在某种程度上维持了北魏政权的发展和稳定，功不可没。北魏初期的宦官仇洛齐取消了包荫人口的杂营户帅，保证了中央的财政收入。魏孝文帝改革过程中，也得到宦官的大力支持。而宦官担任地方长官，也客观上杜绝了之前藩镇大员拥兵自重、割据一方的局面。他们维护了中央集权和地方的稳定。

宦官中的一些人物如赵黑、孙小等人清正廉明，对政治起到正面影响的作用。

北齐政权末期，宦官势力有所发展。北齐武成帝高湛时期，韩宝业、卢勒叉、秦子征、齐绍等人均封为王。北齐后主高纬时期，宦官田敬宗为北周军队俘获，他为了掩护高纬行踪，在酷刑拷打之下，宁死不屈，被后世称作"贤阉"。

隋朝宦官多来自于北周和南方陈朝。这一时期设置了宦官机构内侍省。隋朝对宦官势力约束较为严格，没有出现宦官干政的局面。

继之而起的唐王朝，是中国历史上一个辉煌的朝代，同时是宦官干政的第二次高潮期。

唐高祖直到高宗朝，统治者对宦官的约束还是较为成功的。这一时期的宦官人数大为减少，宦官的职权被限定在内廷杂役之中，再无充使外职之事。宦官的品级被限定在四品之内，同时宦官不得有养子。

唐初治宦甚严。唐太宗初立的太子李承乾被废太子之位，其中一个原因就是他亲昵宦官。唐高宗时候，司农少卿韦机杖责了犯法的宦官之后，再上奏，反而得到高宗的赏赐。唐初70年间，宦官的职守被严格限制在宫廷之内，他们没有形成什么气候。

武则天至唐睿宗之时，宫廷政变频繁，正是在此历史背景下，宦官的势力开始抬头。唐中宗之时，宦官人数达到3000多人，其中七品以上的有1000多人。这时候宦官已经可以监军，五品之上者甚至可以有养子一人。这为之后宦官在政治斗争中培植党羽和掌管兵权开了先河。唐初的各项限制性制度规定已经成为具文。有的宦官已经突破最高四品官的限制，超拜为三品，进入高级官员的行列。

按照司马光的说法，唐代"宦官之祸，始于明皇，盛于肃代，成于德宗，极于昭宗"。

唐明皇李隆基继位之初，励精图治，他听从姚崇提出的"宦竖不预政"等十条建议，限制宦官势力。在此背景之下，他开创了开元盛世。李隆基当政日久，开元末图治之心渐不如前，以高力士为首的宦官群体开始走上政治前台，干预朝政。四方的进奏文书，都要先呈高力士，再给唐明皇御览。宇文融、李林甫、杨国忠、安禄山甚至太子李亨都要结交高力士，以求稳固自己的权位。

高力士官至从一品的骠骑大将军，封爵齐国公。除高力士之外，其他宦官也活跃在政治舞台之上：杨思勖多次带兵征伐南方叛乱，尹凤祥主持书院工作，边令诚、牛仙童出任监军，黎敬仁主持出使使令。

由此可见，司马光关于唐代宦官之祸开始于唐明皇时期的说法很有道理，开元、天宝年间，不仅是唐朝由盛转衰的关节点，也是宦官势力开始急剧膨胀的一个重要时期。

随着安史之乱的爆发，唐王朝全面陷入统治危机。宦官在这一时期全面登上了历史舞台。宦官可以说从此之后到唐亡的150多年间，全面主导了唐中后期的政治。之所以出现这样的局面，跟唐代政治统治危机的发展是密不可分的。

从李林甫、杨国忠到元载、杨炎等，权相辈出；同时，各地节度使权势不断增长。唐代皇帝为强化皇权，只能依靠文臣和武将之外的第三种势力，也就是宦官。通过他们，来达到抑制过度膨胀的相权和控制中央禁军的目的。

唐肃宗到唐代宗父子两代帝王时期，先后有李辅国、程元振、鱼朝恩三个权阉专权。李辅国诛杀肃宗张皇后，在代宗时，又担任了宰相职务。程元振专权之时，污蔑李光弼，陷害裴冕、来瑱、李怀让等名臣。鱼朝恩被任命为"天下观军容宣慰处置使"，监军各路兵马。由于他的瞎指挥，导致了郭子仪等诸路兵马讨伐叛军的失利。

这一时期，由于宦官典领禁军尚未形成制度，皇帝尚有能力除去专权的宦官，他们还没有完全受制于宦官。

但是从唐德宗开始，宦官典军已经成为一项制度。从此宦官权势日益坐大，几乎不受控制。

经历了泾原之变的唐德宗惊魂未定，他发现文臣和武将都不可靠，还是自己身边朝夕相处的宦官们最贴心、最忠诚。兵变之时，宦官窦文场、霍仙鸣对自己不离不弃，始终相随，令唐德宗感动至深。事后，唐德宗正式任命窦文场、霍仙鸣分别为左、右护军中尉，掌管禁军神策军。从此直到唐末，宦官专掌神策军成为定制。

唐代专权的宦官如第五守亮、孙荣义、吐突承璀、马存亮、王守澄、仇士良、鱼弘志、田令孜、杨复恭、刘季述、王奉先等人，都先后出任过神策中尉之职。神策军成为宦官干政的一把利器。他们口含天宪，掌控禁军，成为中晚唐政坛上举足轻重的一股势力。

唐德宗下诏允许五品以上宦官收养一人作为养子，而且养子不再局限为宫中宦官，这就为宦官家族势力的壮大奠定了基础。唐末杨复恭养子数百，显赫于朝野，即是得利于此项政策。

为了监视飞扬跋扈的藩镇，唐德宗又将宦官监军制形成定制，天下军镇节度使皆有宦官做监军。

三项政策一出，唐德宗朝宦官干政有了制度上的保障，从此之后，他们更加有恃无恐，从中央到地方，全方位涉足政治。

顺宗朝永贞革新过程中就遇到以宦官俱文珍为首的守旧势力的阻挠，导致了革新最终失败。顺宗退位，唐宪宗李纯继位。

唐宪宗为了一统藩镇，曾经重用大宦官吐突承璀涉足军事。元和年间的宦官势力又得以进一步增长，跟唐宪宗的一项政策是分不开的。那就是宪宗为了让宦官更好地参与国家决策，确定了从代宗朝以来就存在宦官为枢密之事，从国家制度层面规定枢密使官职由宦官担任。二枢密使得以参与中枢机要，国家大政方针的讨论，他们与丞相同议国政，而且可以参与对丞相的任命。两枢密使和两神策中尉并称为"四贵"，成为唐王朝专权宦官的重要职务。

唐宪宗末年，吐突承璀和宦官王守澄、李克明一派因为拥立不同的继承人，闹得势同水火。最终，王守澄、陈弘志等宦官弑杀宪宗，又诛杀吐突承璀等人，拥立唐穆宗继位。

从唐穆宗到昭宗共八帝，除去唐敬宗以太子身份继位之外，其他七个皇帝均为宦官所拥立。唐敬宗死于宦官刘克明等人之手，唐文宗期间，南衙北司矛盾加剧，终于酿成甘露之变。

唐文宗谋诛宦官仇士良等人不成，反而为之所制。事变失败，仇士良指着唐文宗的鼻子数落他，家奴和天子此刻身份仿佛调换。

唐僖宗、昭宗朝，大宦官田令孜、杨复恭、刘季述先后专权。唐昭宗有一次体会到唐文宗的心情，刘季述率领禁军把昭宗捉拿，以手中所持手杖画地，边画边历数皇帝之罪过，至数十罪不止。之后，唐昭宗被监禁，形同囚徒。

随着朱全忠、崔胤对宦官集团最后的致命一击，在唐朝政治舞台上活跃了近200年的宦官寿终正寝了，而他们效忠的唐王朝也随之走向终点。

唐代的宦官干政问题值得深思。它能持续近200年，必然有其内在合理性。那就是皇权和国家政治制衡的需要。宦官专掌神策禁军，对于地方藩镇是一股威慑力量，而宦官专权拥立皇帝，也客观上避免了皇族、外戚、权臣等各种势力的角逐，从而规避了政治动荡。虽然唐代宦官权势滔天，以致废立皇帝、弑杀君主，但是总体上，宦官集团跟皇帝利益一致，他们是服务于皇权的。宦官与个别皇帝之间的矛盾冲突并不能改变他们的主仆关系，二者不存在根本利益的冲突，这是我们看唐代宦官政治的时候，特别需要注意的一点。

唐代宦官政治是一把"双刃剑"，宦官贪污受贿、败坏吏治、构陷忠臣良将、敲诈欺压百姓，他们对唐王朝的衰亡必然要负相当责任。同时，不容忽视的一点是，作为皇权忠仆的宦官集团被彻底剪除之后，唐王朝也随之灰飞烟灭，历史的教训悲壮而深刻。

历史的车轮滚滚向前，永不停息。唐帝国轰然倒塌之后，中国进入五代十国乱世纷争时代。

后梁太祖朱温亲手终结了大唐宦官集团，他深知宦官之害，对之防范甚严，终后梁一朝未发生宦官干政之事。

宦官张承业为后唐基业的创立立下赫赫功劳，并作为贤宦的榜样流芳后世。后唐庄宗时代，宦官担任内诸司使和诸道监军，他们不可避免地涉足政治和军事领域。后唐明宗时，宦官孟汉琼做到了宣慰使、大将军等高级职位。

十国之中，前蜀和南汉宦官干政现象比较明显。尤其是南汉，可以称之为宦官王国。南汉偏居一隅，人口总数不过百万，宦官数量顶峰之时却达到两万，全国每50人中即有一人是宦官，这数字和比率确实令人咋舌。

南汉自高祖建国之后，便有宠信宦官、排斥士人的传统。继位诸帝多为贪残昏暴之辈，到后主刘鋹之时，以外臣有家室，顾及子孙，不能尽忠于皇室为辞，把政事完全委托给宦官龚澄枢、陈延寿等人。宦官权势滔天，最高可以做到正一品的太师；他们直接出任统帅之职，对外战争中屡屡有所表现。

宦官干政加剧了南汉政局的腐败，他们与南汉的灭亡有直接关系。北宋大军兵临广州城下，他们竟然建议后主烧毁宫殿和府库，带着珠宝逃跑。

五代十国终结，宋王朝拉开了帷幕。鉴于中晚唐宦官的肆虐，两宋历代皇帝采取了一系列抑制宦官势力的措施。他们通过颁布限制宦官干政的法令制度、限制宦官人数和死后恤典，延迟宦官升迁速度、强化台谏对宦官的监督等方法来遏制宦官势力。

应该说，从两宋来看，这些措施取得了明显效果。由于制度的限制、皇帝的防范、士大夫的抵制，宦官集团势力未出现如东汉与唐代那种操控中枢、废立君主的情况。

可另一方面，宦官在宋朝政治舞台上又是异常活跃的。他们广泛地参与到政治、军事、经济等各个领域，并且产生了重要影响。

出现这样看似矛盾的情形其实并不奇怪。宋代皇帝猜忌文臣武将，有时候，他们宁愿把权力交给更信任的身边的宦官们。淳化五年（994 年），参知政事赵昌言受命出任川陕诏安行营都部署。宋太宗赵光义听说他面有反相，连忙收回成命，改派宦官卫绍钦前往四川。文官们抱怨皇帝不信任士大夫而宠信宦官小人。还是著名历史学家柴德赓一言道破其中奥妙：皇帝之所以信任宦官，是因为知道他们不会造反啊！另外，北宋先后出现四位临朝称制的太后，她们当政期间，为宦官在政治舞台上的活跃提供了绝佳的契机。

北宋宦官主要来源于宦官养子荫补和开封京畿地区的自宫者。北宋宦官广泛地参与到军事战争之中。宋太祖、太宗朝宦官李神佑、王继恩、窦神宝等人在统一全国的战争中就亲自带兵上阵，发挥了重要作用。真宗朝宦官秦翰多次击败契丹军队，而张崇贵则在宋夏议和过程中发挥了重要作用。宋仁宗时期，宦官石全斌、卢守勤、黄德和等人也参与到宋夏之战过程中。宋神宗朝，宦官李宪多次主持对夏战争。直到宋徽宗时，宦官童贯成为统兵一方的大帅，对当时的政治、军事产生了深刻影响。宋钦宗面临亡国危机之时，命令宦官梁方平守卫黄河北岸，金兵刚至，梁未加抵抗便仓皇逃窜，事后被军法处置。

除了军事之外，北宋宦官还广泛参与到宫廷纷争、朋党之争、特务侦查、司法和人事任命等政治领域。

宦官王继恩就曾经参与了太宗、真宗两朝继位之争，并在其中发挥了重要作用。真宗朝宦官周怀政、仁宗朝宦官任守忠参与宫廷内斗，最终送掉性命。仁宗时宦官阎文应与丞相吕夷简共同唆使皇帝废掉了郭皇后。权阉童贯更是参与到动摇赵桓储君之位的活动之中。

宋真宗时，寇准和丁谓政争，阎文应和雷允恭分别依附于二人参与其中。王安石新党与司马光旧党之争中，宦官黄怀信、程昉等因为参与变法活动后来被旧党清算。宦官陈衍、张茂则、梁惟简则参与旧党，积极反对变法。

宦官探查活动开始于宋太祖时。北宋皇帝命宦官广泛探查天下灾荒情况、各地民俗风情、巡查边境、监察官员。宋太宗太平兴国六年（981年），皇城司成立，这其实是一个皇家特务性质的机构。上至皇亲国戚、王公贵胄，下至贩夫走卒、平民百姓，从朝政到柴米油盐，他们的一举一动都在皇城司的探查范围之内。宋徽宗宣和年间，有一买菜老翁在宣德门信口说了几句胡话，就被逻卒捉拿，关入了开封监狱。

北宋宦官还参与到审查皇室和朝臣的重大案件之中。值得注意的一点是，他们审案是与相关司法官员一起，并没有独立的司法权。北宋宦官还时常参与到官员的任命和荐举过程中，并在其中发挥了一定作用。

北宋宦官对政治的恶劣影响突出表现在宋徽宗一朝，童贯、梁师成、杨戬、李彦等人对于这一时期的政治腐败、军事失败都要承担主要责任。正是他们的乱政，加速了北宋的衰亡。

靖康之难后，宋室南渡。南宋政权初建之际，宦官人数不敷使用。他们大多来自康王藩邸时的内侍。这一时期，这些跟随赵构起家的宦官活跃一时。

宦官邵成章上疏弹劾力主议和的黄潜善、汪伯彦，他们打压抗战派李纲、宗泽等人，并且擅自封锁了金兵侵掠陕西等地的消息。邵成章实在气愤不过，上疏揭发二人，结果被二人反咬一口，借机驱逐出宫。

建炎年间，高宗赵构宠信宦官蓝珪、康履等人。他们擅作威福，援引官员；并且依仗皇帝信任，欺压凌辱下层将校。终于在建炎三年（1129 年），武将苗傅、刘正彦等人利用将士们对宦官的不满情绪，发动了一场旨在诛杀宦官并逼迫赵构退位的兵变。面对叛军，高宗无奈将康履、曾择等宦官交给叛军诛杀，蓝珪、高邈等则被流放。兵变过后，高宗赵构身边只有 15 名宦官。此次兵变也称作"明受之变"。

"明受之变"被平定之后，宦官的势力受到极大的打击。此后高宗虽然仍宠信宦官张去为，但能听从文臣们的建议，拒绝了他逃亡蜀地的建议，并勒令其离任。

受到兵变的时刻教训，加之士大夫集团的极力主张，南宋统治者采取了一系列行之有效的措施来限制宦官权势。

第一，裁减宦官数额。宋孝宗在乾道三年（1167 年）正月，将宦官数额确定为 250 人。同时，为了限制宦官人数增加，南宋朝廷规定严禁私自阉割儿童、限制宦官进献养子、恢复宦官的考试录取制度，不合格者不能担任宦官。

第二，限制宦官升迁。

第三，宦官不得掌军监军。

第四，宦官不许干政。具体来说宦官不许议政、不许拟诏、不许推荐官员。

南宋宦官权势和参与政治的力度总体不如北宋，但是凡事没有绝对。宦官在南宋一朝的政治舞台上，仍然无法彻底消失。究其原因，还是皇帝信任宦官、防范外臣。

孝宗朝有宦官甘昪、陈源用事；光宗朝失势的陈源"东山再起"；宁宗朝宦官王德谦贪赃枉法；理宗朝董宋臣与宰相丁大全等人狼狈为奸，祸乱朝政。

总之，南宋宦官虽然活跃在政治舞台之上，但是受到强势文官集团的限制，加之各项制度的规定，他们并不能形成集团干政。只有个别受宠的宦官兴风作浪，较之北宋，他们对政治的影响大大减小。

与两宋并立的辽金两朝，也沿袭了中原王朝使用阉人的传统，在宫廷中广泛使用宦官。辽太宗从开封掳掠的后晋宦官，可能成为辽朝宦官的最初来源。之后，辽代宦官似乎也多来自被抢掠而来的中原人。辽圣宗宠幸的宦官王继恩和赵安仁皆参与政治。赵安仁还参与了兴宗朝的宫廷政变。

金朝初期的宦官，主要来自北宋和辽朝的俘虏。至海陵王完颜亮时期，宦官开始参与金朝政治。海陵王南下侵宋，也有宠宦梁珫等人的挑唆因素。之后，宦官屡屡参与宫廷政变。金章宗病危之际，元妃欲召宦官李新喜商量新君人选。卫绍王时期，宦官奉大将胡沙虎之命进入宫内夺取玉玺，卫绍王也死在宦官李思中手里。

当然，金朝宦官在政治上所起的不都是负面作用。宦官潘守恒劝阻元妃打算跟李新喜议立新君的想法，并建议其跟大臣们一起商议此事。在金哀宗逃亡途中，居住民房，潘守恒又谏言皇帝不要忘记危难之时，励精图治。宦官宋珪协助金哀宗诛杀权臣蒲察宫奴，因为犯颜直谏，宋珪还受到金宣宗、金哀宗多次杖责。金朝灭亡之际，他与金哀宗一起自缢而亡。

元朝建国之后，受到汉民族文明影响，亦使用宦官充任宫廷事务。蒙古灭金、灭南宋之际，很多宦官也成为俘虏，重新在蒙古宫廷中服务于新主。除此之外，高丽进贡的阉人也成为元朝宫廷宦官的重要来源。

有元一代保留着不用宫刑的法律传统，加之有抨击宦官干政的舆论环境，另外元代独特的怯薛制度，贵族子弟充任内侍，从而客观上起到排斥和防止宦官干政的作用。

宦官对政治的参与在元朝并未根绝。从元世祖到元仁宗历四朝，深受宠信的宦官李邦宁就是一个典型。当然此人能谏言君主，辅政而不为乱，不失之为"贤宦"。

元文宗皇后卜答失里与宦官拜住合谋杀死明宗皇后八不沙，元顺帝打算放弃大都北逃之际，曾经有宦官赵伯颜不花极力劝阻。

元顺帝时期的高丽宦官朴不花与奇皇后、搠思监、脱欢等人专权乱政，加速了元朝的灭亡。朴不花死于乱军之中，三年之后，元朝覆灭。

总体来说，辽、金、元三朝宦官势力受到有效的制约，未形成把持朝政的政治集团。

可见，从春秋战国一直到元朝，宦官参政之事从未根绝。当然，也不能根绝。

# 三、阉竖祸国论

公元 1663 年，这一年广袤的中华大地上，明清两个政权战争的遗绪还在进行。虽然前一年，永历皇帝朱由榔已经被吴三桂杀死在昆明。台湾的郑氏集团仍然使用永历年号，他们誓死不肯臣服于清朝，仍然在不屈不挠地抗争。

这是一个宁静的夜晚。浙江某偏僻的小乡村，一间茅草屋内，昏暗的烛光时隐时现。一位中年男子正在烛下奋笔疾书，只见他拿笔的手略带颤抖，写下的字迹清晰可辨："阉宦之祸，历汉唐宋而相寻无已，然未有若有明之为烈也。"他屏气凝神，平复了一下自己激动的情绪，继续写道："汉、唐、宋有干与朝政之阉宦，无奉行朝政之阉宦。今夫宰相六部，朝政所自出也。而本章之批答，先有口传，后有票拟。天下之财赋，先内库而后太仓。天下之刑狱，先东厂而后法司。其他无不皆然。则是宰相六部，为阉宦奉行之员而已。"对宦官干政一番畅快淋漓的鞭笞之后，他写下自己心中最大的疑问："阉宦之如毒蛇猛兽，数千年以来，人尽知之矣，乃卒遭其裂肝碎首者，曷故哉！"这位奋笔疾书的男子正是明末思想家黄宗羲，在国破家亡之际，他满怀悲愤，沉痛反思大明王朝覆灭的历史教训。自己父亲黄尊素正是东林人士，在天启朝因为屡次弹劾权阉魏忠贤而被下狱害死。

有如此切肤之痛，黄宗羲对宦官干政的危害深恶痛绝。他在自己的名著《明夷待访录》中写下了专门反思明代宦官干政问题的《阉宦》篇。

黄宗羲将宦官乱政作为明亡的一个重要原因，并视之为洪水猛兽，他的观点可以归结为阉竖祸国。无独有偶，被视为二十四史中编纂典范的清修《明史》中单列《宦官传》，其序言中开宗明义地提出明朝宦官的权势坐大开始于王振，最终在魏忠贤时期达到鼎盛。宦官干政的祸害远远超过了汉唐，其间虽然有怀恩、李芳、陈矩这样的贤良宦官，但是宦官干政只能说是百害而仅有一利。受《明史》影响，明末遗老和清人也往往将明亡归结为宦官乱政。

　　其实何止是《明史》，一部皇皇二十四史，只要言及宦官、文官士大夫们必然是一片口诛笔伐。什么"毒药猛虎""阴贼险诈"，刻画出宦官们一副副令人可憎的嘴脸，甚至在康熙皇帝的眼中，宦官们根本就是贱如"蝼蚁"一般的人。

　　如果说这只是古人的看法，那近人和今人又是如何看待宦官干政问题的呢？市面上关于宦官参政问题的著作不多，其中有一本可以说是影响了国人几十年，这就是丁易在20世纪40年代写就的《明代特务政治》，本书系统记述了宦官制度和宦官活动，作者选择性地利用史料来讲述宦官干政乱国的一面，而作为多维度复杂的宦官政治却被简单化了。正如作者所表述的那样，他的主旨就是为了说明"明代是特务最为凶横的时代"，阶级分析的观点又将明代以帝王为首的地主阶级对广大人民的压迫表露无遗。丁易写作此书的目的是将其作为特定历史环境下的阶级斗争工具。意识形态的需要已经决定了这不是一本真正意义上的严肃学术著作，而只能将其归结为影射史学的产物。

　　中国当代著名作家柏杨对宦官的看法非常有代表性，最起码代表了当代诸多文史领域的学者对宦官干政问题的普遍性认知，他说："我们可以得到下列数项结论：一、宦官是自卑的，因为他们没有生育能力；二、宦官没有高深的知识，因为他们没有机会接受高深教育；三、宦官多少都怀着对常人的仇恨和报复心理，因为他们曾因贫苦而被阉割；四、宦官缺少远见和伟大的抱负，因为宫廷生活极度狭窄和现实；五、宦官缺少节操，因为宫廷轻视节操，有节操的人在宫廷中不能生存。所以，当宦官一旦掌握大权之后，我们就不能希望他们比外戚和士大夫更高明，超出他们的能力。"

　　其实要深入理解中国古代政治的运行规律，宦官干政问题很多时候是难以绕开的。但传统政治范式下的宦官史书写又充满了太多的歧视偏见和误读。阉竖祸国论乍一看，还真的很有道理。但是历史不是简单的非黑即白，宦官干政问题作为一个复杂的历史问题，要跳出传统评价的窠臼并非易事。一部二十四史出自文官士大夫集团的笔下，掌握了历史话语权的他们，本就对身为宫廷奴仆的阉人百般歧视，加之宦官集团又往往被帝王们用于制衡他们的权力，作为文官对立面的宦官集团自然就成为文官眼中的"洪水猛兽"。

文官笔下的宦官对国家政治的影响基本是负面的。对宦官和文官士大夫集团，他们是双重道德标准：同样的事情，文官士大夫来做就是好的，宦官只要一参与，什么事情也就变成了坏的。文官士大夫为祸，并非国家常态，而宦官为恶是常态，他们做点好事反而是不正常的。国家权力自然应该归于宰相文官们掌握，如果被宦官操控，国家就要天下大乱，一切都要走向负面了。官修正史和私乘稗史皆出自文官笔下，他们笔下的宦官自然是一副恶毒嘴脸，让人厌恶至极。正如英国著名学者李约瑟在他的《中国科学技术史》中表述的那样："在整个历史上，宦官在宫廷政治中，起了相当大的作用。人们论得很对，历史大都是由宦官的对头们写的，结果很多替国家工作得很好的宦官完全没有被载入史册。因此对于史官所记述的，有关宦官活动的阴暗面，应当采取保留态度。"

明代的历史记忆中，提到宦官基本是将其视作"洪水猛兽"，从实录到个人文集、笔记，莫不如此。实录编纂作为明朝国家正史，意图留给后世的是明代君臣的正面形象。而重用宦官参政无疑是对这种正面形象的"污损"，加之士大夫集团与宦官集团之间的制衡，对宦官群体的歧视与贬损便不可避免了。

正如《剑桥中国明代史》提到的："作为一个不同的阶级的成员，所有的官员都有对宦官的偏见。尽管有些宦官出身于上等人家，尽管有许多官员或甚至于大多数官员同宦官合作，利用宦官达到自己的目的，但他们总是热心于为他们的干下坏事的同僚在宦官中找替罪羊。虽然某些宦官被认为是'好太监'，但总的来说，几乎在一切历史著作中，不论是官修的还是私修的，对宦官的强烈偏见是明显的，因为作者几乎无一例外是官员，或至少也是绅士阶级的成员。"

观诸近300年的明史，我们看到这样一个怪现象：一方面，文人士大夫集团在自己的文集乃至墓志中，书写记录下自己如何与宦官集团做英勇的斗争，以此为荣传诸后世。而另一方面，很多传统历史中被视为与宦官斗争的"英勇斗士"的文官，他们也曾为宦官书写墓志或者诗词唱和，由此可见，私交似乎不错。明代政治中这种二元悖论随处可见，一方面文官士大夫们与宦官斗得不可开交，甚至"你死我活"；另一方面，文官们想做成一些大事，又离不开与宦官的和谐相处，这在明朝中后期尤其显著。这也是明史的魅力之所在，纷繁复杂的历史现象背后有其必然性规律存在。

如果我们仅看《明实录》《明史》这些正史，或者浩如烟海的文集笔记，多半会得出一个结论：明代宦官专权，作恶多端，他们要为明朝覆灭负责。可这些传世文献史料真的就如此公正真实吗？

"士大夫受道德标准的束缚而创造出来的这些传世文献史料里，存在意识形态的偏见。传世文献在明代宦官研究中，不能被视作圭臬，它们揭示的也不是宦官的全部历史。"我们只有深入考察墓志、碑刻等非主流史料，并结合正史、野史考证分析，才能相对接近宦官的真实历史。

明代宦官参政的历史与整个明朝相始终，到底明朝宦官是如何走上政治舞台的？他们参与政治的体制是怎样的？

下面就让我们翻开泛黄的史册，从中抽丝剥茧，寻找答案吧！

# 第二章　监阁体制：明代宦官登上政治舞台的历史必然性

　　前文我们谈及黄宗羲在总结明亡教训时，谈及明代的宦官之祸远超汉唐宋三代。诚然，明代宦官在政治中枢、军事、经济、文化等各个领域的表现是异常抢眼的，他们干涉政治的力度和广度也确实前所未有。不过很有趣的一个历史现象是：尽管明代宦官看似猖獗，可是皇帝片纸可以夺取他们的权力、财富，乃至性命。所谓明代四大权阉中的王振、汪直、刘瑾、魏忠贤莫不如此。汉唐宦官废立皇帝的那种极端现象在明朝却难觅踪迹。而明朝宦官无论权势多大，他们对皇帝的忠诚也是一以贯之。历史的谜底何在？我想，从明代宦官参政的政治体制分析，我们也许会找到宦官集团参政必然性和受制性的答案。

## 一、司礼监的魔力：监阁体制不可缺少的一环

　　明中叶成化年间，礼部尚书姚夔曾经当面称司礼监掌印太监怀恩为内相。晚明才子沈德符在他的著作《万历野获编》中提出司礼监是内官十二监中的第一署，掌司礼监者权势视同外廷的内阁首辅；而司礼监秉笔太监及掌文书房太监，职权

则如同内阁次辅。无独有偶，刘若愚在他的《酌中志》中同样将司礼监掌印太监比作内阁首辅，而掌东厂之司礼太监则被他比作次辅，司礼监秉笔、随堂太监被比作内阁其他辅臣。明史上诸多影响政治的大宦官，基本都是司礼监太监，如明宣宗朝之金英、明英宗朝之王振、明宪宗朝之怀恩、明武宗朝之刘瑾、明神宗朝之冯保、明熹宗朝之魏忠贤等都是司礼监太监。

司礼监究竟有何魔力，竟然在废除丞相的时代，被朝廷大臣堂而皇之地称之为"内相"？

司礼监之起源，可以追溯到明朝建国之前的公元1367年设立的"纪事奉御"一职。洪武二年（1369年），明太祖朱元璋重新确定内侍官制，内使监核定奉御60人，其中纪事奉御二人。洪武六年（1373年）八月，在纪事奉御基础之上，组建了正七品的纪事司，此官职以记录皇帝御言文字为主。后纪事司职责归并于典礼纪察司之后，被裁撤。

而典礼纪察司的前身是洪武六年十月设置的内正司。内正司最初专掌纠察内官礼仪失范以及所为不法者。该司之后改名为典礼纪察司。典礼纪察司掌管礼仪和御前文字，还承担内正司纠察内官不法行为的职责，制造笔墨裱褙匠也归于该司掌管。

洪武十七年（1384年）四月，明太祖又在典礼纪察司基础上设立了司礼监。司礼监设立令一人，丞一人。洪武二十八年（1395年）九月，明太祖再次更定了内府的官制，司礼监的职掌确定如下：皇室冠礼以及婚丧祭祀等礼仪，御前勘合、赏赐、笔墨书画，其他内官出门马牌等事，监督光禄寺供应筵席等事。此刻，作为内官的司礼监已经有了监督外廷官署（光禄寺）行事的权力。

随着明代政治的发展，司礼监渐渐取代内官监，成为内官第一署。它的职衔也随之发展。司礼监有提督太监、掌印太监各一人。职衔设置有秉笔太监、随堂太监、书籍名画等库掌司、内书堂掌司、六科廊掌司等。司礼监掌印并非职衔，掌司礼监印者都是秉笔太监。并不是所有司礼监太监皆可以参与重要机务，只有加秉笔、随堂职衔，才可参与机务。恰如外廷之入值内阁者，加殿阁大学士职衔，才能参与内阁机务。明朝政治架构之精妙让人感叹。

司礼监太监并无定额，秉笔、随堂太监或八九人或四五人，皆无定制。司礼监下辖机构众多：文书房、六科廊、内书堂、经厂、皇史宬等。司礼监结构庞杂，职责众多，其最大的魔力就是批红权。批红和管理奏疏是司礼监最为核心的职权。而管理奏疏是通过文书房来实现的。文书房成立于宣德年间，其职掌主要是：管理中外百司所上奏疏和出入纶命。文书房官每日都要在会极门接受中外百司所上奏疏，京城内外一切涉及公私事体的奏疏都由其收掌管理。

一个非常有趣的历史现象是文书房在隶属关系上，属于司礼监下属机构。但是文书官要借用内官监职衔。其中缘由既有司礼监取代内官监地位的历史过程，又有明代统治者权力制衡的深意所在。

文书官每日需在会极门接本，先送皇帝御览。皇帝阅后，再由文书官发到内阁。文书官送本到内阁也是有资格限定的。传送御旨纶音，由资深文书官送达内阁，以示对其事之重视。而每日例行其事的送本，则由一般文书官完成。

文书官不但在奏疏轮转环节起重要联通作用，而且要肩负出入纶命之职责。明中期以降，皇帝"垂拱而治"，不但内阁大学士难以一睹圣容，就是司礼监太监想见皇帝一面也实属不易。

在此情景之下，文书官便肩负着沟通司礼监和内阁两大机构的媒介作用。皇帝下传圣意，内阁大学士上达所请，皆要通过文书官实现。而司礼监太监和内阁大学士因为朝廷防止内外勾通，所以极少有机会见面，文书官凭借其特殊职责，成为二者之间沟通的媒介。

文书官以其特殊作用，被时人比之为外廷的通政司和六科。文书官的出路在内则可能升转为司礼监秉笔、随堂太监，在外则担任重要地区的守备太监。

宣德皇帝朱瞻基是一个被忽视的帝王，其实他的文采风流不次于历史上任何一个皇帝，而且他在位期间多有创制，守成之中亦有革新。跟精力充沛的明太祖、明太宗等人相比，朱瞻基需要更多的时间来游猎、钻研书画乃至斗蟋蟀。内阁每日所上条旨，都需要皇帝亲自批朱。帝国的疆域辽阔，从北方的鞑靼、瓦剌到西南的乌思藏，从内政到外交，帝国的政务庞杂而繁多，仅仅靠帝王一人之力批阅奏疏，显然已经难堪重负。而明太祖朱元璋废除丞相，更使得明代皇帝压力倍增。皇帝集皇权、相权于一身，自然每日要面临繁杂的奏疏。在此种情况下，宣德帝只象征性亲自批阅数本，其他皆交给司礼监太监批红。

　　批红是明代皇帝文书形成的重要一环。所谓"红"，指的是书写诏旨文书的墨色为红色。传统帝制社会的诏旨文书中，红色为皇帝所独享。批红就是帝制国家中枢系统将臣子代言的皇帝文书，用朱笔抄写后下发，表明这是以皇帝名义下发的文书。批红就是对文书的签署，代表了皇帝的意旨，是皇权的集中体现。

　　宣德帝之后，正统帝年龄幼冲，当时实际主政的太皇太后张氏不能跟内阁成员面议取旨，于是让内阁条旨，从此内阁就有了正式的票拟权。与此同时，批红就成为司礼监的主要职掌。司礼监秉笔、随堂太监参与机务，逐渐集中和扩张自身权力。

　　批红是司礼监每日的日常工作，太监需要按照内阁的票拟来批。对于内阁票拟的内容，司礼监太监不具备修改的权力，但是对于文字错讹，可做具体修改。批红本是皇帝行使的权力，后来渐渐为司礼监代使。由此可见，司礼监只是代行皇权，而非攫取相权。

　　司礼监对普通票拟，基本依照阁票批红；但是涉及宦官群体自身利害关系时，也存在不照票拟而批红的情况。这集中存在于刘瑾、魏忠贤等个别权势滔天的权阉当权之时。宦官在批红中加入自己的意愿，本身就是对皇权的冒犯和蔑视。而对这种非常规政治行为，明代政治架构中也有诸多制约。内阁中有"丝纶簿"，专门登录票拟底稿备查。宦官权势增大之后，曾经将丝纶簿暗中藏匿，到徐有贞入阁之后，启奏明英宗，才按照旧规，将丝纶簿重新收藏在内阁之中。司礼监若越权乱政，内阁可用丝纶簿备查并执奏，六部、六科可以复奏，对于犯法的宦官，诸衙门皆可依法严惩。

　　就司礼监本身来说，也要受到来自诸多方面的制约：明代制度规定，司礼监掌印太监一般不能兼掌东厂（只有极个别时期打破常规），司礼监官若掌文书房，需要转衔到内官监，以避免司礼监太监同时掌握批红和文书出纳之权。内官政治构架中的御马监和内官监等，也时时与司礼监相抗衡，达到相互牵制的目的。

　　明代宦官只能为乱而不能为变，正是这种政治制衡的成功之处。

　　除批红权之外，司礼监在正统之后权势不断扩大。首先，与历代宦官相比，明代司礼监太监拥有与内阁成员共同承受顾命之权。英宗朝的司礼监太监牛玉、孝宗朝的司礼监太监戴义、穆宗朝的司礼监太监冯保都曾经跟内阁辅臣和勋贵一起共同接受遗诏或同受顾命。明神宗驾崩之前，也遗诏司礼监跟内阁共同辅佐新君。其次，在军事上，司礼监与兵部官员一同协理京营军务。再次，司礼监会同三法司进行大审，参与司法之中。最后，外出镇守内臣的任命和提督东厂之权也归于司礼监。

明代自正统朝开始，就形成司礼监和内阁共理朝政的监阁二元互制的中枢行政体制。明代的内阁是非常具有时代特色的产物。内阁无相名，实有相职；虽有相职，实无相权；既无相权，却有相责。明太祖朱元璋沿袭元代制度，设立中书省，任用丞相辅佐朝政。中书省处于国家权力结构的核心地位。随着明代中央集权的强化，皇权和相权的矛盾不断加深，这一矛盾的最终激化体现在洪武十三年（1380年）的胡惟庸案。

胡惟庸案之后，明太祖废除丞相之职，将皇权与相权集于一身。皇帝不仅拥有最高决策权，而且要负责监督和领导政府各个部门日常政务工作。不设丞相作为"洪武祖制"传之后世。雄才大略如朱元璋、朱棣尚可勉强应付，但是自幼"成长于妇人之手"的后世子孙却难以应对了。

从洪武朝四辅官到永乐朝建制内阁，皇帝们也在不断探索废相之后的中枢政治重构。从永乐时的备顾问到洪熙、宣德朝的"阁权日重"，内阁名称开始公开化、殿阁大学士亦成为阁臣的专属称呼，内阁权力的最重要行使方式——票拟也开始成为定制。

票拟，又被称作票旨、条旨、票本、拟票、拟旨、调旨，是自宣德年间形成的一种文书档案制度。所谓票拟，就是六部、百司的各类奏疏、政务文件不是直接送给皇帝批复，而是先送内阁。由内阁辅臣根据国家典章制度和实际情况，拟定初步处理意见，用小票墨笔书写后贴附在奏疏之上，然后跟奏请文书一起上呈皇帝。由皇帝根据内阁意见进行批复。一般认为，票拟始于宣德朝。只不过此时票拟尚未制度化，而票拟也不属于内阁独有权责，六部尚书也间或参与其事。正统朝，因为皇帝年幼登基，缺乏独断能力；太皇太后张氏信任阁臣，加之她力求避免专擅之名，这样才出现阁臣专擅票拟之事。

内阁票拟有一套程序：皇帝旨意下达，一般是由司礼监太监代笔，或者皇帝亲笔写下一道简单的意旨，由文书房宦官送到内阁或直接由宦官口传圣旨，内阁阁臣按照规定格式成文，再由司礼监秉笔或者随堂太监朱笔照抄，最后送六科签发。

若是诸司下情上传，这些奏疏首先由通政司封进，然后由文书房宦官将其送达内阁，内阁票拟初步意见，然后文书房宦官再送至御前，皇帝象征性批阅一部分，这也是皇帝对阁票的审批环节，虽然明中后期多半已经流于形式，但是自始至终还是存在的。大部分由司礼监照票拟朱笔批红后，再送六科签发处理。

从票拟的环节，我们可以看出：司礼监的批红环节是内阁票拟能否实行的根本前提。不经过批红，票拟无疑是"纸上谈兵"。批红权使得司礼监成为明代特有的监阁二元互制中枢体制不可缺少的一环。内阁作为皇权和政府各部门的权力中介，有效弥补了罢相之后造成的皇权统治效能下降的缺陷。而司礼监又发挥了稳定和巩固皇权的作用。

司礼监和内阁的关系错综复杂，二者既有争斗又有合作，总体合作多于争斗。围绕权力的争夺是二者之间斗争的常态，而两者分别代表文官士大夫和宦官两大群体，他们之间存在着天然的排斥性。而司礼监批红权的设置本身有弥补丞相废除之后，皇帝亲自处理政务过于辛劳的意义，同时这又是对于内阁权力的一种权力制衡设计。司礼监太监有对外廷一切事务的审批权，而这种审批权又很大意义上"以皇帝的名义"，是皇权的一种体现。因此具备极大的权威性。内阁可以独立裁决，而司礼监的批红又代表着皇帝对内阁的裁决进行再裁决。司礼监实现了明代统治者"由内制外"的初衷。不但内阁，六部百司都为其所制。当然，前文我们分析过司礼监本身也受到包括内阁在内的外廷和御马监、内官监等代表的内廷的双重制约。权力制衡始终体现在明代的政治构建之中。

另外，内阁辅臣要实现自己的政治抱负，又离不开与司礼监太监们的合作。明中后期，皇帝与大臣接近的时间和渠道较少，作为权柄中枢的内阁大学士也概莫能外。阁臣要被皇帝信任，当然需要了解皇帝的性格爱好、起居常情等，而这些信息的获得离不开与皇帝朝夕相处的宦官们。阁臣可以利用宦官间接取得皇帝的信任，以此来排挤同僚，在文臣之间的权力争斗中占得上风。内阁阁臣的入阁、晋升也离不开宦官的奥援。由此又决定了内阁和司礼监多数情况下，只有紧密合作，才能实现二者政治利益的最大化，并有效地进行政治运作。杨廷和之于张永、张居正之于冯保莫不如此。

司礼监太监批红需要一定的知识基础，宦官全面参与政治更是离不开文化素质基础，这就要说到明代重要的宦官教育机构——内书堂。

## 二、内书堂教育：宦官欲成大事必要毕业于此

明史上有一个值得思考的现象，那些口含天宪、操控百官的大太监为何能为乱而不能为变？也许你能看到威风凛凛的王振、令人胆寒的汪直、号称"坐皇帝"的刘瑾、九千九百岁魏忠贤，却看不到哪个宦官企图弑君，自己坐龙椅。

跟汉、唐两朝那些飞扬跋扈的宦官们相比，明朝这些宦官们总体上表现得还是比较恪守臣职，忠于君主。其中一个非常重要的原因就是，自永乐皇帝朱棣设立的内书堂，在培养宦官们的忠君意识方面起了根本性的作用。

跟前代相比，明朝宦官参政作为弥补废相之后体制空缺的一种政治构架，总体呈现出可控性和理性有序的特征，这同样离不开明代知识宦官阶层的存在。而宦官的知识化，一条最重要的渠道就是接受内书堂教育，进而为他们全面参政提供前提和条件。

明太祖朱元璋在宦官问题上呈现出两面性。一方面他借鉴前代宦官之祸，严禁宦官读书识字；另一方面，皇权政治的需要，又使得他不得不打破自己的禁令，对宦官们进行文化教育。但是整个洪武朝，宦官的教育仅以能识文断字为限，这个时代毕竟没有实现宦官全面参政。

历史上就有宦官接受教育之事。东汉和帝之时，邓太后下诏命中官在东观接受经书教育，以便于他们再传授给宫人。前秦苻坚挑选聪慧的阉人，教授他们经书。下至隋宋两代皆有宦官教育之事。

明代的内书堂出现于永乐年间，据大学士李贤为太监阮浪撰写的墓表中指出，阮浪在十几岁时便被永乐帝选入内书馆读书。当时此教育机构还不叫内书堂，而是称作内书馆或者称内馆。

宦官接受宫廷教育的地点，历史上有过几次变化，宣德、景泰、嘉靖初三朝

曾经在文华殿东庑，而明英宗正统之后基本固定在皇城内的司礼监内院。

司礼监院门的西边，进门稍南边就是内书堂，院中还有十几株松树。内书堂往北，穿过两层门之后，就是司礼监的办公衙署。内书堂内南边有一室，室内供奉先师孔子牌位和像；还有一对楹联："学未到孔圣门墙，须努力趱行几步；做不尽家庭事业，且开怀丢一边。"内书堂稍微靠北面一间，是内书堂教师也就是翰林教官的休息场所，通俗来说就是教师休息室。内书堂稍北面，另外有一堂，称作崇圣堂，内供奉孔子像，是司礼监太监礼拜孔子之处。

内书堂在正统年间以后，绝大部分时间隶属于司礼监。宣德年间，内书堂设在文华殿东庑。正统时候，太监王振正式确定了将内书堂设置于司礼监之内。

内书堂乃皇宫内正规的宦官教育机构，类似外廷的国子监。内书堂对学生的选拔、教学以及教师的配备都有一套严格的规定，毕业之后的宦官有机会进入司礼监等重要内官衙署，内书堂读书的宦官们常常自比为外廷翰林，要知道入翰林院的都必须进士出身，非十年苦读并获得殿试优秀成绩的人，是难以进入的。由此可见，内书堂培养出来的知识型宦官其知识水平确实很高。

内书堂的生源，按照刘若愚《酌中志》的记载，每年都要选取十岁左右容貌俊俏、聪明伶俐而且可塑造性强的小宦官二三百人入学（当然入学年龄上也有特例，很典型的就是魏忠贤，留待后文交代）。内书堂招收学生的数目前后多有变化。明中期，招收 400 到 500 人。明中期偏晚时，读书学生一度达到八九百人。晚明时，内书堂招生规模一般限制在二三百人。入学的内书堂学生要参拜孔子牌位，类似于民间书院的入学仪式。

内书堂的学生需要缴纳一定物品作为象征性的学费，比如白蜡、手帕、龙挂香之类。这些物品很多也是由大太监赞助给小宦官们的。内书堂的费用和师生伙食都是由朝廷提供，可以说典型的公费教育。

说到内书堂所设立的课程和教材，跟那些埋头科考的读书人有同也有异。相同的是四书五经还有一些儿童启蒙读物《百家姓》《千家诗》《孝经》，等等。相异的教材有《内令》（明太祖以来历代皇帝对宦官的戒谕）、《忠鉴录》（收集各朝代奉公守法的贤宦事迹）、《貂珰史鉴》（记载历代宦官善行）、判仿（对于具体公文的处理意见，这也是为将来那些能进入司礼监的宦官们提供岗前培训，以便于他们更加熟练地批红）。

内书堂的课业是比较繁重的，除了这些必修课，还有各种选修课。有志于出人头地的宦官往往会在课后业余时间翻看一些书来丰富自己的知识。比如《大学衍义》《资治通鉴》等，还有诸家笔记野史。

内书堂的教师是"高配"，其标准甚至超过了国子监。内书堂的学业教育由翰林院负责，翰林院素称"清要之地"，不仅是因为明中期以降"非进士不入翰林，非翰林不入内阁"，更因为翰林院的翰林们很多都有机会成为内书堂的教师，而他们培养的宦官里说不定就有一些进入司礼监，成为司礼监掌印、秉笔或者随堂太监。这种师生人脉关系也是一种官场上的重要资源。专门任用翰林院翰林做内书堂教师始于景泰年间。教师数量三到六人不等，而教学年限三到十年不等。

内书堂的教学是非常严格的，有着一套严格的奖惩制度。年长而且有势力的六到八人会被任命为学长，稍能写字者被任命为司房。假设有背不过书、写字不堪或者污损书乃至犯规有罪的学生，都要被教师记录在案，然后交给提督太监责罚。如果是其他一些小过错，轻一点的就由学长用界方责打，重一些则需要在孔圣人像前罚跪，再重一些就要处以扳著几炷香的处分。所谓扳著，就是犯事学生向着孔圣人像直立弯腰，用两手扳着两脚，而身体不许弯曲，一有弯曲则用界方无情责打。时间为一炷香或者半炷香，受到责罚的学生或者头昏脑涨或者昏厥倒地，重的甚至呕吐成疾。有些人常常行贿学长，用这种酷刑来责罚与自己有仇者。

内书堂每月初一、十五以及节令都会放假，每天天色夜幕之时，放学后的小宦官们也会有一些娱乐活动。比如排班题诗的接龙比赛，如果失误的则会被众人群起而侮辱。读书好的学生会有一些物质奖励或者精神鼓励，也会有一些有权势的大太监来选择一些有前途的内书堂学生成为自己的名下宦官。

如此严格教育背景下的内书堂宦官，自然地位也与众不同。就拿出行来说，其他内官衙署的宦官看到内书堂学生排班行走之时，必须拱手端立让过，就是司礼监的老资格太监也不例外。

内书堂有严格的考试考核制度。平时的小考不断，甚至有皇帝主持的类似科考殿试般的重大考试。崇祯元年（1628年），崇祯帝就亲自主持了命题考试，崇祯十二年（1639年）甚至发生了一起宦官殿试作弊事件，作弊者顾三聘被杖毙。

内书堂设置的目的就是培养小宦官们实际参政能力和忠君观念。经过内书堂教育出来的学生，多是"有理想、有追求、有雅趣、有能力"的"四有"宦官。

内书堂毕业后的宦官前途可谓"一片光明"，首选途径当然是进入文书房当差。这就意味着经过一段时间的磨炼，离司礼监掌印太监或者秉笔太监的位置更近了。明中期以后，内书堂学习的经历成为司礼监秉笔或者掌印太监必须具备的条件，只有极少数情况例外。就是明末最有名的大太监魏忠贤也是内书堂毕业，而并不是惯常人们所说的目不识丁之辈。清修《明史·沈㴶传》中有载："故事，词臣教习内书堂，所教内竖执弟子礼。李进忠、刘朝皆㴶弟子。李进忠者，魏忠贤始名也。"由此可见，魏忠贤也是内书堂毕业学历，只不过他因为中年入学，学习能力有限，所以仅仅粗通文墨而已。据沈德符《万历野获编》记载，明代只有明穆宗朝的孟冲、明神宗朝的张明、明熹宗朝的王朝辅是不识字而成为司礼监秉笔太监的。这也是极少的特例了，况且孟冲就是因为不识字而被两宫太后排除在司礼监掌印太监的行列。

另外，学习极为优秀者会被选派到东宫做太子侍读。这些人往往是内书堂学生中的佼佼者，要得到皇帝和外廷大臣们的赏识，才有可能获得这种待遇。而一旦成为太子侍读，就意味着可以跟太子朝夕相处，将来太子登基为帝，这些宦官自然可以水涨船高，获得高位。

更多的内书堂毕业生是进入了宦官二十四衙门任职或者在宫内为宫女们教书。这些人进入二十四衙门多是从事文牍工作，相比较那些体力劳动的下层宦官来说不啻天渊，而老成稳重者会被安排教授宫女诗书，这也是一份清要之职。

据明史专家方志远估算，整个明代内书堂累计培训出 10 万多名弟子。这些内书堂毕业的学生成为明代知识型宦官群体，他们在政治、经济、军事等各个领域崭露头角，以自己的知识为明帝国政治体系的运转贡献了自己的力量。考诸近300 年明史，多有内书堂毕业背景的宦官为明朝提供了"正能量"：范弘、王振导帝以正，最后殉国土木堡（至于世人多以王振为土木堡之变罪魁祸首，实则天大冤案，下文会有详细记叙）；来自安南的宦官阮浪、阮安，一忠心侍奉南宫困厄的明英宗被陷害致死，一为北京城市和宫殿建设做出了贡献，死后囊中钱财不过十两；其他如稳成持重的萧敬，正直忠谨的田义、陈矩，严谨忠心的黄锦、王安，殉国自焚的高时明等，他们对明朝的贡献甚至可以说不亚于文官士大夫阶层。

不仅是政治领域，那些内书堂毕业的宦官在文化领域也做出了贡献，吟诗作对、笔墨风流、琴棋书画这些也成为一些知识型宦官们擅长的领域。比如冯保，他就是内书堂毕业的高材生，对于琴棋书画多有涉猎，而且书法水平也很高，传世名画《清明上河图》上的题跋就是他亲笔所作；张雄，诗词水平极高，连皇帝都心悦诚服；鲍忠，闲暇之时，躺在巨石之上，取一落叶书写诗词，飘飘然真有深山隐士之风骨；成化朝的司礼监太监戴义，精通琴艺，他的楷书甚至可以媲美书法家沈度（沈度书法之美，被明成祖朱棣盛赞为"本朝王羲之"）。南方有一个善于琴艺的妇人，她游遍两京13省还没有遇到对手。后来她听说戴义的大名，前去拜会。戴义一曲琴罢，恰如行云流水，又似天籁之音，妇人泪如雨下、面如死灰，佩服得五体投地。她当即就把自己携带的美琴在阶石上摔得粉碎，然后拂袖而去，此后终生再不谈鼓琴之事。

内书堂毕业的宦官们不但接受了文化知识教育，而且忠君思想的灌输也为他们忠心君主和王朝奠定了基础，内书堂这个机构确实使得明朝宦官整体知识层次大大高于其他朝代，也成为明代宦官良性干政的一个重要保障。

有一个非常有趣的现象，明代由于经济文化发展的不平衡，在科举入仕方面，南方士子远胜过北方士子；明太祖曾经兴起南北榜案，用行政手段强行压制南方士子，但是只能取效于一时，南方教育资源的巨大优势，是北方无法望其项背的。地区教育入仕资源的不平衡性，在明中后期却无意中得到部分解决。这一切还要感谢宦官的内书堂教育所实现的宦官知识化。宦官多为北方人，他们中的部分人成为内书堂学生，从而接受良好的教育，最后出人头地，掌握权柄。这在一定程度上实现了南北方教育入仕资源的公平化。

## 三、宦官二十四衙门：庞杂的内官系统

明代宦官机构庞杂，司礼监仅仅是宦官二十四衙门中的一个。其他诸衙门也是宦官参与政治的重要机构保障。明朝初年，包括十二监、四司、八局在内的宦

官二十四衙门逐步建立并完善。

它们依次是：一、司礼监。对于该监，前文我们已经有详细表述，不再赘述。

二、内官监。设有掌印太监一名，另外有总理、管理、金书、司掌、写字、监工等职无定员。该监掌管宫室和陵墓营造，铜、器用、冰窨等事。本监外差有建修藩王府邸等。

内官监的前身是内使监。内使监草创于公元 1367 年九月。首为监令，下设有监丞、奉御、内使、典簿等。洪武十七年（1384 年）四月，内官监替代内使监而设立，职掌为内官内使全部名册和内官人事差调之事，可见，直到此时，内官监是掌握内官人事大权的内官第一署。而司礼监仅仅名列第六。内官监的监令品秩为正六品，高于其他各监正七品的监令。这也是内官监显赫地位的表现。

除了人事之外，内官监还掌管内外文移和宫廷礼仪之事。永乐元年（1403 年）正月，朱棣升任旧燕王府承奉司为北京内官监，秩为正四品，此时的内官监太监为郑和。下西洋这样震撼古今的重大事件，郑和作为内官第一署的太监，很可能参与到决策之中。下西洋与海外邦交、选派下西洋人员部署、采办海外方物此三项，正好对应内官监宫廷礼仪、内府人事差遣、宫廷器用诸物三项职掌。郑和作为这一时间段内的内官监太监，参与其事，也是题中应有之义了。

洪熙元年（1425 年），郑和被任命为南京守备太监，此位置之后也成为司礼监的外差。由此可见，内官监失去了内官第一署的地位，为司礼监逐渐取代。郑和多次远涉海外，长时间远离皇帝所在的北京中枢权力之地，渐渐失去了近侍衙门的根本之地，不再在中枢机构起到关键作用。于此观之，内官监在郑和下西洋的过程中，已经失去了内官第一署的地位，其被取代也是必然之事了。

三、御用监。掌印太监一名，里外监把总二人，典簿、掌司、监工、写字等无定员。凡是御前所使用的围屏、床榻诸木器，以及紫檀、象牙等玩物，皆造办。另外有仁智殿监工，掌武英殿书籍画册等，奏进御前。

四、司设监。设员同御用监。掌握卤簿、仪仗、帘席、帐幔、雨具、大伞诸事，一向被认为是烦苦，但是掌该监太监也有可能日后发达。天顺年间权阉曹吉祥即曾为司设监太监。

五、御马监。设掌印、提督、监督太监各一人。其所辖腾骧四卫营各设有监官、掌司、典簿、写字等员。象房有掌司等员。明中后期，御马监之地位显赫。《西游记》中被演义并戏称为"弼马温"的御马监太监，实则与兵部和督抚共同执掌兵柄，实则为内廷"枢府"。1367 年九月即设立御马司，正五品，专掌御厩马匹。

御马司即为御马监的前身，其地位虽低于内使监和御用监，却是朱元璋开国之前就设置的第三个宦官衙门。洪武十七年（1384 年）四月，更定御马司为御马监。御马监职掌御马，自然有养马、驯马人员，并由此产生了一支由御马监统率的禁军——腾骧四卫和勇士营。

御马监统领禁军始于永乐朝，而这支禁军最初是来自各地卫所挑选的精壮士卒和从蒙古逃归的壮士。他们不归于亲军指挥使司所管辖的上十二卫，地位却高于上十二卫，职责是担任宿卫。

宣德八年（1433 年），这支 3000 多人的禁军被扩建成为腾骧左右卫、武骧左右卫，统称为"四卫"。四卫军一般有两万以上的士卒。景泰、成化年间，四卫军士被抽调建立勇士营和四卫营。编制虽然不断变化，但统领权一直归于御马监。

御马监统领禁军真正在军事上发挥作用，是从正统十四年（1449 年）的土木堡之变后开始的。在于谦组织的北京保卫战中，发生在西直门的战事异常激烈，守卫西直门者正是御马监太监刘永诚的侄子右军都督刘聚。在彰义门迎击瓦剌的正是御马监提督的四卫和勇士营军士。

御马监统领的四卫和勇士营在整个禁军系统中，都属于战斗力极强的部分。这也使得御马监成为明代宦官参与军政事务的前提，并被视作内廷中的武职衙门。这种军事职掌集中体现如下：

其一，御马监太监有扈从出征并掌管兵符火牌之职责。明代皇帝有御驾亲征的传统，明太宗朱棣五次亲征蒙古，御马监少监海寿至少参加了其中的两次；而御马监太监刘永诚参加了其中的三次。宣宗朱瞻基征讨汉王朱高煦，御马监太监刘顺跟从，并与勋贵作为前锋出发。英宗亲征瓦剌，御马监少监跛儿干扈从。明武宗朱厚照北巡南下，御前都有御马监太监张宗的身影。正德时，武宗每次调动兵马，都有御马监内使持符而行。

其二，御马监太监还有提督京营和坐营、监枪之权。永乐时的京军三大营——

五军营、三千营、神机营皆有提督内臣、坐营内臣和监枪内臣的设置。这些都由宦官中地位较高的太监、少监或监丞担任。

其三，御马监还是出镇地方的镇守中官重要来源。成化、弘治年间之后，除了南京等处守备太监为司礼监"外差"之外，其余内地和边关的镇守和监枪等内臣则多半出于御马监。

其四，监军。成化、弘治以后的提督、坐营、监枪、镇守内臣多数由御马监宦官担任，所以监军也成为御马监的重要职责。

其五，提督西厂。成化年间，明宪宗因为东厂和锦衣卫稽查不力，故命御马监太监汪直在皇城之西的灵济宫灰厂审讯人犯。跟东厂相对应，此处被称为西厂。西厂之设标志着御马监权势和地位的进一步扩张。

御马监除了军事职掌之外，还有管理御马草场和皇庄、皇店等经济职能。

从某种程度来说，司礼监和御马监分别代表着内廷的文职势力和武职势力。当皇帝需要对以内阁为代表的外廷文官集团进行制约时，司礼监的地位便会上升。当国家用兵频繁之时，御马监的地位便会更加强化。明代历史上，御马监势力最盛为正德年间，御马监的势力甚至全面压过了司礼监。明武宗命御马监太监张锐提督东厂，这标志着御马监开始侵夺司礼监已有的职权。而司礼监提督东厂或掌印太监，也多是出身御马监，如谷大用、魏彬等，都是以御马监太监转衔到司礼监。

御马监和司礼监有权力的制衡和争夺，这也是最高统治者希望看到的。御马监和司礼监的双轨运行体制正是明代政治架构中权力制衡的绝妙体现。

六、神宫监。设有掌印太监一人，金书、掌司、管理等无定员，专掌太庙等各庙洒扫香灯之事。

七、尚膳监。设有掌印太监一人，提督光禄太监一人，总理一员，管理、金书、掌司、写字等无定额，专掌御膳及宫内食用和筵席等事。

八、尚宝监。设有掌印太监一人，金书、掌司无定额。专掌宝玺、敕符、将军印信等。如果诸司需要用宝，外廷的尚宝司用揭帖赴监请旨，至女官的尚宝处领取，尚宝监监督尚宝司用宝完毕，留存号簿。

九、印绶监。设员跟尚宝监相同，掌管古今通集库并铁券、诰敕、贴黄、印信、图书、勘合、符验、信符等事。

十、直殿监。设员如上。掌管各殿和廊芜扫除等事。该监无大厅和公署，被认为是内廷最劳苦和受冷落的部门。

十一、尚衣监。设有掌印太监一人，金书、掌司、监工无定额，掌御用冠冕、袍服及鞋袜之事。

十二、都知监。设有掌印太监一人，金书、掌司、长随、奉御无定额，原掌各监行移、关知、勘合等事，后只随驾前导开路警戒。该监宦官冷清寒苦，很难有上升机会，往往被看作下下衙门。

十三、惜薪司。设有掌印太监一人，总理、金书、掌司、写字、监工，以及外厂、北厂、南厂、新南厂、新西厂各设有金书、监工，俱无定员。专掌宫中所用薪炭等事。

十四、钟鼓司。设有掌印太监一人，金书、司房、学艺官无定额。专掌出朝钟鼓，以及内乐、传奇、过锦、打稻诸杂戏。

十五、宝钞司。设有掌印太监一人，金书、管理、监工无定额，专掌造粗细草纸。

十六、混堂司。设有掌印太监一人，金书、监工无定额，掌沐浴之事。

十七、兵仗局。设有掌印太监一人，提督军器库太监一人，管理、金书、掌司、写字、监工无定额。专掌制造军器，宫中御用铁锁、锤、钳、针剪之类和法事用器，又被称作"小御用监"。下设有火药司。

十八、银作局。设有掌印太监一人，管理、金书、写字、监工无定额。专掌打造金银器具、装饰品。

十九、浣衣局。这也是我们在古装剧中经常看到的一个宫廷机构。设有掌印太监一人，金书、监工无定额。凡有年老宫人和罢退残疾者，皆发往此局居住。二十四衙门中唯有此局不在皇城之内。

二十、巾帽局。设有掌印太监一人，管理、金书、掌司、监工无定额。专掌宫内内使帽靴及驸马冠靴和藩王之国诸旗尉帽靴。

二十一、针工局。设员同巾帽局。专掌造宫中衣服。

二十二、内染织局。设员同上。掌染造御用和宫内应用缎匹。城西的蓝靛厂为此局外属。

二十三、酒醋面局。设员同上。掌宫内食用酒、醋、糖、酱、面、豆诸物。与御酒房不相统辖。

二十四、司苑局。设员同上。掌宫中蔬菜瓜果。

内监二十四衙门中的十二监位居首要，定制每监有太监一员，正四品；左右少监各一人，从四品；左右监丞各一员，正五品；曲簿一员，正六品；长随、奉御无定员，从六品；四司略低于十二监，每司设司正一人，正五品；左右司副各一人，从五品。管理八局的人员，品秩同管理四司者，每局设有大使一人，正五品，左右副使各一人，从五品。

除了这二十四衙门之外，在京城的宦官组织还包括内府供用库、司钥库，内承运库、甲字库、乙字库、丙字库、丁字库、戊字库、承动库、广盈库、广惠库、广积库、十库、御酒房、御药房、御茶房、更鼓房、弹子房、灵台、盔甲厂、王恭厂、中府草场、天师庵草场、汉经厂、蕃经厂、道经厂、南海子、染织所、安乐堂、净乐堂、内安乐堂、宝和等店和午门、东华门、西华门、奉天门、左顺门、右顺门等皇城、京城内外诸门，分别都设有掌印太监、提督太监、掌厂太监和不同品级的中下层宦官，各门设有门正、管事。

# 四、东厂、西厂、内行厂：明代宦官与司法

东厂设置于永乐十五年（1417 年），其外署在东安门外。设置的初衷是靖难之役后，取得政权的朱棣为了巩固统治，防微杜渐，侦查防范一切反对势力。东厂的设立，是宦官有组织地参与司法的开始。它有审判、复核、监察诸方面的司法功能。

东厂内设有大厅、公堂、祠堂和专门囚禁重犯的监狱。有趣的是东厂供奉的神像是岳飞，这也符合其设置的初意，就是精忠于皇帝，为皇家忠心不二。

东厂提督太监例由司礼监秉笔太监第二人或者第三人兼任，有"钦差总督东厂官校办事太监"之印，也称为"提督东厂"，尊称为"厂公"或者"督主"。司礼监掌印太监一般不能兼任东厂掌印太监，以避免权势过重。有趣的是，恰恰

是明史上被称作"治宦甚严"的嘉靖时期，此惯例被打破。司礼监掌印太监麦福兼理东厂，其后黄锦、冯保、张诚、陈矩皆得以司礼监掌印太监兼掌东厂。

东厂有掌刑千户、百户各一人，选自锦衣卫千户、百户。还有掌班、领班、司房、管事无定额。贴刑一人，掌刺缉刑狱之事。东厂负责外勤的役长称为档头，人数百余，专门负责侦查，下辖有番役千余人，分作十二班。

东厂的侦查方式分为两种：一种是听记。各衙会审大狱，锦衣卫北镇抚司拷讯重犯，东厂都会派人听记。记录口供一本，犯人被拷打的数字一本，于当日晚间或者次日一早呈报皇帝。另一种是坐记。东厂番子稽查百司及京城皇城各门，这种侦查带有强烈的特务性质。上到各衙门办事行政情形，各官员是否合法行政，是否贪赃枉法，宫内外是否有奸人混迹；下到市井粮油价格都在他们的侦探之下。这种事无巨细、无孔不入的侦探，使得深居九重的皇帝也能悉知市井柴米油盐之事。

东厂之内设有监狱。东厂逮捕的人犯，直接送锦衣卫的诏狱或者关押在厂内监狱。一般是东厂自行审理完，然后再送法司拟罪。东厂并非如普通影视作品中或者通俗文史作品反映的那样，只是作为君主的鹰犬而存在，只懂得迫害百姓，兴风作浪。多数时候，东厂作为监督官员的有效机构，确实很大程度上肩负着反腐的职责。有明一代，很多贪官都是被东厂所揭发并治罪。

有趣的是，东厂不仅肩负着监控文武百官的职责，它还曾经监控不法宦官，也在一定历史时期与西厂抗衡制约，是明朝得力的统治工具。

明宪宗成化十三年（1477 年）正月，由御马监太监汪直提督西厂。置西厂之同年五月，即遭到群臣反对，宪宗无奈将其裁撤。仅仅一个月后，宪宗下令复设西厂，仍然命汪直提督。成化十八年（1482 年）三月，在文官集团反对之下，西厂复罢。宪宗时代，西厂总共存在五年之久。明武宗正德元年（1506 年）十月，以宦官谷大用提督西厂，西厂复设。正德五年（1510 年），刘瑾被凌迟处死后，西厂也随之再罢，西厂在明朝历史上总共存在十年有余，其影响不及东厂。不过在其存在期间，也起到反腐作用，并与东厂相互制衡。

明武宗正德元年（1506 年），司礼监刘瑾改荣府旧仓地为内办事厂。京城人称之为内行厂，东、西厂也在它的侦查之下。内行厂仅仅在刘瑾用事时存在了四年有余。

东西厂和内行厂对司法的干预是全方位的，同时，东厂与锦衣卫的关系也值得我们做一番探究。明史中经常"厂卫"并称，东厂是由司礼监宦官领导的机关，其权势超过锦衣卫。东厂可以监督锦衣卫，锦衣卫却不能监督东厂。总体来说，宦官是内臣，锦衣卫是外廷机构，锦衣卫的首领官指挥使并非宦官。对皇帝来说，宦官是更值得信任的。

厂卫在组织上是相互渗透的。锦衣卫的人员虽非宦官，但是其高级人员多半是宦官的下属，其中不少高级职位为宦官弟侄所世袭。东厂中的问刑官员由锦衣卫官员担任。东厂的低级番役也是从锦衣卫中精心挑选而来，锦衣卫和东厂既相互制衡，又相互合作，他们共同拱卫皇权，为皇帝服务。

厂卫逮捕人犯，需要到刑部签发驾帖，这就是厂卫执行任务时的公文书。一开始，驾帖需要刑部批定才能生效，而且需要与司礼监印信和皇城各门关防配套使用才能生效。宦官对司法的干预，虽然产生一系列问题，一定程度上造成司法紊乱，也是对外廷司法部门执法的监督，防止官员们徇私舞弊，从这个角度来说，不失为一种有效的监督方式。

## 五、内官镇守体制：宦官干预地方军事政治的主渠道

镇守中官设置于永乐末年，主要指辽东、甘肃、交趾等边镇地区。明代地方行政系统经历了一个由包括布政使司、按察使司、都指挥使司的三司体制向包括总兵、巡抚、镇守中官的三堂体制转变的过程。镇守中官也在内地和边镇军政事务中渐渐居于重要地位，成为明代地方政治不容忽视的一股政治势力。

宣德朝以后，镇守中官逐渐分为三种类型：南京等处特殊要地的守备太监、诸边地区镇守中官、各省镇守中官。任用镇守中官，需要相关部、寺开具手本，内阁书敕，写明事由，方可外派。

南京、中都凤阳府、天寿山明陵地区、兴都承天府都设有守备太监一人，主要职责就是协助文物官员一起，守卫这些对于皇朝有特殊意义的地区。

诸边地区镇守中官主要职责是监军和抚夷。边疆地区的镇守中官主要负责监

督军事将领、协同军事行动、整饬军纪等事务。在明英宗以后，遇到外敌入侵，基本形成总兵官出战、镇守中官守城的分工模式。

安抚边疆地区的少数民族，处理民族事务也是边地镇守中官的重要职责。

各省镇守中官的主要职责是安民，他们在地方上监督当地文武官员，调集地方军队镇压地方反叛，稽查人犯，协助地方事务，招抚流失人口等。

不管是哪一类镇守中官，他们都肩负着汇报地方事务给朝廷的使命，从某种程度上，他们是作为皇帝安插在地方上的"耳目"而存在。他们汇报的地方信息极为有效地为皇帝掌握各地政情民情提供便利。

镇守中官尽管在地方上全面参与政治、经济、军事、司法等领域，起着不可忽视的重要作用，但是随着嘉靖、崇祯皇帝一道敕书，即可以将地方上镇守中官全部撤回。由此可以看出，宦官专权并没有发展到失控的地步，宦官只是国家权力机构中的组成部分，有各种政治力量对其进行各种有效的制约。与汉唐两朝相比，明代宦官有可控性和参政的广泛性两个鲜明的特点。这一点从明代镇守中官的发展历程也可以清晰地看出。

# 六、明代宦官干预政治的其他渠道

通过前文，我们可以看出：明代宦官干预政治的渠道有司礼监、御马监在内的二十四衙门行政行为；东厂、西厂、内行厂等干预司法领域；地方镇守中官全面干预地方政治、经济、军事、司法。这些都是宦官干预政治的主要方式，另外宦官集团还通过采办、织造、市舶、矿监等方式渗透到明代国家管理的各个领域之中。

采办就是皇室外派宦官到地方上或者由地方镇守中官负责，为皇室筹办各种消费物品和特产，在此过程中，难免会发生扰民和与地方官员的冲突。

织造就是皇室派遣到苏杭等地区，为皇室置办服饰等织造物品的宦官。

市舶宦官是设在广州等沿海城市，专门负责海外贸易事务，收取税务，充实皇帝内库的宦官。

矿监盛行于万历年间。是万历皇帝为了充实内库，派往各地收取矿税的宦官集团，他们曾经在地方上制造了不少风波，对此，我们在后文将会详述。

明代宦官对于国家事务的干预广度之大，确实是历代之冠。下面就让我们沿着近 300 年明史的发展轨迹，看看大大小小、出名不出名的那些宦官们在明朝的政治舞台上的表演吧！

# 第三章 "宦"难相随 300 年：明代政治舞台上的宦官参政往事

　　明朝从公元 1368 年建基开国，一直到 1644 年甲申国变，崇祯帝自缢煤山，实则国亡而未亡。作为明朝龙兴之地的南京依然保持着一套完整的政权机构，弘光帝朱由崧在南京称帝，大明的旗帜在南中国赫然飘扬。此后，南明相继建立了几个政权，跟来自北方的征服者——清政权决一死战，其间出现了无数可歌可泣的英雄，他们抛洒热血，却无法抵挡历史的车轮滚滚向前。直到公元 1662 年，南明最后一位皇帝永历帝朱由榔父子，被吴三桂亲手用弓弦勒死在了篦子坡，明朝帝统于斯终结。

　　一个延续近 300 年的大一统王朝，其间出现了为数甚多的宦官参政事件，宦官在明朝政治舞台上扮演着举足轻重的角色。

　　传统史书多以明代宦官干政为一代弊政，并将其根源上溯到明成祖朱棣。论者多归咎于朱棣违反太祖朱元璋之严禁宦官干政的祖制，从而开启了有明一代宦官乱政的"潘多拉魔盒"，事实果真如此吗？

# 一、开启"潘多拉魔盒"的第一人

### 对宦官，用还是不用：明太祖的 A 面和 B 面

明太祖朱元璋出身于赤贫农家子弟，从小沙弥到乞丐，从红巾军普通一兵到统率千军万马的元帅；他下建康、战鄱阳，困平江、平东南，直到横扫大都，一统河山；复汉官之威仪，把万千黎庶从民族压迫的桎梏下解放出来。可以说，明朝的建立有着民族革命的意义，是震古烁今的一件大事。

一刀一枪打出锦绣江山的朱元璋，出身社会的最底层，打江山的不易，加之对元末败政的深刻反思，史书记载，他多次发表过对宦官参政的看法。明朝开国第一年，也就是洪武元年（1368 年）四月的一天，明太祖朱元璋语重心长地跟身边近侍大臣谈起："我看到史书里面记载，汉唐末代之世，都有宦官乱政，以至于国运不可挽回，真令人扼腕长叹。宦官日夜侍奉在君主身边，逐渐被君主信任，办事小心勤劳的像吕强、张承业这样的，怎么可能没有？但是开国承家，不用小人，这是圣人的深刻教海。宦官在宫禁之中，只能让他们负责打扫宫廷、传达命令而已，岂能让他们干预政事，掌管军队？汉唐之祸患，虽然说是宦官的罪过，也是做君主的太宠爱他们导致的。如果宦官不能掌管军队、干预政治，他们即使想作乱，怎么可能成功呢？"这样类似的话语，朱元璋多次跟群臣提起过。

明太祖朱元璋虽然幼年在民间只读过几个月的私塾，但他在戎马倥偬之际，奋发自学，手不释卷，以史为鉴，深谙历代史事。对于汉唐宦官乱政故事，他常引以为戒；加之他亲历元末时代，元顺帝宠信宦官朴不花乱政的故事，他也耳熟能详。所有这一切，也使得作为开国皇帝的朱元璋，在各种场合不停强调严驭宦官的重要性。

明太祖定下严格的宦官禁令，宦官相互辱骂、斗殴之事，都要根据情况处以杖责之刑，如果有宦官敢出言不逊，心怀不满，更是要被处以凌迟之酷刑。

对于宦官干政的态度，一直以来有一个流传已广的事例，每每被人用作是明太祖严禁宦官干政的证据来说事：洪武十年（1377 年）五月，有一个在内廷老资格的宦官，从容地谈起了政事。明太祖大怒，当日就斥责了他，并将其遣归乡里，终身不得回朝。接下来，朱元璋故调重提，又谈到不能让宦官干预政事，以免为乱。这位老宦官虽然侍奉自己很久了，也有功劳、苦劳，但是为了防止将来为祸，朱元璋还是不能姑息，将他驱逐出宫。

到此为止，从史官记载的史书中，我们无疑看到一个处处小心防范宦官干政，并严格制约宦官的明太祖，这是事实的全部吗？很可惜，我们只是看到事情的 A 面。让我们来看看事情的 B 面吧！

洪武二十年（1387 年）十月，明太祖颁布《礼仪定制》，对内外官员相见的礼仪做了详细规定。品级不同的官员遇到上级或者同级的官员应该有怎样的礼仪。有意思的是，内官也就是有品级的宦官，他们享受的是朝廷官员三、四品的礼仪待遇，按照规制，他们路遇朝廷三、四品的官员，只需要分路而行即可。斯时，宦官的品级最高不过六品而已。

如果这还不够直观，我们再来看看洪武朝宦官制度的发展。洪武二年（1369 年）八月，朱元璋命吏部制定宦官组织的官制。规制里面有品有职的宦官就达到 130 人，这还不包括负责祭祀的内臣和一般没有品职的内使，清修《明史》说明太祖开基之初，宦者不及百人，是明显的谬误。洪武年间宦官组织不断发展壮大，至洪武三十一年（1398 年），已经发展成十二监、二司、七局的规模，后世所谓二十四衙门已经基本构建完成。洪武二十八年（1395 年）的改制，内官监跟其他监一起，升为正四品，除去参与典礼、掌握内外文移等事权之外，又掌握内官"贴黄"的权力。贴黄，即为宦官、内使迁转的履历和原因的原始记录文件。正因为内官监掌握了宦官们的人事大权，外廷视之为内官的"吏部"。就地位而言，明初的内官监是宦官组织的第一署。

宦官在礼仪上享受外廷官员三、四品的待遇，以内官监为首的各宦官衙门更是广泛参与到朝廷礼仪、文移、使令等政治活动之中，其实，宦官参与政事，甚至从明朝建立之前就已经开始了。早在公元 1360 年，陈友谅进攻集庆的龙湾之战时，马氏（当时朱元璋未称帝，马氏即为后来的马皇后）就命宦官将王宫中的金帛、衣服等物，送到军前赏赐有功战士。后来，朱元璋还派出内使佛保到和州调查参军郭景祥之子悖逆之事。1366 年，内使李顺奉命到军前向徐达、常遇春传达朱元璋之军令。可见，明朝建立之前，宦官内使就以各种方式参与到军政活动之中。洪武元年（1368 年）十一月，朱元璋命文官兰以权和奉御马仲良一起诏谕广西当地少数民族部众，这正是明朝建国之后宦官初次奉使外出。

不但如此，在朱元璋冷如寒霜的酷烈政治之下，依然有宦官敢于肆意妄为。洪武初年，曾经有鲁姓内官奉旨外出办事，经过广信弋阳时，也不知他是一时兴起，还是胯下马受惊，这匹马一下子冲进田地之中，将庄稼践踏毁坏了一片。旁边的种地人不干了，心想："你没读过唐诗啊，汗滴禾下土你都不懂，让老子教训一下你。"这位佃农奋起反抗，将鲁内使所乘之马的马脚击伤。鲁内使大怒，问候了几句佃农的父母，然后又大喊着："你敢说出你姓甚名谁吗？你主人是谁？"佃农憨厚质朴，大大方方地说出自己主人是周姓富人，这片庄稼地也是周富人的。鲁内使心想，这哑巴亏我可不能白吃。于是他派人找到周富人，将事情告知了他。周富人大吃一惊，急忙赔偿了马匹的医药费，还拿出自己的积蓄贿赂鲁内使，恳求他放过自己一马。鲁内使收了钱回去，这个消息还是不知道怎么就传到太祖朱元璋耳中。一向有仇富心理的朱元璋，眼见周姓富人这么拿"天使"不当回事，这不是摆明了瞧不起他这个朱皇帝吗？一怒之下抄没了周姓富人的家产，并将他发配铜陵卫。

B 面讲完，这跟 A 面比，完全是两个"画风"啊！到底哪个是真实的朱元璋，为何对待宦官方面，呈现出来的是如此矛盾的对立面。一方面严格约束宦官，不让他们干政；另一方面，又让宦官广泛参与军政活动，甚至有时候还会偏袒宦官。

后世总结明亡教训时，有一点会被着重指出，那就是宦官乱政。乾隆皇帝更是尖锐地提出：明朝不是亡于流寇，而是亡灭于宦官之手，且不论这些观点正确与否，大部分人提到宦官政治的始作俑者，都会提到那位英明神武的马上天子朱棣。可是事实又一再告诉我们，明太祖朱元璋才是开启宦官政治这个"潘多拉魔盒"的第一人。

《明实录》中确实收录了太祖朱元璋关于严禁宦官干政的言论，可是作为家法的明朝祖训，就没有片言只语关于严禁宦官涉政的证据，非但如此，祖训中还记载了关于宦官组织的职掌和权限, 很多权责已经涉及政治。于是有人推测, 是否宦官篡改了祖训, 因为司礼监掌握着刻版印刷之事啊! 但是清朝人曾经对比过《永乐大典》里面的原始档案, 证明宦官篡改说并不成立。

今天我们所见的《明太祖实录》是三修之后的产物, 文官集团笔下的历史自然跟当时的现实政治有千丝万缕的关联。作为文官对立面存在的宦官, 眼见永乐一朝, 宦官权力日益增强, 全面涉足政治、军事、经济、文化、外交诸多领域, 大有尾大不掉之势。文官集团忧心忡忡, 也许会在实录中加以润色, 借明太祖之圣谕, 说出他们的心声。

而作为公开刊行的祖训, 具备国家法律的地位。祖训明确记载了宦官组织的机构和职掌, 实则表示宦官既是皇家奴仆, 又是国家官员, 这实际以祖宗之法的形式确定了宦官在明朝政治体制中的合法地位。

### 洪武朝宦官何以干政?

英明苛察如明太祖朱元璋, 为何又任由宦官干政? 其实答案依然可以从以下两个方面来分析。

其一, 洪武朝政治形势的变化。洪武开基建国之后, 朱元璋针对以丞相为首的文官集团的权势失范, 实施了"胡惟庸案", 针对开国功臣的跋扈专横, 又实施了"蓝玉案", 同时针对文官贪腐和行政规范问题, 开展"郭桓案"和"空印案"。四大案之后, 功臣集团基本被肃清一空, 文官的势力得到约束, 武将的势力也得到极大遏制。外戚、后妃也受到严格制约, 权力的规范此时达到一个新的高度, 权势集中在明太祖朱元璋一人之手。

但是国家的运转又离不开文武官员, 为了监控制衡他们的权力, 朱元璋又需要一股独立于文武官员和外戚、后妃的势力, 无可选择, 作为忠实奴仆的宦官进入他的视线之中。此辈虽然历史上有为乱之事, 但是不让他们掌握兵权就不能掀起滔天巨浪, 以明太祖之雄才大略, 自觉完全有把握驾驭控制宦官势力。用他们来监控文武, 从而从容地把控朝廷大权于股掌之中。宦官们正是在他授意之下, 广泛参与到政治活动之中, 宦官已经成为明代政治体制一个不可或缺的组成部分而存在。

其二，宦官本身的政治忠诚度。洪武年间大案迭出，功臣集团飞扬跋扈，渐渐不受约束。朱元璋面对这一切忧心忡忡，他用严霜政治冷酷处理文武官员，实则有很多无奈之处。而作为无根之人的宦官，本身无家室后嗣的牵绊，自从入宫之时，便忠心耿耿侍奉君主，从心理上来说，他们更值得朱元璋信赖。于是我们就不难理解下面的一件事情：作为朱元璋的外甥，李文忠有开创王朝之功，他喜欢结交儒生，礼贤下士，家中有众多门客。有一次，李文忠对朱元璋说起："宫中内臣太多，应该裁减。"朱元璋大怒，斥责他说："你想减弱我的羽翼吗！？这肯定是你的门客教你的。"于是，他杀了李文忠的门客，李文忠因此受到惊吓得病。

事情已经非常明白，朱元璋是将宦官作为自己的羽翼视之的。文武官员、外戚贵胄都不可靠，只有忠诚的宦官才能令他信任。

虽然如此，明太祖也深知历史上宦官乱政的历史教训，在信用宦官之际，他也注意严格约束宦官。例如，不使宦官典掌兵权，以严刑峻法治理违法宦官，严厉禁止宦官和外官相互勾结串联等。

### 那块纯属子虚乌有的铁牌

如前所述，我们已经得知朱元璋才是开启宦官政治的第一人，出于复杂的心理，明代文官文人们不想也不能承认这个事实。他们努力想塑造这样一个事实：明太祖朱元璋祖训不能使宦官干政，为此还立了一个宦官不能干政的铁牌。前一事我们已经分析过纯属子虚乌有；后一事，很可惜，也纯属文人们的臆想而已。

明朝文官们反对宦官干政，往往会搬出一块铁牌来说事。在他们心目中，这不是一块普通的铁牌。他们如是说：洪武十七年（1384年），明太祖朱元璋铸造了一块铁牌，竖立在宫门口，上面镌刻宦官严禁干政。此说渊源是明代著名大学士李贤的《古穰集》，李贤绘声绘色地描述道："太祖朱元璋鉴于前朝宦官乱政的教训，在宫门口设置了一个三尺高的铁牌，上面铸造'内臣不得干预政事'八个大字。这个牌子宣德年间还有，可是到了明英宗时，大太监王振专权，这个牌子就神秘失踪了。"

此说一处，不亚于一场暴风雨，文官士大夫们仿佛抓住一根救命稻草，拼命加足马力来大宣特宣：看看太祖爷，对宦官干政有明文规定的啊，只不过后来权阉专横，把这块牌子毁掉了。那架势，整个是拿祖训来说事的态度。

很不幸，李贤无缘看到这块铁牌，他的消息从哪里得来也无从可考。可是，明清以来甚至现今，还有很多人奉为圭臬，一提到宦官问题，都要拿出来作为明太祖不许宦官干政的铁证。

仔细想想，此说漏洞颇多：明太祖朱元璋喜欢倒腾铁牌、铁券什么的，他之前给功臣、后妃都曾经发过红牌，告诫他们老老实实做人，规规矩矩办事。如果说，严禁宦官干政的铁牌存在，文官纂修的《明太祖实录》岂能不提。正好可以堂而皇之写入具备国史性质的实录之中，让后世皇帝们都好好看看：你们老祖宗都禁止宦官参政，你们可不要违反祖制。

再者说了，如果真有这么一块铁牌，也应该是在南京。明太祖一朝首都一直在南京，在王振专权时，大明的首都已经北迁到北京。那铁牌怎么就跟着去了北京，这种时空挪移的话也是不值一喙了。

看看明太祖一朝对宦官的信用，就知道这块铁牌压根就是子虚乌有，它只存在文官们的大脑之中，是他们用来对付宦官的精神武器。李贤眼见从王振到曹吉祥，各路宦官不停地在政治舞台上折腾，也许李贤一心焦，编造了这样一个铁牌故事，聊以自慰，同时，也给文官集团一个强大的武器来对抗宦官集团。

**那个冒死救驾的宦官**

这是《明史纪事本末》中记载的一个动人心魄的故事：洪武十三年（1380年）戊戌日，丞相胡惟庸诡称自己家里的井中出了醴泉，也就是带着淡淡酒香的泉水。这可是祥瑞之兆。胡惟庸邀请皇帝御驾到自己家中观看，朱元璋答应了。圣驾到西华门时，宦官云奇突然冲了出来，挡在了皇帝车驾之前。云奇是负责西华门守卫的宦官。他用手勒住了御马，因为过度紧张，气息不畅，久久不能发一言语。朱元璋以为他冲撞御驾是大不敬，于是下令左右将其责打。云奇被打得奄奄一息，右臂已经要断了，仍然奋力指着胡惟庸府邸的方向。皇帝醒悟，连忙登上城楼眺望，果然发现胡惟庸府邸中暗藏着全副武装的甲士。于是朱元璋下令捉拿胡惟庸。之后，他召见云奇，云奇却因为伤重而亡。朱元璋感念他的忠义，追赠他为左少监，命人安葬并派专人负责洒扫墓地。

很可惜，这样一个感人至深的忠义故事却是破绽百出。据《明太祖实录》记载，洪武十三年（1380 年）正月甲午日，也就是发生云奇拦驾事件的四天前，中丞涂节就已经告发胡惟庸谋反，太祖朱元璋还会去胡惟庸家自蹈险地？如果云奇确实拼死救驾，这样一个忠义之臣，为何明朝国史、野史中都不曾提及？胡惟庸所居丞相府的规制也决定了无法藏身众多甲士，而且即使能藏，也非常容易被巡逻者所发现。再者，胡惟庸之甲士进入西华门，守门者能一无所知，不加以拦阻吗？就是记载云奇死后被赠左少监也是谬误，当时洪武十三年（1380 年），宦官有监令、监丞的名目，却未有少监之职，此职是洪武十七年（1384 年）才出现。

胡惟庸之跋扈不轨早有表现，洪武十二年（1379 年）发生占城贡使事件之后，君臣之间关系已经落入冰点。以英明苛察之朱元璋，岂能为一子虚乌有的祥瑞，轻易驾临心怀不轨的臣下家中？所以从各方面来说，云奇告变事件存在各种疑点。

但是话说回来，云奇的故事框架多有虚构，并不代表全部为假。云奇作为一个内使，或许确实曾经告发胡惟庸谋反之事，只不过并没有被皇帝殴毙之惨烈。后世宦官请人为之立碑，就是刻意塑造一个忠义宦官的形象，云奇祠堂墓地烟火旺盛，也基本都是发生在嘉靖朝。综合嘉靖帝严格驾驭宦官的政治形势来判断，我们也就不难理解，宦官们苦心塑造云奇形象的良苦用心了。

# 二、永乐盛世中大放异彩的群体

### 建文帝为何得罪了宦官？

从乞丐到开国皇帝，一生传奇的朱元璋在洪武三十一年（1398 年）五月，永远闭上了他疲倦的双眼。带着万分不舍和对后继之君的殷切嘱托，明太祖朱元璋抛下了他一手创立的大明帝国，去往另一个世界。

朱元璋眼中的仁孝之孙朱允炆继承了大明皇位。面对偌大一个帝国，年轻的朱允炆有些惶恐，他的目光投向了北方，那里有一个最让他放心不下的人，就是他的皇四叔——燕王朱棣。

在太子朱标、秦王朱樉、晋王朱棡相继离世之后，原先排序第四的朱棣晋升为皇长子。明太祖朱元璋晚年屠戮跋扈功臣，在北方边关与蒙古残余势力作战的武将很多被牵连其中。朱元璋以皇子守边代替功臣武将，这些封地在北方边疆的亲王们被称作"塞王"。诸多塞王之中，又以皇四子朱棣军事才能最为卓越。

燕王朱棣封地北平，他的燕王府就是在原先元朝大都宫殿基础上建成的。据守如此重要的北边重镇，加之太祖晚年，朱棣军功卓著，多次得到朱元璋嘉奖，他的心中不可能平静如水。大哥朱标死后，其子朱允炆晋为皇太孙。

朱允炆在朱棣眼中，只不过是一个仁柔的"黄口小儿"，此时的他已经对皇位产生觊觎之心。而朱允炆也深知，如果不除掉这位能力卓越的四叔，他这个皇位迟早也坐不稳。

一场博弈开始了。在江南出身的文臣齐泰、黄子澄、方孝孺等人支持下，建文帝开始了轰轰烈烈的改革。这既是对洪武朝严霜政治的纠正，也是为了获取江南地主士绅阶层的支持，同时对建文帝来说，改革也能使他获取士气、民心，提高自己的政治威望。

看似仁柔的建文帝，做出一件出乎朱棣意料的事情。建文元年（1399年）八月，朝廷派出一批宦官来到北平，他们此行的目的就是配合北平当地官员，捉拿燕王府护卫官属。可是很不幸，朱棣的眼线遍布朝廷内外，在他们行动之前，朱棣就已经提前得知消息，并有所防范。

这些人被朱棣一网打尽，成为建文朝殉难的第一批牺牲者。与我们传统的认知相反，厉行改革的朱允炆一开始并没有动宦官们的"奶酪"；相反，作为大明帝国政治体系中必不可少的一环，宦官们在建文朝初期还是相当得势的。

建文帝朱允炆重用宦官，他派出宦官到各个亲王辖区之内，往来于都城南京和各地之间，负责监视这些皇叔们的一举一动，各地军队中也充斥着宦官们忙碌的身影，他们负责监督军队，传递朝廷的命令。

在很多重要城镇里，宦官与地方官员一起负责保卫地方，监督军队作战。靖难之役打响之后，朱棣在多次战役中俘获朝廷派驻地方的宦官。建文三年（1401年）的真定之战，朝廷的南军被燕军击溃，南军监军宦官长寿被俘虏。翌年的灵璧之战，朱棣一举攻下城池，俘虏了四名朝廷派驻此地防守的宦官。

建文帝信用宦官，甚至成为朱棣造反的口实。在造反诏书中，朱棣指责自己的这位侄子：派遣宦官四处寻找美女，充斥后宫备其淫乐；不仅如此，朱允炆还信任宦官，跟他们商量军国大事，他放任宦官欺凌善类，作为朝廷言官的御史们都被宦官凌辱捶打。

欲加之罪何患无辞，不过抛开这些罪名中的夸大成分，有一点朱棣倒是说得很对：侄子朱允炆确实很信任宦官。

不过，这种信任在朝廷军队节节败退之后，发生了动摇。燕军在靖难战场上节节胜利，凯歌猛进，朝廷上下开始反思战败原因。于是，被派往各地监军和出使的宦官们，被推上了风口浪尖。

建文帝朱允炆毕竟还是太年轻了，面对军事上的失败，他开始方寸大乱。文官们口口声声要惩办、限制宦官，朱允炆开始病急乱投医了，建文三年（1401年）十二月，他下了一道诏书：下令如果有出使地方的宦官放纵不法的，地方官员可以就地拿下送往京城治罪。

这个旨意一颁布，宦官们极度不满。从被信任到严加约束，这种心理落差是巨大的：没想到为主子出生入死，到头来主子如此不信任他们。很多心怀不满的宦官开始为自己另谋出路了。于是有宦官暗中勾通燕王朱棣，告之京城防卫空虚，并愿意为内应，请燕王大军绕道直捣南京，一举推翻建文朝廷。

这稍纵即逝的战机，朱棣岂能放过。建文朝廷那些勋贵和内官做了"内鬼"，在燕军兵临南京城下之时，谷王朱橞和曹国公李景隆打开金川门，任敌军入城。

建文朝廷早已经人心离散。燕军到达南京之际，有宦官公然劝说建文帝退位，还有的宦官盗窃了宝符去投奔朱棣。燕军入城，宫中火起，建文帝从此人间蒸发。

得罪了宦官的建文帝吃了大亏，从某种角度来说，他对宦官的严加治理不是不可以，但是时机不对，在国家危亡之际，团结拉拢一切可以团结的力量才是重点。而他的那道诏书实则将众多宦官推向燕王的阵营。

当然宦官也不都是叛徒，镇守山东的宦官胡伯颜同铁铉一起英勇抗击燕军。燕王朱棣称帝之后，胡伯颜还在兖州一带打游击，截击朱棣派出的来往使者。甚至将朱棣派往迎接宁王朱权的使者也截获了。最终，胡伯颜死在了燕军手中。不仅胡伯颜，在南京被燕军攻陷之时，建文宫廷内的宦官有半数自杀殉国。后人记载建文踪迹时，建文帝身边也有宦官相随其逃亡。只不过，历史在记录下那些建文忠臣事迹的时候，又曾用多少笔墨来刻画这些有名、无名的宦官英雄们呢？

朱允炆到底去了哪里？人们争论了600多年，众说纷纭。有人说他去了湖南湘潭，有人说他去了湖南九嶷，还有人说他去了海外，在东南亚甚至非洲。在新证据出来之前，我们不能妄下结论，但是笔者更倾向建文帝并没有死于那场大火，他有足够的时间来实行逃亡计划。也许他真的逃亡到民间，最终安度晚年，也未尝不可能。

还有一种说法，说建文帝逃亡到海外，朱棣为了找他，竟然数次派遣郑和下西洋，事实真的是这样吗？

### 海洋中国的时代最强音：郑和下西洋

很少有人预料到，一项震撼整个15世纪的伟大航海事业，是由一个宦官来实现的。直到今天，还有人在问："郑和真的是太监吗？"

一切还要从洪武十四年（1381年）十二月说起。明太祖朱元璋的目光紧紧定格在一张巨幅的作战图上。30万明军在傅友德、蓝玉、沐英的率领下，正在以摧枯拉朽之势横扫盘踞在云南的梁王部元朝残军。曲靖白石江之战，元军全军覆灭。明军高歌猛进，一直杀向梁王的老巢昆明。

一场血战就此展开。激战之中，梁王携妻子、儿女自杀而亡。明军杀入昆明，乱军之中，不少百姓成为刀下之鬼。有不少幼童因为父母死在乱军之中，从而成为明军的俘虏。这些幼童被实施了残酷的阉割，作为宫廷内官的储备。其中有一个年方十岁左右的俊美幼童，他就是以后七下西洋的郑和。不过，此刻，他的名字还叫马和。

马和本来有一个幸福美满的家庭，这场战乱改变了他的人生轨迹，痛苦不堪的少年时代没有让他消沉，反而促使他更加努力，最终出人头地，成就了一番伟业。

马和之祖父名叫拜颜，祖母马氏。其父佚名，后人称之为马哈只。因马氏一族出身回族，信仰伊斯兰教。到过麦加朝觐的人被称作阿吉，也就是哈只的意思。因郑和祖父和父亲都曾经去过麦加朝觐，所以被人们尊称为哈只。

马和的母亲温氏,生子二人,长子马文铭,次子马和,另外马和还有四个姐妹。

马和父亲马哈只为人善良正直,在乡里乐善好施,在当地享有崇高的声誉。马哈只有时候会抱着年幼的马和,跟他讲起自己到麦加朝觐的路途见闻。那些稀奇古怪的故事让马和着迷,他暗中立志:长大后一定要去外面的世界闯一闯,这种信念渐渐在他幼小的心灵中萌发。

美好的家庭被战乱打破。马哈只在昆明之战死于乱军之中。

幼小的马和被实施阉割,他饱受精神和肉体的双重痛苦折磨。洪武十八年(1385年),傅友德和蓝玉率领所部守备北平城,他们负责协助燕王朱棣防守北方。马和以及一大批被阉割的幼童跟随军队踏上北上之途。

马和自从洪武十八年(1385年)开始侍奉燕王朱棣,一直在他的鞍前马后效力,凭借自己的聪明能干,被朱棣所赏识,渐渐引为心腹之人。

朱棣决定靖难之时,一起密谋的人员之中,就有马和。燕王朱棣为了培养自己身边的心腹内侍,延请学富五车的文官或者儒生来到王府教授内侍人等。燕王府中丰富的藏书,也为马和等一批内侍进一步学习提供了很好的条件。

马和在跟随燕王的十多年中,他的才干得到进一步成长。丰富的学识加之俊朗的外表、魁梧的身材,马和已经成为一位文武双全的青年俊秀。他经常跟随燕王出战塞外,走访民间,深知世事,非一般迂腐书生可比。

有这样一位文武双全、才貌兼备的贴身侍从,朱棣怎能不对其倾心信任。

在靖难之役中,马和追随燕王征战四方,一刀一枪冲杀在万马军中,立下了赫赫战功。尤其是在郑村坝一战中,燕军以少胜多,击溃朝廷李景隆统率的大军。这一战中,马和不顾个人安危,冲杀在前,血染战袍,这一切都给燕王朱棣留下深刻的印象。他暗自叹服马和的勇武,内心也对其更加信任。

朱棣登上帝位之后,开始筹划一项震古烁今的伟业,那就是派遣庞大船队出访东南亚各国,宣扬明朝国威,同时告知各国自己即位之事。朱棣通过靖难争夺皇位,毕竟难逃篡位之名,这也始终困扰着他。他一心要做出惊天动地的伟业,以证明自己是名副其实的合格帝王,也想通过此堵住悠悠众口。

另外,促使朝贡贸易体系的建立和发展也是下西洋的重要目的。明初特殊的历史环境,迫使明太祖朱元璋实施海禁政策。在实施海禁的同时,明朝也在开展与其他近邻国家的睦邻友好关系。明太祖在祖训之中，开列了一系列不征之国。

实施海禁不等于完全断绝与外国的交流联系，取而代之的是朝贡贸易，也就是朝廷官方开展的海上贸易模式。虽然朝廷秉承"厚往薄来"的理念，但是与海外各国的朝贡贸易能为朝廷带来丰厚的利润和稀缺的海外物资。

下西洋也包含军事意图，那就是向海外宣扬明朝之强盛，同时以强大舰队震撼亚洲邻国，尤其是那些不太安分的国家，如安南和日本等。

这是一项前无古人的事业，明朝永乐之前，还未曾有哪个朝代有过大规模的航海和外交行动。没有历史的经验可以借鉴，这项事业充满了挑战。

在朱棣的规划中，这需要动用一二百艘巨舰，派遣两三万人组成一支庞大的使团，他们的目的是访问二三十个海外国家。这确实是一项惊天动地的伟业。

目标确定之后，使团领导人选问题浮上水面。如此艰巨的任务，到底应该交给谁来完成？在繁杂的政务之外，朱棣日夜思考着这个问题，一个个熟悉的文武官员面孔浮现在自己眼前，他反复思量斟酌，最终确定了马和。

马和身高九尺，按照今天尺寸，也是一米九几的大个子。而且马和眉目俊朗，身材魁梧，气宇轩昂，颇有大将风度。外出使臣的颜值很重要，这代表着大国的脸面。而且他口齿伶俐，善于言辞，是外交的好人选。

朱棣中意马和，他为了坚定自己的判断，还特意向善于相术的袁忠彻咨询。袁忠彻的回答是马和外貌才智在内侍中无人可比，而且通过相面，也更加确信此人可以胜任。

袁忠彻的相术基本很少出差错，听闻此言，朱棣放心了。他又想到马和有卓越的军事才能，更兼之其具备伊斯兰教和佛教信仰，这也是他成为使团领导者的重要条件。当时的东南亚各国，普遍信仰佛教或者伊斯兰教，如果使团的领导者有跟出访国家相同的信仰，无疑从感情上可以拉近距离。

永乐二年（1404）正月初一，朱棣亲笔写了一个"郑"字赐给马和，从此马和被赐姓郑。赐姓乃是表彰郑和功绩之举，同时为提高其威望，朱棣又擢升郑和为内官监太监。内官监是当时内官衙门里面的第一大官署，担任内官监太监，无疑是太监中的权力第一人了。

郑和下西洋是震撼世界的大事，也对世界史有重大意义。那 15 世纪的世界局势如何？让我们眼光向西，看看亚欧大陆的最西边。当时的欧洲刚刚度过了14世纪的大萧条。黑死病肆虐欧罗巴，欧洲人口至少减少三分之一。英法之间百年战争拉开了帷幕，两个国家为了土地和利益相互厮杀；意大利还处于四分五裂之中，威尼斯和热那亚激战正酣；巴尔干半岛上，东罗马、塞尔维亚和保加利亚帝国争战不已；伊比利亚半岛上，阿拉伯人仍然在固守他们的据点；欧陆最东端，新崛起的奥斯曼土耳其人正在对东南欧发动一次又一次的攻击。

不过，纷乱的欧洲也孕育着新生力量。刚刚独立的葡萄牙正在酝酿开拓海外帝国。他们在航海方面杰出的代表亨利王子，开始带领船队向非洲探险并开展殖民活动。这些都预示着欧洲人不甘寂寞，会在接下来的一个世纪里面，开创属于他们自己的大航海时代。

亚洲大陆同样极其动荡。元帝国的灭亡并不代表蒙古势力的彻底消亡。成吉思汗及其子孙远征的政治遗产依然庞大，四大汗国里面仍然存其三。

令人恐怖的是，几乎与明朝建国同时，中亚崛起了一个新生帝国，那就是跛子帖木儿建立的帖木儿帝国。此人凶狠残忍，志向远大，他一心要恢复蒙元帝国的统治。在他晚年，他率领数十万大军东征明朝，意图一举灭亡明朝，取而代之。不过天不假年，半路上，帖木儿大帝病故，大明也得以免除一场兵燹之祸。

朱棣得知帖木儿远征大明的消息后，并没有等闲视之，他下令高度戒备西陲防线。虽然在永乐二年（1404年）郑和第一次出使西洋之前，帖木儿已经病故于征途之中，不过朱棣并没有对这个新生的强大帝国掉以轻心。

北方的蒙古鞑靼和瓦剌部，时刻威胁着明帝国的安危。朱棣面对西边和北边的紧张局势，制定了一个宏伟战略。那就是通过派遣郑和下西洋，稳定和震撼东南亚诸国。同时，如果有可能，跟他们结成战略同盟，以东南方海疆之稳定，来全力对付西北边的强大敌人。

而远隔重洋的美洲大陆，此刻宁静而美丽，印第安等土著人民过着与世无争的生活。欧洲殖民者发现这片神奇的大陆，是近一个世纪之后的事情了。

朱棣确定了使团领导者人选之后，开始全方面准备下西洋的诸项工作。首先，要厘清一个概念，这里说的西洋不是晚清语境下的欧美西方诸国，明朝说的西洋是今文莱以西的东南亚和印度洋沿岸地区。

为了这项前无古人的浩大工程，朝廷上下乃至民间做足了充分的准备。永乐元年（1403年），朱棣即开始为大规模的下西洋做前期准备工作。他将洪武年间建造的船厂进行扩建，改名为南京宝船厂，成为当时全国规模最大的制造海船的工厂。同时，又大力发展太仓和福建沿海地区的海船制造业。

公元1402年九月，刚登上帝位不久的朱棣就向安南、爪哇、琉球、日本、苏门答剌、暹罗等邻国派出使者，颁布了"即位诏"，欢迎各国来华贸易。

这一批最早出使海外的使者中就包括郑和。海上探险离不开详尽的航海图。为此，从永乐元年（1403年）到永乐三年（1405年）郑和下西洋之前，郑和、杨敏、李恺等人就多次前往西太平洋和印度洋各国，广泛全面地收集各国海图和航海资料，熟悉海道，并绘制了详尽准确的航海图。

在永乐元年到永乐三年期间，明朝国内开展了大规模的建造、改造海船的运动。汉朝以降，历经唐宋元各朝，都非常重视海上贸易，航海业持续发展。海船制造业到了宋元时代，已经达到一个新高度，这也为即将开展的郑和大规模远航奠定了基础。

按照计划，第一次下西洋需要组织一支2.7万多人的庞大船队，这就需要动用海船200多艘，其中大、中型的宝船就要63艘。大型宝船长达44丈4寸，宽18丈；中型宝船长达117米，宽47米半。

宝船的载重量重达数千吨。大型宝船有12根桅杆，挂有12张大风帆，宝船的舵杆长十余丈，而且舵是升降式。在船舷部设有长橹，多人摇摆操控，可以在无风或者小风的情况下推动船体运行。

宝船之气势浩荡，在郑和时代的世界堪称巨无霸，这样的大船需要二三百人同时操控才能运行。

郑和乘坐的旗舰更是雄伟富丽。其上层建筑包括头门、仪门、官厅、穿堂、后堂、侧室、书房、公廨等，一应俱全，雕梁画栋、舒适豪华，堪称一座浓缩版的"帅府"。

郑和船队中还包括战船，这些船队都配备了当时最先进的武器。除了传统的冷兵器以外，还配有火药箭、火球、火枪、火蒺藜、铁嘴火鹞、大中型铳炮、铜制手铳等当时先进的火器。

　　船队充分考虑到海员的生活需要，配备了粮船和水船，补充船员每日海上所需餐饮和粮食所需。

　　郑和船队的人员建制完善齐全：由正使太监、副使太监、少监、监丞、内监、都指挥组成领导层；由都指挥、指挥、千户、百户、旗校、军士组成海军军队人员；由阴阳官、阴阳生、火工、舵工、铁匠、木匠、余丁等组成航海技术人员；由鸿胪寺官员、买办、通事组成外事人员；由户部郎中、书算手、舍人、医官、医士等组成后勤保障人员。

　　可以说，郑和船队对船员的生命健康极其重视，负责医疗的医官和医士都来自太医院，他们医术精湛而且人数众多，船队平均每150人就配备一名医生。

　　一切就绪，就等皇帝一声令下。永乐三年（1405年）注定是不平静的一年。这一年国际风云动荡，这也促使朱棣最终在这一年下达下西洋的旨意。

　　朱棣即位之初，安南就一直觊觎明帝国的广西、云南地区，屡屡在西南边疆制造麻烦。1402年跛子帖木儿在安卡拉一战中击溃了奥斯曼土耳其人，从此再无西顾之忧。他一心要恢复昔日元帝国的荣光，统率20万虎狼之师，大举东征，妄图一举灭亡明帝国。虽然他死在了征途之中，但是帖木儿军队必然会对此消息保密，即使有明朝细作可以探听到消息，依照当时的通信条件，传达到朱棣耳中也是半年之后。退一万步讲，朱棣能立刻得知帖木儿病故的消息，对如此劲敌，朱棣也不会掉以轻心。西北方强敌压境，朱棣的战略正是通过派遣郑和下西洋，来加强与印度西岸各国的联系。一旦明朝和帖木儿帝国开战，印度西岸各国结成联盟，可以从侧后牵制敌军。

　　关于郑和下西洋的目的，清修《明史》中提出两点：一是朱棣怀疑朱允炆流亡海外，特意派出郑和去寻找；二是耀武扬威，展现中国的富强。关于这两点，很可惜，都不是朱棣派遣郑和下西洋的目的。

　　朱棣不可能为了寻找朱允炆派遣大规模船队，理由有三：其一，建文帝朱允炆优柔寡断，在位期间以全国之力尚不能消灭燕王，何况失国逊位之君？朱棣对建文帝其人应该不至于如此惧怕，专门派出数万人的船队寻找。其二，退一步讲，即使朱棣要寻找建文帝，也应该派遣得力的锦衣卫等暗中寻访，而不是大张旗鼓，造出如此声势。这不是等于提前告诉朱允炆，我要来找你！？其三，郑和寻找朱允炆缺少历史依据。清修《明史》中错误之处比比皆是，史官们缺少建文帝下落的证据，就根据个人想法任意蠡测，这并不能让人信服。

那朱棣派遣船队下西洋是不是为了炫耀中国富强？朱棣派遣如此规模的船队出使，并不在于征服或者震撼邻国，他更多的是想跟各国建立睦邻友好关系，同时开展和平基础上的朝贡贸易，这一切都跟大航海时代的欧洲列强的殖民行径大相径庭。所以夸示中国富强说也不确切。

朱棣派遣郑和下西洋的目的，我们前文已经详尽分析过了，主要是出于国家战略层面。永乐大帝一代雄主，在位期间多有大工程：五出漠北、六下西洋、三征安南、修《永乐大典》、迁都北京等，每一项都是震古烁今的大事业。

永乐三年（1405年）六月十五日，永乐大帝朱棣正式颁布诏书，派遣郑和出使西洋各国。因为太仓优越的地理环境和港口条件，所以被郑和选定为第一次下西洋的始发港口。

在正式启程之前，郑和还有一个未了的心愿。此去西洋，路途遥远，充满艰险，他不知道自己能否安然回归。在走之前，他特意委托礼部尚书李至刚撰写了父亲马哈只的墓志铭。他无暇为父亲亲自立碑，就委托李至刚将碑文带回老家，请兄长马文铭为父亲立碑。

永乐三年（1405年）十二月初，停泊在南京宝船厂下游龙湾一带的62艘大、中型宝船出发，驰向太仓港而去。从全国各地卫所精心挑选的2.7万多名官兵齐集太仓，在此训练，很多士兵并没有过出海的经历，他们需要在此接受与航海有关的严格训练，以便适应即将开始的海上挑战。

一个多月后，一切就绪。永乐四年（1406年）正月这一天，郑和船队拜别了大明的父老乡亲，驰向蔚蓝色的大海。

船队来到福建长乐的太平港，船队在这里做好了下西洋的各项最后准备。启航之前，正使郑和、副使王景弘等人率领使团成员和船队官兵，来到长乐天妃宫祭祀天妃，他们怀着虔诚的心情祈祷天妃护佑他们出海顺利，保佑他们平安归来。

他们海外航程的第一站是占城国。此刻占城国的形势却不容乐观。建文二年（1400年）安南的黎氏篡夺了大权，他致力对外扩张，对邻国占城和大明侵扰不已，造成当地的紧张局势。朱棣即位后，派遣使者谴责安南国王胡荼侵略占城的行径。

胡夵表面上假装恭顺，暗地里仍然加紧吞并占城的行动。

朱棣一开始寄希望于和平解决安南问题，他派人护送原国王陈氏后人陈天平回国即位，却没承想，陈天平被安南军半路截杀。忍无可忍的朱棣决心武力解决。他于永乐四年（1406 年）四月派出成国公朱能、新城侯张辅率领大军征伐安南。

在出兵之前，郑和船队开赴占城国的行程更具有战略意义。朱棣通过占城国来华使者得知安南国海军实力不容小觑，他们曾使用海军海上入侵占城。朱棣派遣郑和首站赶赴占城，正是带有军事目的。这支船队是一支能胜任两栖作战的精锐海军，一旦大明与安南开战，郑和船队可以在海上攻击安南海军，同时陆路可以借道占城，从侧后攻击安南国境，配合由广西、云南入境的明军，一起给安南造成毁灭性打击。

郑和船队在休整期间，已经发生了安南截杀陈天平之事，明与安南之战一触即发。永乐四年（1406 年）四月，朱能、张辅大军讨伐安南，此刻的郑和在占城国访问，同时强大的海军在安南至占城一带海面巡弋，随时准备配合大明陆军的军事行动。

安南之战中安南海军并没有什么行动，加之大明军队进展顺利，所以郑和的海军并没有用武之地。不过，强大船队给安南国造成的强大心理压力也是不可忽视的。

郑和船队于永乐四年（1406 年）五月结束对占城的访问后，一路航行，历时 20 多天，到达爪哇国新村。此国即为今天印度尼西亚的爪哇岛，在南洋地区是势力强大的大国。

爪哇国时分东、西两部，由两王统治。当时东、西两王相互攻击，东王战败，被西王所杀。郑和船队登陆之地正是东王属地，官军上岸贸易，却遭受西王军队的突袭，明朝官兵 170 多人被杀害。

郑和得知消息后，沉痛而愤怒，他强压自己心头之怒，派人将此事立刻奏报朝廷，请示下一步的行动。

西王都马板担心明朝兴师问罪，连忙派人来谢罪。朱棣对其使者怒斥一番后，勒令他们赔偿死难军士黄金 6 万两。此刻，大明大军征伐安南的事件震动整个东南亚，各国对大明畏惧不已，西王都马板既然已经认罪，郑和从大局考虑，未再采取军事行动。

郑和在爪哇国期间，加强当地华侨的团结，同时大力发展与爪哇国的友好关系，船队人员也借此机会开展贸易活动。

爪哇国的行程结束，郑和船队经旧港来到了满剌加。满剌加之前备受暹罗国欺凌。永乐元年（1403年），朱棣曾经派遣宦官尹庆出使满剌加，满剌加酋长拜里米苏拉借机遣使随尹庆回朝进贡。

永乐三年（1405年）九月，朱棣下诏书封拜里米苏拉为满剌加国王。此时，郑和来到满剌加，一项很重要的任务就是代表明朝封其为王，同时赐予诏印。郑和满剌加之行，还有一项任务就是建立一处据点，以便能借助一年一次季风，远航南亚和阿拉伯诸国。满剌加国王很爽快地协助郑和船队在满剌加建立航海基地。

郑和在满剌加留下部分官兵建造房屋库藏，然后继续率领船队来到苏门答剌。之前此国备受爪哇国侵扰，这一次郑和秉承朱棣旨意，封宰奴里阿必丁为国王。

为了表达感激之情，苏门答剌王答应明朝在此建立航海基地，并建立官厂。

郑和船队之后相继访问了南渤里、锡兰国、小葛兰国、柯枝国，最后驰向了此项行程的最后一站——古里国。

古里国是古代印度半岛西边一大商港，是重要的东西方贸易中转站，是西洋各国中势力较为强大的一个。

永乐元年（1403年），宦官尹庆曾来过古里，并赠予他们礼品，酋长沙米的也曾派遣使者随尹庆一行访问大明。永乐五年（1407年），郑和来到古里，宣读了朱棣封沙米的为古里国王的旨意。郑和着重发展与古里国的友好关系，为在印度半岛建立航海基地奠定基础，同时可以加强与西亚各国的海上贸易。

郑和一行在古里期间，感受了古里人民淳朴的风俗民情，同时大力宣扬大明的风情礼教。他在古里立石题词："去中国十万余里，民物熙暤，大同风俗，刻石于兹，永乐万世。"这表达了大明愿与各国共享太平之福，一同沐浴永乐盛世的美好愿望。

郑和船队结束古里之行后，开始返程，谁也没有预料到，返程途中，一场惊天阴谋正在等待着郑和与他庞大的船队。

原来郑和第一次下西洋来时经过旧港，当地的海盗头子陈祖义为患海上，对当地的经贸往来造成极大的破坏。郑和一开始想和平解决问题，他先对陈祖义进行诏谕。

陈祖义老谋深算，表面上接受诏谕，背地里却密谋劫掠郑和船队。郑和船队在旧港停留很短，所以陈祖义只好等船队返回旧港时下手。

陈祖义召集一伙党羽骨干，打算在深夜郑和船队的船员酣睡之际，发动突袭。陈祖义奸诈无比，表面上接受招抚，却暗中派人窥探郑和船队的底细，随时准备下手。

幸好，旧港当地华侨施进卿及时告知了郑和这个阴谋。其实郑和早就对陈祖义暗中提防，现在得到密报，他立刻召集将领商量作战方案。郑和曾经追随朱棣参加靖难之役，有一定的军事才能，他排兵布阵：天黑之前，船队保持原有队形不变，摆成一字阵型，给陈祖义以毫无防备的错觉。夜色降临之后，郑和下令船队迅速改变队形，呈张开的"口袋"状排列战船，就等着陈祖义"上钩"。

陈祖义从远处窥探到郑和船队所在海域漆黑一片，以为他们都已经沉沉入睡。他亲自带领海盗们，分乘海盗船，悄悄地杀向郑和船队。

陈祖义海盗船进入官军的埋伏圈，还不等他们偷袭，只听得一声炮响，郑和船队已经将海盗船团团包围。各种火器一起开火，加之漫天的弓箭齐发，海盗伤亡大半。官军们奋勇无比，他们跳上海盗的战船，用手中兵器斩杀海盗。一刹那，火器声、兵刃碰撞的声响，夹杂着叫骂声、哀号声混作一片。

一场激战下来，陈祖义来劫掠的17艘战船被烧毁十艘，其他七艘被俘虏，海盗5000多人被全歼，陈祖义则被生擒活捉。这场歼灭战打得畅快淋漓，一举解决了困扰旧港海域多年的海盗问题，也彰显了郑和船队的军事作战能力和郑和本人卓越的军事才能。

事后，明朝在旧港设置了旧港宣慰司，让施进卿担任宣慰使。从此，旧港成为大明朝的海外领土。旧港宣慰司的设立，也为日后明朝与海外诸国大规模贸易提供了良好条件。

郑和船队在结束此战后，顺利返回祖国。跟随郑和下西洋的官兵们不仅享受了官府和亲人们隆重的欢迎，以及令人惬意的假期，还有的官兵把自己购买的海外特产，如胡椒、安息香、丁香、乳香、西洋布、玻璃器皿、珍珠、玛瑙等当时的珍奇物品拿到市场上交易，有的人甚至由此致富。

明初的海外贸易跟历朝比，有其特殊的历史背景。明太祖朱元璋在夺取天下过程中，相继消灭张士诚、方国珍两股劲敌，但是他们的残余势力逃亡到近海岛屿。他们勾结日本倭寇，频繁侵扰明朝沿海地区。

朱元璋派遣汤和、周德兴等人在东南沿海地区严密布防，同时严禁沿海地区居民私自出海贸易。

与此同时，政府主导的海外朝贡贸易却在不断发展。朱棣即位后，下令在福建、广东、浙江市舶司设立驿馆，对海外各国贡使来华贸易，大明采取的是热烈欢迎的态度。

郑和第一次下西洋与诸多国家开展了海外贸易，从各国获取了大量的珍惜特产和奇珍异宝，这些不但满足了国内物质需求，同时获得了相当可观的盈利。

永乐五年（1407年）九月，龙江天妃庙建成，这也是为了祈祷天妃护佑全体下西洋官兵而建。与此同时，郑和奉命第二次出使西洋。

48艘大、中型宝船从南京龙江湾出发，驶向太仓刘家港。在这里，船队短暂停泊休整，会合等候在此的船队，100多艘巨舰载着2.75万多名使团成员，浩浩荡荡，奔向大海。

这一次航程到达暹罗国。当时暹罗与占城、苏门答剌等国发生了严重争执，暹罗自恃强大，随意欺凌上述国家，造成东南亚局势动荡。这次大明船队来临，郑和奉敕对暹罗国的行径进行谴责。

暹罗国慑于明朝强大的国力，加之郑和一行人对之晓之以理、动之以情，国王自知理亏，并表示认罪。郑和拜谒暹罗王城最大的佛寺，这也加强了明、暹两国的友好联系。

这一次下西洋期间，还发生了一件盛事。使团的王景弘带领分舰队访问渤泥国，封麻那惹加那乃为渤泥国王。永乐六年（1408年）八月间，渤泥国王带领王妃和侍臣来到大明回访。

这还是明朝开国后第一次有外国国王来访，他们受到朱棣的盛情接待。

不过，天有不测风云，国王麻那惹加那乃不幸病逝在南京。临终之际，他嘱咐下属一定要世世代代不能忘记大明天子的恩德。渤泥国王被朱棣下令葬在南京城南的石子岗。

朱棣封国王之子遐旺为新的渤泥国王，朱棣封渤泥国山为"长宁镇国之山"，朱棣亲自为之撰写碑文。

郑和船队访问占城、暹罗、爪哇、满剌加等国之后，转行印度洋，达到锡兰山国。郑和希望跟锡兰山国建立友好关系，但是国王亚烈苦奈儿傲慢无比，他对郑和的友好心愿断然拒绝。

除了这一段小插曲外，郑和第二次访问西洋各国总体是顺利的。永乐七年（1409年）七月，郑和船队顺利回到南京。

在南京，郑和向朱棣汇报了第二次下西洋的概况，这次下西洋获得的巨额利润和与各国开展的广泛贸易，令朱棣十分满意。他要求郑和抓紧准备第三次下西洋。

永乐七年（1409年）十月初一，郑和率领48艘宝船组成的庞大船队，从南京启航，开始了第三次下西洋的航程。

郑和到达太仓后，与已经等候在这边的官兵会合。船队规模空前庞大，共有100多艘巨型海船，官兵2.7万多人，如果再加上其他人员，船队共有2.8万多人。

在太仓准备出海期间，郑和还选拔了一些下西洋需要的各类人才。比如费信，他作为船队的翻译入选。他把自己的后半生献给了下西洋事业，并且根据自己的航海见闻，写下了《星槎胜览》，这也是研究郑和下西洋的重要史料。

这次船队首先访问了占城国。郑和前两次下西洋都是首先访问占城。这一次前来，又受到占城臣民的热烈欢迎。听说郑和船队到来，占城国王乘坐大象，王公贵族和文武官员乘马，在港口迎接船队的到来。

郑和宣读朱棣的诏书时，占城国王翻身下象，用膝盖前行，匍匐跪地，用双手奉献上给永乐大帝的贡品。

占城国君臣对郑和使团进行了热烈欢迎。占城物产丰富，伽南香尤为珍稀。另外还有观音竹，这些都是当地特产。

伽南香只有占城国出产，为了向中国皇帝进贡之用，占城王特意派兵在出产伽南香的大山中看守，若有百姓敢擅自采取，要砍断手臂。

为了表示对永乐大帝的仰慕和尊重，占城国王特意准备了一些伽南香，用较低的价格卖给郑和船队。

接下来，郑和船队又来到暹罗国。在暹罗，郑和要求国王遣返流亡到此地的罪犯何八观等人。

暹罗国王非常配合，遣返海外逃犯的行动进行得十分顺利。

郑和船队又先后访问了爪哇国、满剌加。在满剌加，郑和为酋长拜里米苏剌举行了隆重的封王典礼。

随后，郑和又敕封镇国之山。明朝政府和满剌加的友好关系，也震慑了经常欺负侵扰它的暹罗国。明朝的支持，也使得满剌加赢得 110 多年的独立发展。

郑和下西洋还将东南亚烹食燕窝的方式传入中国，据说一次，郑和的船队在海上遇到大风暴，只好停泊在马来群岛的一处小荒岛上。

岛上食物缺乏，为了充饥，郑和命人将岛上的燕窝拿来煮熟后食用。食用之后，船员们感觉身体充满了力量，气色也非常好。郑和看到了燕窝的功效，于是采集了大量燕窝，带回大明献给朱棣。从此之后，东南亚一些国家开始将燕窝作为贡品输入中国。

结束了满剌加的访问之后，郑和船队继续前行，又来到苏门答剌。采办了当地著名特产龙涎香和胡椒等物后，郑和一行来到锡兰山。谁也没有预料到，在这里，船队将经历一场战火的洗礼。

锡兰国王亚烈苦奈儿在南亚成为地区一霸。他拥有 5 万人的军队，经常出兵劫掠来往使者，还侵扰邻国。

郑和船队来到该国，一项重要使命就是宣谕国王，不要恃强凌弱，要与各国和谐相处。

其实郑和第一次来到锡兰山时，亚烈苦奈儿就有加害之意。这一次，他出兵对郑和官兵进行了小规模的骚扰。大明官兵们愤怒不已，一致要求出兵惩罚锡兰国。

郑和考虑到船队还有各国访华的使者，如果开战，也将影响后面访问各国的行程。郑和力劝大家要以大局为重，先完成剩下的访问行程。

官兵们听从了郑和的建议，船队来到甘巴里、小葛兰、柯枝国、古里国等国，进行了外交和贸易活动。

郑和在古里忙着开展贸易活动时，锡兰国却派出使者求见郑和。使者首先表达了悔罪之意，国王对于士兵与明军发生冲突之事表示道歉，而且愿意接受明朝朝贡，接受册封。

俗话说，无事献殷勤，非奸即盗。亚烈苦奈儿憋着一肚子坏水，他是打探到郑和船队携带了大量的金银珍宝，垂涎这些宝物，便打算假装道歉，诱骗郑和船队到锡兰国，再乘机下手，夺取宝物。

郑和以君子之心度小人之腹，想到能不战而屈人之兵，这也是最好的结果了。

郑和船队返程经过锡兰国。郑和要见国王，国王却不接见，而是让其子向郑和索要宝物，被郑和断然拒绝。

亚烈苦奈儿大怒，派出5万军队，准备强行劫掠郑和船队。面对数量占优的敌军，郑和冷静果断，他以敌人倾巢而出，国内必然空虚，决定出兵打击其国都。

郑和亲自带领2000多名大明官兵，趁夜间抄近路攻入锡兰王城。这次"斩首"行动相当顺利，还在做着黄粱美梦的亚烈苦奈儿及其家属，还有一班高层官员被明军一举俘虏。

捉拿国王后，郑和命令官兵们坚守王城。国王派出劫掠郑和船队的大队士兵听说国王被俘虏，连忙从四面八方赶回王城，将王城围了个水泄不通。经过六天的坚守，锡兰军队一无所获，反而损失惨重。

围城第七日，郑和押解着国王等一干俘虏，冲出城门突围，经过一番血战，终于赶回宝船上。

郑和下令船队启航回国，回想这一次锡兰山之战，确实凶险，2000多人对战5万锡兰军队，却能最终突围成功，实属不易，由此也可见，郑和船队官兵具有彪悍的战斗力。

面对如何处理亚烈苦奈儿的问题上，朱棣君臣产生了分歧。不少大臣主张诛杀锡兰王，以儆效尤。而朱棣从大局出发，认为其毕竟是一国之王，若将其诛杀，会严重影响大明和锡兰国之间的关系。朱棣又考虑到锡兰王是愚昧无知犯了错误，最终，还是将他释放，让他暂时居住在大明。

对于锡兰国王之位，自然不能由其继续担任。朱棣选择了耶巴乃那做新一任锡兰国王。新任国王对大明十分友好，多次派遣使者前往中国朝贡。

锡兰山之战的胜利，使得南亚海域的海盗问题最终得以解决，大明在海外的声威日隆。

可以说，郑和船队下西洋的过程中，充满了常人难以想象的艰险。很多船员死于战斗或者海难，有的病死或者被土著人俘虏，还有的流落荒岛，最终得以回国，上演了一段段传奇故事。

比如，第三次下西洋过程中，就发生这样一个传奇故事。郑和船队的一名士兵中途得了疟疾，眼看要不行了。船上的舟师和这个士兵关系不错，就给了他一些生活用品，然后将他丢弃在一个荒岛上，任其自生自灭。

经过一场大雨后，他的病反而好转，他找了一处岩洞栖身，靠着食用鸟蛋，用了十天左右，身体完全康复。

这名士兵还杀了岛上的蛇，从它的腹中取出珍珠。这珍珠是蛇吞下的蚌胎里面的。一年之后，郑和船队又经过这个荒岛，这名士兵挥舞着衣服大声呼救。

士兵被救上船后，他讲述了自己的传奇经历，并将得来的珍珠献给领船太监。太监将这些珍珠的十分之一赏赐给士兵，士兵回国后，凭借这些珍珠成了富豪。

类似这种传奇经历的船员并不在少数。直到正统十三年（1448 年），士兵赵旺等自西洋回国。他们当时追随太监洪保统领的分船队下西洋，乘坐的海船遇到风暴，有些人漂到卜国，也就是今缅甸一带。很多船队士兵在当地做了僧侣。他们后来听说此地靠近云南，于是找机会回到大明。

当时漂泊到卜国的百余人，在 18 年后，回到故国的仅仅有赵旺等三人而已。

第三次下西洋结束，郑和回国，这一次，在国内停留时间较长。这跟朱棣对第四次下西洋的要求有关。他希望郑和的船队能航行得更远，去往古里以西的国家，比如忽鲁谟斯甚至更远。

郑和趁着这一次回国休整的机会，去往云南故乡，给父亲扫墓。郑和还招揽到哈三和马欢作为船队的通事。马欢参加了郑和此后下西洋的航程，并写下《瀛涯胜览》一书，为研究郑和下西洋提供了珍贵资料。

郑和第四次下西洋的人数又创新高。船队由 100 多艘巨舰组成，参加人员达到 2.85 万多名。这次出使的正使依然是郑和和王景弘两人。

永乐十年（1412 年）十一月，永乐皇帝朱棣下达第四次下西洋的命令。郑和一行人在长乐驻泊一年之后，经过精心地准备，于永乐十一年（1413年）冬季驰向占城国。

郑和主船队在占城国受到国王的隆重接待，同时，另一支分船队驰向暹罗国。

郑和结束访问占城之后，船队匆匆赶往满剌加国处理该国与爪哇国之间的纠纷。当时爪哇国占据了旧港部分地区，满剌加国王拜里米苏剌假称得到明朝政府命令，向爪哇索取这些土地。爪哇国王都马板对此疑惧，爪哇和占城之间关系陡然变得紧张起来。

此次事件主要责任国是满剌加一方。郑和首先示意满剌加国王要自重，不要辜负明朝扶助其建国之恩，同时对他假冒明朝命令索取旧港土地的行为提出严厉谴责。国王拜里米苏剌自知理亏，只得俯首认错。郑和也不再追究。

在满剌加休整一段时间后，郑和又来到爪哇国，向国王都马板说明情况，将一道敕书交给了他。郑和又将他与满剌加国王交涉的情况一五一十告知了都马板。都马板安下心来，表示一定会与满剌加和谐相处。

郑和的调停是成功的。船队继续航程，这一站他们到达苏门答剌。苏门答剌国内形势这时有所变化。苏门答剌西部有一个小国家，叫作那孤儿，国王脸上刺着花纹，所以又被称作花面王。永乐五年（1407年），苏门答剌国王宰奴里阿必丁在率军迎战来犯的那孤儿花面王时，身中毒箭而亡。当时国王留下一个幼子，因为年龄太小，不能为父报仇。王后哭着立下誓言："有能报夫死之仇的，并且为我们夺回失去土地的，我愿意嫁给他，共主国事。"

当时，有一个渔夫在场，听到这话，应声回应道："我能为你报仇！"渔夫带兵奋勇向前，杀死了花面王。花面王一死，他的部下再不敢侵扰苏门答剌国。先国王的王后也不负前言，嫁给了渔夫，这个渔夫被称作"老王"。

永乐十年（1412年），宰奴里阿必丁之子锁丹罕难阿必镇长大成人，又生出重新夺回王位之心。他发动政变，袭杀了已经成为他义父的老王。

老王虽死，他的儿子苏干剌不甘失败，他一心要报父仇并且重新夺回王位，于是带兵不断攻打锁丹罕难阿必镇。

新国王锁丹罕难阿必镇派遣使者到明朝，请求明朝正式册封自己为国王，并且请求明政府出兵帮忙镇压苏干剌叛乱。朱棣为了稳定苏门答剌局势，同时担负起保护海外诸国的责任，同意了苏门答剌新王的要求。

郑和船队此行来到苏门答剌也肩负着重要使命。郑和见到新王，告知他会在船队返回经过苏门答剌时，再出兵解决苏干剌。

苏门答剌之旅结束了，郑和船队继续航行，他们先后到达榜葛剌国、锡兰山国、小葛兰国、柯枝国、古里国。

在古里国，郑和告知国王沙米的，他有意继续向西远航阿拉伯和非洲沿岸。

沙米的为郑和提供了大量的航海记录还有航海图册等，并为他安排了一些富有经验的阿拉伯水手和船长。

郑和、王景弘等船队主要领导研究后，确定郑和率领主船队由锡兰山的别罗里港口直接横穿整个印度洋，到达非洲国家访问。几位副使率领分船队分别访问忽鲁谟斯、祖法儿、阿丹、天方、埃及等国家。

郑和主船队从小葛兰国扬帆起航，开始了横渡印度洋的壮举。郑和船队来到一个被称作"溜山国"的国家（今马尔代夫）。郑和拜访了国王优素福，赠送给他一些丰厚的礼品。之前郑和只是听说过这个国家，这次亲自踏上这个美丽而神奇的岛国，大开眼界。

该国风俗淳朴，男女体貌黝黑，男子白巾缠头，下围手巾，女子则上穿短衣，下以阔布手巾围裹。她们用大布手巾围住头部，只露出面孔。

郑和船队离开该国不久，在海上遇到风暴。经过艰苦地航行，船队终于穿过风暴区，安然继续前行。

郑和船队到达非洲，访问的第一个国家是木骨都束。郑和庞大船队到来的消息，震撼了这个非洲国家。木骨都束国王举行了盛大的庆典，欢迎郑和船队来访。郑和使团在木骨都束开展贸易活动，获取了大量的非洲特产龙涎香、香料、象牙和当地野生动物。

其实，按照当时郑和船队的先进航海技术，驶过好望角，直接沿着非洲海岸北上，到达欧洲是完全可以做到的。但是，欧洲的毛织品和酒类等物产不是明朝人感兴趣的，而且当时的欧洲刚刚经历了黑死病的洗礼，贫瘠而落后。显然，相比之下，明朝人对物产丰富的非洲更感兴趣。

木骨都束之行后，郑和使团又先后访问了卜剌哇、竹步、麻林等非洲国家，郑和同各国建立了友好关系，同时获得了大量龙涎香、乳香、象牙、"麒麟"（长颈鹿）、狮子、犀牛、金钱豹、鸵鸟等珍奇禽兽。

永乐十三年四月，郑和在访问了非洲东海岸各国后，打算乘着印度洋上的西南季风，返回大明。

归国途中，还有一件大事等着郑和船队去完成，那就是之前许诺的帮助苏门答剌新王平定苏干剌的叛乱。

苏干剌早就听说了郑和打算帮助新王对付自己的消息。这次，郑和船队又来到苏门答剌，他打算先发制人，抢先出兵攻打郑和的船队。

郑和船队两万多名士兵会合苏门答剌新王的军队，与苏干剌的几万叛军，进行了大规模的决战。

苏干剌大败，逃亡到南渤里国。郑和穷追不舍，带着联军来到南渤里国将其擒获。

永乐十三年八月，回到南京的郑和，将苏干剌等一干俘虏献给朱棣治罪。最终，苏干剌被朱棣判处了死刑。

苏门答剌事件的最终解决，使得大明帝国在东南亚的声望更隆，这也为东南亚和平贸易局面打下了坚实的基础。

在这次下西洋结束后不久，非洲的麻林国派遣使者来到大明，奉献了瑞兽"麒麟"，也就是非洲的长颈鹿。

这件事情也轰动了明朝上下。麒麟在中国，自古以来就是祥瑞盛世的象征，这次非洲国家不远万里来到中国献上了麒麟，表明了大明的声望远播海外，这是国力强盛的象征。

永乐十三年十一月，朱棣亲自在南京奉天门主持迎接麻林国使臣的大典。郑和也陪伴各国使节，目睹了这一盛况，这是郑和使团和平外交获得巨大成功的一个标志。

虽然已经获得了空前成功，朱棣的下西洋宏图并没有停止。永乐十四年冬，朱棣命郑和第五次下西洋。

这次使团有巨舰100多艘，人员2.74万人。郑和船队在护送亚非各国使者回国的途中，再次访问了占城、古兰丹、爪哇、满剌加、苏门答剌、锡兰山、甘巴里等国。到达柯枝国后，郑和依照朱棣的圣旨，为柯枝国举行了镇国之山的敕封典礼。

之后，船队依次访问古里、忽鲁谟斯、溜山、阿丹、木骨都束、卜剌哇、麻林等国家。

永乐十七年（1419年）七月，郑和回国，完成第五次下西洋的航程。

经过五次下西洋，明朝国威远播海外，海外使者甚至国王都屡屡造访大明。永乐十五年（1417年），来华访问的苏禄国东王叭都葛巴答剌在南归途中，病死在德州。

郑和船队第五次下西洋回来后，南京的静海寺刚刚落成，郑和将从海外带回的海棠种植在寺庙之内。

郑和一般被人称作三宝太监，那三宝为何？永乐十八年（1420年）五月，郑和曾经捐赠云南五华寺，当时他写了一篇发愿文，提到"三宝"这个词。此乃佛家之语，佛家以佛、法、僧三者为三宝，因为佛说法而僧又保守之，所以尽皆为宝。郑和信佛，在发愿文中提出"常叨恩于三宝"，所以宫内都称呼他为三宝太监。

永乐十九年（1421年）正月三十日，郑和又开始第六次下西洋的航程。

这次下西洋使团除了郑和之外，还设有六位正使太监，他们是洪保、孔和卜花、唐观保、李恺、杨庆、杨敏。

这次下西洋也是永乐时代最后一次下西洋，主船队到达满剌加、苏门答剌访问，分船队去往各国访问。

船队共访问36个国家。郑和主船队永乐二十年（1422年）回国后，其他分船队还在海外继续他们的航程。杨敏的分船队直到洪熙元年（1425年），还航行在乌龟洋，他们对朱棣已经驾崩的消息一无所知。

各个分船队最长的航行四年之久，最远的南边到达今澳大利亚沿海地区，最西的绕过好望角，已经到达非洲西南沿岸。

第六次下西洋之后，郑和为了解决旧港宣慰使继承问题，又专门去了一次旧港。他灵活处置，在旧港承认了施进卿之女施二姐在旧港的统治地位。

正是在旧港期间，郑和得知朱棣驾崩于榆木川的消息，他悲痛万分，又忧心忡忡，他不知道新帝对下西洋事业的态度，他对未来一片茫然。

随后的事情证明，郑和的担心不是多余的。朱高炽即位，这位新皇帝身体肥胖，喜静不喜动。他支持文官们的主张，以儒家仁政治国，亲自去监狱释放了因为触怒朱棣而被下狱的户部尚书夏元吉。

朱高炽听从夏元吉的主张，于永乐二十二年（1424年）八月下诏书，宣布停止下西洋。

郑和被朱高炽任命为南京守备太监。郑和花费了不少力气，终于说服皇帝保留了下西洋的船只，它们被完好地封存在龙江湾，下西洋的官兵建制也得以完整保留。郑和依然统领着全体下西洋的官兵，担负着镇守南京的职责。

郑和在守备南京期间，也获得一个侄子作为自己的过继儿子。他就是哥哥马文铭的长子马赐。马赐当时也已经有了两个儿子，大儿子马万，二儿子马廷。马赐过继给郑和之后，他们也就改姓郑。

郑和在南京的府邸，因为有了过继的儿子、孙子，顿时热闹了很多。郑和本也姓马，为了不忘本源，同时表达对父母亲人的思念，他的府邸还是以原姓称作马府。而马府所在的街道，被称作马府街，这个地名一直沿用到今天。

建筑豪华的马府已经毁于太平天国时的战火，只留下一个私家花园，也就是今天郑和公园所在地。

之前郑和忙于下西洋事业，常年奔波海外各国。现在他奉命镇守南京，终于有机会可以享受一段难得的平和时光。

仁宗皇帝朱高炽有还都南京之意，因此命令郑和与王景弘对南京的宫殿、天地坛、山川坛等处进行修缮。修缮的工作延续到仁宗驾崩之后，宣宗命原先参加下西洋的官兵中抽出1万多人，参加南京各项工程的修缮。

在南京各项工程的修缮中，大报恩寺是最引人注目的。这座朱棣为了报答生母马皇后恩情的建筑，从永乐十年到宣德三年，整整经历了16年，才宣告彻底完工。

这座宏伟建筑的完成，凝聚了郑和的心血，而大报恩寺也被后来来华的欧洲人称作世界一大奇观。

在南京的岁月里，虽然总体清闲而祥和，郑和却一刻也没有忘记历次下西洋的点点滴滴。他不甘心这项伟大的事业就此终止，随着自己年龄越来越大，他深感如果再不抓住机会，恐怕此生再无缘继续伟业。

郑和曾经劝说宣宗继续下西洋的伟业，可是文官们反对声四起。夏元吉和黄骥都以下西洋劳民伤财为辞大力反对。

尽管第七次下西洋看起来遥遥无期，郑和、王景弘等人还是收集了航海图，整理成全幅下西洋航图。他们即使无缘再下西洋，也要给后人留下宝贵的资料，期待有朝一日后人会继续他们的伟业。

就在大家认为希望已经渺茫的时候，宣德五年，一个人的死让下西洋再次成为可能。宣德五年正月，户部尚书夏元吉病死，他也是反对下西洋最为坚决的代表人物。他一死，朝中反对下西洋的文官们失去主心骨。同时，明朝的国际形势也发生一系列变化。

宣德五年六月初九，宣宗正式下旨，派遣郑和第七次出使西洋各国。宣宗本次派遣使者，也有为将自己即位消息告知各国，重现皇祖父朱棣永乐年间海外来使盛况的目的。

郑和与王景弘受命为船队共同领导人。在正式出海之前，郑和奏请宣宗重修南京净觉寺。

这一次下西洋，船队包括 100 多艘巨舰，海军、通事、办事、书算手、医士、舵工等人员 2.755 万人。

正式出海之前，郑和等一行船队领导人员在福建长乐南山寺天妃灵应碑题名：正使太监郑和、王景弘，副使太监李兴、朱良、周满、洪保、杨真、张达、吴忠，都指挥朱真、王衡。

宣德七年七月初八，郑和船队到达满剌加。郑和宣读宣宗的敕书，表达明朝对于解决满剌加和暹罗之间纠纷的态度和立场。经过郑和一个多月的外交斡旋，终于帮助满剌加解除来自暹罗的威胁。

离开满剌加，郑和主船队和分船队又造访了苏门答剌、榜葛剌国、锡兰山、小葛兰、柯枝国、忽鲁谟斯、天方国等。

郑和船队与亚非各个国家开展了广泛贸易，以马来半岛和阿拉伯半岛为其在东西方的两大主要贸易区。满剌加是东南亚的商业中心，也是郑和建立航海贸易基地所在地；忽鲁谟斯作为中世纪著名的国际贸易中心，也是郑和远航的航海贸易基地。两大贸易基地的建立，对于海上丝绸之路的建设起到巨大的推动作用。

具体到贸易的货物来说，郑和船队与海外各国开展贸易的过程中，带回大明的奇珍异宝只是小部分，货物中的大部分是香料、大米、珍贵木材、药品、布匹等生活必需品和各国的特产。

郑和年届六旬，还要在海上奔波，长期的劳累拖垮了他的身体。宣德八年四月初，郑和在古里病逝，而第七次下西洋遂成为绝唱。郑和之后，再无郑和！

王景弘带领船队完成剩下的航程，最终于宣德八年六月回到大明。之后，明朝虽然屡次有人（多是宦官）建议皇帝再下西洋，但最终成为空中楼阁，下西洋成为历史的记忆。

为何郑和之后，再无郑和呢？这是一个历史深处的疑问，几百年来，无数人在思考，也提出种种观点。

有一种占据主流的观点，认为郑和下西洋终止是因为明朝的海禁政策和闭关锁国。

下西洋之前、过程中和之后，明朝都有海禁政策，海禁并不是针对下西洋而定。海禁禁止的不是政府层面的大规模远航。郑和下西洋结束后，市舶司仍然在运转，朝贡贸易也从来没有停止过。

在明朝初期，朝贡贸易和海禁是明朝对外政策的两个方面，二者并行不悖。一方面，明朝政府主导，开展与海外各国的邦交和贸易关系，这就是朝贡贸易层面；另一方面，对民间海外贸易，政府坚决打击走私活动，禁止中外私人贸易。洪武四年十二月，明太祖出台海禁政策是因为当时的特殊背景。方国珍和张士诚虽然被消灭，但是余党流落沿海岛屿，并勾结倭寇频频入犯。对海上安全的关注，成为海禁政策出台的一个重要因素。

另一个重要因素，是明太祖为了稳定国家政治形势，防止国内之人贪图利润，与海外之民私下沟通，作奸犯科，才制定禁止私人泛海的政策。

对于明朝政府来说，开展朝贡贸易百利无一害。朝贡贸易可以树立明朝的国际威望；互通有无，实现物资交流；可以获得安定的国际环境，减少战争的可能；国家垄断海外贸易，可以获取更多利益。

海禁并不源于明朝，之前历朝历代都有禁止私人走私贸易的条文，元朝也存在四次海禁。

国家层面的海禁并不是禁止国家主导的海外贸易，当然不可忽视的一点是，朝贡贸易也包括官方控制下的私人贸易，海禁也并不是完全禁止私人贸易。

所以说，郑和下西洋终止于海禁是无稽之谈，至于闭关锁国，看一看永乐年间及之后海外贸易的盛况，就知道这种说法并不成立。

那郑和下西洋是不是因为耗费巨大，从而导致了物力不支呢？

成化、弘治年间的名臣刘大夏，曾经说过郑和下西洋耗费了钱粮数十万，军民死者上万，纵然得到宝货，又于国家何益。

郑和下西洋带回大量的胡椒、苏木。第一次下西洋结束后，每斤胡椒在中国的价格是原产地的十倍。明朝政府获利巨大，并开始以胡椒、苏木折俸，发给官员和士兵。

宣德九年，郑和第七次下西洋后，明代宝钞贬值严重的情况下，政府依然以每斤胡椒折价一两银的比价折俸，从中获取高达百倍的高额利润。

用胡椒和苏木折俸，并作为货币替代品，从而力图缓解钞法失败带来危机的做法，一直持续到成化初年。

当然不可否认，郑和下西洋确实耗费巨大，但是国家从中获利更盛，不是下西洋导致国家物力难继，而恰恰是停止下西洋，导致国家的财政危机。

宣德年间，工部尚书黄福就拿永乐年间说事，说那时候迁都北京、征伐安南、北征蒙古等事都耗费巨大，但是国家财政也没有困难；而宣德朝国家没有多大费用，却发生财政困难。这也从一个侧面说明，郑和下西洋给明朝带来巨额国家收入，从而得以维持各项旷世工程。

天顺二年，有太监上奏英宗说，自从停止下西洋20多年后，国家府库衰竭，出现财政危机。

可见，耗费巨大导致难以为继说也不确。

那到底是什么原因，使得下西洋这项伟大的事业终止了呢？

首先，我们应该看到，郑和下西洋使得宦官的势力进一步增长。郑和船队的正、副使等主要领导人员，基本由宦官担任。这样一支庞大船队，包括两万多名帝国最精锐的海军战士，都统一在宦官集团的领导之下，而且海外邦交的巨大成功，也使得作为使团领导人的郑和等宦官威望日增。

另外，朝贡贸易带来的繁荣景象，也凸显了市舶司的重要性。而掌管市舶司事务的也正是皇帝外派的宦官。

面对永乐朝突飞猛进的宦官集团发展势头，文官集团给予有力反击。宣宗即位后，翰林院编修周叙就建议杨士奇联络朝中重臣，劝说宣宗皇帝剥夺宦官集团的采办和下西洋等权力，只保留镇守之权。文官集团对下西洋事业的强烈反对，其实也有打压宦官势力的意图在里面。

其次，以物代俸的措施，严重损害了文官集团利益。本来明朝与历代相比，官员实行的就是低俸制。

永乐年间又开始以胡椒、苏木折俸。这些奢侈品虽然价格昂贵，是国家以挽救钞法危机的面目出现，但是官员领到这些以后，还需要变卖才能获取生活用品，给他们增加了麻烦。而更加麻烦的是，随着胡椒、苏木大量涌入明朝，它们也开始贬值，这样一来，折俸的官员们自然经济利益受到侵害，他们的生活受到严重影响，自然会对"罪魁祸首"的下西洋事业群起而攻之。

再次，下西洋事业挤压了商人私人贸易的利润空间。

国家主导的朝贡贸易本身就被民间视为"与民争利"。当然这里说的民，实际上更多的是大地主和商人。他们的背后，是大宗族集团，而大宗族占有良好的教育资源，他们的子弟往往能在科举考试中出人头地，成为文官集团的一员。国家主导的海外贸易垄断了超额利润，大商人们可望而不可即。

面对利润空间被严重挤压，大商人和大地主通过他们在朝中的代言人，也就是文官集团，极力反对下西洋事业。

在成功地阻止后世皇帝再下西洋的企图后，文官集团又对海禁令视为虚文，并没有多少人认真执行，从而为私人走私大开方便之门，大地主和大商人集团由此获得巨额利润。

最后，郑和下西洋引起的地区地缘政治经济格局的变化，也是一个重要原因。

郑和下西洋带动满剌加的崛起，满剌加已经成为中国和印度、西亚乃至非洲、欧洲之间的最重要的贸易中转站。

这就是下西洋带来的地缘政治经济格局的变动，这样一来，满剌加作为中央集散地，相当于拉近了中国和海外市场的距离。由此，明朝不必舍近求远，再去下西洋，而只需要通过满剌加这个商品中转站，即可实现海外贸易。

而之后的史事也验证了这一点，中国沿海地区人民移居东南亚者越来越多，并且他们大力发展海外贸易，实际上，从另一个层面继承了郑和的事业。

**宦官会武功，这不是传说！——靖难之役中的军功宦官们**

国人对明代宦官的了解，很多来自那些影视剧。电影《新龙门客栈》中的曹少钦（当然此公有历史原型，就是英宗朝大太监曹吉祥）、《龙门飞甲》中的雨化田，这些太监在电影中，无不是武功高强，令人畏惧。也不能说电影完全胡诌，在明代历史上，确实有一批宦官在战场上搏杀，武艺超群。甚至在一个时期，还形成了一个群体，这就是军功宦官集团。

明代宦官来源十分广泛，除了汉族之外，还有蒙古、女真、回、苗等少数民族，除了明朝境内之人外，还有来自安南、朝鲜等国的宦官。在靖难之役中，燕王府中的内官们奋勇作战，立下赫赫战功。例如，女真人王彦（也就是狗儿）、王安、刘通和刘顺兄弟、西番人孟骥、回人郑和、李谦、蒙古人云祥、田嘉禾等。

这个集团人数庞大，我们只能从中挑选一些有重要影响力的来讲述。王彦，建州松花江人，他原名王狗儿。王狗儿之父名叫萨里蛮，明初他率部归附明朝，王狗儿则自幼侍奉燕王。作为燕王府旧阉，王狗儿在靖难之役中身先士卒，攻城夺寨都是一马当先，立下大功。如建文二年，朱棣在山东对战盛庸时，派遣都指挥朱荣、刘江和内官王狗儿率领精锐骑兵3000人偷袭朝廷军。此战，燕军大胜，斩杀朝廷军数千人，并俘虏了高级将领多人。建文四年的淮河之战中，王彦与陈文配合，突袭朝廷军营，取得辉煌战果。

朱棣称帝后，给王狗儿赐名王彦。永乐初期，王彦被派往辽东镇守。在镇守期间，他多次配合永乐帝的远征行动，并且护送朝鲜世子入明朝朝觐。永乐十二年，王彦追随朱棣出征瓦剌，这一次他的侦探工作没有做好。朱棣训斥他之罪过重过泰山，足以导致杀身之祸。不过，朱棣这只是驾驭之术，对王彦的信任却不曾改变。他镇守辽东之际，曾经受命开黑山金场，三个月才得金八两，显然这次役使8000名民夫的工程是失败的。不过，总体来说，此人镇守辽东30多年，屡次立下战功，为辽东边疆的安定做出了贡献。

王彦曾经被皇帝赐妻吴氏，并拥有大量田园和奴仆。王彦信仰佛教，在镇守辽东期间，大量兴建佛寺。正统年间，王彦被调回北京，他又祈请朝廷在昌平县兴建佛寺，即为广宁寺。

王安，原名不花都，他是女真人。在靖难之役中立功，永乐八年受命监军。与左都督吴允诚追赶蒙古将领阔脱赤到了把力河一带，并将其擒获。此后，他又镇守甘肃，随将军史昭征伐。

刘通、刘顺兄弟在永乐延至宣德朝的政治军事舞台上扮演了重要角色。刘通、刘顺兄弟出身女真三万户大族，父亲阿哈，母亲李氏。刘通、刘顺兄弟幼年，恰值时为燕王的朱棣在北边大建奇功之际，朱棣趁朝廷招抚三万户之时，女真部落多归附新建的三万卫。朱棣在这些内附的女真人中招募了精壮人马，并阉割了其中年幼的女真男孩作为心腹内侍，以备将来不时之需。其中就有刘氏兄弟二人。二人幼年被阉，却精于骑射，加之朱棣着力培养，渐渐成为孔武有力的壮士。

靖难之役时，刘通时年 18 岁，而刘顺只有 15 岁，兄弟二人可谓少年英武。他们在夺取北平九门的战斗中脱颖而出，令朝廷军胆寒。

随后兄弟二人追随朱棣，参加了靖难之役中大大小小所有的战事。兄弟二人不但武艺超群，还是朱棣得力的情报助手。他们安排眼线，刺探朝廷动向，建文朝廷的一举一动几乎都在他们掌握之中。

在攻入南京皇宫之时，刘通还被朱棣秘密委以重任。什么重任，其墓志有载："肃清宫禁！"很显然，朱棣交给他的任务就是寻找朱允炆的下落，生要见人，死要见尸！刘通带人闯入南京皇宫，发现了一具焦黑的尸体，身下还有一块玉佩。他实在无法辨认，但是又想到主子的要求，建文帝不管死没死、逃没逃，结果是注定的。于是，他回报朱棣说这具尸体就是建文帝。

刘通、刘顺的表现，朱棣是满意的，他称帝之后，授予刘通正五品的尚膳监左监丞，刘顺正五品的御马监左监丞。兄弟二人在仕途上开始平步青云。

刘顺在永乐四年出镇辽东，永乐六年，他又负责防卫沿海。在这一年与倭寇的安东之战中，他表现勇武，与倭寇奋战一昼夜，将敌人击退。永乐朝，北边蒙古分裂为鞑靼、瓦剌、兀良哈三部，其中鞑靼、瓦剌部又是明朝的主要敌人。永乐七年，朱棣派遣淇国公丘福出战漠北，结果轻敌冒进的丘福在胪朐河遭遇鞑靼骑兵包围，几乎全军覆灭，主将丘福战死。当时，刘顺也跟随大军出征。在敌军重重包围之中，他率领所部死战，敌酋葛孩追击他，刘顺弯弓搭箭将葛孩胯下战马射死。敌军才退去，刘顺最终得以率领部下全身而退。

永乐八年二月，明成祖朱棣第一次亲征漠北，刘顺随驾出征。他追击敌酋本雅失里，随后又与东路克台哈答答诸部作战。在战斗中，他下马迎敌，身上受伤50多处，却越战越勇。刘顺翻身上马，继续进攻敌军，最终敌军被击败。永乐十二年，跟随朱棣亲征的刘顺又在九龙口遭遇瓦剌骑兵，刘顺战马被杀死。他步战敌军，亲手射杀敌军首领，又率领大军将瓦剌军击溃。永乐十八年，刘顺在开平又俘虏鞑靼知院满子台等敌军首领十多人。永乐二十二年，刘顺在征伐兀良哈之战中，擒获了酋长字克扯儿等五人，并射死敌酋一人。可以说，大明的军功章上，刻下了这位宦官将军的名字。朱棣因为其功劳卓著，将其晋升为御马监太监。

刘顺威武，刘通也不遑多让。在朱棣亲征北方朔漠的大军中，也少不了刘通的身影。永乐八年，刘通在儿威河之战中，与鞑靼军大战三日，杀敌无数，最终击败敌军。敌军败退，刘通却没有认为这是结束，于是明蒙战争史上壮观的一幕出现了：为了提高速度，宦官刘通把自己坐骑的马鞍扔掉，轻骑独自追赶逃跑中的鞑靼军，一直追击70多里地，生擒了两个敌军而回。

这还不是全部。永乐十二年，刘通与瓦剌军在九龙口遭遇，他打败敌军，亲手擒获两名敌酋。此一战后，刘通被晋升为直殿监太监。永乐二十年，舍儿墩之战，刘通斩首敌军无数，获得3000匹战马，20多万只牛羊。

在多次追随朱棣北征的过程中，刘氏兄弟神勇无比，立下赫赫战功。为了表示嘉奖，朱棣赐予刘通府邸，并且许配王氏之女为其妻子。要知道，在洪武朝，如果宦官胆敢娶妻，是要被剥皮实草的。朱棣之所以愿意打破朱元璋的规定，就是为了笼络人心。刘通在前线奋勇作战，其老母无人侍奉，为其娶妻也是帮其打理家事，侍奉老母，免去他的后顾之忧。刘顺之后也娶妻潘氏，并且收养了义子。当然被赐予妻子家属的不仅是刘氏兄弟，还有狗儿王彦，他的妻子吴氏还在王彦身后，为了保护家财，与宦官喜宁发生了一场官司呢！

刘通在宣德朝跟随宣宗亲征汉王朱高煦，宣德三年又扈从皇帝出战喜峰口。

其后，刘通镇守永平、山海关。宣德十年八月，刘通病逝家中，享年 55 岁。

刘顺在仁宗驾崩的紧要关头，被委以重托，亲率精壮骑兵到固城迎接太子朱瞻基回京即位。其后，刘顺也参加了宣德三年的征伐汉王朱高煦之战，并且在这一战中，是与阳武侯薛禄一起作为前锋出征。宣德二年开平之战中，刘顺与薛禄等人再次合作，生擒敌首晃合帖木儿。刘顺深得朱棣信任，在御马监任上，一直掌管一支上千人的禁军。这支军队是从各个卫所中选择出精壮士兵，再加上蒙古地区逃归的壮男组成，他们隶属于御马监，负责皇帝的保卫工作。

皇室对刘顺的信任，一直延续到英宗朝。正统四年，刘顺不知为何，故意放走了御马监军士迭里米失，兵科给事中王永和弹劾刘顺故意纵逃之过。奏疏上达之后，明英宗却未对这位历经四朝的老太监有任何处分。

刘顺其人，身长七尺，状貌伟岸。他临战能与手下同甘共苦，有了功劳则多归功于下属，因此人人乐于为其出力。与敌军作战之时，他又气定神闲，而且善于计谋，颇有古代良将之风。

他侍母极孝，对待兄长异常恭敬，侍奉在皇帝左右，办事得力，兢兢业业。正统七年，刘顺病逝。

刘通、刘顺兄弟深得帝宠，平时积累的大量财产也用于礼佛。法华寺就是以刘通私宅为基础建造的，并且兄弟二人以师礼待高僧，礼佛之心可谓虔诚。

特殊的时代造就了这批军功宦官，他们跟随朱棣出生入死，在靖难之役中血战立功。朱棣在登基之后，也不忘他们的战功，对他们信任有加。靖难军功宦官集团在永乐至英宗时代，为明代边疆的稳固起到举足轻重的作用。

永乐一朝，宦官在政治舞台上起到的作用，并不都是正面的。也有的大太监凭借皇帝的信任，暗中参与皇子夺储之争，兴风作浪，造成政局不稳。此类人物的典型代表，就是下面我们要讲述的这位大太监。

### 兴风作浪的大太监黄俨

靖难之役时，朱棣身边有一位忠心耿耿的老内官，他就是燕王府的承奉正黄俨，换句话说，他就是燕王府的大总管。他是王府的老人了，伺候燕王朱棣已经20 多年，鞍前马后，尽心尽力。朱棣对他也十分信任，将王府内一应大小事务交予他打理。

黄俨虽是奴仆，但其资格老，又掌握王府事宜，王府上下并无人敢小瞧他。

建文三年七月，正值朝廷军队大举围攻北平之际，城内混入一名朝廷的内探，他就是锦衣卫千户张安。他担任着一项重要的任务，想到从南京临行之前，方孝孺送他出城，千叮咛万嘱咐，一定要他把密信送到。他不禁又把手伸进怀中摸摸那封密信。信还在！他才稍稍安心。

张安此信要送给燕王世子朱高炽。但是机事不密，张安一进城就被朱棣的得力助手内官刘通盯上了。

刘通第一时间请示黄俨是否要抓捕张安，黄俨一方面叮嘱他先紧密关注张安动向，不要打草惊蛇；另一方面，黄俨亲手写了一封书信，派出义子王彦将此信亲自送往朱棣军中。

朱棣此刻正在北平南郊大营内，朝廷将领平安正令他头疼。平安是一个将才，当年大明朝开基之时，他以义子身份追随朱元璋南征北讨，立下无数战功。

朱棣与他对战多时，却是胜负参半，并无绝对战胜的把握。

王彦将黄俨的亲笔信呈送朱棣过目。朱棣在看信，王彦暗中窥视他的表情，发现朱棣脸上神色越来越差，最后"啪"的一声，将书信重重拍在桌上。他大怒道："我早该料到逆子如此！"

原来，黄俨的书信中将朝廷内探张安到达北平城一事做了详细汇报，并点明张安的密信正是要送给世子朱高炽。

朱棣对世子的不满由来已久。朱高炽仁柔，加之身体肥胖，走路吃力，一副病态，跟朱棣一点都没有类似之处。兼之，在朱棣兴兵靖难之前，众将纷纷表示要与朝廷决一死战。而身为世子的朱高炽，却主张上疏朝廷申辩，这样一种不决绝的态度，让朱棣十分不满。现在可好，在自己与朝廷军出城作战的紧要关头，他竟然背着自己暗中与朝廷内探来往，这是要来个里应外合，把自己一网打尽吗！？

想到这里，朱棣抑制不住自己内心的愤怒，他大吼道："你既不仁，别怪我不讲父子之情了。"

大帐之中的文武官员，纷纷替朱高炽捏了一把汗，大家都知道朱棣乃是杀伐果断之人，难道父子相残的人伦惨剧就要上演了吗？

此刻，却有一人内心狂喜不已，甚至他难以抑制兴奋，脸上也露出了微笑。他就是燕王朱棣的二子——朱高煦。跟仁柔的朱高炽不同，朱高煦善于骑射，作战勇敢，多次在战场上救下朱棣的性命。

朱棣对世子不满，早有另立世子之心，朱高煦对此心知肚明。他对世子之位觊觎已久，现在只要坐实朱高炽勾结朝廷罪名，世子之位非自己莫属。

还好，世子朱高炽并非等闲之辈，关键时刻，他自己救了自己。张安将密信带给他之时，他十分震惊。不过在震惊之余，他立刻做了一个正确无比的决定：将张安当即捉拿，跟那封没有拆封的密信一并带到朱棣军前。

朱棣打开信件，原来此信是建文帝身边得力大儒方孝孺所写。信中以忠义激励朱高炽，劝说其改旗易帜，投靠朝廷，事成之后，朱高炽会被封为燕王。朱棣这才明白，这是朝廷的诡计，要离间他们父子，让其自相残杀，耗尽他们的实力。

好险，险些错杀了世子。朱棣想到这里，不禁觉得后背升腾一股冷气。自己小瞧了建文君臣，原来看似文弱的书生们想起那杀人的主意，也令人防不胜防。也许这一刻起，朱棣已经对方孝孺恨入骨髓了，这才有了之后的惨祸。

此事暗藏玄机，黄俨跟朱高煦走得很近，如果世子得祸，黄俨也是受益人之一。由此，这个朝廷密信离间事件中，黄俨扮演的角色就很值得人深思了。可以说，黄俨在政治舞台上的首秀，就扮演了一个很不光彩的角色。

靖难成功，朱棣登上帝位，黄俨也变身司礼监太监。他受命多次出使大明的藩国朝鲜。在朝鲜搜求美女，并暗中索贿，给朝鲜造成不大不小的扰乱。

并且在朱棣后宫之中，黄俨挑拨离间，也酿成朝鲜美女吕美人被诛杀的惨案。

永乐朝政治波谲云诡，原先被多人看好的朱高煦也渐渐失去朱棣的欢心，在一班近臣的力劝之下，朱棣终于维护了朱高炽的太子之位。黄俨深知在建文君臣离间世子事件中，自己的表现肯定被太子深深记恨。

黄俨眼见朱棣身体每况愈下，太子即位是早晚的事情。而太子即位，自己肯定下场不好。他想到赵王朱高燧，并开始把宝押在赵王身上。

早在燕王府时代，黄俨与朱高燧就有师生之谊。如今更是力挺赵王，期待有朝一日，劝说朱棣再次改变主意。

朱棣晚年疾病缠身，将政务交给太子处理，但父子二人很少见面。于是，黄俨抓住这难得的机会，在朱棣面前大放厥词，诽谤污蔑太子。而皇太子朱高炽面对危局，摆出他百战百胜的绝招：任你东风西风，我自岿然不动。他对父皇愈加恭顺，逆来顺受，一丝都没有表现出对父皇的逆反。这般孝顺，让那些污蔑太子的谣言不攻自破，正是这种忍常人不能忍的功力，才使得朱高炽在如履薄冰的永乐一朝，保住了自己脆弱的太子之位。

而黄俨、江保等人不停地在朱棣面前诋毁朱高炽，虽然没有撼动他的太子之位，却间接促发一场胎死腹中的宫廷政变。

这次政变的主谋是指挥孟贤、都知监太监杨庆的养子、钦天监官员王射成，他们计划谋杀朱棣，然后拥立赵王朱高燧即位。一切都在紧锣密鼓地筹划之中，幸好，有个小人物改变了历史。

他就是总旗王瑜，得知消息的他及时告密，让这场政变被扼杀在萌芽状态。

赵王虽然不知情，但被朱棣狠狠训斥，从此之后，他收敛了夺储之心。而黄俨在此事中，极力维护朱高燧，保得他安然无恙，但是自己的政治赌博因为这场乌龙政变，而彻底失败，这也是出乎黄俨意料之外了。

政变最大的受益者是太子朱高炽，父皇对三弟彻底失望，也不再信任黄俨等人，他的太子之位算是彻底保住了。

政变之后一年，朱棣在远征途中病故，太子朱高炽顺利即位。朱高炽掌握了皇权，他不打算再忍让了。朱高炽这样想的，他随后也是这样做的：太监黄俨、江保被诛杀，一段永乐朝宦官祸政的历史也宣告结束。

### 相术大师神奇预言宦官遇母

朱棣身边传奇人物甚多，比如道衍、金忠、袁忠彻等人。其中袁忠彻的相术也称为一绝，他相人极少失误。

朱棣身边有一名宦官名叫福山，此人来自北元太尉乃儿不花的部落，燕王朱棣在洪武二十三年的北征之战中，俘虏了时为儿童的福山。

战乱之中，福山与母亲失散，被阉割后入宫。

福山深得朱棣信任，却时常思念生母，多次在提到母亲时，都会泪流满面。

杀伐果断的一代雄主朱棣也被他的孝心所感动。他命袁忠彻给福山相面，看看其母是否还存活人世。

袁忠彻仔细给福山相面之后，汇报朱棣，福山额头上喜气旺盛，将来必然会与母亲重逢。

福山闻听此言，只当是袁忠彻安慰他。他自幼与母亲离散，至今已经20多年，母子重逢也许只能是一场梦吧！

福山有一次随驾到了大宁地界，他骑马追猎一只野鸡。野鸡被追赶得走投无路，只好飞入一户人家院落。福山紧跟不舍，翻身入院内。

院中一老妇被响声惊动，从小屋中匆匆走出，正好迎面撞上了福山。福山定睛一瞧，这正是失散多年的母亲，母子俩竟然如此戏剧性地重逢了。

后来福山奉母而归，亲自拜谢神准预测的袁忠彻。

### 追随朱棣北征漠北的三名宦官往事

朱棣为了解决北边蒙古问题，五次亲征漠北，每一次身边都有大量宦官跟随，前面我们讲了军功太监刘通、刘顺、王彦等人在北征过程中，血战沙场，立下赫赫战功。

下面，我们重点来讲一讲三名宦官，他们在跟随皇帝亲征漠北过程中，发生了一系列的故事，这些宦官的故事也为永乐一朝宦官始终参与军政大事，做了一个绝好的注脚。

第一位是李谦，此人是云南人，小名保儿。洪武年间，李谦跟随燕王世子朱高炽在南京读书，因为表现出色，被太祖朱元璋直接任命为燕王府承奉之职。

李谦与皇太子关系密切，在永乐朝，跟太子关系密切的人一般在仕途上都难以有很好的发展。李谦也概莫能外，虽然他资格比郑和等人还要老，但依然原地不动。一日，他偶遇袁忠彻，袁忠彻预言他会升职。

果不其然，一个多月后，李谦被晋升为都知监太监。

风光了一阵子的李谦还是注定走向悲剧。永乐十二年，朱棣策划北征，李谦也被列入随驾人员。袁忠彻此刻来到皇帝面前劝说："李谦目有黑气，恐怕会导致祸患，还是不要带他去了。"

一向迷信的朱棣，此刻坚持带上李谦远征。李谦当时负责皇太孙朱瞻基的安全。

李谦也急于带着皇太孙立战功，在九龙口与蒙古人发生一场激战。战斗很激烈，皇太孙虽然安然无恙，可是早就看不惯李谦的袁忠彻却告了一纸黑状。他跟朱棣说：李谦挟持皇太孙冒进，遭遇蒙古伏兵，险些导致皇太孙陷于敌阵。李谦一人之命不足惜，皇太孙可是国家根本。李谦此罪，万死不足以赎！

朱棣怜惜爱孙，他之前同意稳住朱高炽的太子，很大程度上就是考虑要心爱的孙子朱瞻基继承皇位。如今李谦竟然这么不把爱孙的性命当回事。他怒斥了李谦，并宣布回京之后定当严惩。李谦惊恐不已，心理素质并不强大的他选择了自杀。

终于，袁忠彻的预测又一次应验了。

第二位是沐敬。此人原是建文帝身边的内官，之后投靠朱棣才得以发迹。朱棣晚年频频征伐漠北，尤其是永乐二十二年最后一次远征，明军在一望无垠的荒漠之中搜寻了40多天都没有看到蒙古人的影子。

每次亲征，朝廷都要征用大量的人力、物力，光是随军服役的民夫动辄都要数十万计。国家确实负担沉重，文官们屡屡劝说皇帝，有的人却招致杀身之祸，还有的被关入大狱。比如这次亲征之前，户部尚书夏元吉表示出对后勤粮草供应的担忧，就被朱棣关入了监狱，朱棣临行前还撂下一句狠话："等我奏凯回朝后，再来收拾你！"

眼看这次远征又要劳而无功，身边臣子又有人净谏，请求皇帝班师回朝。

朱棣坚持不听，还将劝谏之人镣铐锁拿。

面对此情此景，沐敬再不能安坐了。他挺身而出，跪求皇帝回师。朱棣暴怒，大骂道："你这个蛮子要造反吗？竟然敢这样！"出人意料的一幕出现了，面对杀气腾腾的皇帝，沐敬仰起脸，徐徐回答道："不知道谁是造反的蛮子？"

这真是要造反的节奏了，居然敢顶嘴。朱棣命人将他推出去斩首。被五花大绑的沐敬依然喋喋不休，还在说着皇帝一定要退军之类的话。

在行刑之前，朱棣又改变主意，他也深知沐敬劝谏是出于一片忠心。他命人释放了沐敬，还说："如果我们家养的人都像他这样，何必担心天下不治！"

沐敬敢于顶撞暴脾气的皇帝，却没有送命，除了朱棣对他的信任之外，还有朱棣念及当年沐敬在建文宫中曾为他递送情报之功，才手下留情，饶了他一命。

沐敬其人再一次出现在实录中，是宣德四年二月，他奉旨协助隆平侯张信浚通河西务河道以及修筑堤岸。直到英宗朱祁镇即位的宣德十年正月，他还被委以重任，协同丰城侯李贤、工部尚书吴中、侍郎蔡信等人负责督工大行皇帝朱瞻基的陵寝。可见，他历经四朝，恩宠不变。

由沐敬死谏的故事可知，明代的宦官很多时候表现得铮铮铁骨，他们敢于"逆龙鳞"，有时候比言官士大夫还要阳刚。

此类宦官谏臣在我们后面的故事中，还会不断地出现。

永乐二十二年的这次远征注定劳而无功，六月二十一，朱棣极其不情愿地下达班师命令。七月十四，身体极其虚弱的朱棣询问身边内官海寿何时能返回北京，海寿回答说还有至少一个多月。朱棣略微皱了一下眉头，轻轻点了一下头，他知道自己已经时日无多，恐怕不能返回北京了。

两天后，病体沉重的朱棣对身边近侍感叹道："夏原吉爱我。"夏原吉之前因为反对他远征被下狱，这时候，他才真正感受到夏原吉的忠心耿耿和对自己的爱惜。不过，一切都已经晚了。

告别的日子还是来临了。七月十八的榆木川，大地苍茫，一片萧瑟，只有几只孤雁在天空哀鸣。

病榻上的朱棣用尽全身力气留下了最后的遗言：皇太子即位，丧事一切从简，遵循太祖之制。说完，他带着万般不舍永远闭上了自己疲倦的双眼。随着永乐大帝的驾崩，一个伟大的时代渐行渐远。

此刻，知道皇帝驾崩消息的只有少数几个近侍太监和文武官员。其中就有内官监太监马云。马云出身燕王府邸内官，忠心耿耿侍奉燕王多年。眼见主子离世，自己悲不自胜。担心帐外有人听见，他努力抑制自己的悲声，任眼泪流淌而下。

哭罢多时，惊慌失措的马云赶紧跟内阁大学士杨荣、金幼孜商量，大家一致认为：现在大军在外，一定要先秘不发丧，防止军心浮动。

于是，一切进膳依然照常进行，只不过此刻的朱棣已经被秘密入殓了。

另外，杨荣请马云将朱棣临终前的传位遗命制造成册，报告皇太子。启本则委托杨荣和少监海寿先行呈给皇太子朱高炽。

太监马云、御马监少监海寿跟内阁大学士杨荣、金幼孜一起通力协作，保证了皇位的顺利传承，防止了因为皇帝驾崩于征途有可能引发的政治动乱，从这个意义上来说，重用宦官的永乐大帝也可以含笑九泉了。

### "令人胆寒"的东厂之设

世人言及明朝弊政，常常厂卫并列，而东厂之始作俑者正是朱棣。后人谈及明成祖朱棣败政，也常常会谈及东厂之设。那东厂到底是怎么一个来龙去脉，是否是弊政？

朱棣之篡位在极其重视礼教的明代，始终是一个挥之不去的污点。对此，朱棣也心知肚明，登基之后直到驾崩，他都生活在篡位者的阴影之中，他内心敏感脆弱，重压时时刻刻压得他喘不过气来。

为了尽量洗刷这个罪名，他励精图治，事事以父皇朱元璋为榜样，又想力图超越父皇。几项大工程的开展，正是为了在历史上留下千古明君的美名，也许在朱棣后半生中，他最崇敬的还是唐太宗李世民。相似的登基境遇，让800年之后的朱棣对其产生惺惺之情。

朱棣既然是通过篡位上台，自然有很多建文遗臣反对他，方孝孺等人誓死不归降的悲壮场景时时浮现在朱棣的脑海。

他需要一群人监察百官，侦探反对派，他还担心文武官员哪天也效仿自己再来一次"靖难"。由此，一个特务机关应运而生。

这就是永乐中期设立的东厂。关于东厂的设立，学界有诸多争论，沿袭自明代大才子王世贞的永乐十八年说有诸多可疑之处。他的依据是成化年间大学士万安为了请罢西厂而上给皇帝的一道奏疏，里面提到东厂的设立距万安上疏的这年已经五六十年了。

也不知是王世贞老眼昏花，还是一时疏忽，他竟然看成"距今五十六年"，于是一个时间上的推算产生了，永乐十八年东厂设置说就此诞生。

东厂具体设立于哪一年，还有待更多的证据，毕竟这个机构是特务机构，国史不会大张旗鼓记载，私人笔记又多有谬误。但是东厂设立于永乐中后期当无太大问题。

东厂的设立应当跟一个人的飞扬跋扈有重要关联，他就是锦衣卫指挥使纪纲。此人善于察言观色，办事能力超群，投靠朱棣之后，屡次立功。

朱棣任命其掌管锦衣卫，纪纲成为皇帝的得力鹰犬。随着权势的不断扩大，他也一步步开始走向疯狂。

他害死大才子解缙；他伪造诏书，勒索官盐 400 多万两；他僭越，使用违制器物；他阉割无辜少年百人，作为他府中奴仆；更过分的是，他竟然敢偷偷霸占嫔妃的候选人，敢于私尝禁脔。

这些都足以构成死罪了。于是，纪纲在他的酷吏价值消失之后，死在永乐帝手中。作为鹰犬，他已经超出本职，开始变得无法无天；作为替罪羊，他必然是死路一条。

纪纲时代的锦衣卫一家独大，处于无人监督的地步，缉访大权集于一身。朱棣从纪纲事件中也看到问题所在。锦衣卫之权必须要有制衡，这是符合明朝立国后各个权力机构分权制衡的原则。

东厂的诞生恰恰应该是在纪纲死后的几年之中，东厂归于宦官提督，与锦衣卫相互制衡，避免其权力膨胀，不受约束。当然，锦衣卫也制约东厂，二者相互监督，各行其是。

东厂设立，就是为了监控天下文武官员，缉访谋逆造反、大奸大恶、妖言惑众之人、之事。东厂直接对皇帝负责，东厂太监向皇帝奏事之时，连司礼监掌印太监都要回避。东厂在整个明朝有功有过，它在打击、整治贪污以及监控官员不法行径方面确实发挥了重要作用。

这样一个机构恐怕不能单单以弊政视之、要之，它在明朝更多发挥的是权力监督机制的作用，是整个权力运行体制中必不可少的一环。它的"令人胆寒"更多的是令不法官员胆寒，而非寻常百姓黎庶。

**朱棣何以信用宦官？**

永乐一朝的宦官风云故事基本结束了。这些故事留给人们的思考很多。为何在下西洋、征伐安南、远征蒙古、出使诸国、营造北京等军国大事中都可以看到宦官们忙碌的身影，他们全面渗透到从中央到地方政治、军事各个层面，难道英明如朱棣，真的是一时昏庸，下了一招历史的臭棋，以致贻害子孙江山！？

很明显，朱棣信用宦官乃是出于当时特殊的政治环境。其一，自打明太祖朱元璋开始，对宦官的信用就是一以贯之的。这是帝制时代多数时期难以摆脱的历史魔咒。自称继承祖宗家法的朱棣，自然对父皇的宦官政策选择接收。其二，朱棣起兵靖难之时，力量薄弱，王府宦官们在战争中发挥了不可或缺的重要作用，他们忠诚勇敢，确实为朱棣打下江山立下汗马功劳。其三，朱棣登基之后，可以信用的集团范围过于狭隘。建文遗臣强烈反对他的篡位，加之他自身起兵藩邸，对诸位兄弟亲王自然也是多加提防，至于外戚、后妃，更是从太祖时代就明确不得干政。他手下的文官力量有限，只能依靠起兵靖难时的武将和宦官们为其治理国家。这是朱棣面临的实际形势，历史没有给他更多的选择。其四，明代政治体制也决定了朱棣必然重用宦官。太祖朱元璋废除丞相之举，已经在政治中枢留下了权力真空。朱棣设立内阁填补，但内阁初设，大学士们难以进入内廷，随时听从皇帝召唤询问。作为皇帝身边最亲近的宦官们，自然成为参与中枢政务的依靠力量。宦官干预中枢政务在永乐朝已经成为正常现象。其五，从宦官的忠诚度和办事效率来看，任用他们又是正确的选择。通过前面的讲述，我们知道以郑和、刘通兄弟、王彦、王景弘、洪保、尹庆、侯显等人为代表的一大批宦官在政治、军事、外交等领域确实做出了卓越的贡献。这个群体朝夕侍奉在他身边，对他忠诚，让朱棣感觉放心。

有以上几条理由，朱棣自然会放心地信用宦官，为了巩固皇权，他何乐而不为！

当然，永乐一朝在信用宦官的同时，也对他们严加监督，宦官不法之事相比后世还是比较少的，这也使得整个永乐朝成为中国历史上的一个异数，宦官全面参与军国大事，却没有发生任何混乱，整个国家在蓬勃发展之中。

风起云涌的永乐时代结束了，在朱棣子孙的太平盛世里，宦官们的表现还能如此抢眼吗？

## 三、仁宣之治：平静治世中不甘平静的宦官们

永乐大帝朱棣突然病故在最后一次北征归途之中，多亏内官监太监马云和内阁大学士杨荣、金幼孜等人通力合作，总算避免了帝国一场巨大的危机。皇位传承得以顺利进行，由此也看见这个时候，宦官已经参与皇位传承这样决定帝国命运的大事当中了。

明帝国由轰轰烈烈、风云跌宕的永乐时代转入宁静守成的仁宣时代，这 11 年国家虽然没有大的动作，百姓却享受到难得的宁静和太平岁月。连清修《明史》都不得不承认，这段时间官吏恪守其职，百姓安居乐业。

这一时期的宦官们却不甘于平静，或正或邪，在帝国的政治舞台上演出一幕幕活剧。

### 仁宗皇帝死于宦官之手？

前面我们已经讲过仁宗即位之后，就立即下诏停止了下西洋这项浩大工程。就连朱棣新定都的北京，也被他一举否定，朱高炽有着文人的气质，相比朔漠萧瑟的北国，他更喜欢烟雨朦胧的南方。南京更适合他这种气质的皇帝，当然这跟他信用文官也是分不开的。

仁宗朱高炽忍常人之所不能忍，即位之后，一反其父皇的各项大政方针，重用文官、停止各项工程、计划还都南京，等等，他已决定脱离永乐帝的阴影，打算用自己的全新方式来统治这个庞大的帝国。

有了文官的支持，他才得以顺利登上皇位。他即位后，对文官的回报是巨大的。内阁"三杨"风光无限，文官们也开始渐渐提督军务，昔日骄横跋扈的武夫们开始俯首听命一帮子耍笔杆子的文人。

仁宗朱高炽即位之后，一纸诏书召回了各地办事的宦官们。这项规定无疑损害了宦官的利益，于是就产生一种说法：明仁宗暴病而亡，实则不是善终，而是

宦官所为。

难道中晚唐故事在明朝重演，宦官倒戈噬主，敢于弑君？明仁宗死于宦官之说，仅见于嘉靖时代的文人张合所撰写的《宙载》一书，张合运用他的"如椽大笔"，惟妙惟肖地记载了一个玄秘宫廷故事：一个阴雨绵绵的天气里，仁宗退朝回宫后，就暴毙而亡了。有人怀疑，皇帝是被宦官所弑，皇帝被弑时，正好天空响起一声闷雷，于是宦官们就造谣说皇帝是被雷劈死的。而张合又继续大言不惭地说皇帝入殓的时候，缺少了项上人头，人头早被宦官们割了。

仁宗死于宦官说，疑窦太多，明显证据不足。第一，仁宗皇帝对待宦官的政策还真说不上严厉无情。更何况，仁宗继承历代先帝的宦官政策，对宦官们总体还是非常宠信的。朱棣一朝得宠的宦官们，除了得罪陷害过他的黄俨、江保被杀了泄愤之外，其他没有任何人权势受到太大影响。召回各地办事宦官，只不过是权宜之计。仁宗在位期间，同样出使外国的使者基本都是宦官，南京、交趾等重要地区的守备太监也是他设置的。他对宦官们的信任可是一刻没有动摇，所以，主观动机上，宦官们没有弑君的必要。

第二，仁宗若是死于宦官，作为继位之主的宣宗能比父皇还要重用宦官？难道他不会吸取父皇被弑的教训？退一步讲，即使仁宗真死于宦官之手，何以近百年之后的张合得知真相，百年内无人谈及此事？这些都解释不通。

其实，我们分析史料，发现仁宗死于丹药的可能性比较大。本来即位前，就长期处于极度压抑的情绪之下，加之朱高炽本来身体就不好，肥胖引发的慢性病始终在他身体内作祟。即位后，为了提高身体素质，他沉醉于服用丹药，毒素最终摧毁了他本就沉重的病体。

仁宗皇帝之死确实跟宦官无关。那为何文人要编造这样一个故事？考诸明代野史，大多喜欢以讹传讹，道听途说，不实之词甚多。文人们喜欢编排当朝皇帝的小段子，本朝人喜欢黑本朝皇帝，这也是明朝的一大特色。

文人们对即位短促的仁宗皇帝之死，本来就充满好奇，加之仁宗服用丹药属于宫廷秘事，外人无从得知。后人就妄加推测，宦官们本来就不被文人们所喜，正好加一个莫须有的罪名来丑化宦官，何乐而不为？仁宗皇帝之死是这样编排，到了后来，我们还会看到类似的故事，说景泰皇帝朱祁钰也是死于宦官蒋安之手，后面，我们还会对此详细考证。

总之，仁宗之死并不神秘，是后世文人们故弄玄虚，人为制造了一个宦官弑主的故事，只是为了给宦官们招仇恨罢了。

仁宗驾崩，在南京的皇太子朱瞻基被紧急召回即位。这是一位极具才情的皇帝，正是在他统治期间，宦官参与政治的力度又有了进一步地加大，而且渐渐走上了制度化的道路。

### 才情皇帝时代，何以宦官参政制度化？

大明朝有一位皇帝，他文采卓越，画作传神，喜欢各种体育运动，骑射功夫也是相当了得，更兼得兴趣广泛，就是斗蛐蛐都留下了一段传扬后世的神话故事。这种才情不是演义小说里面的桥段，而真真实实地存在，他就是明宣宗朱瞻基。

朱瞻基沐浴着父祖辈的荣光，经历过尸山血海的战场，接受过最严格、最优秀的皇室教育，他可谓是才兼文武。这样极具才情的皇帝，自然在政务处理上花费的精力，不如他的祖父朱棣、父亲朱高炽。他是帝国的幸运儿，祖、父两代人给他留下了一个内无大乱、外无大患的太平江山，他只需要做一个合格的守成皇帝即可。

朱瞻基也正是这样做的。享受快乐人生的同时，也没有让国家一团糟，其实，很大程度上也得归功于他的宦官政策。

永乐一朝，宦官在军政舞台上异常活跃，国家所有重大的军事、政治活动，从中央到地方，从国内到国外，都离不开他们忙碌的身影。东厂监督天下臣工、监军太监监督武将军队、宦官使者外交邦国，这一切的一切都让宦官们看起来权势达到一个顶峰。

只可惜，那时的宦官参政还没有制度化、常态化，更多跟朱棣的个人好恶有关。而在宣德一朝，宦官们成为明代中央和地方体制不可或缺的组成部分，正是朱瞻基从制度上让宦官切切实实成为国家的官，成为明代政治体制的重要组成部分。

朱瞻基正是通过三项制度化，推动宦官参政制度化的实现。第一，司礼监批红制度化。永乐时代，权势最大的内官监就开始参与中枢政务，内官监太监马云一度在处理朱棣驾崩的危机中，起到主导作用，他们对中枢机务的影响不容忽视。而仁宗朱高炽时期，杨士奇、杨荣等内阁大学士被重用，国家大政方针都会召集他们商讨。有时候皇帝甚至让他们将奏疏带回拟定处理意见，这也是票拟制度的雏形了。

皇帝批阅奏疏后，会用红笔在奏疏上写下意见，这就是批红，只有批红的奏疏才能对外发布生效。

仁宗时代，皇帝尚能做到自己来批阅奏疏。到了宣德皇帝即位后，形势又为之一变。朱瞻基是难得的才情皇帝，他不想每日被繁重的政务缠身，他要花费大量时间在他的业余爱好之上。于是，他想到一个处理政务的好帮手，那就是司礼监太监。

司礼监本就负责掌握御前的勘合和文册管理，又有对内监察权。宣宗又将他们的权势进一步提高，对于政务，他会征求司礼监太监的意见，同时将堆积如山的内阁票本交给他们审看，经过他的同意，再将内阁票拟批红。这样，本来应该是皇帝亲自审阅的内阁票拟由司礼监太监代看，本来是皇帝亲笔批红的票本由司礼监太监代批。司礼监太监成为皇帝得力的"眼"和"手"。

这样，司礼监的权势越来越大，渐渐超越内官监，成为内官的第一署衙门。而司礼监批红权的获得，又逐渐形成内阁和司礼监共同参与中枢政治的监阁体制。

第二，中官镇守地方制度化。明初地方上基本框架是三司制，也就是布政使司主管民事，按察使司主管地方司法，都指挥使司主管地方军事。同时有巡按御史负责巡查地方，监督地方政务运转情况。

前文谈到从洪武朝开始，就有宦官外派地方参与军政之事。到了建文、永乐朝一直延续这种传统，宦官外出地方或者采办物资，或者监督军队，或者出使番邦邻国。不过，他们基本都是有事外出，事情完成就要回到京城，尚未形成太监常驻地方的制度。即使永乐朝有宦官出镇辽东，洪熙朝有宦官出镇交趾和南京，但毕竟尚属特例，而且镇守太监也没有形成承继关系。

在宣德一朝，边疆和内地开始普遍设立镇守中官职务。太监、少监、监丞等职级宦官会被派驻地方镇守，并且形成前后相继的替职惯例。前任镇守中官结束任期后，会有后任中官接任。

这种制度沿袭发展，逐渐取代先前地方上的三司体制，到了正统朝以后，形成地方三堂体制。也就是镇守总兵、镇守中官和巡抚都御史统领下的地方州县制度。这种制度之下，中官可不是随派随走的临时差遣了，而是有长期任期，全面参与地方军政民事的守土之官了。这也使得宦官参与地方政治有了制度保障。

第三，内书堂教授小宦官制度化。明代文书制度发达，参与政治中枢运行，必然要具备深厚的文化素质修养和公文处理能力。不怕宦官有文化，就怕宦官没文化，总体来看明代的宦官政治，文化素质修养极高的宦官参政时期，总体政治运行平稳，没有太多动荡。

而宦官的识文断字，是从明太祖朱元璋就开始的。就是从他开始，宦官被委任为文职事务。明太宗朱棣即位后，开始令教官教习宦官。当时已经出现内书堂的前身，称作内馆或者内书馆。而宣宗时期，宦官教育专门学校——内书堂正式设立，各项规章制度趋于规范。教师、学生、学规、教授地点、教材等都有了规定。

也正是内书堂的成立，使得宦官教育开始趋于规范化、制度化。跟外廷的科举取士相对应、相类似，经过内书堂教育毕业出来的学生，走上司礼监这样显赫部门的机会大大增加。同时，明朝廷也正是通过内书堂教育，为选拔优秀宦官参与中枢政治提供了"正途"。

内书堂的教师以翰林词臣充任，他们与内书堂弟子之间往往结成师生之谊，他们之间的关系互动对明代政治也产生了深刻影响。

内书堂教育意义深远，通过这种方式培养了大批知识型宦官，他们获得比较高的政治地位，跟士大夫平起平坐，有时候甚至超越位高权重的高级文官。

三项制度化的实现都在宣德一朝，可以说正是这十年成为明代宦官政治发展的黄金时期，明代中后期宦官政治的主调已经在这一时期正式奠定。

### 天不怕地不怕，就怕皇帝登高远望

宣德三年（1428 年）六月间，闲来无事的朱瞻基突然心血来潮，登上了皇城的门楼，他要放眼看看京城的大好风景。

他看看这边，看看那边，摇摇头，又点点头，身边近侍谁也不知道皇帝在想些什么。突然，他眉头一皱，目露凶光。他指着远处一座高大宏伟的府邸，问身边之人，这是何人居所，如此富丽堂皇，看房屋规制，甚至有僭越之嫌（明代皇帝特别喜欢登高远望，明英宗登高远望发现了石亨违制的高大私宅，是引发石亨败亡的导火索；明世宗登高远望发现了赵文华家的高大住宅，导致了其渐渐失去恩宠，最终败落。所以，在北京城建高大私宅风险极大，天子脚下，谁知道哪天皇帝兴致一来，就来个登高远望，把该看的不该看的都看个遍）。

原来是太监杨庆的府邸，工部尚书吴中私自用公家的官木砖瓦襄助于他，来为其私家住宅添砖加瓦。

天子震怒，不过这怒火喷向了谄媚者吴中，吴中被下狱论罪，杨庆却安然无恙。

不久，盗卖官家木材的中官裴宗汉事发，被捉拿进入锦衣卫大狱。裴宗汉为了保命，连忙派人去行贿杨庆，就是为了让他帮忙在皇帝面前说好话。没想到，没有不透风的墙，也许裴宗汉的一举一动已经被人盯梢，他行贿的事情又一次败露。这下，裴宗汉倒了霉，而杨庆依然安然无恙。

如果读者朋友还记得前文我们讲过的一个故事，那就是一群乌合之众想谋取永乐大帝的性命，其中主谋人之一就包括这位杨庆太监的养子，但是那一次，杨庆同样是毫发无损。

这样的好运气，不，这不是运气，而是信任。到底是怎么样一种魔力，可以让两代皇帝对杨庆之过不闻不问？

杨庆本是云南人，其父名叫寿奴，做过元代姚安万户。杨庆也是在洪武朝明军入滇那一年，被明军俘虏并阉割。那时候的他也是跟郑和、洪保、李谦等人同病相怜，同属天涯悲怆人。

他被选入燕王府邸，因为表现忠谨，得到朱棣的赏识，并给他赐名。靖难之役中，杨庆也是一刀一枪拼出了一个前程，被升为都知监太监。

朱棣多次亲征漠北，杨庆也追随他金戈铁马，朱棣因其表现出色，命他出镇永平重镇。

永乐十八年，他又奉命下西洋，出使忽鲁谟斯等西亚国家。回国之后，他被安排在南京，负责郑和再次下西洋的物资后勤保障，同时管理南京皇宫内外事务。

永乐末年，那次未遂的宫廷政变，杨庆养子伏诛，虽然他未被牵连，但是因为此事消停了好长一段时间。

宣宗朱瞻基亲征喜峰口之后，派杨庆协同武将任礼率军断后。宣德四年，杨庆又奉命前往永平、山海关等重镇，协同都督陈景先防御北边。

宣德五年，朱瞻基再次派郑和、王景弘等人出使西洋诸国，杨庆奉旨接任南京守备。半路上他就病倒了，勉强撑到南京，却一病不起，不久就去世了。

杨庆死后，南京公卿争先吊丧，他门前一度车水马龙。想必此公人缘不错，死后哀荣足可见此公人缘。

杨庆的一生结束了，前面的问题我们也有答案了。为何宣德皇帝如此信任他，板子只打行贿的，不打受贿的。

第一，杨庆一生忠心耿耿，追随几代皇帝，在军政领域做出了自己的贡献，是皇帝得力的助手。第二，杨庆纳贿只是经济问题，皇帝对自己近侍之人经济问题睁一只眼闭一只眼，只要不是涉及政治派系或者谋逆大罪或者虐民害政，皇帝一般也不会痛下杀手。所以，杨庆能在宣德朝安然无恙，享受恩宠也是可以理解的。

### 交趾之失，宦官的三张"脸谱"

永乐年间南征北讨，多有大工程、大动作。其中南征指的就是永乐大帝朱棣派遣张辅三次征伐安南，最终平定一方，并在此设立官员，建置了交趾行省，从北宋以来就不太太平的这块土地终于又一次纳入中原王朝的统辖。

只不过，平静只是暂时的。安南的反抗力量从来都没有消停过，再加上明朝的统治政策失误，最终导致这个行省的丢失。

永乐十七年安南潘僚发动大规模反叛。潘僚继承父亲职位，做了明朝交趾按察副使。本来他是死心塌地要给大明服务，只不过一个人彻底改变了他的观念和人生。

这人就是朱棣派往交趾淘金的钦差宦官马骐。马骐前往交趾，主要任务就是督办金银和海珠的赋税。谁知道马骐到了交趾，天高皇帝远，竟然渐渐嚣张，在本职之外，开始渐渐干预地方军政事务。

永乐十八年，交趾布政司的左参政冯贵和右参政侯宝，在征伐安南叛乱的战斗中战死。冯贵其人，跟随英国公张辅征伐安南，督办后勤粮草表现出色，被升职。他成为交趾行省的左参政后，抚慰流民得力，表现出卓越的工作能力。

但是，他没有注意到身后正有一双嫉妒的眼睛紧紧盯住了他，这人就是马骐。马骐看中了他训练出来的由当地人组成的2000人劲旅。马骐找各种理由将这一支劲旅收归自己帐下。

同时，他又强令冯贵出城跟叛军作战。万般无奈的冯贵只好跟侯宝一起率领疲弱士兵几百人出城，结果全军覆灭，英勇战死。

马骐并没有得到任何惩处，直到仁宗朱高炽即位，下旨将各地外出差事的宦官都调回京城，他才回到北京。

交趾的局势变得一发不可收拾，仁宗已经是焦头烂额。宦官山寿想为主分忧，主动请缨前往交趾。

仁宗知道此人底细，他也是来自燕王府的王府旧阉，跟从朱棣参加靖难之役，并且参与北伐蒙古之战。他算是老资格的宦官了，也立下过一些功劳。此刻他能主动请战，朱高炽像抓住一根救命稻草。

仁宗朱高炽任命山寿为交趾镇守中官。

皇帝交给他一项重大使命，那就是带着朝廷的敕书招降安南叛乱头领黎利。敕书说要赦免黎利之前的叛乱行为，并且打算授予他清化知府职位。

山寿信誓旦旦跟仁宗保证，此行必定成功。仁宗信了他的话，对他表现出极大的信任，要求交趾行省地方文武官员一切军政事务，都必须跟山寿协商计划后才能进行。

之前坏事的那位马骐，此刻也在兴风作浪。他不知道对局势已经糜烂不堪的交趾为何如此情有独钟，竟然又想再次回到交趾担任镇守。他竟然假传圣旨，命令翰林院写敕书给他，让他再次去交趾采办金银珠宝。

翰林院未审真伪的情况下，竟然也写敕给他，然后按照惯例复奏仁宗皇帝。这一复奏，让仁宗大吃一惊，立刻阻止马骐的行动，但是他没有给马骐治一个诈传圣旨之罪。

遇到如此好脾气的皇帝，可真是马骐的造化。朱瞻基登基后，马骐竟然又通过关系，谋了一份前往交趾的外差。

话分两头，山寿到了交趾，见到黎利之后，打算施展他的三寸不烂之舌，说动黎利接受朝廷招安。只可惜，他小看了黎利其人。黎利老谋深算，他早看透了朝廷的意图，给他知府之职，实则是调虎离山，再慢慢收拾他罢了。

于是黎利表面答应，又找各种理由和借口不去上任。暗地里，他招兵买马，积蓄力量，准备好再次反叛。

黎利终于撕下自己归顺的假面具，带兵攻杀了茶笼州知州琴彭。可笑到了如此地步，山寿竟然还幻想通过招抚搞定黎利。

驻扎交趾的兵部尚书陈洽实在看不下去，上疏朝廷要求使用武力，彻底放弃招抚。宣宗这次听从陈洽的建议，决心使用武力，只不过他的用人又出现了问题，加之轻视了黎利，终于咽下了苦果。

宣宗朱瞻基首先派出的是荣昌伯陈智和都督方政两人统兵。哪知道二人之间素有积怨，这次面对强敌，依然不能精诚合作，最终导致战败。

当然，他们的战败也离不开一个人的"功劳"，那就是宦官山寿，他眼看陈智、方政在茶笼州被黎利军围攻，却见死不救。不过，即使他去救了，恐怕结果也不容乐观，因为山寿手中只有1000多人。

宣宗又派出王通，只不过此人也是中看不中用。竟然不顾皇帝下达的坚守城池并等待皇帝旨意的命令，暗中派人与黎利议和，不等朝廷旨意，就率领全军撤出交趾。

宣宗朱瞻基本来就难以支撑了，只不过，他为了脸面不想主动提出放弃交趾。这下竟然大军撤回了，自己也就无话可说，正好顺坡下驴。

只不过心头怒火难以平抑，违背他旨意的王通等一班文武大臣被处以死罪，而太监山寿被论罪为"庇护叛贼"，马骐被论罪为激变之罪，都被论以死罪，而且抄没家产。

山寿入狱后，却没有被执行死刑，他很快出狱，并在正统朝又被朝廷任命为云南、四川等地的管矿太监。而马骐吃了多年的牢饭，直到正统四年，才遇到大赦，被释放出狱，只不过他已经是平头百姓一人。相比以前的威风凛凛，他此刻真的是一无所有了。史书没有交代他的结局，相信不会太好，很可能凄惨且孤独死去，不过这也是他自作自受，作恶多端者应得的下场而已。

交趾之失，马骐的为恶地方，山寿的招抚失策确实要负一定的责任。只不过，丢失交趾的主因却不在此。背后有更深层次的原因值得后人深思：首先，明朝廷治理交趾的政策失误。交趾并入大明，大明年年勒索剥削，在当地并没有彻底平抚的情况下，派出宦官征集当地特产珍宝，给当地人民造成了沉重的负担。其次，交趾行省偏远，内地之人都不愿意去任职地方。朝廷只好派出因为罪过被迁转的官员出任地方，他们之前或是贪腐或者无能，本身素质较低，到了交趾后，又不思一心为民，自然地方的治理变得一塌糊涂。最后，朝廷用人失误也是重要原因。交趾必须要派遣像张辅这样极具震慑力的名将来镇守，才能镇住当地的反叛力量。但是张辅没有被任命镇守，朝廷却一再派出不堪重用之将领，最后导致局面的无可挽回。当然，安南民风彪悍，这样一块强行用武力打下的领土自然不会轻易屈服，加之此地脱离中原王朝统治已经 500 多年之久，跟中原王朝感情上的隔阂也不是短期内可以弥合的。

交趾之失事件中，除了马骐这一恶、山寿这一昏两张"脸谱"之外，还有一张忠心耿耿的面孔。

这人就是昌江守卫宦官冯智。昌江之地是明军进入交趾的要路，安南叛军集中力量围攻此城。经过 30 多场血战，城中本来不多的守军死伤过半。但是叛军越来越多，九个月之后，城中守军再难以支撑。明军大将李任、顾福、刘顺，知府刘子辅、中官冯智全部自杀殉国。更加悲壮的是，城中不投降的军民有数千人之多。

### "蟋蟀天子"的弊政

明宣宗的才情不单在明朝帝王里面名列翘楚，就是在中国历朝帝王里面排列，也可以列入前几名。他的书画作品尤其令人惊叹。他有一幅《武侯高卧图》，图中描绘的是出山之前的诸葛亮，他袒胸露腹，头枕书匣，躺卧于修竹林下的草丛之中。其神态安逸，飘飘然如神仙下凡。画工之上乘自不必多言，透过这幅画也传递出一个信息：朱瞻基正是想做这样一个安逸的帝王，高枕无忧，尽情享受人生。

当然明帝国当时国内形势确实不错，可以说是四海升平。国际上来看，北方的蒙古各部处于力量的重新积蓄和整合时期，并没有掀起太大的风浪；而南方交趾行省的丢失，对于帝国来说无关大局，那块地方脱离中原王朝太久了，拿到也是个"烫手山芋"。

四海升平，加之朱瞻基本身就是才情皇帝，自然要想办法整出些玩乐的项目来。蹴鞠、观舞、围猎这些都玩腻了，再不能让朱瞻基提起任何兴趣。

不知怎的，朱瞻基喜欢上了斗蟋蟀的游戏。而斗蟋蟀也有讲究，南宋的权相贾似道就专门将他一生斗蟋蟀的经验体会写成了一本《促织经》，以供后世同好者观瞻。不知道朱瞻基有没有读过这本书，反正他对蟋蟀的迷恋到了一种超凡脱俗的境界。

北京地区的蟋蟀已经不能满足他的要求，为了得到更上乘的优质蟋蟀，他下令宦官们去各地搜集征购。

为什么那些文官老夫子们高唱：皇帝不能有七情六欲，要节制自己的爱好，除了治国理政，不可有过多自己的喜好，否则极易玩物丧志。细细想来，也不是完全没有道理，君不见卫懿公好鹤败家丧国。

明宣宗朱瞻基对斗蟋蟀的热爱虽然没有到败家亡国的程度，但他派遣内官到苏州府广求蟋蟀，也造成地方上一定程度的混乱。

别的地方不说，单看那宦官们秉承皇帝旨意，南下苏州府宣读皇帝圣旨。当时的知府正是名臣况钟，他把苏州府治理得有声有色，是闻名帝国的干员。听说有宦官来宣读皇帝旨意，他连忙摆下香案跪倒接旨，心中还充满忐忑：皇帝又有什么重要事务呢？

宦官把圣旨一读，况钟呆如木鸡，半晌没有反应过来："密令我进贡1000只蟋蟀！"

可是做臣子的又能说什么，皇帝竟然这么郑重其事地令宦官专程传旨，那就办吧！

况钟只好照办，这1000只蟋蟀可不好找。农民们也不能安心种地了，他们放下锄头，拿起网兜纷纷在田间地头搜捕蟋蟀，一时间闹得整个繁华的苏州府人仰马翻。这些都影响了百姓的生活，甚至由此出了人命。

清朝的蒲松龄根据这个事件改编了一个故事，写入他的《聊斋志异》，很是把朱瞻基讽刺了一番。

说来也有趣，苏州府并不是盛产好蟋蟀的地界，为何宦官们去了苏州访求。

这极有可能是宦官们觉得苏州是个富裕地界，去了可以乘机捞一笔"油水"，勒索一下地方官和当地百姓，为自己的小金库好好增加一笔进账。

宣德皇帝朱瞻基虽然是密令况钟访求蛐蛐，但是民间已经闹得鸡犬不宁，百姓们怨声鼎沸，于是又传唱："促织瞿瞿叫，宣德皇帝要。"朱瞻基的才情不为后人广泛所知，他这个"蛐蛐天子"的名号却是尽人皆知。一句话，都是蛐蛐惹的祸。

当然，朱瞻基的欲望不仅限于此，为了本人和皇室的需求，他还屡屡派出宦官到地方上征求奢侈生活品和珍奇异宝，结果给地方上造成混乱。

按理说，宦官秉承皇帝旨意出京办事，公平买卖，采购物资，事毕回京，应该不会对地方上有多少骚扰。本来，明代还有复奏制度，宦官到外间传旨办事，官员必须复奏皇帝以便于核实，防止假传圣旨情况出现。可是，面对越来越多的外出传旨的宦官，文官们也做不到事事复奏了，这就难免给了一些宦官假传圣旨的机会。

宣宗知晓其中弊端，也多次下旨强调宦官到外廷传旨，百司必须复奏明白，才能施行。只可惜，积弊难返，文官们办事规范堪忧，不复奏的情况依然比比皆是。

具体体现在地方上，就是宣宗派出采办物资的宦官们，打着皇帝的旗号，狐假虎威，借助给皇帝办事的机会，在民间胡作非为，给百姓们造成一定的骚扰。这也成为宣德皇帝朱瞻基在位时候的一大弊政。

宣德皇帝对此也不是一无所知，早在宣德二年十二月，宣德皇帝曾经下令诛杀了内官张善。他是被皇帝派往饶州监造瓷器，因为在地方贪酷，他又将监造的御用之物分给同伙。其事败露，皇帝下令将其在闹市斩首。但是，这只是偶发事件，并没有起到震慑全局的作用，那些外派宦官依然无法无天。

面对此情此景，宣宗皇帝又该何去何从呢？

**诛杀不法宦官，宣宗严以治宦的另一面**

宣宗朱瞻基其人办事风格与父皇朱高炽迥然不同，他可不是他父亲那样的老好人，他骨子里更像祖父朱棣，有时候杀伐果断，令人不寒而栗。

从宣德六年开始，朱瞻基突然对部分为非作歹的宦官痛下杀手，狠狠来了一次整肃风暴。

宣德前期的大贪官左都御史刘观被罢黜之后，接任者是能臣顾佐。其人对贪腐文官"开火"，狠狠打击了一批贪腐分子。之后，面对外出办事宦官越来越无法无天的情形，顾佐上了一道密奏给朱瞻基，指明内官监太监袁琦指使那些宦官胡作非为，危害民间。

得到密奏的宣德皇帝非常震惊，他打算出手整治这些大大小小的不法宦官了。

袁琦在朱瞻基当皇太孙时，就已经侍奉左右，也是老资格的宦官了。他之前曾经奉命出使，给赵王朱高燧送过皇帝的家书，之后又协同武将巡守宣府等处。

宣德六年十一月，在接到顾佐密奏后不久，朱瞻基突然下令捉拿袁琦。在严刑拷打之下，袁琦招供，说外出办事的很多宦官都是通过行贿于他，才获取外出公干的机会。而诸多不法之事，是他手下宦官杨四保、陈海等人帮他完成。皇帝大怒，当年十二月，就将袁琦在北京西市凌迟处死。随后不久，公布其罪行：袁琦依仗皇帝信任，欺骗朝廷，假借外出公干给皇帝办事的名义，奏请宦官外差，这些外出办事的宦官欺凌官民，敲诈财物，所贪金银成千上万。

不仅如此，朱瞻基又连续派遣太监刘宁协同御史前往苏州、松江，御史蒋彦赶往福建，胡智前往湖广，施信奔赴江西，梁轸去往川滇，高超到广东，于奎到南京，郭原到河间，刘祯到广西，胡敬到河南。这些御史的任务很明确，将上述地区外出办事的不法宦官全部捉拿回京问罪。根据袁琦的供述，他们以重金行贿于他，才获得外出捞钱的机会，他们在地方出差，正是要加倍把行贿金银给捞回来。

话说宣德皇帝曾经派遣宦官阮巨队前往广东猎取虎豹，这些虎豹当然是皇帝放置在皇家动物园观赏或者用于狩猎。

阮巨队到了广东之后，勒索当地军民，榨取了不少财物。当地有个叫陈谔的地方官，设宴招待阮巨队，席间请求他给自己一张虎皮。阮巨队三杯酒下肚，忘乎所以，想也没想就随口答应下来。结果陈谔回去后起草了一封奏疏，说阮巨队杀掉捕获的肥壮老虎来宴请宾客，用那些瘦弱之虎上贡来糊弄朝廷，他手中的这张虎皮就是证据。

阮巨队知道此事之后，大为惊恐，连忙摆下筵席款待陈谔。陈谔假装酒醉，问阮巨队："听说你不是阉人，最近还娶了妾，是不是真的啊？"阮巨队心头一惊，心想这家伙不好惹，他酒后胡言，被皇帝听了去，就是他自己不会告自己黑状，也难保身旁左右没有人传扬出去，到时候假的也成了真的，自己百口莫辩了。

想到这里，阮巨队赶紧捂住陈谔的嘴，说："请先生跟我到内室看看。"

陈谔随他进入内室，映入眼帘的是一个个硕大无比的罐子。陈谔心下明白，里面盛的是阮巨队勒索的金银珠宝。他眼珠一转，计上心来，问罐子里面是什么东西，阮巨队搪塞道里面装的是酒。

陈谔大笑道："我来正是为了美酒啊！"说完，也不管张着大嘴惊讶不已的阮巨队，一声令下，让身边左右进来抬罐子。

阮巨队看着那一罐罐被抬走的金银珠宝，心如刀割，又不能明说，此刻他是哑巴吃黄连——有苦说不出，恨不能要给陈谔跪下来了。他苦苦乞求，陈谔才给他留了一半。

可见，宦官为恶，也需要智取，多几个陈谔，地方上为害的宦官也许会收敛不少。

在宣德六年的治宦风暴中，他被御史高超捉拿回京，不等严刑拷打，就供认是大太监袁琦指使。

地方上宦官为害最烈的还是裴可烈。他打着为皇帝办事的旗号，来到苏松和浙江地界。浙江当地有个汤姓千户，甘愿车前马后为裴可烈所用。他们狼狈为奸，祸害地方。浙江按察使林硕打算先拔除裴可烈的爪牙，他捉拿了汤千户。

裴可烈岂能轻易善罢甘休，他一道上疏以毁坏诏书之莫须有罪名狠狠告了林硕一状。

林硕被宣德皇帝下旨带到京城问罪。朱瞻基亲自审问，问他为何损毁诏书？林硕不卑不亢，大声回道："臣被皇帝重用，哪里敢对诏书不恭敬，这是有小人担心臣执法严厉，不能行使私事，故意设计陷害我罢了，皇帝明察圣裁！"一番辩白，反而让皇帝无话可说，朱瞻基心中也知道林硕忠心，将其无罪释放，官复原职。朱瞻基当然对裴可烈在江南的罪行有所耳闻，可是他那时还没有下定决心对其痛下杀手。

当然，做个样子还是必不可少的，他下诏将诬告的裴可烈狠狠骂了一顿。

被复职的林硕深知裴可烈根基之深，从此不敢再跟他正面交锋。不过，裴可烈的好日子就要到头了，因为接下来又来了一个叫郑珞的宁波知府，他才是裴可烈的克星。

郑珞将裴可烈在宁波地面所做的诸多不法之事，写成奏疏上奏。他的时机把握得很好，正好赶上宣宗的反宦风暴，于是一击中的，裴可烈被捉拿回京法办。

宣德皇帝这次可谓痛下杀手，他将袁琦凌迟处死，与袁琦一起被押赴北京西市的还有阮巨队、阮诰、武莽、武路、阮可、陈友、赵谁、王贵、杨四保、陈海十名宦官，这十个都是作恶多端的宦官，一起被斩首示众。

有个内官叫马俊，他办事完毕回京，还没有到京城，在半路上听说袁琦等人被杀，惊惧之下，竟然上吊自杀了。地方官奏报皇帝，朱瞻基还恨恨地说："这个人也是袁琦同伙，也是祸害百姓的家伙！"

天网恢恢疏而不漏，在南京公办的宦官唐受，在当地害民为恶，也被人举报。朱瞻基命锦衣卫将其逮捕下狱，审问之后得知其罪行，唐受又被押回南京，在闹市凌迟处死，并且斩首示众。

朱瞻基这回来真的了，处死了这些不法宦官后，他命都察院晓谕中外：之前派出公办的宦官如果有侵占官民财物的，各自审问明白，归还原主。如果有帮忙藏匿宦官财物的，可以自首免罪，如果隐匿不发，与犯人同罪。

同时，朱瞻基又命司礼监太监王瑾、吴诚等人贴榜内廷，告诫所有的宦官、内使、火者：以后恪守本分，不能害民虐政，如果有发现，国法不赦。

经过这一番整肃之后，宣德朝的宦官们确实有所收敛，宣德皇帝大力整饬不法宦官，也鼓舞了官民，大家渐渐开始不怕宦官了，甚至由此演出一场闹剧。

那是宣德六年十二月，司礼监太监刘宁跟随御史前往江南捉拿不法宦官，不料，他们在回京途中，发生了一件令人哭笑不得之事。

刘宁一行人到达山东故城县时，遇到一个醉汉，他不分青红皂白，上来就揍了太监刘宁一顿。事后得知，醉汉是故城县的县丞陈铭，他一向不喜欢宦官。那日正好三两酒下肚，恰好听说一个宦官过境，于是就上演了"全武行"。不过，他不知道的是，刘宁是一位办事忠心谨慎、没有什么劣迹的好太监。

陈铭殴打朝廷官员，自然被逮捕入京。宣德皇帝这次倒是大度，赦其无罪，还让他继续担任县丞。

可见，宣德六年的这次大风暴确实给宦官们造成不小的冲击，只不过，宣德帝并不认为是他派遣宦官外出才造成这些祸端，反而将一切罪过推到被处死的袁琦身上。真是他为了满足私欲，才四处外派宦官，这种外差不结束，一切都不会彻底好起来。

宣德九年十二月，宣德皇帝朱瞻基生前最后一次诛杀宦官。这次倒霉的是内使冯林，他在郊外为皇帝调教鹞鹰，却杖杀了平民百姓，被死者之妻子一纸诉状告到官府。宣德皇帝大怒，下令立刻诛杀凶手冯林。宣德十年正月，朱瞻基在生命中最后的日子里，仿佛有所省悟。他下令停止南京和辽东的各项采办事务，外派宦官回京。只不过上天没再给他更多时间和机会来彻底终结这项弊政了，这一切只有留待他的儿子朱祁镇和另一位大太监协力解决了。

**为何人人争做宦官：明代自宫大军的泛滥**

我们知道，自古入宫为宦者，都需要经过一道惨无人道的手术流程，这项手术的死亡率极高，而且即使成功，男人也不再为完整的男人。那为何还有那么多人自愿当宦官？说自愿，其实穷苦人家的孩子多半是不心甘情愿的。而战争中的俘虏就更没有选择了。

但是在明朝发生了一个令人匪夷所思的现象，那就是自宫大军的泛滥。其实，洪武五年，朱元璋曾经有过严格的禁令：如果有人敢于阉割他人之子，犯罪之人也要被处以阉割之刑，而且要没入官府为奴。这是针对两广、福建一带富豪之家，他们喜欢阉割他人之子，作为自己府上的奴仆使用。

洪武二十八年六月，太祖朱元璋下诏禁止阉割之刑。《大明律》更有明确规定：敢于阉割他人者，处以杖责 100 下，流放 3000 里。

法律不可谓不严，明初自宫现象仅属于偶发事件，不过随着局势的变化，新的社会现象也出现了。

明初宦官多有来自外国者，安南在永乐年间并入大明国土，多次征伐安南的战役中，很多被俘虏的幼童被阉割成为宫廷奴仆。而朝鲜在明初也经常为明朝廷提供阉人以供使用。

宣德帝放弃交趾，独立后的安南不再提供阉人给明朝；而此后朝鲜也跟风停止向朝廷进贡宦者。

明宪宗之后，宫廷的外国籍贯宦官就基本销声匿迹。而作为另一个宦官重要来源的少数民族地区，此刻情况又为之大变。

少数民族宦官很多来自战争中，例如天顺朝，镇守湖广、贵州一带的太监阮让一次性就阉割俘虏的苗民幼童1500多人，因为手术感染，死亡者超过五分之一。这样的事被朝廷默许，恰恰说明了宫廷中确实需要大量的阉人服务。

不过之后随着战争频次的减少，少数民族宦官也越来越少。宫廷以及宦官各个衙门还有各地王府和官员家中都需要新鲜"血液"，以满足他们对阉人的需求。

社会对阉人的需求持续增长，但是明初阉人的两大主要来源即外国和少数民族宦官，却面临枯竭危险。这也导致民间出现一股自宫风潮。

永乐十九年七月，明朝廷第一次下诏严禁自宫。可见，此时的自宫风潮已经很严重了。

继位的仁宗皇帝对自宫是深恶痛绝的。长沙有老百姓自宫后上疏给他，要求成为内官。朱高炽勃然大怒："这等懒惰不孝的人，怎么忍心跟父母断绝，这种人怎么能留他在左右？"

一名叫徐翊的卫所军人，他儿子在宫中做宦官，他上疏皇帝请求免除他的军籍。朱高炽知道其子是自宫入宫的，于是大怒："你为人父亲，应该教育儿子成才，而你却不能教子，让他忍心自伤身体。都是因为你，才导致儿子背弃亲恩、灭绝人道，败坏教化。"

愤怒的朱高炽将徐翊之子驱赶出宫，让其代父服军役，这下可好，徐氏父子"竹篮打水一场空"。

针对自宫之事，仁宗多次下诏谕禁止，并特别强调自宫要以不孝论处。可是诏令没有下达多久，宣德皇帝刚即位，就有数人自宫求进。朱瞻基震怒，下令将他们送到交趾前线去当"炮灰"。

宣德三年六月，一个叫傅广的指挥同知竟然"不爱武装爱宦服"，他自宫后表示要入宫为皇帝服务。这次皇帝倒也见怪不怪了，按照规定自宫者应该充边，这次皇帝网开一面，依然让他担任原先职务。只是不知道，这位傅广若有妻室，当如何自处！？

宣宗皇帝严禁自宫，可是自己玩儿性上来后，也阉割别人成为宦官，执法者自己尚且不能严格遵守，尚能指望民间遵守。

此后的明英宗倒是严格打击自宫，到了景泰年间，皇帝朱祁钰下旨今后若还有敢于自宫求进宫廷和王府之人，以不孝之罪处死。如果里甲邻居知道有人自宫而不告发的，也一并治罪。

法令不可谓不严酷，可是景泰皇帝自己却录取自宫者入宫为宦。严格的法令成为摆设，这也开了一个很坏的头，民间自宫者从此后再无所顾忌，自宫现象愈演愈烈。

接下来的成化皇帝、弘治皇帝加强法令，规定自宫者处死，全家还要充军。可是法令并没有得到严格执行，因为社会对阉人的大批量需求，统治者本身也隔几年就会录取一批自宫者。万历元年到万历六年间，两次就录用了阉人近7000人。而崇祯朝，三次录用自宫者，数量达到万人之多。

明代中后期的自宫风潮已经达到疯狂的程度。有一个村子几百人自宫之事，成千上万的自宫者涌入京城，请求录用。这已经成为明代中后期一大痼疾。

明代自宫者主要集中在京城和河北地区。

明代中后期为何会形成自宫风潮？在严酷法令之下，又为何屡禁不止？

首先，明代宦官机构庞大，而且在持续膨胀发展之中，这就需要大量阉人充任。而除去罪犯和通过宦官机构投充宦官者之外，自宫者成为阉人的主要供应人群。

其次，在明代做宦官，在很多人眼中是炙手可热之事。为宦官，虽然丧失做男人的尊严，却极有可能获取富贵和权势，从而恩泽家人。对于一些走投无路者或者希图富贵者，这是一个不错的选择。当然有的是出于激愤，想出人头地而自宫者。万历时代大太监陈矩本是农家子弟，他父亲在服役期间负责迎接来巡查的宦官。因为没有及时提供供应物资，被责打。陈父愤懑不已，回去之后，竟然阉割了自己的长子，也就是陈矩，送他入宫服侍。陈矩父亲是看到宦官权势滔天，羡慕并希望将来自己的儿子也能成为权宦，才做出如此不近人情之举。希图富贵者自宫和阉割自己子弟，成为自宫者的主流人群。

再次，有些地区形成自宫风气，比如八闽之地唐宋时期就是宦官产地，这种风气沿至明代不变。而明代北京、河北更有"淹九"风俗，这一日乡间无赖会趁机阉割幼童为戏。

最后，明廷对于自宫者一方面频频下严令禁止，另一方面又纵容这种风气。朝廷会不定期录用自宫者入宫，对于违反禁令的王公贵族又不能给予严厉惩治，这种情况下，上行下效，自然自宫风潮屡禁不止了。

自宫风潮造成严重的社会问题。第一，这种现象严重影响了社会风气，造成一定程度上的社会动荡。自宫求进者不可能全部如愿入宫，没有被录取者在社会上游荡，成为社会不稳定因素。万历朝才子沈德符就目睹过河间、任丘一带有数十个阉人，他们遇到行人，或者乞讨，或者勒住人家的马，强行索取钱财，这种现象京城之外也可以看到，人们把这类人称作阉丐。

第二，阉人的增加也造成一些劳动力脱离社会生产。

自宫现象折射出的是明代社会中宦官的重要地位。宦官也是官，而且作为科举之外的求官之路，宦官在明代国家机构中起到不可替代的重要作用，已经成为国家机器中不可或缺的组成部分，与整个明王朝相始终。

# 四、明英宗正统年间的传奇宦官故事

### 宦官与北京城的营建

才情天子、"蛐蛐天子"于盛年之时离世，遗命九岁的皇太子继承皇位，这就是两度登基、一生传奇的明英宗朱祁镇。

朱祁镇承续父祖遗绪，延续仁宣之治的余光，在位初期倒是四海升平。正统六年发生一件大事，明朝悬而未决的定都问题终于尘埃落定。明英宗下旨去除北京各衙门的"行在"字样，正式将北京确定为京师，而南京成为留都。

北京城至此为止，才正式成为大明王朝的首都。

其实，从永乐帝朱棣开始，出于军事、政治考虑，就确定要迁都北京。为此，朱棣开展了工程浩大的前期准备工作，那就是营建北京城和宫殿。

宦官衙门中的内官监负责管理皇家工程开展和监督，北京城和宫殿的营建自然就少不了宦官们的身影。

这里，我们重点介绍两位宦官在营建北京过程中所做的贡献。第一位叫作倪忠，他是贵州人，幼年家乡动荡，四岁就背井离乡。11岁时入宫，他年龄虽小，却见识超群。他最初服务建文帝的宫廷之中，靖难之后，他投靠朱棣。永乐元年，倪忠受命监造南京灵谷寺，灵谷寺完工，他又受命监造朱棣的陵寝天寿山长陵。

天寿山工程结束，倪忠因为提督工程有功，被朱棣提拔为内宫监奉御。永乐十五年，北京城的宫殿开始动工。北京紫禁城的营建样式基本是仿造南京紫禁城，所以建造北京宫殿之前，倪忠奉命先丈量南京宫殿，并绘制成图，以便营建北京宫殿所用。

北京宫殿完工后，倪忠以其功劳被升为内官监左监丞。宣德皇帝登基，他又被擢升为内宫监太监。

英宗朱祁镇甫一即位，就命年届六旬的倪忠来负责督办皇陵所需石料。倪忠擅长工程营造，他把一生都奉献给朝廷和皇家营造事业，他对北京宫殿的营建居功至伟。

永乐时代的北京城各项工程并未完备。就拿北京城墙来说，九门缺少城门楼，而且宫城内三大殿也是一片废墟。这是永乐末年的一场宫廷大火造成的，因为永乐末期同时进行几项大工程，朝廷也未能及时修建。

到了仁宗时代，朱高炽对南京情有独钟，他曾经打算还都南京，宣布北京只是临时的"行在"，只不过在位时间太短，未来得及实行。

宣宗时，朱瞻基也没有动工完善北京城的各项营建。直到明英宗朱祁镇即位，正统元年（1436年）十月，朝廷终于下决心修建北京的九门了。当时负责修建北京九门城楼的是工部尚书吴中、都督同知沈清和太监阮安。这下，文武官员和宦官齐上阵，在众人努力之下，经过四年北京九门城楼终于完工。

太监阮安调动了京城的万余名士兵，以高额报酬激励他们，他居中调度有方，在不扰民的情况下，完成了预计要调动十几万民夫才能完成的浩大工程。

这位阮安可不得了，他正是我们要讲的对营建北京城做出贡献的第二位宦官。他本名阿留，是安南人。

永乐时英国公张辅征伐安南奏凯,他也顺带带回了很多俊美的安南男童,将他们阉割送入宫中服务,其中就有阮安。

阮安聪明伶俐,善于思考,精通数学、建筑等,曾经在永乐朝参与营建北京的设计工作。

正统三年,通济河决口,朝廷命阮安协同武进伯朱冕、工部尚书吴中一起治河。阮安经过实地考察,认为正确方法是顺水势引导,而不是消极筑堤坝拦堵。

他在河西务处开凿河道,工程完成后,果然消弭了通济河水患。明英宗朱祁镇大喜,特命内阁大学士杨士奇撰写《通济河碑记》,并立碑纪念此事。

九门城楼建造好之后,阮安又奉命主持紫禁城内三大殿二宫的营建。正统六年,奉天殿、华盖殿、谨身殿、乾清宫等宫殿完工,大明王朝正式确定北京为京师,南京为陪都。

北京城墙用砖石和土铸造而成,一遇到下雨天就很容易毁坏。因此正统十年,阮安又跟成国公朱勇、修武伯沈荣等人一起督工完成修缮城墙的工作,给北京城墙的内外都用城砖包砌,城墙由此变得坚固无比。

在景泰三年,阮安又会同工部尚书石璞一起筑造了沙湾堤。第二年,他又受命前往山东治理张秋河水患。但是天不假年,他病逝在半途。

阮安多次主持国家大型工程,堪称宦官中的鲁班。营建工程本来是非常容易贪污的,很多文武官员也是这么做的。

但是阮安为人清廉正直,他主持数次国家重大工程,却分文不贪,朝廷历年赏赐他的钱物,他也全部上交国库。以至于他去世的时候,身上只有不到十两金子。

阮安确实是宦官中的正能量,他的清廉,恐怕很多文官也难以企及。

**王振的争议人生**

后人治明史,谈及宦官专权,多有"四大权宦"之说,论者认为此四位大太监呼风唤雨,专横跋扈,集中体现了明代宦官政治的黑暗。此说正确与否,待读者诸君看过本书以后自会得出自己的结论。我们先说这四大权宦中的第一人,也就是明英宗正统朝的大太监王振。

王振,山西蔚州人(今河北蔚县)人。王振其人,身上谜团甚多,第一个就是他的出身。

明中叶有位叫作黄溥的文人，他写了一部书《闲中今古录》，书中就提到王振出身。说是永乐末年，朝廷下诏，如果地方上学校九年考满成绩不佳者，若已经生有儿子，并且本人自愿，就可以入宫为宦官，教导宫廷中的女官读书识字。王振就是响应宫廷号召，自愿挨那一刀，成为宦官大军中的一员。

可是此书问题太多，单看书名，类似《闲话古今中外》《闲谈古代秘闻》《闲话历史之谜》这样的书，大家想想可信度有多少。

更何况明初并没有听说学官如果考核成绩不佳，就要净身入宫之事。若是这样，哪个人还会冒着致死、致残的危险，去教书育人？

再说了，若是依照黄溥所说，王振要想入宫也得是有子女才行。翻遍明朝官私史书，根本找不到王振有子女的任何记载，明明白白记录下来的是他有两个侄子，名曰王山、王林。

明代私人修史，一大特色就是相互抄录。黄溥的这段王振轶事，被晚明的黄景昉原封不动地抄录下来。之后，此说渐渐被更多的人引用，李诩《戒庵老人漫笔》、赵世显《赵氏连城》、严从简《殊域周咨录》、查继佐《罪惟录》等书都沿用王振出身学官说。

当然也有不少人反对此说，明后期大才子王世贞就在他的《弇山堂别集》中明确提出王振是少年时候就被选入司礼监读书，后来成为东宫局郎，这些实录都记载得很详细，教官阉割之说不确。

作为研究明史的权威史料，《明英宗实录》中就记载了正统十一年正月，明英宗朱祁镇写了一分敕书，将王振大肆夸奖了一番，其中就提到王振是在永乐皇帝的时候，被选拔成为内臣，永乐帝见他聪慧，非常喜爱。之后他又侍奉明仁宗朱高炽，朱高炽也非常眷爱他，于是命人教授诗书给他，希望他能成器成才。

对于出身，王振自己也有话说，他在北京智化寺内立碑，碑文中就提到他的出身：幼年时进入宫廷，得到皇帝朱棣的喜爱，于是让他学习文化知识。

不仅如此，清朝雍正年间所修《江南通志》中有一篇高迁的传记中提道：永乐朝时，高迁担任行人司行人，他曾经出使日本。回国后，高迁被擢升为翰林院编修，奉命在东安门教授小宦官，而王振就是他众多弟子中的一员。

这样看来，王振出身的线索就很明确了。他本是穷苦人出身（不是穷苦人家一般不会送子弟入宫为宦），幼年被送入宫中为宦官，因为得到朱棣的喜爱，他侍奉朱高炽，得到主子认可，朱高炽打算好好培养他，于是让人教他读书。

王振出身教官并自宫入宫说，明显是错谬。

王振确实在众多宦官中表现非常卓越，之后他又得到宣德帝朱瞻基的器重，并让他侍奉太子朱祁镇。宣德帝给了他一个东宫典玺局郎的职务，换句话说，也就是太子东宫内的宦官首领。他受命辅导太子的学业，并照顾其生活。

宣德年间，王振就已经得宠。宣德元年，他奉命传谕左都御史刘观，宣德五年，王振再一次出现在史书中，已经做到司礼监太监。宣德九年九月，宣宗朱瞻基巡边，在离开京城之前，命令留守京城的文武官员遇到紧要大事，需要同太监杨瑛协商施行，皇城之事则由太监杨瑛、李德、王振、僧保、李和五人全权负责。

虽然此时王振的排名还不是最靠前的，但是他已经参与中枢政治事务，对政治的影响也不容小觑。

当然，王振一生中最辉煌也是最失败的时刻，都是在正统一朝。我们先来说说明英宗朱祁镇，大明开国以来，已经历经六位皇帝，其中五帝都是在青年或者盛年时代登基，只有朱祁镇是以年方九岁之龄登上皇位。

娃娃当皇帝，是大明开国头一遭，这可愁坏了一帮顾命老臣。首先，上朝就成了大问题，那么小的孩子要面临殿下一帮子赳赳武夫或者皓首白头的老臣，他们上奏的烦琐政事，九岁的小皇帝哪里能全部听懂！？更何况，北京的冬天奇冷无比，大冷天的让小皇帝天不亮就上朝听政，冻病了谁负责？换做你是臣子或者太后，你忍心？

上朝毕竟是祖制，谁也不敢公然提出废除。权衡之计还是有的，大臣们终于想出一个办法：每日上朝，大臣所奏之事不能超过八件，而且上奏之事尽量都要挑选简单易懂的，皇帝呢，也不必说太多话，只需要简单地答复"是""某部知道"等即可。

这样的折中办法倒是让小皇帝上朝不再成为难事，只不过谁也没有意识到，从明初以来的朝政处理方式正在发生着潜移默化的巨变。

洪武朝以降，都是通过上朝，皇帝亲自在朝堂上处理政事，这就要求皇帝有极高的政务处理能力和经验，还需要头脑极其清醒灵活，才能将政务当场处理得透析明白。

而且这种上朝对君臣都是极大的考验，且不说频繁地上朝需要耗费皇帝多少脑细胞和体力，就是那每日里天不亮，几千文武官员都要从暖和的被窝起来，然后踏上夜路赶往皇宫，这天长日久，也着实令人难以忍受。于是，明朝的大臣们开始学会"翘班"了，官员们想尽办法逃避这又苦又累又无聊的上朝。经常有上百甚至 1000 多名官员不参加朝会的事情发生，对此，皇帝除了罚俸禄，似乎也没有太好的办法。

朝会已经渐渐失去它处理政务的价值，礼仪性和象征意义渐渐居于主导地位。而随着明英宗朱祁镇幼年登基这一特殊情况，朝政的处理方式也发生巨大改变。

朝会虽然成为一纸具文，但朝政总要处理。从仁宣时代开始的奏疏票拟制度渐渐成为处理朝政的主要方式。

奏疏处理有一套渐渐制度化的流程：外廷所上奏疏，如果是京城官员所上，要通过左顺门投进，负责接本的宦官在此接受；京城之外地方官民所上奏疏，由通政司奏进，收本宦官收进。

奏疏收进之后，文书房宦官发到内阁，内阁大臣初步提出处理意见，然后下发六部，六部官员根据奏疏内容，提出该部处理意见，这称作"部复"。

部复奏本由内阁大臣票拟提出批示意见，然后用墨笔书写在纸票之上，粘贴附在奏疏之中，再由收本宦官上奏皇帝。

皇帝本人或者委托司礼监太监，参照内阁票拟的意见，用朱笔在奏疏上写下最终批示，这也就是批红，然后下发各部门执行。

可见，在这种公文处理政事的制度中，内阁的意见也就是票拟很大程度上会影响皇帝的最终决策，而皇帝只是堆积如山的奏疏中挑选部分象征性批红，其他都交给司礼监太监代笔批红，这样批红就成为决策的最关键一步。

正是拥有了批红权，才使得司礼监对皇帝决策的影响力大于内阁阁臣。当然皇帝只是授权司礼监批红，这并不代表司礼监太监可以为所欲为，批红的内容必须要皇帝首肯才行，而且大部分情况下，都是依照内阁票拟的处理意见照抄一遍。

更何况，内阁中还藏有丝纶簿，专门用于防止宦官随意批红，用来核对原始文稿的副本。所以，从这个意义来说，司礼监太监又是做着抄写秘书的工作。

之前，宣宗朱瞻基要忙于他的娱乐事业，会放手让太监批红，这时候已经形成司礼监批红的制度化，而到了英宗朱祁镇时，这种公文处理方式已经成为朝政处理的最重要方式，这也标志着司礼监太监的权力空前加大，全面超过之前的内官第一署内官监。

还说王振和朱祁镇的故事。年幼的天子朱祁镇表现出对军事的喜爱，正统元年十月，他兴致勃勃地登上朝阳门外的将台，来检阅京城禁军。

很多小孩子尤其是男孩子小时候都喜欢玩打仗的游戏。只不过，作为皇帝，朱祁镇见识的是真刀真枪、全身披挂的大明精锐将士。

今天的重头节目是考核禁军将士们的骑射功夫。将士们各显神通，拿出看家本领，都想在皇帝面前表现一下自己，经过一番精彩的比试，最优秀的胜出者产生了。

只不过略微让人有些惊讶，成绩没有问题，三箭三中，都是十环。

身份让人有点想不到，他就是驸马都尉井源。英宗也非常兴奋，他下令将金樽赏赐给井源。美酒赐英雄，这也是题中应有之义。教军场上众将士一片欢腾，纷纷为之鼓掌喝彩。

故事的主角明明是朱祁镇，事后朝野之间却产生一种论调：很多人为井源鸣不平。因为就在几个月前，太监王振会同文武大臣也曾经检阅将士们比武，那次获胜的纪广被连升四级，成为都督。有人说，纪广是走了王振的门路，才得以超擢。不仅如此，在人们的口中，尤其是那些文官口中，王振引导皇帝沉迷武事，这才是最大的罪过。

文官们开始对权势越来越大的王振不满，一场权力的博弈正在悄悄展开。

应该说，宣宗朱瞻基留给儿子朱祁镇的顾命大臣班底是非常不错的。文有内阁"三杨"，所谓"三杨"就是杨士奇、杨荣、杨溥三位杨姓名臣。此三位各有特色：杨士奇以学行著称，杨荣以才识出名，而杨溥则有雅量操守。三位名臣得到仁宣两代皇帝的极大信任，正是在他们的辅弼下，仁宣父子两代励精图治，终于实现仁宣之治。

三人以其卓越表现，成为外廷文官们的领袖。太皇太后张氏就曾经跟英宗说过："三杨"和英国公张辅、礼部尚书胡濙是先帝留下的辅佐大臣，皇帝有事必须跟他们商量，他们赞成的事情，不能不施行。

太皇太后张氏有事情，也必会派内官去内阁咨询"三杨"，然后裁决与否。

作为文官领袖，"三杨"也想用圣学经典辅佐小皇帝成为他们心目中的一代圣君。从洪武到永乐朝，文官地位基本上处于被压制的地位，到了仁宣时代，文官地位又有了一定程度的强力反弹。"三杨"之良苦用心就是通过控制小皇帝，使得正统王朝向着他们设定的方向发展，从而实现文官利益最大化，最好能达到宋代文官士大夫和皇帝共治天下的程度。

为了培养小皇帝，"三杨"煞费苦心，他们通过经筵、日讲来给皇帝灌输儒家为君之道。可以想见，一个十来岁的孩子整日里对着一群白发苍苍的老儒臣，满口之乎者也，全是治国、齐家、平天下的大道理，朱祁镇就是在这种懵懂中被迫接受着帝王教育。

另外，王振对小皇帝的教育也在有条不紊地开展着。可以说，王振和"三杨"在教育领域展开了第一场博弈。表面上看来，太皇太后张氏对"三杨"推心置腹，信任无比，宦官有事到内阁去，也必然要问杨士奇在不在，如果说不在，立刻回去。宦官们跟内阁议事，态度十分谦逊。正统初年内廷、外廷一片和谐合作的气氛下，却暗流涌动。

王振被仁宣两代皇帝赏识，宣宗朱瞻基认为王振其人有才识，善于用人，于是将其拨付太子朱祁镇身边侍奉。除了照料太子的日常起居，王振还担负着给太子教书授字的职责。可以说，王振是朱祁镇的第一任启蒙老师。

王振没有辜负宣德帝的嘱托，悉心教导太子。王振对朱祁镇的教育是严厉的，而朱祁镇对他也很敬畏。

朱祁镇登基之后，有一次经筵讲课之时，小皇帝去西海子游玩逃课了。王振就在人皇人后面前告了一状，太皇太后连忙将小皇帝召回狠狠训斥了一番，并且将扈从皇帝游玩的内侍们下狱治罪。

从此皇帝的一切起居行止，都要先行咨询王振，甚至朱祁镇临幸哪个后妃，王振都告知皇帝身边侍奉之人报知于他。若是小皇帝偏宠后宫哪位女子，跟她腻歪的时间稍微长久一些，王振都要劝说皇帝起驾回宫，说是雨露均沾，不可专宠某人。

王振总领内廷，对侍奉小皇帝的宦官们要求同样严厉。有一次，王振吃过饭后去侍奉英宗，远远地，王振就听到皇帝住所传来吹箫之声。原来是小皇帝闲来无事，召一名小宦官吹箫解闷。那个小宦官看到王振来了，赶紧转身离开，想躲避起来。王振追上他，呵斥道："你们这些人侍奉皇帝，应当进谏正言，谈论正事，以辅佐圣德。怎么能用这些淫靡之声迷惑皇上呢？"说完，王振下令将这名小宦官杖责 20 下以示惩戒。

鼓励宦官们以正能量影响皇帝，而不是引导皇帝安逸玩乐。这一刻，王振跟外廷那些口口声声导君以正的儒臣们似乎并无分别。

除了生活方面，王振还在用人方面给皇帝以正面引导。有次，有一个内侍因为侍奉英宗起居日久有功，他向皇帝乞求恩典，英宗想授给他奉御职位，传谕给王振。哪里想到，王振对小皇帝说："官职是给有功者。这是微小的侍奉之功，只需要赏赐金银布帛即可。"最终，王振也没有给那名内侍奉御之职。在用人行政上，王振给朱祁镇上了记忆深刻的一课。

对于皇帝的玩乐，王振可不像一些心怀叵测的宦官，一味鼓励纵容。一日，英宗跟小内侍们击球，玩得热火朝天之时，王振来了，玩得正在兴头上的英宗一看，立刻喊停。王振也比较讲究方式方法，当时考虑英宗的面子问题，当着众人，没有说什么。第二天天蒙蒙亮，英宗准备上朝了，王振突然扑通一声跪倒，脸色庄重地说道："先帝为了击球这个爱好，差点误了天下大事。如果陛下您也这样，那社稷江山怎么办呢！？"英宗一听，心中愧疚，久久不能言语。

这件事传到外廷"三杨"的耳朵中，三人不约而同地感叹道："宦官中还有这样的人呀！"可以说，在劝谏君王上，王振做得不比任何一个文官逊色。

王振不仅善于劝谏，也讲究方式方法，有时候能巧妙地解决一些棘手问题。太皇太后信佛十分虔诚，她经常去寺庙上香，有时候就在寺庙过夜，当天不返回宫中。那时候的朱祁镇也是孩童，经常陪同祖母一起在此游玩。王振认为后妃到寺庙游玩并不是盛典，更何况明初洪武帝还规定妇女不能到寺庙进香礼佛。可是太皇太后是宫中女主人，王振又不能犯颜直谏。但是难不住他，他秘密下令在宫中铸造了一座极其精美的佛像。

然后王振让小皇帝跟太皇太后进言："您的大恩大德，我无以为报。我已经命人将佛像一尊请到功德寺后宫，以报答您的恩德。"太皇太后非常高兴，就答应了，命人书写佛经藏在东、西二房之内。从此之后，因为房内放置佛经，为了表示敬重之意，不能在此就寝，太皇太后再不出宫了。

后世文人对这个故事大发感叹，当时"三杨"为首的名臣众多，却没有一人能想到如此精妙主意来劝谏太皇太后，反而是一个宦官做成此事，真令人叹惜。

其实也没有什么好叹惜的，宦官也是官，也肩负着国家朝廷的使命，更何况，王振确实在这方面做得不错。

王振面对先帝的嘱托，能全心全意辅导皇帝为正，能以灵活的为人所接受的方式劝导皇帝，同时以正确的治国理念影响皇帝，这一切都为英宗日后的成长打下坚实基础。

相比之下，"三杨"满口大道理的方式，让小皇帝"敬而远之"。第一个回合的较量，王振已经胜过"三杨"一筹。

在教育小皇帝方面，"三杨"更多的偏向小皇帝继承仁宣之治的文治道路，辅弼"正统之治"。他们希望英宗皇帝成为符合儒家规范的儒雅帝王，而王振在引导皇帝学习儒家之学的同时，能不忘武备，继承先帝们的武功。

王振和"三杨"第二回合的较量，更多体现在朝政的处理上。正统五年关于西南边疆战事的一场争论，让王振跟"三杨"为首的文官集团之间裂痕逐渐增大。

事情的原委是这样的。元朝时，西南存在一个实力强大的傣族地方割据政权，名曰麓川，它是由思氏家族所统治。势力范围鼎盛时囊括今云南西部、缅甸北部和印度东北部。元朝时，麓川政权就已经叛服无常，兵力最盛时候达到 30 多万人。

明洪武十四年九月，明太祖朱元璋发兵攻取云南。随着明军深入云南腹地，与麓川政权发生了正面接触。洪武十五年，麓川首领思瓦发进犯金齿、者阑、南甸等地。鉴于明朝北边局势紧张，朱元璋采取招抚政策，在麓川设置平缅宣慰司，以麓川新首领思伦发为宣慰使。

但是，平静只是暂时的。洪武十八年，思伦发叛乱，进犯金齿和景东。洪武二十一年，麓川军与沐英统率的明军发生定边之战，此战明军大胜，歼灭敌军 3 万多人，大大打击了麓川的实力。洪武二十二年，思伦发被迫遣使求和，从此麓川又暂时保持了安定。

建文到仁宣时期，明朝廷对麓川采取安抚政策，西南边疆一度保持了长久的宁静。

正统元年三月，麓川平缅宣慰使思任发上疏朝廷，表示无力再支付贡银。在"三杨"内阁主持下，英宗免除了麓川积欠的贡银 2150 两。可惜，"三杨"内阁的招抚政策并没有满足麓川政权的野心。

正统三年，思任发进犯金齿、腾冲、南甸、潞江等处，朝廷一开始依然寄希望于招抚，可是麓川扩张的步伐已经难以停止了。

思任发自立为"法"，起兵叛明，一开始明朝廷采取守势，但是仍然无法阻止麓川的局势不断恶化。这时候，镇守云南的黔国公沐晟上疏朝廷，要求派兵剿灭，麓川和战问题摆在明英宗面前。

面对挑战，"三杨"内阁依然援引永乐、仁宣故事，主张招抚思任发，然后以利诱之，同时以兴兵为辞恫吓对方。可是思任发丝毫不为所动，仍然攻城夺寨，西南局势大乱。

面对此困境，王振等人主张发兵征讨。正统四年，黔国公沐晟、都督方政、沐昂统兵大战思任发，结果明军大败。正统五年，沐昂与麓川军大战，又一次失败。

面对节节失利的明军和气焰滔天的麓川军，朝廷在正统六年再一次召开廷议，讨论对麓川用兵问题。

会议上，朝臣们讨论得热火朝天，基本分为主和派和主战派。主和派以内阁大学士杨士奇、刑部右侍郎何文渊和翰林院侍讲刘球为首，主战派以英国公张辅、兵部尚书王骥、司礼监太监王振为主。何文渊认为麓川国穷民弱，只需要明军固守，打一场消耗战，麓川时间一久自然支撑不住。不过何文渊的说法未免自欺欺人，麓川军的扩张野心不断增长，从洪武到正统朝，明军一直立足防守。招抚和怀柔政策已经失效，不通过军事打击，麓川不可能俯首称臣。而有些主和派大臣提到的军队不能轻易出征，以免骚扰地方，还有什么即使征服了麓川，也没有什么可以夸耀的说法更是等而下之了。

主战派提到思伦发若不剿灭，外邦也会小瞧大明，边患从此难免，贻害后世。明英宗同意主战派主张，毅然派出兵部尚书王骥、定西伯蒋贵、太监曹吉祥等人率兵征伐麓川。

　　这一次征伐麓川大获全胜，但是思任发父子三人逃脱。正统八年，思机发看到明军撤走，乘机死灰复燃，再次占据麓川，出兵骚扰明朝地界。面对这种情况，主和派仍然迂腐不化，坚持他们的绥靖政策。以兵者凶器这样的陈词滥调继续反对用兵。以王骥、王振为首的主战派依然强势主战，大军再一次出战麓川。之后，又经历两次征战麓川，终于迫使麓川投降，思禄发发誓再也不过金沙江。明军四次征伐麓川，终于一举解决了困扰西南边疆多年的"痼疾"，西南边境得以安宁。

　　关于征伐麓川，有些史学家认为前后耗费十年，发兵 50 多万，耗费无数粮饷，从而导致了国库空虚，也使得朝廷重兵困于西南，瓦剌实力乘机坐大，进而导致土木堡之变。

　　于是征伐麓川在文人笔杆子下，就作为王振的一宗罪郑重其事地写入历史之中。可是，这是真相吗？

　　首先，关于是否用兵麓川，正统六年的廷议开了整整五天，朝臣们广泛参与，大部分朝臣都主张用兵麓川。反对的只是杨士奇、何文渊、刘球等少数文臣，事实证明，他们的招抚政策只是一厢情愿，只能让西南局势进一步糜烂而已。王振以一种振兴祖宗武功的使命感和洞悉西南局势的眼界，跟随朝廷大部分人的正确意见，力主用兵，这本身并没有什么问题。明英宗登基之初，在王振支持下，两次阅兵将台，就已经预示新政府会以一种振兴祖宗武功的姿态执掌帝国之"舟"。

　　其次，征伐麓川最终解决了西南危机。试想，如果朝廷在经历了土木堡之变这样的巨变之后，西南仍然要面临麓川威胁，那时的明朝必将顾首不顾尾，能否确保北京的万无一失都是问题了。

　　最后，退一步讲，即使不征伐麓川，王骥那十几万兵力一并用于对付瓦剌，就一定能避免土木堡之变吗？我看，未必！

　　很明显，文官们这是秉承着痛打"落水狗"的姿态，用妙笔生花的史笔，将王振这宗罪给坐实了，反正在他们眼中，王振主张的一切都是罪恶的。

　　关于麓川的和战争议中，"三杨"站在主和派一边，以仁宣朝故事力主招抚，而王振希望英宗借此建立边功，从而振兴祖宗武功，最终英宗选择支持王振，这一回合中，"三杨"又落了下风。也是这次和战之争后，王振和"三杨"的矛盾进一步加大。

杨士奇在太皇太后面前提出为皇上谨慎选择左右侍奉之人，若是心术不正的，立刻要斥退。这是明里暗里将矛头指向王振。

既然"三杨"已经劝诫英宗和太皇太后疏远王振，王振也不能坐以待毙，他抓住"三杨"本身的把柄加以打击，又一次占得上风。

正统五年，广西桂林的靖江王朱佐敬派遣千户刘顺进京奏事，除了将奏本投入通政司之外，还有一份奏稿的抄本，连同一些金银，嘱托刘顺暗中找到杨荣。原来，他有私事嘱杨荣助其完成。

王振控制下的厂卫可不是摆设，他们有着敏锐的嗅觉，很快此事就被密报给王振和明英宗。朱祁镇写了一封信斥责靖江王，大意说朝廷之事并不都是臣下主导，朝廷赏罚都应该由皇帝裁决，而不是臣下决定。

杨荣其人一向并非廉洁之臣，早在永乐朝就因为收受贿赂，受到朱棣的训诫。这一次又被王振抓住把柄，杨荣正在老家省墓，得报之后，连忙星夜赶回北京。不料中途，杨荣病逝在杭州。"三杨"内阁已缺一人。

而前一年，也就是正统四年，发生了一起廖谟案。廖谟是福建按察佥事，也不知因为何故，他将驿丞杖死。驿丞官职虽小，也是一条人命，更何况他还是朝廷官吏。

被打死的驿丞是杨荣的福建老乡，而杀人者廖谟是杨士奇的老乡。"二杨"因为此事发生了争执，杨荣认为杀人者偿命，杨士奇则说廖谟打死人是出于公事，应该从轻判决。"二杨"争执不下，最后闹到宫里，他们请太皇太后来裁决此事。

王振发表自己的意见："两位阁臣都有私心，都是为各自乡亲说话。杀人抵命判罚太重，因公判罚又太轻，应该对品降调。"太皇太后觉得王振所言有理，于是将廖谟降职为同知。王振这番分析入情入理，判罚得当，得到太皇太后的赏识，而他也借助此事，将"二杨"处事不公的印象嵌入太皇太后心中。

"三杨"节节败退，王振占据上风。继杨荣病逝之后，杨士奇的儿子杨稷在老家飞扬跋扈，欺压乡里，又做出诸多不法之事。此事被王振得知，将杨稷论死罪下狱。受此沉重打击，杨士奇以年老多疾为辞致仕回乡。

至此，曾经叱咤风云的"三杨"内阁仅剩下杨溥一人。新补的阁臣马愉、高谷、曹鼐资历尚浅，威望也轻，缺少治国理政经验，而且与英宗关系不及王振亲密。此刻，杨溥在内阁孤立无援，随着杨溥在正统十一年的离世，内阁已经无力与王振制衡。

"三杨"期望正统政治沿着仁宣两朝的轨迹继续前进，但是王振察觉到仁宣政治有其历史弊端，正统政治需要有一番振作和革新，必然不能沿着前朝旧路前行，政治主张的差异导致以王振为首的司礼监和以"三杨"为首的内阁之间的博弈。

同时，英宗在文官势力日益坐大的情况下，希望通过王振制衡他们，通过振兴祖宗武功，从而加强皇权集中，以慢慢夺回"三杨"内阁手中的权力。与其说王振和"三杨"博弈，不如说是英宗为加强皇权，与文官士大夫集团发生的一场权力争夺。

王振在英宗皇帝的支持下，主持了一场局部革新，这场革新是以效法太祖朝严以治官的精神为主线，开展的一场朝政改革。只不过这场改革也夹杂了王振的个人情感，以其与文官集团的对立表现出来，这在很大程度上成为这场改革被人忽视的原因之一。

明初确定《大明律》的主旨精神就是宽以治民，严以治官。文官集团之所以在明初洪武朝战战兢兢，是因为太祖皇帝的这种法制精神。但建文朝文官地位有所提升，相应的文官犯罪轻罚的传统开始渐渐形成。延至仁宣两朝，文官士大夫们的"春天"来临，社会上轻罚的惯例大行其道。

英宗皇帝以冲龄即位，军政大事一决于内阁，随着英宗年龄渐渐增长，其重掌国家控制权的愿望愈加强烈。

为了防止大臣欺蔽，同时为了改革前朝积弊，英宗朝在王振主导下，开展了一场重典治官的运动。

正统元年，兵部奉旨奏议边事，比规定回复时间超越五天，依然没有回音，英宗大怒，将兵部尚书王骥和邝埜双双下狱治罪。这种因循办事的态度在前朝也许收不到任何惩戒，在英宗一朝，却治以下狱之罪，这无疑是英宗皇帝和王振给了文官集团一个下马威。

正统三年，因为办事不力，礼部尚书胡濙和户部尚书刘中敷先后下狱，这对朝臣的震慑是巨大的。胡濙可是从永乐朝就被皇帝信用的老臣，他也是宣宗留下的顾命大臣之一，连他都可以被下狱，其他人可想而知。

正统六年，户部尚书刘中敷和左右侍郎吴玺、陈瑺又因为御马分牧民间之事有违祖制被下狱论罪。刑部主事魏源多次因为贪腐和决狱不当等罪名被下狱。正统十一年，代理刑部尚书金濂因为推诿之罪，又被下狱。作为文官品级最高的六部尚书频频落马下狱，这也颠覆了仁宣两朝以来宽和刑狱的办事作风。

对于英宗朝重典治官，传统史家认为这是王振借助皇权欺凌百官的摄权之举。其实背后隐藏的却是王振借助重典震慑百官，从而加强皇权的良苦用心。

正统初期，在"三杨"强势内阁的统摄之下，六部官员唯"三杨"马首是瞻，已经成为内阁势力的辅佐力量。英宗的皇权受到进一步的压制。为了伸张皇权，王振和英宗一方面压制内阁势力，另一方面又对六部恩威并用。在对六部尚书下狱论罪的同时，又能很快让他们官复原职，通过这种又拉又打的方式，来让内阁和六部势力分裂，最终实现六部权力为自己所用的目的。

值得注意的是，这一时期，通过王振的努力，言官系统依然为英宗完全控制。言官秉承英宗和王振旨意，寻找大臣们的过失，从英国公张辅以下公、侯、驸马、伯和六部尚书、都御史以下官员无不曾经被弹劾或者下狱或者荷校示众。一时间，官员人人自危，仿佛大家又集体穿越回到洪武时代。

在王振的强力打压之下，文官集团中也有不少人依然采取不合作和抗拒的态度。李时勉此人在当时，可谓名声鹤立。在洪熙朝，他就因在朝堂上顶撞皇帝，被仁宗打断几根肋骨，差点送了命。

就这样一个人，在正统朝又不买王振的账，得罪了王振。王振有一次来国子监视察时，李时勉丝毫不给王振面子，以奴婢视之，并未能以礼相待。结果王振记恨在心，就借助一事打压李时勉。正统八年七月，李时勉在国子监讲学，有一棵古树妨碍到学生们列班听课，李时勉竟然命人将古树砍伐。

王振正好借助此事大做文章，说他是砍伐树木，为私人所用。于是李时勉被判罚带着大枷跪在国子监门口示众。这是一种羞辱，不得不说，王振在这件事上做得确实过分了，激起了国子监学生的众怒，最后惊动了太皇太后，最后在太皇太后的干涉下，李时勉才得以被释放。

薛瑄是明初著名理学家，他讲学地方，声名大噪，人们尊称他为"薛夫子"。

王振曾经问"三杨"："我老家乡亲里面有没有能做京官的？""三杨"就推荐了薛瑄，于是在王振的引荐下，英宗任命薛瑄为大理寺少卿。

"三杨"觉得薛瑄被破格任用，至少是王振的引荐。出于礼貌，他也应该去拜谢一下王振。李贤受"三杨"委托，将此意传达给薛瑄，没有料到却吃了"闭门羹"，被薛瑄一口回绝。

不去拜谢，王振倒不是太在意。廷臣议事东阁，大家见到王振无不趋拜，只有一人岿然不动。王振得知此人就是大名鼎鼎的山西老乡薛瑄，他并没有发火，而是主动上前作揖示好。孰料，薛瑄只是冷冰冰回了一个揖，并无其他言语回敬。在众目睽睽之下，王振感觉脸面尽失。而薛瑄不明白的是，文武官员跪拜的其实不是王振，而是他背后的英宗皇帝。以传统观点看王振这一权宦，自然是不合时宜了。

而王振本来是希望拉拢结好薛瑄，哪知道他好歹不分，只好作罢，而且暗中记恨上薛瑄。

正统八年，王振侄子王山看中京城一名指挥的小妾。指挥病死，小妾贪图王山家的权势，想攀龙附凤，无奈指挥之妻不松口。小妾一怒之下，就诬告指挥之妻毒杀亲夫。严刑拷打之下，指挥之妻被迫承认这莫须有的罪名。

人命案到了大理寺复核环节，薛瑄觉得案情蹊跷，必有冤情，要求重审。王振偏袒他侄子王山，又想借此打击一下薛瑄，于是指使言官弹劾薛瑄收受犯人贿赂，薛瑄被下狱论死。

眼看临刑的日子越来越近，王振这一日经过厨房，看到他的老厨子在房内偷偷哭泣。王振好奇，问他为何，这位厨子哭得更加伤心了："我听说薛老夫子要被行刑处死，忍不住难过而流泪。"

薛瑄魅力不小，竟然能让一个老厨子都为之伤心落泪。王振内心也深受触动，觉得薛瑄罪不至死。再后来，有人上奏申救，王振也乐得做个好人，将薛瑄改判，罢官为民。

王振打击报复的目的达到了，薛瑄也保住了性命。他从此名声更大，专心发展他的学问，终成一代理学大师。

南京的国子监祭酒陈敬宗文采过人，王振希望其为己所用。于是通过周忱表达自己的心意，陈敬宗却以"为人师表岂能拜谒宦官"为名严词拒绝。王振不罢休，又以求书为名向他示好，陈敬宗无奈答应其求书请求，却退还礼金。这种不合作的态度令王振十分无奈。

王振一方面对待外廷群臣的态度是打拉结合，对于敢于直接冒犯他权威的人，王振坚决打击，毫不留情；而另一方面，又尽量寻求拉拢外廷可以合作之人，为己所用。

当然，得罪或者反对王振的人，不是每个都有薛瑄那样的好运气，很多时候是以送掉性命为代价的。

正统十三年，因为公事，南京刑部侍郎齐韶杖死了指挥佥事贾福，齐韶被下锦衣卫大狱。

锦衣卫指挥马顺经过审问，跟王振汇报说，齐韶以前曾经自称是王振的乡亲，而且说王振的侄子王山、王林二人也是他的侄子。这位冒充王振近亲的齐韶，在南京刑部期间，屡屡兴起大狱，导致120多人冤死。另外，经过审问，齐韶还有诸多僭越之罪。

一个堂堂三品官员就此被押赴西市处死。其实，齐韶最大的过错就是不该冒充王振乡亲，由此得罪了王振，人头不保。

而翰林院侍讲刘球之死，则更具有神秘色彩。

前面我们讲到，正统六年关于是否出兵麓川的廷议中，刘球就站在主和派一边，大力反对。正统八年，刘球应诏上疏，提出了朝廷之过失，一共提出十件事，需要朝廷上下一起反省。

刘球的上疏中提到谨慎选择太常寺官员。翰林院修撰董璘听说这事，就毛遂自荐，想做太常寺官。言官们把这两件事联系在一起，说董璘和刘球二人勾结，为了谋求太常寺官职。

于是，二人皆被下狱论罪。清修《明史》中记录下刘球被害的场景：马顺深夜携刀来到关押刘球和董璘的监狱，马顺手起刀落砍下了刘球的人头。马顺将其肢解，碎尸被埋在诏狱大门之下。董璘眼见得刘球惨死，偷偷将沾满鲜血的衣服一角藏在自己身上。后来，刘球之子又找到父亲的一只手臂装殓入葬。

可惜，关于刘球神秘之死的这条记载，漏洞却是很多。马顺如果要杀刘球，下毒甚至带出监狱暗中处决，有的是办法。何必当着董璘的面杀掉，事后还能让董璘安然无恙出去保留现场目击人的证据？如果真当着董璘面杀人，还留下衣服一角和一只胳膊？

刘球死在监狱是事实，可是到底怎么死的确实成了一个谜。毕竟清修《明史》的这段监狱惨案的记载多是出于臆断。

事实上，刘球是死于得罪了王振。他的奏疏上劝导英宗万万不可权力下移。恰好，刘球曾经得罪过王振的心腹——钦天监监正彭德清。彭德清正借助此事，告诉王振，刘球的这句话正是暗指王振专权，劝说皇帝千万不能放权给王振。

权力之事，可是触动王振最大的忌讳，刘球正是死在这上面。

总体来看，朝廷上下对王振不满的大有人在。

正统八年十月，内使张环、顾忠写了一封匿名信揭露王振的不法罪行，事发后，二人被下锦衣卫诏狱。最终王振将二人在市曹凌迟处死，并且命令所有宦官都要去刑场观刑。

正统十年正月，一封揭发王振罪行的匿名信贴满了京城大街小巷。东厂和锦衣卫不敢怠慢，连夜查访，最终揪出这些匿名信的主人原来是锦衣卫卒王永。

王永的下场当然不会太妙，被以妖言惑众之罪斩杀。

两起匿名信事件，一个主谋是宦官，一个主谋是锦衣卫，可见王振的权势也引起部分宦官和锦衣卫的不满。

其实想想也不奇怪，王振对自己的同类，也就是宦官群体，同样严格治理，毫不留情。

正统八年，王振传达英宗旨意，严令禁止宦官与外廷官员相互结交，或假公济私，或徇私舞弊，或滥用刑罚等不法行为。

其实，从英宗即位之后，王振就着力于大力惩治宦官不法行为。正统元年二月，王振传达皇帝敕谕给太监李德："命尔与通政使提督京城太仓，巡视通州、临清、徐州、淮安等处仓粮。尔等用心办事，不能放纵下人惹是生非，虐待纳粮百姓！"接下来发生的事情证明，王振和英宗可不是说说的。

五月间，司礼监的内使范听奉命到广东负责进贡方物，索取百姓的白金、丝绸等物，事情传到朝廷，其赃物被没收入官，范听被锦衣卫囚禁。

六月，内官监火者宋义养逃亡军人为奴，宋义在一次暴怒之后，杀死这个逃亡军人。王振传达皇帝旨意将其送都察院审问，然后按罪斩杀，并且出榜文再次重申朝廷对内官的禁令。

正统二年四月间，太监僧保、金英等人私自创设屯放货物的塌店 11 处，指使手下无赖子弟强行囤积商人货物，一时间成为市面一害。英宗和王振命锦衣卫协同监察御史去处置此事。

十月，监察御史李在修等人弹劾南京守备太监罗智、袁诚纵使手下奴仆杀人以及贩卖私货，过关还不交税，结果这些恶奴被御史韩阳抓获。罗智等人应该承担纵容之罪，皇上下令依法治罪。

正统五年十二月，司礼监火者贾麦儿以私人之事嘱托吏部尚书郭琎和户部尚书刘中敷，二人也答应了贾麦儿。没有想到机事不密，竟然被朝廷发觉。英宗告诫郭、刘二人不准再犯，而贾麦儿则在司礼监新房，被戴上大枷示众。

正统六年三月，内使范好、火者来福负责管理司设监外厂，私下役使匠人50 多人，给司设监太监吴亮种菜。吴亮和两位拍马屁的小伙伴听任这些匠人们搞野炊，结果不慎，导致厂房内竹木、白藤、车辆等价值 150 多万两银子的物料都被烧毁。锦衣卫很快调查清楚情况，上报王振和英宗。

朝廷指示，把总内官福安监管不严，而吴亮不能承担责任，还托词说是厂房起火，这二人都应该治罪。吴亮虽然最终逃脱一死，但是活罪难免。英宗命王振给吴亮记下死罪，案底留在司礼监备案，而福安、范好和一帮工匠被关进锦衣卫诏狱杖责，并且赔偿厂房损失。

另一场火灾中的内官，可不是关押追偿这么简单了，直接断送了性命。正统七年正月，南京皇宫的西安门内失火，火势凶猛，烧毁了廊房 60 多间，所储存的物料器皿 725500 件以及钱粮账簿、军士衣服盔甲等全部化为灰烬。第一责任人南京尚膳监内使郭敬被治罪诛杀。实录没有交代火灾的原因，但是以尚膳监内使被诛杀来看，应该又是一起内官生火做饭不慎导致的火灾。

正统七年二月，尚膳监内使王彰、章叁等人也不知道是嘴馋还是怎的，竟然盗用监内花椒、果蔬，事发，二人被戴枷在光禄寺门口示众。

正统八年九月，清平伯吴英，宦官吴亮、范弘、金英、阮让等人私自在南海子放牧，强夺百姓的草料，被锦衣卫侦之，皇帝和王振将他们五人全部下锦衣卫诏狱监禁。一个勋贵和四名太监，就因为强夺了老百姓一点草料就被下狱治罪，足可见英宗和王振治宦之严。要知道范弘和金英在宣德朝就已经担任司礼监太监，并且被宣宗赐予了免死诏。

面对权贵、宦官等屡屡触犯法令的情况，在王振主持下，朝廷颁布了两道敕谕。其中一道是给宦官、内使等，再次严禁内官、内使与外廷衙门私自交结、透漏内廷机密；或假借公务隐私舞弊、徇私枉法等不法之事，并且告诫他们，既往不咎，如果今后再有触犯，必然按照祖宗法度，严厉治罪，不再宽容。

事实证明，王振和英宗是这么说的，也是这么做的。正统九年十二月，景陵神宫监右少监阮菊因为擅自砍伐陵树百余株被诛杀。

正统十年十一月，火者董留乞、栾通收人贿赂，将受贿人冒认为自己的义子，从而使其人假充为勇士营士兵。法司拟治以绞刑，可以役赎刑。英宗和王振不允赎刑，将董、栾二人处斩。

正统十一年五月，内官云保山、黄义擅自役使军士，在清河开窑取土，被下狱治罪。

六月，内使陆恺开了宝藏库大锁，欲盗取库藏，结果被诛杀在西市。

一桩桩案件表明，跟传统认知不同。王振虽然是宦官，在他治下，那些宦官可不是无法无天，在严法打击之下，很多宦官战战兢兢，夹起"尾巴"做人。

在勋贵、外戚面前，王振也并不落下风。宣宗留给英宗朱祁镇的五名顾命大臣之中，地位最尊崇的就是英国公张辅。张辅建功安南，又协助宣德帝平定汉王朱高煦之乱。对这位功勋卓著的勋贵，王振表面上示以尊重，告诫自己的侄子一定要敬重他。但对于宦官喜宁明里暗里挑衅张辅家族的行为，却置之不理，可以想见，王振也想打压张辅，从而实现震慑勋贵的目的。

对于驸马都尉，王振叫是借助一些小事"小题大做"，故意整治他们。正统九年七月，驸马都尉石璟被下锦衣卫诏狱，理由很奇葩。就是因为石璟府中的阉人吕宝偷盗，被他发现，一顿臭骂。骂人的话当然不可能好听，无外乎是什么阉贼之类的话。史书上说王振听了这话，觉得物伤其类，因此生气治了石璟的罪。其实，王振的目的也是通过此事，告诫那些瞧不起宦官阉人的权贵们，宦官们的时代已经来临了，不要小瞧任何阉宦背后的王振。

通过这些明里暗里的打压，勋贵们知道王振的厉害，大家一口一个"翁父""国老"地叫着，其实心里明镜似的：小皇帝朱祁镇不好惹，王振杀伐果断，敬重王振就是服从皇权，总不会吃亏。

当然，王振可不是只会铁血杀戮的莽夫，他也会拉拢朝臣协助自己。吏科给事中张睿因为当道给王振下跪，被他表奏英宗，授予户部侍郎一职，从正七品到正三品，连升四级。

其实王振又何尝不明白张睿是谄媚小人，给他升职，无非是向群臣表明一个态度，顺从王振的人就是顺从皇权、为皇帝所用之人，就能得到高官。

在这种示范效应之下，很多官员纷纷来拍王振马屁。结好王振的官员当中，当然也有很多是干吏能员。比如石璞，他曾经担任江西按察使，处理案件公正严明，地方妇孺都知道石璞大名。不久，石璞因为政绩卓著，升迁为山西布政使。

王振老家在山西蔚州，他有一次回乡省亲，石璞抓住机会，极力讨好奉承王振。王振一高兴，回朝后，在英宗面前荐举，石璞被升任工部尚书。

王振对很多有才干的文官也是发自内心的推崇。比如前面我们讲的薛瑄，被王振引荐。而且王振想主动结好薛瑄，只不过薛瑄"不解风情"，一副冷面孔拒绝，从而差点导致人头落地。当然最后一刻，薛瑄保得项上人头，跟王振对他发自内心的崇敬也是分不开的。

吏部尚书魏骥为官能坚持原则，维持大体，因为他卓越的办事能力，被王振所赏识，以"先生"称呼他。要知道，在满朝文武战战兢兢，甚至见之都要下跪的情况下，王振独能对魏骥如此敬重，也让人称奇。

耿九畴在做盐运司同知时，能改革弊政，两淮盐政在他治理下，卓有成效。后来，耿九畴因母亲离世要离职丁忧，数千名百姓来到京城乞求皇帝挽留耿九畴继续任职盐政。王振跟英宗说："此人廉洁耿介，众所周知。可以同意挽留他继续任职。"英宗同意众人所请，复起他为盐使司都转运使。

王文在英宗朝担任右都御史期间，巡察延绥、宁夏时，弹劾处置不法的武官王祯、黄真等人罪行，边境吏治得以澄清。王文在陕西镇守五年期间，地方上安定不乱。他虽然以阿附王振为世人所不齿，但是不能否定他的能臣之才。

治理江南的名臣周忱跟王振也有交结。当时朝廷正在修缮宫殿，需要1万多斤牛胶，于是下令江南当地立刻筹集。巡抚江南的周忱因为公事要进京，途中巧遇传旨江南的使者。使者请周忱立刻返回江南，置办牛胶，周忱心知肚明，此时再回江南置办必然耽误时日，而且会给江南地方造成骚扰。

周忱来到京城，求见王振，跟他说："京城库房中储藏的牛皮已有多年，其中多半腐朽，不如清理出来煮炼牛胶，等下官回到江南，立刻再买新牛皮归还府库。"就京城库房来说是以旧换新，而就周忱而言是节省时间，节约人力、物力。可谓一举两得。周忱的办事能力得到王振的赏识。从此之后，周忱向朝廷的奏请无所不允，这后面当然都离不开王振的相助。

当然，周忱也大力讨好王振，以便自己能在江南大展拳脚，有一番作为，毕竟朝中有人好办事嘛。周忱听说王振正在修建一座府邸，便用重金买通了王振身边的一个小宦官，得知新房子的尺寸。然后，周忱让松江府连夜赶制地毯，等到府邸竣工，地毯也完工了。然后派人将地毯送给王振，作为新宅落成的贺礼。地毯往新房里面一铺，尺寸分毫不差，乐得王振拍手称赞。

在朝廷征伐麓川时，周忱及时供应钱粮，确保了最终的胜利，这也让王振极其满意。

可以说，王振和周忱的关系，很像后来万历朝张居正和冯保的关系，能臣加太监，这种内外结合不一定都是坏事。

讲了这么久，王振其人对正统初年的政治清明到底起到什么作用？先看明英宗朱祁镇的一道即位诏书，其中提道：先帝宣宗派往各地采办各种绸缎布匹以及纸札、铸造铜钱、烧造瓷器、铸炼铜铁、烧造器皿、买办物料等事全部停止，因为以上诸事外派人员全部回京，违者治罪。今后非奉朝廷明令，内外官员人等一律不许擅自骚扰百姓，违者治罪。各处捕鹰、捉拿鸟兽和采办虫鱼花草果木之类，只要即位诏书一到，全部停止。内官监等宦官衙门采办树草等物件一律停止，外出买办、采办、造办内外官员，如果有私自占有官民田地和建造房屋，或者役使军民为自己做私活者，诏书到达之日起，官民田地归还原主，私建房屋没收入官，被私自役使者各归本业，如果有违反者，治以重罪。

这道即位诏书并不是泛泛之谈，它正是英宗、王振君臣意识到宣德年间以来的诸多弊政，开出的一剂针砭时弊的"良药"。

宣德帝朱瞻基是才情之帝，为了满足私欲，外派宦官人等外出采办，对地方上造成极大骚扰。王振正是针对此弊端，严令禁止宦官人等外出采办，避免了再度骚扰地方，民间也得以休养生息。

"三杨"内阁的治国理政方法不离窠臼，延续仁宣政治显然也不能适合新形势的发展。正是在王振的辅佐下，英宗朱祁镇针对因循守旧之风，欲有一番振作，开展了大力整治。

而放眼当时的群臣，"三杨"、胡濙、张辅等重臣已然老迈，他们思想上的因循守旧也无法承担改革重任。英宗放手支持王振改革时弊，也取得一些成效。

惩治因循守旧的朝臣，严厉约束不法宦官，力主出兵麓川，任用治国能臣干吏，可以说，在王振和英宗的锐意进取之下，大明帝国重新焕发生机，在正统朝有了振作气息。

别的不说，在正统末期发生东南邓茂七、叶宗留、黄萧养起事时，东南浙江、福建、两广震动，半个东南陷入战火之中。

这三人起事造反，原因各不相同，却不能简单以农民起义视之。起事民军中，鱼龙混杂，夹杂了土匪、强盗、流氓等亡命之徒。起事者更像江洋大盗，所过之处，百姓被杀戮，财产被抢劫，东南经济和稳定受到极大影响。

面对严峻局势，朝廷官员应对不利，造成局势进一步恶化。很典型的，如巡按御史柳华、柴文显、汪澄三人都因为在平定民军过程中或昏聩无能或贪生怕死，最终导致官军失利。

王振对柳华等三人的过错极为震怒，请示英宗，将三人处以斩首极刑，以儆效尤。正是在这种杀伐果断的严厉作风高压下，内外官员引以为戒，齐心协力，最终将三处民乱一一平定。

平定东南三处起事都在正统十四年春夏间。这个时间节点可真的很悬，因为就在八月间发生了震惊中外的土木堡之变。

想一下就让人后怕，如果不是东南平定，明朝就要泥足深陷，腾不出手来全力对付北方瓦剌的威胁了。

而东南方民乱的平定，某种程度上来说，离不开王振的严厉措施。

可以说，英宗对王振是极其信任和尊重的。在英宗眼中，王振可不是普通的一个奴仆，他每每以"先生"称呼王振以示尊重。

正统十一年正月，英宗赠给王振等各宫太监白金、彩币等财物，并命王振侄子王林为锦衣卫千户，世袭指挥佥事。不仅如此，朱祁镇还向天下发布敕文大力称赞王振。敕文中提到，王振前后 20 年间兢兢业业辅佐、侍奉历代皇帝，忠心耿耿，对朝廷政治贡献良多。这种高度评价，也昭示着王振在英宗心目中无可替代的地位。

王振的权势和声望也在这一刻达到顶峰，照此发展下去，王振很可能会荣光一生。只不过历史的进程谁也说不清楚，谁也预料不到四年之后，王振和他忠心守护的大明王朝将遇到一场塌天大祸。在讲土木堡之变之前，我们再来说说王振的三个故事吧！

关于王振，身上谜团实在太多，其实很多是人为制造的，故意造成混乱，混淆视听，以达到抹黑"明代四大权宦"之首的目的。

第一个故事，例如谷应泰在《明史纪事本末》中记载的这则故事：正统六年十月，北京紫禁城奉天、华盖、谨身三大殿落成完工。英宗为了表示庆祝，大宴群臣。按照惯例，宦官虽然尊崇，但是不能参加皇宫盛宴。英宗看不到他的"王先生"，总觉得缺了点什么。他又担心王振不能参会，心中会有失落或者生气，于是派人看看王振此刻在干什么。

果然，王振正在大发脾气："我有周公辅成王的功绩，为何不能去筵席坐一下！？"

朱祁镇连忙派人打开东华门大门，请王振由此进入。文武官员郑重列队欢迎。王振还对他们不理不睬，昂首挺胸，旁若无人大摇大摆地进入。

很可惜，这个故事漏洞太多。首先，宦官在洪武朝就可以参与朝班，下朝后会被赏赐茶饭，和文武官员一起进食。朝廷典礼，司礼监一般要侍立在皇帝身旁，怎么在这里就成了按照惯例，宦官不能参加皇宫宴席了呢？

其次，王振再狂妄，他岂敢自比周公。要知道，王莽、曹操这种权臣都不能轻易比拟周公，一个宦官，即使权势再大，敢于说出这种狂言？如果他真说了，英宗还能信任他？

最后，王振不预席事，不见诸实录正史，反而是私人史乘。若王振有如此骄狂之事，文人士大夫们何不在实录中大书特书，让其遗臭万年？要知道，《明英宗实录》中关于王振的黑段子可真不少，尤其是土木堡之变那段，简直就是王振的罪行全记录。若王振争席真有其事，文人必然捕风捉影，不肯放过如此一个好好控诉王振的机会。

第二个故事，张太后诛杀王振未遂事件。

英宗以冲龄即位，宣宗曾有遗诏，要求国家重要事务必禀奏张太后。英宗朝，张太后升级为太皇太后，女主秉政，免不了要通过宦官传达政事于外廷。王振呢，因为办事能力超群，与太皇太后接触较多。

成弘年代的何孟春就在他的《余冬叙录》中记录了一件关于太皇太后和王振的故事：说是有一天，太皇太后突然召集张辅、杨士奇、杨荣、杨溥、胡濙五人到便殿议事。五人来到后，见英宗侍立在太皇太后身边。太皇太后嘱咐英宗："这五位大臣都是先帝让辅佐你的。你有任何事情都要跟他们商议，如果不是他们赞成的，断不可行。"英宗点头应诺。

随后，王振也被宣召进入便殿。太皇太后怒斥王振："你侍奉皇帝起居多有不法，今天应当赐你死罪！"话音未落，两旁女官拔刀出鞘，压在了王振脖颈之上。

眼看王振人头不保，朱祁镇大惊失色，连忙跪地为其求情。五大臣见此情况，一起跪下附和皇帝乞求太皇太后刀下留人。

太皇太后说："皇帝年幼，不知道这种人会祸害国家。既然大家都求情，我就暂且留他一命，但是今后不准他再干预国事。"

这个故事剧情跌宕起伏，令人发一声叹。只可惜，故事虽然精彩，却不是真实历史。

读者诸君仔细思考一番，就会发现其中破绽。其一，如果太皇太后有意要杀王振，何必要把皇帝请来，既然知道皇帝跟他情深义重，必然会为他求情，还请他来给王振留一线活路？

其二，如果太皇太后不想真心杀王振，只是吓唬他一下，达到震慑的目的，为何不将他从司礼监赶走，而是明知道他是祸害的情况下，还留他在司礼监继续掌权？

其三，太皇太后释放王振的条件是，王振从此不许干政。这就很奇怪了，司礼监参政是从洪武朝就开始的事情，祖宗旧法，就凭她一介女流一句话就推翻了？更何况，透过史籍，太皇太后对王振的能力是赏识的，她将王振的忠心看在眼里。更何况，以往王振往来太皇太后和外廷官员之间，也没见太皇太后对其有什么不满之处，怎么就突然发难，要处死他？

其四，若真有此事，杨荣、杨士奇等人的墓志和笔记为何不予记载？太皇太后确实召见过"三杨"等大臣，不过那还是宣德朝，这件事情也被杨士奇郑重其事地记载在他的文集《东里别集》当中，这也是太皇太后唯一一次召见外臣。

更何况，若是太皇太后真的有杀王振之意，作为王振罪行总汇的《明英宗实录》早就大书特书，让后世广为流传了。

可见，这个故事着实反映了文人们的阿 Q 心理，若是当初太皇太后杀了王振，除了这个祸害，也许就不会有土木堡之变了。只可惜，如此精彩的故事，只是后世文人的臆想而已。

第三个故事，王佑认王振为干爹之事。

王振专权，文武官员对其阿谀奉承，各种令人作呕的手段无所不用其极。这一日，工部侍郎王佑遇到王振。王振见他帅气，而又无胡须，就好奇问他为何不长胡子。王佑一脸谄媚，笑着回答："老爷您没有的东西，儿子怎么敢有？"好一副令人作呕的场景。

这个故事被堂而皇之记载到史籍之中，只可惜，细细分析，又发现问题不少。

其一，王佑年龄当时已经 50 多岁，跟王振相差无几，此人若是如此厚颜无耻，为何之前的仕途不能平步青云，而是颇多坎坷？

其二，王佑早年在广西治绩斐然，其人不似只会谄媚之人。

其三，王佑若是真的能称呼王振为爹，当不至于在大庭广众之下，要知道，文官公然认太监为爹之事为大部分人所不齿。这种事情必然是在隐秘场合，若此，则不会有第三人在场，那这一番对话又是如何被人记载下来的？

事情的真相很可能是这样：王佑升官出自王振的传旨，不是通过吏部举荐，王佑也确实有谄媚王振之举，大家自然就会联想到他是一个无耻之人，编排出认爹这样的故事来恶心王佑，顺便再给王振添加一则黑材料。

时间的指针不可避免地走入正统十四年，这一年发生了一件惊天动地的大事变，这一事变直接将王振打入万劫不复的境地。当然，大明王朝也在这一年经历立国之后最严峻的考验。

### 土木堡之变，谁之过？

有明一代，北部边防甚重。元亡而未亡，元顺帝带领完整无缺的中央中枢逃亡漠北。从洪武朝到永乐朝，明朝最雄才大略的两位帝王强势打击北元残余势力，最终北元势力在永乐朝时遭受致命打击。北元朝廷崩溃，蒙古势力又分为鞑靼、瓦剌、兀良哈三卫。鞑靼有黄金家族血统，因此具有正统地位的优势。所以，永乐一朝，对鞑靼部实行了重点打击。

在鞑靼阿鲁台被朱棣沉重打击之时，瓦剌部在暗中积蓄发展力量。永乐初年，瓦剌部和明朝曾经有过一段短暂的蜜月期。永乐七年，朱棣册封瓦剌首领马哈木为顺宁王。

之后，瓦剌每年都要入贡明朝。其实两者之所以能实现短暂的和谐，是因为对于明朝和瓦剌来说，此刻共同的敌人是鞑靼部。但是鞑靼被削弱之后，瓦剌渐渐显现出野心。

永乐十一年，马哈木率兵到达明朝边境兴和窥探明军动静。朱棣敏锐地感觉到瓦剌实力已经不容小觑，三月间，朱棣亲征瓦剌，一番大战之后，瓦剌军被歼灭上万人，实力受到一定打击。

这时鞑靼又乘机重新积蓄力量，朱棣再次拉拢被沉重打击的瓦剌，共同对付鞑靼部。马哈木之子脱欢继承了父亲顺宁王的爵位。

脱欢乘机向东南方发展势力范围，他率军击败东察合台汗国歪思汗，迫使其迁都到亦力把里。

明成祖朱棣此后的三次亲征都是针对鞑靼阿鲁台，鞑靼部损失巨大。脱欢给阿鲁台来了一个雪上加霜，永乐二十一年，瓦剌军在饮马河打败阿鲁台。之后，脱欢又合并了不服从自己的土尔扈特部，瓦剌实力进一步增强。

如果朱棣能多活几年，也许会对崛起的瓦剌再次实施打击，可惜天不假年，英雄最终落幕在榆木川。

宣德六年，脱欢再次大败鞑靼阿鲁台和阿岱汗。脱欢还拥立血统高贵的元皇室后裔脱脱不花为可汗。宣德九年，瓦剌杀阿鲁台。在脱欢的支持下，兀良哈部在宣德末年屡屡进犯大明边境。

正统三年，瓦剌杀阿岱汗，一统漠北。脱脱不花成为全蒙古大汗，而脱欢则成为太师。

正统四年，脱欢去世，其子也先继承太师之位。也先继续率领瓦剌强势扩张。正统六年，兀良哈部在瓦剌支持下进攻密云。翌年，兀良哈又进犯广宁。正统九年，也先授给赤斤蒙古等三卫都督为平章官，控制了哈密进入中原的要道。正统十二年，也先征服兀良哈三卫，蒙古各部全部臣服在也先麾下。

随着势力不断增长，也先的野心也不断膨胀。他胁迫脱脱不花可汗南侵明朝，声称能得到大城池即可，如果得不到，达到骚扰明边境的目的也可。

从正统初年到正统末年，瓦剌通过四面征伐，势力范围已经西到巴尔喀什湖东南，北到安格拉河南边、叶尼塞河上游，东边到了克鲁伦河下游和呼伦贝尔草原一带。此时的瓦剌已经成为自北元崩溃以来，蒙古草原上最强大的一个政权。他们兵力雄厚，战斗力极强，已经具备跟明朝一争高下的实力。

蒙古瓦剌等部跟明朝经济交流的主要方式就是朝贡贸易。瓦剌以朝贡为辞，派出大量人员进入明朝。明朝方面厚待来使，都要给他们赐宴、提供食宿、粮草，还要大量赏赐财物。

后人提及土木堡之变发生的原因，很多人都要归咎王振减损马价事件。比如《北使录》就提到因为王振减少瓦剌朝贡团的马价，导致也先大怒，从而发兵扣留了英宗皇帝。王圻在《续文献通考》中也将也先南下原因归咎为王振裁减其马价。

要说明事情的原委，先看看每次瓦剌以朝贡为辞，来到北京给明朝造成多少困扰。朝廷秉承厚往薄来的原则，对朝贡使团都是极其大方，高额的招待费用不说，使团来明后飞扬跋扈，而且夹杂着特务人员，负责窥探明朝内地虚实。这一切都让朝廷忍无可忍，尽管明朝一再下诏强调瓦剌部只需要一年一贡即可，可是瓦剌装傻充愣，对明朝皇帝的话充耳不闻，照样一年之中频繁几次来明朝贡。

明朝要求瓦剌朝贡使团限制为300人，也先派来的人却动辄上千。就拿正统十年那次瓦剌使团来说，一共来了2000多人，明朝接待使团，动用牛羊3000多只，酒3000多坛，麦100多担，至于鸡、鹅、花、果这些更是不计其数。官粮的供应已经不足，只好让卫所来出银两完成供应。

正统十四年，也先又派遣使者来明朝进献马匹，这次使团一共2000多人，诈称3000人。王振验看使团人员，发现瓦剌虚报人数，便大怒，命令将马价降低。以往瓦剌使团也常常以劣等马以次充好，当成好马卖给明朝，以往明朝睁一只眼闭一只眼，做了冤大头，花了不少冤枉钱。没有想到瓦剌人得寸进尺，把明朝当成摇钱树，变本加厉，这次不仅送劣马充好马，更是虚报使团人数以期得到更多赏赐。

是可忍孰不可忍，王振这次忍无可忍了。他在减少马价的同时，又下令按照瓦剌使团实际来明人数赏赐，并不许多给。

平心而论，在减损马价这件事上，王振并没有做错。在外交上，明朝处理此事有礼有节，并没有因为瓦剌虚报人数而给予其他处罚，而是照实际人数赏赐，马价也是按照实际劣等马的价格给予。可以说，于情于理，王振的处理方式都无可置疑。

那些文人笔下，此事成为王振无事找事，惹怒了也先，从而导致战争。那按照这些文人的逻辑，若是王振吃了哑巴亏，继续认怂，任凭也先使团为所欲为，就能避免战争了？很可惜，这只是一厢情愿的臆想而已，且不说王振实事求是的处理方式本没有错，就是有错，瓦剌挑动战争也是迟早之事，王振减缩马价之事只是战争的借口罢了，而绝不能成为战争的原因。

瓦剌势力不断膨胀，也先的经济贪求不断增长，通过军事征伐，以获取更多的经济利益。如果有可能，还可以乘机攻占明朝的领土，这才是瓦剌发动战争的真正原因。

正统十四年七月，瓦剌兵分四路全面入侵明朝边境。中西路由也先亲自率军侵入大同，东路脱脱不花大汗率军进攻辽东，中东路阿剌知院入寇宣府，西路派人攻击甘州。

早在六月间，明英宗就通过谍报得知也先要攻击大同的消息。他派遣驸马都尉、西宁侯宋瑛统率大同三路军队，严防以待，一旦瓦剌入寇，给敌军以狠狠打击。

朱祁镇还不放心，在六月三十日午后，召开左顺门晚朝，派出成国公朱勇带领精锐马步京军 4.5 万人，由平乡伯陈怀、驸马景源统领，前往大同、宣府协助防卫。七月初，英宗又得报，说瓦剌有大举入犯之意，连忙派出御史、给事中等前往边镇犒赏将士，准备迎战。

七月十一，也先亲率的中西路军大举进攻大同城。镇守大同的参将吴浩带兵在猫儿庄与瓦剌军血战，最终失败阵亡。同时，阿剌知院率瓦剌军围攻宣府东北的赤城堡。

当天，猫儿庄之败报就传到北京，明英宗在这一天下诏亲征。

明英宗在朝会上宣布亲征令之后，下面站立的文武官员各怀心事，多数人不赞成此意，可是看着眼中"喷火"的年轻皇帝，那架势仿佛谁劝就要吃了谁一样，再看看英宗旁边那位"杀伐果断"的王振，大家选择了集体沉默。

亲征令发布的第二日，英宗开始给京军将士们发放兵器、粮饷和赏银。七月十四，吏部尚书王直牵头，带领京官们联合署名，上奏英宗劝谏亲征。大家的理由很简单：一、后勤保障困难；二、皇帝亲征，国家事务不能及时处理；三、亲征难保无虞，万一失利，皇帝安危事大。兵部尚书邝埜和兵部侍郎于谦又各自单独上奏疏，请英宗以社稷为重，不要亲征。

应该说，上疏劝说皇帝不要亲征的官员出发点各不相同，有的是沉浸太平岁月已久，厌烦兵戎之事，有畏战心理；有的是真心为国，担心皇帝亲征失利，会导致国家危亡。

群臣的劝谏和兵部官员的上奏，都没能够阻止年轻的皇帝。

七月十五，驸马都尉、西宁侯宋瑛、武进伯朱冕、都督石亨率大同军又在阳和城与也先瓦剌军激战。结果明军全军覆灭，宋瑛和朱冕阵亡，石亨独自一人逃脱。也就是这一天，明英宗朱祁镇命弟弟、郕王朱祁钰留守北京，自己带着 25 万京军加私属，浩浩荡荡踏上北征瓦剌的征途。

朱祁镇亲征瓦剌之事，被文人士大夫们认为是王振最大的罪过。一句"挟帝亲征"就给王振定了性，如果没有王振，英宗岂能亲征，若不是亲征，又岂能落入敌手，成为瓦剌俘虏？

清修《明史》中就言之凿凿地认为正是王振逼迫皇帝亲征，才导致土木之难。

王振胁迫皇帝亲征的目的是什么？事后，明朝众臣认为王振是山西人，他看到瓦剌军锋直逼大同，担心故乡被攻击，为了保护故乡，同时又想带着皇帝到自己老家炫耀一番，才想出亲征的主意。

只不过，这种挟帝亲征说是站不住脚的。

其一，英宗朱祁镇当年已经24岁，是独立处理国政的皇帝，而不是大权旁落的傀儡皇帝，亲征决策不是他自己提出，王振又怎么能挟持？

其二，英宗正是在明军猫儿庄大败之日，收到消息，做出御驾亲征的决策。以英宗和王振判断，精锐的大同边军竟然惨败给瓦剌，局势之严峻也到了必须御驾亲征的地步。

其三，永乐朝京军设置三大营之后，皇帝处在军队最高统帅的地位。武将只能统率部分军队，或者担任偏将，率领全部京军出征之最高统帅必须是皇帝本人。这就是朱棣之所以五次亲征漠北的重要原因，也是明英宗在意识到局势危机之后，带领全部精锐京军，亲征瓦剌的原因。京军统帅体制的改变，是景泰朝于谦实行改设团营之后才完成的。那时候的京军已经不需要皇帝御驾亲征了。

其四，御驾亲征在明初一直是传统。从明太祖朱元璋身冒镝锋打下江山，到明成祖朱棣五征漠北，再到明宣宗朱瞻基平定汉王之乱和巡边兀良哈，历代皇帝都建立了赫赫武功。应该说，这是朱祁镇一直仰慕和想极力效仿的。

在朱祁镇还是皇太子时，那时的他刚刚学会说话。有一天，朱瞻基将朱祁镇抱到膝盖上，问他：“将来你做了太子，能使得天下太平吗？”朱祁镇干脆利索回答道：“能！”宣宗又问道：“有干扰国家法度，犯上作乱之人，你敢于亲自率领六师前去征伐吗？”朱祁镇再一次用稚嫩的童声响亮地回答道：“能！”宣宗皇帝大喜不已，认为社稷后继有人。

幼年如此，长大后的朱祁镇更加留心武事，关注戎政。

朱祁镇羡慕历代先帝的武功，想模仿他们，御驾亲征，再次创造属于自己的辉煌。

其五，三征麓川的大胜和东南三方民变的平定，也让英宗朱祁镇信心满满，觉得瓦剌军在他面前也会不堪一击，大败而逃。

总之，英宗朱祁镇自己做出亲征的决定，并不存在什么王振胁迫的可能。他是在高估了明军实力、低估了瓦剌军战斗力情况下，做出的决定。

当然，亲征的决定又不能说完全跟王振没有一点关系。正统年间，王振一直提醒朱祁镇不要忘记战事，从明英宗初年两次检阅京军到力主用兵麓川，王振的这种思想对英宗影响不可谓不大。

这次明英宗提出御驾亲征之决定，王振属于坚定的拥护派，也许在他心中，还有个理想，想协助英宗皇帝御驾亲征，大败瓦剌军，从而进一步提高皇帝的威望，建立不世之功。

从英宗下达亲征之令到七月十六正式出征，皇帝仅给出征大军五天准备时间。当然，当时军情紧急，明朝确实没有更多的时间来准备亲征。

25万京军和私属仓促就道，大军八日之后抵达宣府。到了宣府，天气忽然变坏，大风大雨。跟随皇帝亲征的文武官员纷纷请求皇帝在宣府驻扎，不要继续前行，以免出现差池。

面对这种畏战情绪，英宗大怒，命王振将劝说驻军的大臣们遣送到军队里面，跟着大头兵们一起行军，让他们感受战争的气氛。

第二天，亲征大军继续西行，到达鸡鸣山。这时候军中的畏敌情绪更加严重，为了压制此风，在英宗授意和默许下，王振故意凌辱群臣，命成国公朱勇觐见时，膝行向前。管理大营的户部尚书王佐和兵部尚书邝埜，无故擅离职守，王振罚令二人跪在草地之中，夜晚才让他们回去。军情紧急，王振身边的亲信、钦天监监正彭德清劝说他："敌人强大，不可继续前进，万一皇帝失利被俘就坏了。"内阁学士曹鼐也以皇帝之命关系社稷安危相劝，要求退军。结果，都被王振拒绝了。

王振明白，年轻气盛的天子朱祁镇不可能同意回师。他满怀信心地要建立不朽功绩，25万大军没有跟敌军交手就退师，岂不成了天下的笑柄。

明军继续前进，到达前线大同。大同镇守太监郭敬秘密告诉王振，若大军继续出战，将正中也先下怀。郭敬显然是得到某些军事情报，才禀告王振。因为就在明英宗进军时，以往战无不胜的瓦剌军竟然悄无声息地退出塞外。

这不可能，瓦剌军绝对不可能是畏惧亲征大军才撤走，他们必然隐藏着更深的阴谋。

当时跟随的文官李贤也看出端倪，他后来的笔记记载下这段往事，说敌人故意退却，以引诱明军深入围歼。

说来也巧，亲征大军到达大同当天的夜里，一向晴朗的天空风雨大作，令人胆寒。

在群臣和王振的极力劝说下，明英宗极不情愿地同意大军班师。

针对回师的路线，亲征大军的文武官员又产生极大的分歧。镇守大同的都督佥事郭登建议大军从紫荆关回师。但是明英宗没有同意这个建议，他的路线是向东，从居庸关回师北京。

关于回师路线，《明英宗实录》给出的说法是王振想邀请英宗亲自驾临其蔚州故乡，才决定亲征大军从紫荆关回师。但是，王振又考虑到亲征大军会踩坏故乡的庄稼，给乡亲们造成重大损失，才建议英宗改道宣府经居庸关回京。也就是他这么一建议改道，才导致英宗在土木堡中了瓦剌埋伏，全军覆没。

如果真是这样，王振对土木堡之变可要承担重要责任了。可是，事实并非如此。

明英宗不想从紫荆关返回京城，而是执意要从居庸关回师。

王振跟郭登意见一致，也请求英宗从紫荆关回师，这样更远离敌军，相对更安全一些。《明英宗实录》刻意将这个决定的责任推到王振身上，就是为了给明英宗推脱责任，从而坐实宦官误国这一说法。

明英宗不选择紫荆关回师是有他的想法。首先，回师就是他极不情愿的决定，如果走居庸关东北一线，在山川众多、地形不利敌方骑兵展开的情况下，还有可能遭遇瓦剌军，打上一场胜仗，给自己的回师挽回些面子。年轻气盛的皇帝是不甘心一战不打，就这样灰溜溜退军的。

其次，即使选择走紫荆关一线也并不能保证万全。正统十四年之前，明朝从大同到蔚州的路途中，并非后世人们想象中那种城堡众多，贯通联结为一体，有密不通风的防守工事。当时的边墙只是断断续续，在正统年间之前，据《明实录》记载，明朝只在永乐十年有过一次修筑边墙的行为。明朝大规模修建长城是嘉靖朝的事情。土木堡之变时的宣府边墙长度只有嘉靖时的十八分之一。

宣府这样的重镇在正统年间，正是处在没有墩台、城堡、关隘、边墙连接为一体的状态，大小城堡之间各自为战，难以相互救援，也无法形成合力阻击敌军，宣府等边镇犹如一个到处漏风的篱笆院，瓦剌骑兵可以随意进入内地，防不胜防。

在这种情况下，明军即使选择走偏南的紫荆关一线，也充满了危险。万一瓦刺骑兵深入内地，就可能在南线一带平原地区追击上明军，发挥骑兵优势，将明军全歼。

英宗大军回师的路程如下：八月初三，明军一日行军 20 里，自大同回师，到达双寨儿；初四，大军一日行 60 里，到达滴滴水；初五，大军一日行 20 里，到了阳和北沙岭；初六，行军 40 里，到达白登；初七，行军 70 里，抵达洪州方城；初八，大军行 90 里，到达怀安城西边；初九，车驾行 63 里，到了万全峪；初十，大军行 60 里，到达宣府。

前面我们说过，英宗在拒绝郭登和王振从蔚州回师建议之后，沿着北线以便寻找瓦剌主力决战。初七，亲征大军到达白登后，大军又转向东南，向着蔚州方向前进 40 里。为何英宗又走了一段被自己否定的路线？

这就跟英宗内心的反复不定有关系了。在阳和城外见识了尸横遍野的场面，一心要寻找瓦剌军决战的英宗内心也有所触动，毕竟是第一次亲征，众多文武还有王振出于对皇帝安全的考虑，也在旁一直劝说皇帝走蔚州方向，英宗也考虑到蔚州一线虽然平川无险，但是毕竟远离边塞，瓦剌骑兵到来的可能性不大。于是在众人压力之下，才有了这绕道 40 里的行程。

在洪州方城堡休息一夜之后，英宗不甘心就这样回师，又改变主意，不顾文武官员的极力劝说，继续执意前往宣府，以便寻找瓦剌军决战。王振见英宗陷入巨大舆论压力下，主动站出来替皇帝圆场，说英宗皇帝不去蔚州，是担心大军践踏了家乡庄稼。这才有了之后《明实录》里面的记载，将绕道之罪归于王振。

其实，仲秋之时节，地处塞北的蔚州并没有庄稼可以供大军践踏，王振此说辞只是为皇帝解围随口一言。

清修《明史》里面抓住这绕道 40 里之事，说绕道导致亲征大军疲倦不堪，从而耽误英宗安全返回。可是，绕道 40 里之后，接下来连续三天，大军都在夜间休息驻扎，充分休整应无大碍。

绕行又耽误多少时间呢？回师时，亲征大军从大同到宣府一共用了八天，比出师时从大同到宣府多花了一天。多用的这一天行程是在大同到阳和道路上，而且是因为遇到雷雨恶劣天气，大军前行速度有所减缓。

八月初九，大军在万全左卫花园驻扎时，文书官袁敏曾经建议，派遣一大将率兵 3 万到 4 万人，在宣府城南边或者鹞儿岭驻兵，以防止敌军攻击亲征大营。应该说，这个建议是非常正确的，很可惜，英宗想自己亲自对战瓦剌军，这个无比正确的建议，也是很可能挽救亲征大军的建议被英宗无情地拒绝了。

八月十一，大军到达宣府东南，一日之内行 56 里。

英宗亲征大军回师道路上，是一路顺风的，没有遇到什么瓦剌军队。

不过，八月十二这天，大军放慢行军速度，行 20 里，到达雷家站。

八月十三，大军正要启程，警报终于拉响了。明军得到谍报，也先亲率瓦剌军，准备袭击亲征大军后部。

那么问题来了，雷家站距离宣府并不远，也先大军深入宣府腹地，为何守将杨洪坐视不理，置英宗亲征大军安全于不顾，按兵不动？

宣府镇守兵力只有区区 1.3 万多人，就这点人，还要被布置防守广大地区。即使杨洪带全部兵力去救，也无异杯水车薪，这点人也会被瓦剌军全歼。而结果就是宣府镇被攻陷，瓦剌军必然横行京畿地区，整个明帝国可能会陷入不可挽救的地步。

相反，杨洪意识到情况的严峻，只能尽自己的职责严密防守宣府，为大明保护了一座重要边镇的安全。

而再看明英宗朱祁镇，在八月十三接到谍报说瓦剌军已经到来时，不但没有加速回师速度，反而还停军不动，并派出断后部队截击瓦剌军。

雷家站地势开阔，北临八宝山，南边是一望无垠的广阔平川。这是非常有利大军团展开作战的地形，正是跟瓦剌对战的好地界。

一路上一心要寻瓦剌主力决战的朱祁镇，终于等到跟敌军对战的机会。听说敌人追击的消息，他一点都不害怕，反而摩拳擦掌，跃跃欲试。终于有机会跟瓦剌军面对面决战了，自己马上要重现祖宗的赫赫武功了，想到这里，朱祁镇的脸庞兴奋得通红。他感觉体内热血沸腾，有一股上阵杀敌的冲动让自己难以自抑。

那此时也先参加追击战军队有多少人？瓦剌统一蒙古草原之后，可动员的兵力不少于 20 万。这一次四路入侵明朝，可谓是倾巢而出。北京保卫战中，也先带领 9 万多军队围攻北京。根据这一人数逆向推算，土木堡之战中，也先也应该动用了 10 万多兵力参战，而非常见史籍中所言的两三万人。

在鹞儿岭之战中，明军 4 万精锐顷刻间覆灭，要实现全歼京军精锐，瓦剌至少拥有多于明军一倍的兵力才能实现。

不得不承认，也先是卓越的军事指挥家。他得知明英宗御驾亲征的消息后，故意示弱退却，然后在漠北设下埋伏，引诱明军进入包围圈，然后围歼。若明军没有上当，他就攻击大同，阿剌知院进攻宣府，这两地都是明朝亲征大军必经之路。

两路瓦剌军队在围攻的同时，通过探报传递消息，一旦亲征大军到了有利于他们围攻的地区，两部就迅速合兵一处，将亲征大军围而歼之。

亲征大军在大同得到情报，知道瓦剌设伏故意引诱明军深入。虽然明军没有上当，但是回师必然要走大同到宣府一线，大军的一举一动肯定逃脱不了瓦剌探报的视线。

更加糟糕的是，早在七月十二，瓦剌大军已经开始围攻马营。这就意味着宣府北边的独石城已经落入敌手。独石城的城防能力在整个宣府地区仅次于镇城，此地不守，意味着其他更小些的城堡更加无力抵抗瓦剌军的猛攻。

独石城失守后，马营城守将杨俊也不战而逃。他这一逃，带来的恶劣影响，就是怀来、永宁等地的守军纷纷效仿，弃城逃跑。这样一来，有 11 处城池落入敌手，整个宣府北路和东路的防守全线崩溃。永宁卫的丢失，又使得瓦剌军可以来去自由，长驱直入，切断了明军可能取水的水源地桑干河，后来的事实证明，这正是明军惨败的一个重要原因。

对独石、怀来、永宁等城池的成功攻占，使得瓦剌军已经具备了合围明朝亲征大军的可能。而明军的探报系统根本没有探测到如此重要的情报。

20 多万亲征大军丝毫没有意识到，正是踏入雷家站开始，他们已经一步步走进也先设计好的包围圈。

八月十三，明英宗朱祁镇正信心满满地准备在雷家站痛击瓦剌主力，他这时突然接到探马回报，一听探报，他惊诧地差点从马上掉下来。原来，瓦剌军已经袭击了亲征大军的断后部队，恭顺侯吴克忠、其弟都督吴克勤所部 3 万人陷入敌军埋伏，几乎全军覆灭，吴克忠兄弟俩英勇战死殉国。

得知消息后的明英宗立刻派出成国公朱勇、永顺伯薛绶率领精锐京军 4 万人迎战敌军。

结果大军进入鹞儿岭，又被瓦剌军伏击，4万人全部覆灭，主将朱勇、薛绶阵亡。

至此，亲征大军已经损失了7万兵力。明英宗朱祁镇在这一刻，才真正见识到瓦剌军令人恐怖的战斗力，第一次上战场的他似乎闻到那令人作呕、挥之不去的血腥味。

而且更加糟糕的是，瓦剌10万大军已经切断宣府镇和亲征大军之间的联系，宣府镇的杨洪就是有心救援，也无力出城了。

八月十四，18万明军进入土木堡，他们的士气已经被前面两次惨败打击得荡然无存。恐惧占据了每一个士兵的心头，马上就是八月十五中秋团圆之日了，可是彪悍的瓦剌骑兵要用手中的利刃"收割"他们的生命。没有人能预测到，自己能否活着回到京城，再见到自己的父母、妻子、儿女。

亲征大军这一日行进33里后，在土木堡驻扎休整。

土木堡20里处有一处城池，就是怀来城。

明末清初的谷应泰，在他的《明史纪事本末》中悲愤地写下这样的语句："王振让亲征大军停下，等待一千多辆车的辎重，那些都是他的私人财物，落在了后面。因为这一等待，才错过了大军进入怀来城的时机。从而最终导致了车驾陷落土木堡。"

而《明英宗实录》提出另外一种说法：亲征大军每当到达一地驻跸，英宗都要派遣司设监太监吴亮勘察地势，选择营盘所在地。王振因为大军屡屡失利，心中愤懑，心不在焉，也没有让吴亮勘察地形，就选择在土木堡地势较高之处驻营。

这高地是选错了，大军又饿又渴，掘地二丈，都没有发现一滴水。驻营的高地南边15里处，有一河流，已经被瓦剌占据。实录由此提出，正是王振选择驻跸土木堡的重大失误，最终导致大军的崩溃。

其实，谷应泰和《明实录》的说法都站不住脚。首先，瓦剌军设伏鹞儿岭的军事行动，是在亲征大军到达雷家站之前就已经完成的。千余辆辎重应该是在成国公朱勇和恭顺侯吴克忠的断后大军中，两路大军被瓦剌击败，那千余辆车的辎重岂能完好无缺？必然已经是落入瓦剌之手。

再说王振行军为何要将自己大量私财带入军中，哪里有打仗还要带着自己的财产四处炫耀的道理。退一万步讲，如果那些真的都是王振重要的财物，何不随身带着，让辎重车跟随自己和英宗左右。在明明得到探报，瓦剌追击的情况下，还要放在后续部队，这在情理上也讲不通。由此可见，谷应泰说法之错谬。

其次，怀来城早在亲征大军到来之前，就已经被守军放弃，从而被瓦剌军进占。驻跸土木堡，正是明军在瓦剌大军紧逼下，无奈中的选择而已。而非王振一时愤懑做出的错误决定。由此可见，实录记载之不准确。

八月十四晚，瓦剌军连夜攻击土木堡北面的麻峪口，守卫此处的明军都指挥郭懋拼命抵抗了一夜，最终不支，败下阵来。

八月十五，中秋万家团圆之日，土木堡的明军已经陷入绝境。

当然，此刻的明军并没有放弃最后的努力，他们筑造堑壕工事，对抗瓦剌军，使得瓦剌军一时间难以靠近。

自从桑干河上游被瓦剌军控制后，明军在近两天时间无水饮用的绝境下，还能坚持守卫工事，不让瓦剌军攻破，足以证明，明军的战斗力仍然不可小觑。

如果明军阵脚不乱，瓦剌军还真一时难以啃下这块"硬骨头"。

不过，瓦剌人可不是头脑简单的武夫。也先计上心来，他派出使者到明军阵前议和。明英宗朱祁镇派出内阁曹鼐跟瓦剌使者会晤，然后又派出两人护送瓦剌使者回去。也先假意同意撤军，饥渴难耐的明军将士们看到瓦剌军后撤，在这一刻他们紧绷的弦终于放松了。他们的意志已经到临界点，干涸的嘴唇已经渗出鲜血，明军纷纷跳出堑壕，寻找水源。

就在明军阵形大乱之时，佯装撤军的瓦剌军杀了一个回马枪，冲杀向前，将明军将士们打了一个措手不及。

接下来的战斗，简直可以用杀戮来形容了，很多失去抵抗意志的明军坐等敌军杀戮，仿佛成了待宰的羔羊。也有不少明军坚持抵抗，拿起手中的兵刃跟敌人战斗到生命的最后一刻。

血色夕阳，一场大战之后，土木堡伏尸遍野。无定河边骨，犹然是春闺梦中人。月明团圆夜，6 万多明军将士已经长眠他乡。

土木堡之战时，明军尚且有 18 万人。根据亲历者李贤的记载，死者居三分之一，伤者过半，骡马损失 20 多万匹。可见，有不少明军还是脱离了战场，保得性命。

瓦剌军在砍杀明军的同时，不忘记强夺辎重兵器。一名瓦剌兵看到一个盔甲鲜明的年轻人坐在地上，仿佛这杀戮的修罗战场跟他无关似的。

他伸手强夺年轻人的甲胄，将其俘虏。后来经过瓦剌将领辨认，才知道此人正是大明皇帝朱祁镇。

还有一点要补述，根据蒙古史籍的记载，在混战之中，有300名侍卫始终不离皇帝左右，最终他们战斗到最后一人，全部殉国。

让我们再看看王振最后的结局吧。关于王振之死，也有三种说法：一是为瓦剌军所杀。傅维鳞《明书》和小说《醒世姻缘传》中皆持此说。

二是为护卫将军樊忠所杀。谷应泰《明史纪事本末》中的记载颇具英雄悲剧情怀：土木堡之战，明军崩溃，护卫将军樊忠睚眦俱裂，他痛恨奸臣王振，挥舞着手中大锤，大声喊道："我要为天下诛杀此贼！"说完，他一锤下去，将王振砸了个脑浆迸裂，死于当场。杀了王振，樊忠想突围，却死于瓦剌军中。

三是北京智化寺中留存的《英宗谕祭王振碑》中提道：英宗朱祁镇目睹，王振挥刀自刎，自杀殉国。

应该第二种说法是最不靠谱的。这种颇具小说色彩的描述，显然是作者一种情怀的寄托。祸国太监死于忠臣之手，这符合文人们罗曼蒂克式的幻想结局。只可惜，这只是个传说。

首先，若王振死于樊忠之手，为何不见以弘扬正义为宗旨的史家们大书特书，记载下这位英雄的一生事迹？其次，若真有如此忠心的樊忠，何以杀了祸国的王振之后，又不顾皇帝死活，自己突围要逃跑？最后，王振若是死得如此不堪，英宗后来为他立碑，又岂能掩天下悠悠之口，公然篡改事实？

应该说，王振自杀的可能性是最大的。因为王振和英宗情感之深厚是无可置疑的。眼看明军全军覆没，英宗又被俘虏，自己没有尽到保护责任，愧对英宗对自己的恩遇，又辜负了历代先帝对自己的嘱托和厚待。王振感觉无颜活在世上，遂挥刀自杀。

英宗在智化寺的祭文中记录了他目睹的场景：跟随他20多年，忠心耿耿的王振，在乱军之中看到自己被俘虏，绝望之际，挥刀自杀。

就土木堡之变对明朝打击而言，是明朝立国以来最惨痛的军事失败。首先，精锐的京军损失惨重，25 万京军死于鹞儿岭和土木堡之战的总共有 13 万人之多，随军的军械辎重被瓦剌掠夺一空。

其次，皇帝朱祁镇成了瓦剌军的俘虏，这也是明朝的最大国耻，对明朝军心士气的打击沉重。

最后，随行的 50 多名文武重臣死于土木堡，这摧毁了几乎明朝半个朝廷。死于土木之难的以张辅为首的勋贵为数不少，勋贵集团遭受沉重打击。这也直接导致明朝权力中心的重新"洗盘"。

作为一场惨痛的军事失败，土木堡之变在当时和后世，都一直被研究和探讨，为何明朝在立国不到百年之际，就遭受如此惨重的失败？要知道，此时距明成祖朱棣对蒙古各部"犁庭扫穴"也不过 20 多年时间。

土木堡之败原因众多，归结起来不外乎以下几点：首先，自永乐朝以来，北部边防线的全面收缩，导致北部边防态势的恶化。永乐大帝将东胜、大宁迁徙到内地，对蒙古的防线开始大范围南移。正统年间，北部边防已经形成这样的态势，塞外一有风吹草动，蒙古人就很快能杀到宣府、大同城下，这使得明朝边防情况日益严峻。

其次，瓦剌军力强大，加之宣府镇附近的防守脆弱，导致宣府北路东路各城堡纷纷落入敌手。宣府镇遂成孤城，无法援救亲征大军，坐视土木堡之败的发生。

再次，明英宗年轻气盛，在没有充分准备的情况下，贸然亲征。在回师途中，进退失据，缺乏对敌军的正确判断，这些指挥失误也是导致战败的重要原因之一。

最后，对手的强大和也先卓越的军事才能也是明军失利的原因。

土木堡之变被后世史家认定为明朝中衰的标志。这并不确切，这是很多偶发因素导致的军事失败，并没有动摇明朝根本。更何况，在土木堡之变之后，大明王朝依然存在近 200 年。其间，也多次出现经济繁荣的大幅度发展期，并没有什么衰世之征。

通过前文的详细分析，我们也看到文人士大夫们笔下的历史书写中，王振是作为罪魁祸首的。至于替谁的罪，那很明显，就是明英宗和一帮文武重臣。

古人为君者讳，失败的责任当然不能明指是明英宗本人。更何况明英宗虽然成为瓦剌俘虏，后来又成功复辟，再次登基。而且之后历代明朝皇帝都是英宗的后人，不管是皇帝和臣下，都不可能将责任诿过于英宗。

既然王振专权已经对文官士大夫权力造成影响，而王振又成为土木堡"烈士"，永远不能开口，秉承痛打"落水狗"的精神，文官士大夫自然不会放过这么好的机会。

土木堡之败到底是谁的责任？首先，明英宗朱祁镇至少要承担一半以上的责任。他是军事总指挥，完全有自己的判断和思考能力，对亲征大军的一举一动负有直接责任。正是他在整个亲征过程中，对瓦剌的轻视和对自己的高估，最终导致亲征大军走向险境。

其次，随征的文武重臣都有责任。以张辅为首的勋贵重臣饱经战事，尤其是张辅，在此次军事行动中却表现奇怪，自始至终保持沉默。对于英宗的错误决定，并没有及时指正，也没有运用自己的威望在行军中发挥作用。另外部分文官，在行军途中甚至想到谋杀王振。面对强大敌人，他们想的不是同仇敌忾，而是内斗，这样的态度对亲征大军的失利肯定要负一定的责任。

最后，杨俊对怀来、永平等11城的接连失陷，负有不可推诿的重大责任。而正是这11城的丢失，直接导致瓦剌大军合围圈的形成。

说了这么多，王振到底有没有责任？答案当然也是肯定的。他不谙军事，在亲征途中，又未能团结广大文武官员，依仗皇帝，凌辱了部分重臣，导致上层人员离心离德。但是仅此而已，他不是亲征大军的军事总指挥，只是明英宗的"传声筒"和"指挥棒"。有责任，也是极其次要的。

王振被文官士大夫集团作为典型无限放大，成为排斥宦官集团参政的集中表达。另外，文官士大夫将王振作为误国宦官的典型大加鞭笞，也是为了夸大宦官干政的严重后果，劝说皇帝远离宦官，从而为文官集团夺取政治话语权提供有力保障。

### 王振身后事及王振党羽的覆灭

土木堡惨败的消息被从战场上逃回的士兵们带回京城。北京城从孙太后、郕王到文武官员，从普通士兵到寻常百姓，大家集体震惊了。说实话，虽然之前有官员劝阻皇帝，担心车驾万一陷入敌手，那更多是一种劝说的说辞，极少有人预料到竟然一语成谶。

皇帝成为俘虏的消息，给北京城造成极大的恐慌。恐慌过后，朝廷开始追责。

八月十八早朝，监国的郕王朱祁钰先宣布孙太后的懿旨，立英宗长子朱见深为皇太子。随后，都察院都御史陈镒首先发难，一纸联名奏疏，建议将太监王振和其党羽严厉处置。

陈镒话音未落，激动的文臣们要求将王振灭族，并且铲除王振同党。

郕王朱祁钰的态度不明朗，正在此时，锦衣卫指挥使马顺突然站了出来，厉声指责文官们，呵斥他们。哪知道，平时看似柔弱的文官们，这时候内心积攒的怒火已经如火山爆发般，无法遏制了。

给事中王竑首先冲向马顺，一阵拳打脚踢，还没等马顺反应过来，其他文官也一起拥了上来。饶是马顺武官出身，这时候也架不住人多势众，被一班文官活活打死在朝堂之上。

面对文官们激奋的情绪，郕王朱祁钰只得表态，抄没王振家产。

司礼监太监金英代替郕王问大家还有什么要求。大家要求处死内官毛贵、王长随，于是他们被人从宫门夹缝中推了出来，又是一阵乱拳，二人毙命当场。

王振的侄子王山也在文官们的强烈要求下，被郕王下令押赴西市，凌迟处死。而王振的另一个侄子王林，早死在土木堡乱军之中，这对他而言，还真是幸事，免去千刀万剐的折磨，总不是坏事。

除了被当场打死的各位，还有一些人被列入王振同党。如太监郭敬、内官陈屿和唐童、钦天监正彭德清等人家产被纷纷抄没。

郭敬其人，在大同担任镇守太监。在职期间，也能恪尽职守，协助当地文武官员镇守。他早年身世不详，也有人说他是唐朝汾阳王郭子仪之后。

他幼年入燕王朱棣府邸为内官，以做事谨慎，获得朱棣的赏识。之后，郭敬跟随燕王朱棣参加靖难之役，积攒了战功。朱棣登基后，以其为长随，日夜侍奉朱棣左右，还曾经奉命出使外邦。

仁宗朱高炽命他镇守大同。郭敬在任期间，也能安抚诏谕番众，严格训练士卒。在诸部入贡时，郭敬安抚宣慰，深得众心。乃至于蒙古部有人见到他说："这就是我的慈父呀！"

郭敬因为镇守大同有功，得到英宗朱祁镇的信任和恩遇。

在英宗亲征时，年近70岁的郭敬在大同将重要军事情报告知了王振。

可见，郭敬在边关期间，确实为大同的安宁做出了重要贡献。就是这样一个忠心耿耿的老太监，也被列为王振同党。

文官们弹劾他在大同期间，私造铜铁箭头，用酒瓮装了送给瓦剌人。走私武器，乃至里通外国，这罪名可不小。只可惜，一切罪名都是莫须有，没有证人、没有证据，只是凭借文官们的"铁齿铜牙"来论定。

试想，如果贩卖给瓦剌人箭头，对郭敬有什么好处？他镇守大同期间，尽职尽责，也是为了回报皇家恩遇。如果仅仅为了那点蝇头小利，甘于冒如此之风险，郭敬应不至于如此愚蠢。

郭敬家里被抄没时，他不在京城。家里被抄没后，他反而返回京城，来衙门自首。试想，如果他勾结瓦剌，得知自己家产抄没，岂能自投罗网，回到北京自首？

还有一个反证，证明郭敬是冤枉的。明英宗朱祁镇复辟之后，在天顺年间，重新录用郭敬的过继之子郭忠，任命其为锦衣卫百户。而且英宗还归还郭家被查抄的家产。若郭敬真的在大同跟瓦剌人勾结，甚至贩卖军火，以英宗对瓦剌人的痛恨程度，他岂能在复辟二次为帝后，继续恩遇郭家？

被冤枉的郭敬，回到北京确实是自投死路了。他被判为凌迟处死，只是，还没有施行，郭敬就死在狱中。相信，郭敬去世的时候，内心是无比悲怆的，为国家辛辛苦苦奉献了一生，最后死于莫须有的罪名。

顺便说一句，名臣罗亨信在巡抚大同时，曾经跟郭敬共事，他客观公允地记载下郭敬的部分事迹，让后人得以一睹这位忠心为国的太监的真实面目。

罗亨信在郭敬获得镇守太监之印时，写贺文，以卫青比拟其在边关的作为，足可见一代名臣对郭敬的由衷认可。

说完了郭敬，再看王振的家属260多口人，被囚禁在都察院监狱。最终王振本宗被斩首，妇女没入功臣家里为奴，家里的奴仆等被杖责100下后，发配边疆为卒。

王振虽然死于国难，其家人亲属却无端受难，身后境遇至此凄惨至极。

不过，具有讽刺意味的是，就在举国认为王振万死不足以赎其罪时，有一人在内心却深深怀念着王振。他不是别人，就是理论上最应该痛恨王振的朱祁镇。

景泰八年正月，刚刚夺门复辟成功的朱祁镇，就下旨将发配到边关充军的王振族属调回京城，在京城卫所充军。这显然是一个信号。

这个信号被一个太监敏锐地捕捉到，他就是太监刘恒。这位跟汉文帝重名的太监在天顺元年十月，跟英宗提出：王振侍奉皇帝谨慎恭敬，自从在土木堡殉国之后，也未曾给予恩典招魂礼葬。

英宗朱祁镇顺水推舟，下令赐给王振祭葬。

天顺三年，僧录司右觉义兼任智化寺主持然胜上奏称：已故太监王振有功于社稷，奏请为其赐祠额名为"旌忠"，并且立碑。

这智化寺本是王振生前建立。英宗对王振念念不忘，在寺内还为他建立一间祠堂，赐给额名"旌忠"。天顺六年，英宗又同意龚然胜的请求，赐给智化寺大藏经和敕谕，以告慰王振之魂。

以国家名义为宦官立祠祭祀，这代表皇帝对王振的最高礼遇，且看英宗皇帝祭祀王振的碑文里面提道：历代先帝信用王振，王振忠心耿耿辅佐英宗皇帝，正统年间有社稷之功，在土木堡殉难。

通篇文字，字里行间都体现了英宗朱祁镇对王振的真情实感。这就奇怪了，按照文官们的说法，王振是土木堡之变的罪魁祸首啊，亲征大军就是因为他全军覆灭，皇帝也是因为他，成为瓦剌人俘虏。

那最恨王振的应该就是朱祁镇了，恰恰相反，朱祁镇用行动证明了，王振只是一个"替罪羊"，他才是忠心耿耿的忠臣。试想，若真是王振错误指挥导致了自己被俘，他怎么可能还对王振念念不忘。

朱祁镇内心明白，王振为自己付出太多太多，死后还要顶着罪名被万人唾骂。他于心不忍，用自己的实际行动，强有力地向世人表明，他跟王振是真正的主仆情深。

智化寺的王振像和碑，一直存在了近300年之久。直到经历改朝换代，迟至清朝乾隆年间，乾隆听从御史之言，摧毁了王振塑像和立碑。

不过，王振若是泉下有知，知道自己忠心侍奉的主子朱祁镇，对自己如此挂念，也可以欣慰含笑了。

### 殉国土木堡的宦官

土木堡之变中殉国的有文武重臣，有万千普通的士兵，还有一个为文人们所不齿的群体——宦官。

扈从英宗亲征的上层宦官除了王振，还有三位大太监，他们也死于土木堡之变。

一位名叫钱安，其先祖乃南直隶常州府宜兴县人士，后来家族中有人在北方做官，遂举家北迁，定籍蓟州西花乡。

其父名叫钱贵甫，英年早逝，只留下孤儿寡母三人相依为命。用不多久，母亲朱氏实在养不活两个儿子，万般无奈之下，只好在建文三年送钱安和他哥哥钱聚入燕王府做了宦官。

钱安入宫时不到九岁，他自幼聪慧，而且体格健壮。入府之后，钱安极重礼数，燕王朱棣欣赏他的聪慧、敦厚和寡言慎行。

钱安应对称意，被朱棣赐名为僧保。

朱棣之后，钱安侍奉过仁宗、宣宗、英宗三位皇帝。应该说，英宗朱祁镇对钱安是极其看重的，这位从皇太子时期就在东宫辅佐自己的太监，对英宗忠心耿耿，办事谨慎，得到英宗的宠信。英宗专门在崇文门北的繁华街区，为其建造了一座私宅。

当然，钱安应该是王振的同事，二人一起在东宫辅导过皇太子。只不过随着王振权势日涨，二人之间也不可避免地产生矛盾。

恰好，钱安办事不慎，被王振抓住了把柄。

朝廷有明文规定，宦官不得经商做生意。钱安却协同太监金英对此置若罔闻，二人在北京私下创立为商人存放货物的塌店。

他们指使无赖子弟霸占商人货物，还意图垄断市场，终于激起民愤。

二人运气不好，正赶上王振协助英宗整顿朝政，前面我们也说过，王振对宦官同事们从不心慈手软。

锦衣卫耳目灵通，得知这两位太监顶风作案的情况，并将之汇报给王振。

正统二年四月，锦衣卫千户李得会同御史孙睿调查案情。

调查结果是二人不法行为属实，要求将霸占商人的货物物归原主，赊欠的财物，由锦衣卫代为追回。

哪里想到，二人来到锦衣卫找指挥使马顺，要求办理此事时，马顺却不肯配合，将文书扔在地上，态度还极其恶劣。二人秉承王振意思，要求锦衣卫协同处理，马顺却是一副抗拒态度。可见，这时候的马顺还不是王振同党。

马顺所为激怒了孙睿，孙睿怒骂马顺，马顺手下指挥徐恭为领导出头，与孙睿对骂起来。

御史孙睿文人出身，骂人不带脏字，徐恭败下阵来。他一气之下，拿跟孙睿同来的千户李得出气，将他杖责了 20 下。

孙睿和李得气愤不过，上告朝廷。都察院按照旨意，将马顺和徐恭双双下狱，说应该判处斩首。

朝廷拖着不处刑，后来，马顺和徐恭又安然无恙，出狱了。

另外，钱安和金英经营塌店的事也不了了之了。

正统五年二月，内使张能因为揭发钱安不法之事，被锦衣卫逮捕入狱，竟然被活活打死在诏狱中。

英宗令御史验尸，发现张能是被打死，而非马顺和锦衣卫指挥王裕所说的是病故狱中。

欺君罔上，其罪大焉。马顺和王裕被关进大牢。

但是奇怪的是，又跟上次一样，不久，马顺、王裕二人又被释放了。

两件案件背后隐藏着一场政治博弈，钱安和金英都是前朝的得宠太监，王振权势在正统朝急剧膨胀，宦官之间也争权夺利，借助经济案件打压二人，也有很显著的目的，就是要使这些前朝太监们心甘情愿拜服在王振脚下。

对马顺等锦衣卫势力同样如此，两次下狱，只是敲打敲打他们。经过这一番整治，钱安、金英老实了，对王振百依百顺。而马顺也掉转"枪口"，乖乖地为王振出力。

正统十四年，钱安扈从明英宗亲征瓦剌，并殉难于土木堡。噩耗传来，其母朱氏悲痛不已，儿子尸骨荡然无存，只好将其生前穿过的衣服入棺下葬。

另一位殉国的太监名叫范弘。他是安南国人，原名范安。安南在永乐朝并入明朝之后，经常向朝廷进贡阉人。

范弘就是跟随着大批安南阉童进入繁华而陌生的大明。

范弘入宫后，负责服侍皇太子朱高炽。范弘在后来的宣德朝，又被升为司礼监太监，他跟同僚金英被宣宗皇帝赏识，并且朱瞻基还赏赐二人免死诏书。

不仅如此，朱瞻基还赏赐范弘御赐银记，这是一种可以用来密奏皇帝的银制小印章。只有极少数亲信大臣才能得到此特权，足可见宣宗皇帝对他的信任程度。

范弘同样在土木堡之变中殉国。

第三位阵亡在土木堡的太监是司礼监太监吴诚。他之前的事迹最让人感兴趣的就是关于建文帝下落的一段故事。

正统初年，有个80多岁的老和尚自称是建文帝朱允炆。官府不敢怠慢，连忙将老僧送到北京。

明英宗让太监吴诚来辨认，吴诚看了半晌，也不敢说话。这时候老僧说："我们40多年不见了。你忘记了，当年我用筷子夹了一块肉扔在地上，你趴在地上，用嘴把肉吃了。难道你忘记了？"吴诚听闻大为悲恸。

这件事情记载在野史中，不过破绽太多，不值一驳。

当然这也是吴诚早期事迹中不多的一例。

关于他，我们还知道宣德皇帝宠信他，赐女子姚氏为其妻。

景泰二年八月，吴诚的妻子姚氏上奏皇帝，说丈夫随太上皇北征时阵亡。他早年曾经预先在香山为自己建坟，现在她想用吴诚的衣冠为其招魂安葬。朱祁钰很爽快地答应了，并命礼部赐祭。

除了这三位有姓名记载的大太监，朝鲜籍宦官崔真力、刘得、金奉、张奉、李种也殉难土木堡。

谁说宦官不爱国，在国难面前，他们也同样能为国捐躯，他们也同样能力持正论，维护国格。

# 五、从北京保卫战到夺门之变：宦官与国变

北京保卫战到夺门之变，这短短的七年多时间里，明朝连续遭遇内外两次巨变，政治动荡，波诡云谲。在复杂的政治、军事斗争中，宦官们不甘寂寞，纷纷投身其中，他们或正或邪，将自己的名字深深镌刻在明朝历史长河之中。

**面对危局，坚持战守的宦官们**

土木堡之变中，英宗朱祁镇成为俘虏，亲征大军全军覆灭。也先对于能俘虏明朝皇帝，喜出望外，遂有南下攻克北京，从而恢复蒙元昔日辉煌之意。

对北京城而言，强敌来袭，加之精锐京军基本被英宗带去亲征，损失在土木堡。京城只剩下不到10万老弱之卒。现在的北京城已经人心惶惶，随着瓦剌的步步紧逼，末世来临之感愈加强烈。

有一位叫徐埕的文官，他精通占卜，善观天象。早在土木堡之变前，他就预测亲征大军命运不佳。他为此还将家属悄悄送回苏州老家避难。果不其然，他预言成真。

面对危局，徐埕想的不是死守北京，而是在朝堂上公然建议新登基的景泰帝朱祁钰放弃北京，迁都南京。

若是他的建议被采纳，恐怕历史就要改写：南、北宋的历史重现，南、北明就会写入我们的历史教科书。

幸好，还有他们。

听了这等胆怯言论，一个老臣首先站不住了，他就是礼部尚书胡濙，他说："当年文皇帝（朱棣）将陵寝定在北京，也是为了向子孙表达永远不可放弃之意。先帝们的陵寝都在此处，岂能南迁？"随声附和的还有太监兴安。

紧接着，一人站出来，怒声呵斥："谁敢再说南迁的，应当斩首！"

兵部侍郎于谦以南宋故事劝谏皇帝朱祁钰万万不可南迁，并建议死守京城。

此后，兴安还劝说景泰帝朱祁钰下诏书，禁止官员们再谈论南迁之事，而且要严厉禁止京城官员将家属送离北京。

其实，在朝会上，怒斥逃跑派文官的，可不止兴安一位太监，司礼监太监金英也是其中一分子。

金英出身安南，在永乐五年，张辅克安南之后，他成为阉童大军中的一员，跟随明军来到朱棣的宫廷之中。

金英入宫后，先后侍奉成祖、仁宗、宣宗、英宗四代皇帝。永乐末年，他大概30多岁时，被升为司礼监右监丞。

仁宗皇帝曾经赏赐给他田地、房产和家奴。宣德七年，朱瞻基赏赐金英免死诏书和御赐银记。

宣德年间，金英升任司礼监太监。金英此人信佛，常常自称是"奉佛弟子"。正统二年，他为报答历代皇帝对他的恩宠，兴建了一座佛寺，英宗皇帝赐名为圆觉禅寺。

其后，正统二年的私造塌店事件，他作为两名主谋之一，曾经入狱。正统八年九月，又因为在南海子私自放牧和强夺百姓牧草，被王振命锦衣卫究治并给予处罚。

经过这两次打击之后，金英明显变乖了，一切追随王振的步伐。

正统末年，金英曾经去南京出使办事。回去的时候，南京当地官员都在长江边上给他饯行。官员中只有一人未曾前往。后来，金英一打听，此人可不得了，正是名声赫赫的薛瑄。原来得罪王振后，他被贬官，后来又起复，做了南京大理寺卿。

金英倒也不是小肚鸡肠之人，回到北京之后，逢人便夸："南京好官，只有薛瑄一人。"

正统十四年夏，大旱。大理寺卿俞士悦等人上奏皇帝，认为是冤狱导致天变，奏请三法司会审冤狱。英宗同意，并命金英协助三法司官员会审案件。

会审时，因为金英是代表皇帝亲临现场，得以在黄盖伞下居中而坐，可见在皇权指引下，宦官从此得以干涉司法刑狱。

土木堡之变后，金英被任命为司礼监掌印太监，接替王振的位置，成为宦官权势之第一人。

国变之时，京城人心惶惶。金英前往徐埕处问计，徐埕公然提出南迁之议。金英又去拜访成山侯王通，此人因为宣德年间私自撤军交趾，坐过十几年的大牢。此刻正在家闲住。金英问计于他，没想到王通见识浅薄，提出的应付之计不过是深挖壕沟之类。

朝会上，徐埕又抛出逃跑言论，金英附和兴安，慷慨激昂，对众人说："此时我等应该竭尽全力固守京城，以待四方勤王之师救援，谁再敢说迁都，皇上必然对他杀无赦！"

此言犹如一枚重磅炸弹，在朝臣中炸开了锅；此言又如定海神针，坚定了众臣的抵抗决心。要知道，金英是新帝朱祁钰身边的红人，他的话就代表了皇帝的意旨。从此，朝廷之内再无人敢言南迁之事，大家同仇敌忾，准备应击瓦剌军的挑战。

孙太后心中没底，就私下问司礼监太监李永昌何去何从。李永昌当即跪倒，一脸严肃地回答："祖宗留下的陵寝宫殿都在北京。仓廪府库还有百官百姓也都在这里。若一旦迁都，大事不可为。您想想历史上宋室南渡之事吧！"

李永昌又搬出历史，详细讲述了靖康之变故事，语气非常坚定。这下，孙太后心中有底，彻底断了南迁的想法。

有了内廷实力派太监们的坚决主战，朝廷上下内外一心，积极准备应战。

### 北京保卫战中上阵杀敌的宦官们

话分两头，单说瓦剌方面。也先做梦也没有想到，有朝一日，他能俘虏大明皇帝。只不过，瓦剌人志在强夺人口、财产，对土地之事倒不十分上心。既然，这一次手中有了皇帝朱祁镇这张王牌，也先想不妨勒索强夺更多的金银财帛。若是可能，还夺取大明皇帝的皇位，说不定重现大元帝国往日的辉煌，也未必可知。

原本得知英宗被俘后，孙太后和钱皇后痛断肝肠，想尽办法收集金银财宝，送到瓦剌军中，要赎回英宗皇帝。只可惜，瓦剌人胃口太大，狮子大开口，那点小钱已经入不了他们的眼。

随着朱祁钰即位称帝，英宗朱祁镇转身一变，成了太上皇。

也先点齐 10 万大军，乘着秋高马肥，于正统十四年十月大举南下，要一举踏破北京城，说不好，还能再一次上演奇迹，一举俘虏新任皇帝朱祁钰，让南朝再演一次靖康故事。

瓦剌大军只用了不到一天时间攻破重镇紫荆关，明朝方面，副都御史孙祥战死。

瓦剌大军带着英宗朱祁镇，一路杀到北京城外卢沟桥下。

瓦剌人派出一名谈判代表跟随着被俘虏的明朝翻译岳谦，一起来到北京彰义门外喊话。大意不过是，大军来临，明军赶紧投降，早早与我等谈判之类。

没想到，迎接他们的是一阵砍杀，明军冲出城外，将岳谦砍死当场。

也先本想不战而屈人之兵，没想到明朝方面抵抗意志如此坚定。无奈之下，他只好采取下策——攻城！

北京城围 40 多里，城墙高大坚固，攻打可不是容易事。

瓦剌大军来到西直门外，磨刀擦枪，准备攻城。

明朝方面负责城防的是兵部尚书于谦和武清伯石亨。这两位文武重臣被朱祁钰授予先斩后奏之大权。若是有人临阵脱逃，二人可于阵前将之斩杀。

另外有司礼监太监兴安和李永昌负责协同京城防务，这也是宦官开始全面参与京营军务的开始。

瓦剌首先开始攻打彰义门。明军守将武兴和王敬在城外列阵迎战。只见，明军将士各个盔甲鲜明，威风凛凛，精神饱满，大家跃跃欲试，只等砍杀瓦剌军，为国立功。

明军阵中，最前面是神铳火器手，在后面是弓箭手，紧跟其后的是手持短兵器的步兵，最后是打算为国报效的宦官数百人，他们骑在马上，握紧了手中的刀枪。对他们来说，今日可是百年一遇的杀敌机会，平日里他们在宫廷伺候皇室人员，终日难得外出。今日，竟然也各个披挂盔甲，手持兵刃。

因为北京城内兵马不足，朝廷号召内官们也来报效朝廷。这百余名内官都是主动请缨的，打算为国报效，血战沙场。

战鼓响起，瓦剌骑兵首先冲杀过来，一时间马蹄溅起的尘土漫天升腾。面对敌人，明军火铳响起，敌军骑兵纷纷落马，受挫之后，撤退而去。

这时候，谁也预想不到的事情发生了，在队列最后的内官们，见敌人退却，他们竟然没有听从号令，向着敌人追击过去。

古代对战讲究的是阵列严整，此刻阵列一乱，瓦剌军见有机可乘，回身又杀了回来，明军抵挡不住，纷纷败退。

瓦剌骑兵反败为胜，追击明军到了北京城西北边的土城。战斗中，明将武兴阵亡。面对猖獗的瓦剌骑兵，土城的北京百姓们纷纷登上房顶，捡起手中的瓦片击打瓦剌士兵。

瓦剌军进入不利于骑兵的地形，加上此刻，来自北京城的明军援兵在王竑、毛福寿带领下及时赶来，瓦剌军只好退去。

内官虽然在战斗中也杀死不少敌军，但是因为争功乱阵，也导致武兴的阵亡。可谓有功有过吧！

德胜门和西直门之战中，宦官也有上乘表现。

十月十三，也先率领主力攻打德胜门。于谦早有准备，事先在德胜门外的民房设下埋伏。小股明军骑兵首先攻击瓦剌军营，然后向着德胜门外民房方面撤退，也先大怒，率军追击明军。

此刻，埋伏在民房的明军火铳手，在一个宦官的带领下，火炮、火铳一起向着瓦剌军开火，一时间声如雷霆，瓦剌骑兵纷纷落马，如此打击，让瓦剌军吃了大亏。此战中，也先的弟弟、号称铁颈元帅的孛罗，被当场击毙。

瓦剌军伤亡万余人，实力大损。

这一战指挥明军神机营作战的，正是奉御弓本。

弓本，字以德，济南武定人士。宣德年间，进入宫廷，因为其聪慧谨慎，得到朱瞻基赏识，被授予奉御之职。朱瞻基命他管理自己的小金库外加统领神机营。

正统十四年，发生了土木堡之变。弓本平时对神机营将士训练严格，正好在此战中派上了用场。

德胜门之战后，也先不甘失败，又移兵攻打西直门。守将孙镗初战不利，退兵城下。瓦剌随后追赶，结果神机营将士火炮齐发，将追击的瓦剌军打得落花流水。

连番失败之后，也先屯军围城，打算长期围困北京。没有想到，夜深人静之际，弓本率领的神机营又连夜炮轰也先军营，击毙瓦剌军上万。损失惨重的也先再无心恋战，只好灰溜溜退回塞外。

随后的紫荆关大捷中，弓本也立下赫赫战功。

北京保卫战胜利了，朱祁钰摆下庆功宴，他听说了弓本神机营的事迹，非常感动也十分欣喜。以弓本屡战屡胜，给他赐名"胜"。以后，弓本就名弓胜。

不但如此，朱祁钰还升任他为司玥库右副使。独石城等八城，在土木堡之变前，被明军放弃。这一带地形险要，是防卫重镇。

弓胜协助都督孙安，奉旨前去镇守独石等八城。弓胜来到独石之后，清除瓦剌残余势力，又恢复了此地往日的升平景象。

独石等地局势稳定之后，弓胜又奉命镇守永宁。回京之后，他仍然掌管神机营。

英宗朱祁镇复辟之后，弓胜依然得到重用。他先后又出镇代州、怀来等地。成化五年，弓胜被晋升为少监，前往宣府镇守。

弓胜在宣府镇守期间，跟当地文武官员关系融洽。文官陆容在宣府任职时，曾经得了痔疮，因此痛苦不堪。弓胜听说之后，告诉了陆容一个妙方：用新鲜或者风干的苦蘵菜，煎汤一直到煮烂沸腾为止。然后和着汤放置在新桶中坐着熏治。陆容按照他的嘱咐，这样一日数次，过了不久，果然效果明显。

弓胜正是这样，在宣府任上，跟文武官员关系融洽，从而大家团结一心，坚固北边重镇的防守。

弓胜功劳卓著，被宪宗皇帝赏赐蟒衣，晋升为都知监太监。

成化十四年九月二十五，弓胜病故在宣府任上。他病故的消息传来，宪宗朱见深极为悲痛，命人将其归葬北京黑山会。

总结弓胜一生，兢兢业业，未曾有过错。他受命外出镇守期间，凡事都协商于文武同事官员而后行。别人有忤逆他意愿的，他顶多发一下火，隔天就好了。

北京保卫战在内外官员一致努力下，终于取得胜利，大明王朝经受住立国以来最大的考验，可以说，在这个过程中，宦官们功劳不小。

当然，凡事没有绝对，有忠就有奸，文武官员是这样，宦官也同样如此。有几个宦官，在整个国家危亡之际，扮演了极不光彩的角色，成为万人唾骂的汉奸。

### 宦官中的大汉奸

应该说，也先之所以在土木堡之变后南下征明，很大程度上受了一个太监的怂恿。他就是太监中有名的大汉奸喜宁。说起宦官中的汉奸，汉朝有中行说，明朝有喜宁。

这位喜宁也不知道有没有读过《汉书》和《史记》，要知道西汉文帝时期，也有一个大汉奸宦官，名叫中行说。因为皇帝让他担任护送公主和亲到匈奴，他就一怒之下当了汉奸，在汉匈之间挑拨是非，给汉朝制造了不少麻烦。

喜宁本是东北一带的胡人出身。他入宫之后的早期记载不详，正统二年，他参与捐建法华寺。正统四年他又参加金山宝藏禅寺的捐助，这时候的他已经是御用监太监了。

之后，他又先后参加捐助宝光寺、法海寺等，可见，他也是一个虔诚的佛教徒。

正统九年，辽东镇守太监王彦病逝，英宗命喜宁前往检阅其家产。在办差过程中，喜宁以公谋私，私占了王彦家的奴仆、田园和金银财宝等物，王彦的妻子吴氏投诉到英宗面前。

不知怎的，英宗庇护喜宁，并没有给他治罪，只是让他将私占之物归还原主。

英宗很宠信喜宁。正统十二年，他一次性奏乞北直隶河间府田地 400 多顷，经过勘察，其中很多是民田。英宗还是将其中 7900 多亩地赏赐给了他。

喜宁也在英宗的庇护下，越发胆大包天，后来竟然开始打英国公张辅田宅的主意了。

正统十二年四月，喜宁弟弟喜胜带着家奴摧毁了张辅家佃户的居所，并且殴打张辅家人，并且导致其怀孕的妻子堕胎死亡。

是可忍孰不可忍，历经数朝的张辅怒了，想当年，他金戈铁马，横扫安南，如今却被一个阉奴欺负。

法司判处喜胜及其家奴杖刑，背后的指示人喜宁却无罪。

更可气的是，英宗还让喜胜赎了刑，连一顿板子也免了，只是把家奴流放广西了事。

喜胜得寸进尺，反而告发张辅家里也擅自招收阉人为奴。英宗皇帝流放了张辅家里的阉奴到广西。

喜宁如此得英宗之心，以至皇帝对他的喜爱到了溺爱的程度。就是如此得宠的一个太监，竟然将英宗皇帝的信任视为无物，做出让主子痛心疾首之事。

正统十四年，喜宁随英宗亲征，后追随朱祁镇一起做了瓦剌人的俘虏。朱祁镇万万没有想到，喜宁成为俘虏后，将自己昔日对他的恩遇全部抛到九霄云外，一门心思投靠也先，死心塌地当了汉奸。

喜宁当了汉奸，自然会连累还在北京的家人。正统十四年十一月，明朝官军抓获瓦剌谍报人员三名，一审问，才知道其中两个是喜宁的家奴，其中一人是忠勇伯把台帐下指挥使安猛哥。

这三人是也先派往大明侦察消息，以便第二年春夏之际，兴兵入寇做准备。法司审问明白，上奏朱祁钰，朱祁钰大怒，下令斩杀三名间谍，同时抄没喜宁家产。想必喜宁家资巨富，因为英宗历年对他赏赐不少，加之他搜刮的不法收入，也属于宦官中的富翁了。

家产被抄，消息传到喜宁耳中，他更加死心塌地为瓦剌人服务了。喜宁听从也先命令，多次前往大明勒索财物并且为也先传达消息。

不仅如此，更令人痛恨的是，喜宁多次在也先面前挑拨瓦剌兴兵南下征明。喜宁指引瓦剌军攻破紫荆关，明军将领孙祥战死，关隘丢失。

跟随在英宗身边，陪伴皇帝一起成为俘虏的锦衣卫校尉袁彬，一片忠君爱国之心不变，跟喜宁暗中较劲。他在也先面前，以天冷不便兴兵为辞，劝说瓦剌不要兴兵。喜宁见袁彬和自己唱反调，大怒，在也先面前调拨离间，差点杀了袁彬。多亏英宗冒死救援，才救下袁彬一条命。

不仅是袁彬的性命受到威胁，英宗也有自身难保之虞。

明英宗想起昔日自己多次庇护喜宁的不法行为，又看到如今这个刁奴反咬一口，投靠新主后的丑恶嘴脸，心中无限悔恨。明朝使者将孙太后派他带来的御寒衣物送给英宗。没想到，衣物却被喜宁没收，占为己有。

明英宗成为瓦剌俘虏之后，吃尽了苦头。先不说从天子到囚徒的巨大心理落差，生活起居方面也受尽折磨。幸好，身边还有袁彬、哈铭等人忠心追随他，如果没有他们，朱祁镇是否能在漠北坚持一年，都很难说。

患难见真情，患难见人心。昔日自己连正眼都懒得瞧上一眼的袁彬、哈铭等下层人员，现今豁出性命，对自己这个囚徒不离不弃，其忠心令他感动。而自己恩遇有加、无限信任的太监喜宁，对自己冷嘲热讽，甚至多次怂恿也先加害自己。

此情此景，又让朱祁镇恨之入骨。

应该说，明英宗朱祁镇是性情中人，他知道感恩，懂得珍惜。王振对他的忠心，侍奉教导自己的功绩，他牢记在心，并且这种感激也伴随他的一生。他最痛恨的是背叛，同样是宦官，做人的差距还真是大。如今，喜宁不仅背叛自己，还怂恿也先南下征伐明朝，这已经是罪大恶极的行为了。

更可怕的是，喜宁还给也先献出一条毒计：瓦剌军向西攻打宁夏，然后从宁夏绕道直捣江南，在南京立明英宗为傀儡之帝，然后形成跟北京景泰政权对峙的局面，以兄制弟。不得不说，喜宁这招确实狠辣。

若真这样，大明连南、北宋局面都难以持久，非常有可能被瓦剌一举攻灭。

幸好，也先觉得这样太麻烦，而且经过攻打北京的失利，实力大损，南下一统江山的雄心壮志也化为乌有。这条建议就被他束之高阁了。

喜宁熟悉明朝内部情况，清晰了解政治斗争的真谛，他建议也先带着朱祁镇到明朝边关各镇，四处勒索。明朝边将面对被俘虏的皇帝，考虑他的人身安危，多是无奈地给瓦剌人一些金银，希望他们不要伤害朱祁镇。

喜宁这计毒辣，既使瓦剌人得到数额不菲的赎金，又打击了明朝的军心士气。明朝方面，已经对喜宁这个大汉奸恨入骨髓了。

景泰帝传谕边关将士，一旦遇到喜宁带着瓦剌人勒索，一定要想办法诱杀这个大汉奸，为明朝除去心头大患。

只可惜，喜宁防卫心极强，难以下手。

喜宁此人亡大明之心不死，其可恶程度更胜过瓦剌人。

景泰元年正月，大同守将郭登捕获了两名瓦剌谍报人员，送往京城审问。原来，这两人都是也先的亲信，锦衣卫一审得知，喜宁献计给也先，派出这两人到北京城窥探明朝军事虚实，五月送回太上皇朱祁镇到明朝，乘机夺取北京。

可见，喜宁一日不除，明朝一日不得安宁。

机会终于还是来了，不过谁也没想到，最终做成此事的幕后之人竟然是朱祁镇。

朱祁镇让袁彬传话给也先，说是打算派喜宁和总旗高斌和纳哈出三人回京传话，顺便可以为也先要一些金银财宝之类。

事情竟然出乎意料的顺利，也先答应了朱祁镇的这个请求，也许他心底就没瞧得上这个太上皇，心想他已经成为俘虏，还能有什么图谋？不过是为了保命，派人去京城给自己带赎金而已。

明英宗密令袁彬写下一道密旨，带给宣府总兵官，让他务必要擒杀喜宁，为大明除害。

景泰元年二月十四，总旗高斌带领骑兵50多人来到宣府万全右卫。高斌在城下喊话，通报了自己的身份，并说要到北京奏事。宣府总兵官朱谦派出右参将杨俊赶到右卫城。

杨俊担心瓦剌会有大部队来袭，于是提前安排江福等人带领一支部队在野狐岭设伏。

果然发现了瓦剌骑兵1000多人向着南边进发。总旗高斌又来到城下，在城下向上喊话。

杨俊问他喜宁有没有来，高斌回答说喜宁在后面。杨俊连忙下城，跟高斌近距离对话，高斌暗中将太上皇的意思告诉了杨俊。

杨俊一听心中狂喜，这下立功的机会来了。他不动声色，告诉高斌：转告喜宁，宣府地方官员已经备下了酒宴和重礼，就等着迎接喜宁前来了。

高斌转告喜宁，喜宁内心不安，仿佛感觉到危险，于是找借口不去赴宴。

杨俊见状，又让他告诉喜宁，不需要劳他大驾入关，只要在城墙下会晤一面即可。

这下，喜宁找不到推辞的借口了。不久，他带领几名瓦剌保镖来到城墙下。

杨俊等人开门出城，用好言诱导喜宁，许诺给予重金。谈话间，二人不知不觉离城墙越来越近。

这时候，喜宁发现城下官兵众多，觉得情况不妙。正准备逃跑之时，后面有一人突然用力紧紧抱住了喜宁，让他动弹不得。原来，此人正是总旗高斌。

喜宁心头一沉，知道大事不妙，他还想垂死挣扎。高斌却紧抱不放，二人一起跌入城壕内。

这时候，明军士兵奋勇向前，将喜宁和瓦剌人火洛、火孙拿获。

景泰帝得知消息，大喜过望，赏赐了有功人员。

太上皇朱祁镇听到喜讯，更是喜极而泣："两国干戈不断，百姓受苦。这都是喜宁所害。今日抓获了他，边界安宁，我南归也有望了。"

喜宁被押赴京城，景泰帝命令将其押送西市，活活凌迟处死。行刑进行了三日，北京城的百姓如同过年一样，欢欣鼓舞，纷纷来看这个汉奸的可耻下场。

喜宁得到他应有的下场。还是那句话，做啥也别做汉奸！

当然做汉奸的宦官也不止喜宁一人，正统十四年十月，御马监少监跛儿干被朝廷诛杀。

此人本来是蒙古投降到明朝之人，入宫为宦官几十年。他也跟随英宗亲征，在土木堡之变后，成为瓦剌俘虏。他为瓦剌服务，帮助瓦剌反攻明朝。他向朝廷内使黎定射箭，并且像没事人一样，代表瓦剌为使来到大明，勒索财物。朱祁钰大怒，命人将其捉拿诛杀。

### 由文官转宦官，他的人生如此传奇

如果没有土木堡之变，皇兄朱祁镇被俘，朱祁钰本可以做一个逍遥王爷的。只因为宣德皇帝只留下他和皇兄两个儿子，皇位重任一下子降临到他的身上。

由藩王到皇帝，朱祁钰的人生华丽转身，但是也产生不少问题。比如他在朝中根底较浅，当皇帝之后，可以依托的心腹之人，就只有他在当郕王时府邸的王府官和内官。

朱祁钰身边有一位传奇宦官，他本是经过科举出身的文官。机缘巧合，却成为宦官。他就是成敬。此人字思恭，永乐二十二年的进士出身。

高中进士之后，成敬被选为翰林院庶吉士，仕途可谓一片光明。

宣德年间，成敬刚准备去晋王府上赴任王府官一职，没想到，一场塌天大祸从天而降。

晋王朱济熿跟汉王朱高煦相互勾结，欲行不轨，结果被人告发。其中王府内使刘信等数十人告发朱济熿擅自征用屯粮10万多石，准备接应朱高煦起事之用。

宣德二年，宣宗朱瞻基将晋王朱济熿贬为庶人，他属下的王府官员都作为谋反同谋被处死。

成敬此时刚刚到任，对谋反之事并不知情，也没有参与，但是也被牵连进这个案子，法司判处其永远充军。

成敬认为永远充军会连累子孙，不如自己就死，于是上疏朝廷，要求处死自己。宣宗怜悯他，就改判他宫刑，成敬命大，没有死，但是从此不再是一个完整的男人。

宣宗将成敬分配到郕王府邸，以典宝之职侍奉朱祁钰读书。也可以说，成敬是朱祁钰的藩邸教师。

即位后的朱祁钰，封成敬为内官监太监，对他十分信任，委以重任。

成敬为人谦逊，虽然受到皇帝重用，却从来不依势揽权，也未曾为自己亲属乞求恩泽。

景泰帝曾经想给他的亲属封官，好几次问成敬，他家亲属在京城的有几人，成敬回道："亲属都在老家种田，都是农夫，不可以做官的。"过不多久，朱祁钰又问起，成敬还是如是回答。

景泰帝也执拗，还是给了他老家亲属一人吏目之职。成敬之子成凯的进士，也是凭借自己本事在景泰二年考取的。

不过，天有不测风云，刚考取进士不久，成凯就得了重病，眼看就要病死了。朱祁钰得知消息，连忙问成敬："成凯平时的志向是做什么官呀？"成敬知道皇帝这是要给儿子一个临终安慰，哭着对景泰帝说："成凯本愿意以犬马效劳皇帝，没有想到他自己命薄，这也是没办法的事情。"朱祁钰叹息道："他确实是薄福、薄福啊！"

于是，朱祁钰给成凯一个吏科都给事中职。成凯接到任命之时病死。当时年未满30岁。成凯是才子，闻名遐迩，只可惜得病而死。

景泰四年，成敬乞求皇帝回乡省墓，朱祁钰赐给他敕及扫墓所需费用，并且赐诗给他饯行。

景泰六年，成敬病故。景泰帝朱祁钰悲痛不已，派官员前去护丧修坟，并给予葬祭，恩典之隆，一时传为奇遇。

世人都传颂，像成敬这样，受到皇帝如此恩典，却从来不揽权、不谋求私利的宦官，真是世间少有。

### 有姓名记载的第一位东厂宦官

成立于永乐朝中后期的东厂，在明朝一直与宦官有着重要联系。东厂成立之初就由宦官掌握，因为这个机构是特务组织，负责许多机密缉查事务，所以留下的记载很少。同时，因为它又是宦官职掌的机构，很多情况下用来制衡文官集团，文人对他们也不屑于花费更多的笔墨来记载。由此，就产生一个怪现象，影响了明朝政治200多年的这样一个重要机构，它的首任职掌太监竟然没有记录下姓名。

宪宗成化朝之前，东厂在明朝国史和实录中都没有出现过，仿佛这样一个机构从来没有存在过一样。

尽管东厂行事神秘，终究还是在历史上留下了不少蛛丝马迹。

正统三年，净明禅寺碑记里出现了一个宦官的名字，他就是少监阮伯山。

正统九年腊月，驸马沐昕杖死了有过的家阉和家奴。此事被时为奉御的阮伯山告发。

景泰元年七月，时为内染织局左副使的阮伯山，又告发了失职的都督刘安、刘聚、顾兴祖等人。

景泰二年正月，阮伯山已经升为右少监。七月间，阮伯山又因为擒拿一个想当皇帝的和尚，被升为左少监。

说起来，这个谋反事件也很是荒诞。万宁寺的僧人赵才兴自称能通兵法和观测气候，他与广通寺的僧人真海、道士谭福通、内使萧保的父亲萧亮一起歃血为盟，打算谋反。他们的理由是赵才兴是宋太祖赵匡胤后人，于是一起拥护他为皇帝。其他三人被封为二王、三王、四王。

当了皇帝，不能没有皇后。赵才兴立与自己通奸已久的百户之女为皇后，立自己的徒弟如海为太子。

被封了二王的真海心中高兴，和无赖数十人一起在朝阳门外豪饮，烂醉如泥之际，口出狂言，被东厂探子和锦衣卫侦之，将他们下狱，一审知道了这个荒唐的谋反阴谋。

于是掌管东厂的阮伯山和锦衣卫官旗刘祥等人都因为此次破获案件之功，被升迁一级。

八月间，阮伯山又升为太监。之后不久，阮伯山病死。

景泰年间，阮伯山掌管东厂之后，东厂的活动开始变得异常活跃。根据时人笔记记载，景泰时有一个名叫张甚的优伶，经常向东厂的探报提供情报，甚至进京赶考的举子里也有被捕入狱的。

景泰初年，北有也先入侵，南有乱民起事。朱祁钰见局势动荡，就从锦衣卫选出一些官校，让他们进入东厂，命他们秘密汇报情报。

当然，这一时期东厂活动活跃还有一层原因，这就是朱祁钰与太上皇朱祁镇之间的权力之争。为了稳固皇位，朱祁钰是煞费苦心，只能依靠东厂和锦衣卫加强对太上皇朱祁镇的监控。

这场兄弟之争中，很多宦官也牵涉其中，上演了一幕幕惊心动魄的历史活剧。

## 涉入兄弟之争的宦官们

喜宁死后，也先征服明朝之心也荡然无存。现在朱祁镇成了烫手山芋，也先打算释放他回国。

景泰元年八月十五，距离朱祁镇土木堡被俘正好一年之后，这位太上皇终于回到北京。

这时候的朱祁钰心情是极其复杂的。一开始，他在毫无心理准备的情况下，被众人推上了皇位。

在经历北京保卫战的考验后，朱祁钰终于赢得胜利。这个胜利也让他的威望大增，这时候的他已经尝到当皇帝的滋味和好处。

如今，皇兄回归，虽然他已经被尊为太上皇，但是毕竟做了14年的天子，现在朝堂上多半臣子都是怀念他的，也是他一手培养出来的故旧之臣。

朱祁钰对这个兄长忌惮极深，皇权让这对同父异母的兄弟开始相互猜忌，终于酿成权力争夺的悲剧。

景泰帝朱祁钰将兄长迎回之后，随后就将皇兄送进南宫居住，而太上皇朱祁镇也开始了他长达七年的软禁生涯，从另一个角度来说，他回到故国，又开始了一段囚徒生活。

景泰帝朱祁钰放眼自己周围，文武官员基本都是英宗故旧，只有于谦、石亨、王文等少数几个朝臣算是自己的心腹之人。

既然外臣中心腹之人太少，景泰帝就只能依靠宦官了。王府中之前的内官王诚、舒良、张永、王勤等人，都入职司礼监，秉承机务。

英宗朝留下的司礼监班底兴安、金英、李永昌等人，朱祁钰也想拉拢他们为己所用，只可惜有的人并不买账，也导致被打击。

前面讲过呵斥南迁的司礼监太监金英，他在永乐朝就已经成为司礼监右监丞。

金英作为司礼监掌印太监，他的态度和意见，是景泰帝朱祁钰十分看重的。

有一天，朱祁钰故意假装糊涂，他跟金英说："七月初二是东宫太子生日了。"聪明如金英，立刻明白了朱祁钰的小心思。

原来，朱祁钰当年被拥立为帝时，明英宗的母亲孙太后曾经提出一个条件，那就是立英宗长子朱见深为皇太子，然后朱祁钰再登大宝。

这就意味着，不管朱祁钰的皇帝做得多么成功，他百年之后，皇位还是要归属朱祁镇这一脉后人。

随着景泰帝皇位越坐越稳，朱祁钰开始对这个约定越来越不满了，他想立自己的独子朱见济为太子，自己做皇帝还不过瘾，还要将皇位传给自己的后代。想来，这也是人之常情，权力面前，毕竟没有几个人能保持清醒和超脱。

朱祁钰也不例外，于是他想到改换太子。不过在这之前，他要先试探一下金英，看看他到底是什么态度。

金英听了这句话，明白朱祁钰这是要改换太子了。他随即跪下叩头，郑重严肃地回应道："东宫生日是十一月初二。"

景泰帝听了这话，心中气愤已极，却不便立刻发作。

不过，他已经狠狠给金英记下了一笔，只等有合适的机会，来个秋后算账。

机会很快就来了。

金英为人缺点不少，其中最大的缺点就是贪心太重。

金英派出家人李庆携带盐引，来到淮河一带支取盐。李庆沿途所为违法之事甚多，不但多支取了不少官盐，擅自征用民船，还打死了一名船夫。

景泰帝命人将李庆下狱审问，判处其绞刑。当然，景泰帝对这个判罚不满意，他想整治的可是李庆背后的金英。

言官奉皇帝之意，弹劾金英。尤其是给事中林聪根据皇帝的密旨，对金英进行了严厉弹劾。

最后，李庆被处死，金英虽然暂时没有被处分，但是他的违法之事被朝廷彻查。

此事过后，波澜再起。锦衣卫指挥佥事吕贵被人告发行贿金英，以谋求留任锦衣卫。

这下，朱祁钰新账旧账一起算，将金英下都察院大狱。经过审问，金英的两大罪被上报给了皇帝：一是放纵家人乱支官盐；二是接受官员贿赂，帮助他们升官。都察院的判决建议是将金英处以极刑，同时抄没其家产。

因为立储之事，金英站错了队伍，没有支持景泰帝，这才导致在很短的时间内，他的不法之事一再遭到揭发，最终下狱。

不过，朱祁钰没有打算赶尽杀绝，而是将其囚禁。直到景泰三年，以易储之机，将他赦免出狱。

随后，金英到了南京成为守备太监，景泰七年六月，金英病逝在南京。

当然，不是所有人都像金英这么"不识时务"，司礼监另一位太监兴安就顺应时势，在景泰帝易储之事上大力襄助，得到朱祁钰的宠信。

兴安，出身安南贵族，幼年接受过卓有成效的教育，通文义。永乐年间明军进取安南时，他成为俘虏，被阉割后，跟随明军回到大明。

自永乐五年入宫之后，兴安先后侍奉几代皇帝。

宣宗皇帝因为其办事谨慎，升其为奉御，掌管府库出纳之事。宣德九年，王景弘等人最后一次下西洋回来，宣宗派兴安去查验宝货。

正统二年，兴安被派往苏、松、扬、泰等处清理盐法，并遴选军士。他在江南期间，办事得力，并清理疑案，回京之后，被晋升左少监，不久，又升为太监。

英宗对他很信任，赏赐蟒衣、玉带，每年给予廪禄，给予了很高的待遇。

正统十四年，英宗亲征瓦剌，留下兴安协同内外官员守备京城。

在皇帝被俘消息传到北京后，人心惶惶，危难之时，兴安呵斥主张南迁的徐埕，坚定了京城官民抗战的决心。

景泰年间，一开始掌管司礼监的金英入狱之后，兴安接替他掌管司礼监。

　　兴安早在英宗回朝之前，就已经开始大力讨好朱祁钰了。当时，朝廷商量派遣使者迎回太上皇。廷议选派使者时，兴安先说没有合适的人选，还质问群臣："谁能胜任使者？谁是当今的文天祥、富弼？"后来，朝廷选派职位较低的给事中李实前往瓦剌出使，但是敕书里面没有提到奉迎太上皇回京之事。

　　李实看到敕书内容，十分惶恐，打算去内阁请示。中途，李实遇到了兴安，兴安知道他的目的之后，厉声斥责道："你只需要奉诏书办事即可，去问其他人干什么？"

　　可见，在这一系列的事件中，兴安配合朱祁钰的意思，千方百计阻挠太上皇朱祁镇回到大明。

　　不仅如此，在易储之事上，兴安也为朱祁钰立下了大功。

　　景泰三年四月，应一个犯罪的广西土官所奏请，朱祁钰下旨命朝臣们廷议易立太子之事。

　　朝廷重臣悉数到场，大家对于易储君这样的大事都不敢轻易发表意见。只有几个小官说了一些反对的话，而吏部尚书王直，支支吾吾又说不出话来。

　　这时候与会的兴安见廷议毫无进展，心中早就不耐烦，大怒道："此事已经不能停下了。如果哪位大臣认为不可行，可以不署名，不要这样首鼠两端，犹豫不决！"

　　他这怒声一喝，朝臣们再与不敢虚与委蛇，很多人只好不情愿地在廷议结果上签名表示同意。

　　就这样，景泰三年五月，景泰皇帝表示顺应朝臣们的意思，将太子朱见深废为沂王，立自己儿子朱见济为皇太子。

　　兴安在这次易储之争中，为皇帝立下大功。当然在这之前，太监王诚、舒良等人也给他出过一个主意。

　　这个主意竟然是用金钱收买朝臣，让他们同意易储。

　　内阁大臣都被赏赐了白银。这也是廷议中，他们没有表示反对意见的一个重要原因。

　　因为易储事件中，兴安为皇帝立下大功，朱祁钰对兴安宠信有加，并大力回护。

　　兴安此人极其信佛。景泰三年，他奏请景泰帝在大兴东大市街西北建造了一座规模宏大的大隆福寺，此庙耗资数十万两银，寺庙的壮丽豪华丝毫不亚于之前王振兴建的大兴隆寺。

为了建造大隆福寺，兴安甚至拆取了太上皇朱祁镇所居住的南宫的部分木石，用于寺庙的建筑。当然背后的指使者就是朱祁钰，他也正是要通过这种方式向失去实权的皇兄示威。

景泰五年腊月，内使阮绢为了阿附司礼监太监兴安，私下嘱咐管工太监黎贤，擅自在西海子边为其建造佛庵，并在西山等处建造生坟和佛寺。为了这些工程，他们盗用官木物料数以万计。此事被揭发后，兴安惊惧不已，连忙归过阮绢。

都察院逮捕阮绢和黎贤，判处二人死刑。都察院也顺便弹劾兴安不法之事，要求将其绳之以法。只不过，在朱祁钰的庇护下，兴安得以安然无恙。连阮绢和黎贤的罪过也被赦免。

最后的处理结果，仅仅是将擅自兴建的庵寺拆毁，收回了盗用的官家物料而已。

总体来说，兴安为政期间，并无大过，而且以廉洁著称。除此之外，他还能调护名臣。

应该说，兴安与于谦的关系很不一般。景泰七年春天，于谦因病回家休养。景泰帝不放心，派兴安和舒良每日去探望病情。

兴安一向敬重于谦的为人，即使于谦以前曾经劝说他不要大量度僧道，但兴安从未记恨他。

这次，兴安来到于谦家里，目睹为国立下再造之功的于谦，生活是如此朴素，饮食也非常简单。自从原配董氏病逝后，再没有续弦。而且于谦常年住在朝房里，是为了办公方便。如此忠心为国，又如此廉洁奉公，于谦的高尚品德深深折服了兴安。

兴安被于谦的忠心廉洁所感动，回到景泰帝身边，将于谦家中情况如实汇报。景泰帝赏赐了于谦一些生活所需之物。

于谦生病所需药物要用竹沥做引子，景泰帝到万岁山亲自为他伐竹取沥，为和药之用。

有人提出于谦的权势过重，景泰帝对他过于宠信。兴安立刻反驳道："别的我不说，只说日夜为国分忧，不爱钱、不爱官位、不谋家私，还有何人？朝廷用人之际，像于谦这样公忠体国的，你们还能找到第二个吗！？"那人听了之后，惭愧无言。

景泰八年正月，景泰帝病重之时，兴安非常焦急，斥责前来问安的大臣们："你们不能为社稷出主意，天天来问安，有什么用！"

众位大臣被他这一斥责，只好悻悻而退。

夺门之变后，言官纷纷弹劾兴安，说他窃取权力，祸乱朝政，易东宫之位，与于谦、王文、王诚、舒良等人为同党。他们提出的处理意见是，将其斩首以儆效尤。

英宗并没有痛下杀手，而是将其解除职位，命其闲住而已。

跟于谦相比，兴安还是幸运的，英宗皇帝考虑到他办事忠谨，并且廉洁有操守，人缘十分好，内廷的一些人也纷纷为他求情，于是就放了他。

天顺三年，兴安病逝，享年71岁，家人根据其遗言，以其骨灰供奉浮屠。

除了金英、兴安这两位大太监参与景泰帝的兄弟之争中，另外有一些中下级的宦官也参与其中，还有一位上演了可歌可泣的悲壮故事，且听我细细道来。

**金刀案中以死护主的宦官**

景泰三年五月，太子朱见深被皇叔景泰帝废黜，朱祁钰改立自己的儿子朱见济为太子。

史书没有记载太上皇朱祁镇的心情，想必是糟糕透顶。自己被迫做了太上皇不说，连儿子的太子之位也不保。朱祁镇被他这位皇弟欺负得不行，不过，让他没有料到的是，自己又陷入一场大案之中，如果不是有人忠心护主，恐怕他早已性命不保。

话说，英宗在南宫幽禁的岁月中，百般无聊。经济上也拮据得很，皇弟给他的用度银两有限，一大家子都要张嘴吃饭。万般无奈下，哭瞎了一只眼的钱皇后只能拖着她那条残腿，亲自带着宫女们做点针线活，拿来换取一些零用钱贴补用度。

没有想到，一次无意中的赏赐，给太上皇差点带来灭顶之灾。

一日，英宗朱祁镇闲来无事，将自己身上佩戴的一件金绣带和一把镀金刀赏赐给自己身边的少监阮浪。

这个阮浪本是安南人，也是当年张辅征伐安南时，从当地带回的阉割幼童之一。他入宫时，只有十几岁，朱棣欣赏他的聪明伶俐，就让他去内书馆读书。

阮浪在内书馆读书认真，取得不小进步。朱棣又改派他去管理尚衣监事务。宣德初年，他被擢升为奉御，掌管宝钞司之事。

宣德三年，宣宗派遣阮浪前往广南，验收西洋各国入贡的宝物。阮浪办事得力，所过之处不扰民，得到宣宗的嘉奖。

宣德五年，宣宗率领军队出塞，阮浪扈从有功，被升为御用监右监丞。

正统初年，英宗朱祁镇认为他是先帝老臣，有苦劳，提升他做了左少监。阮浪在内廷升迁较慢，属于郁郁不得志的人。

太上皇居住南宫之后，南宫大小事务需要宦官总理。于是，景泰帝派他负责南宫事务，这在当时可是一件谁都不想做的苦差。

阮浪领到这个差事后，却从来没有抱怨。他尽心尽力、认认真真地打理南宫事务，侍奉太上皇朱祁镇。

朱祁镇在落难之时，能有这样一个办事谨慎、踏实的宦官来伺候自己，自然是心怀感激。

英宗朱祁镇看重阮浪，什么事情也同他商量。英宗总觉得应该赏赐给他点什么，以表示自己对他的感激之情。于是，英宗就将自己喜欢的随身两件物什赏赐给阮浪。

阮浪得到这两样东西之后，又随手赏赐给自己手下办事的内侍王瑶。得到镀金刀和金绣带的王瑶，心中欢喜无比。他一个小小内侍，哪里想过能得到皇上御用之物，虽然是太上皇，毕竟也当过 14 年天子呢！

人一得意，就容易忘形。王瑶天天拿着这两样御赐之物，到处在他的朋友中炫耀显摆。

这一日，王瑶见到自己的朋友、锦衣卫指挥金事卢忠，拿出镀金刀和金绣带好一番展示，卢忠心中疑虑：王瑶只不过是一个小内侍，如何能得到皇上御用之物？

于是，卢忠计上心来，摆下一桌丰盛的酒席招待王瑶。两个人推杯换盏，酒过三巡，王瑶已显露出醉态。卢忠乘机问他，这两件宝贝从何而来，王瑶一五一十说出实情。

卢忠听了以后，心中暗喜，盘算着这正是谋取富贵的好时机。现在景泰帝和太上皇之间矛盾积怨颇深，景泰帝一心要整治皇兄，除去皇权之祸患。眼下，如果自己将金刀和金绣带弄到，然后到景泰皇帝面前告上一状，就说太上皇以此二物为信物，收买人心，意图不轨。这不是在皇帝面前，立下了天大的功劳吗？

想到这里，卢忠继续给王瑶劝酒，直到将他灌醉。看着烂醉如泥的王瑶，手中拿着金刀和金绣带，卢忠露出阴险的笑容。

卢忠将刀和带交给锦衣卫校尉李善，让这位得力手下去上奏当今皇上，狠狠告了太上皇一状。

这个告状正戳中景泰帝的要害——太上皇要厚结手下，打算重新复位！

朱祁钰想到这里，气愤地握紧了拳头："我顾念你是皇兄，不肯取你性命，如今你却要复辟。得得得，休怪我无情，正好借助此事，一举除去心头之患！"

朱祁钰下令立刻逮捕阮浪和王瑶入狱。

不过，谁也没有想到，入狱之后的阮浪和王瑶，铮铮铁骨，面对各种残酷的刑法，自始至终不肯承认法司给他们定的罪行，也不肯诬陷冤枉一个人。

犯人不肯招供认罪，案件自然陷入胶着状态。

而此时，卢忠又突然疯了。原来，卢忠本想借助金刀案谋取富贵，但是随着阮、王二人的入狱，卢忠又开始心怀忐忑，他总觉得这事情不会那么顺利。

卢忠为了平复心情，就去找人算卦。算卦人了解事情原委，他看不惯卢忠卑鄙的行径，便随口说："这是一个凶卦，你将万死难赎其罪！"

卢忠当下心态一沉，本来他就心怀不安，这下更是将他吓得不轻。

回去后，卢忠左右思量，心生一计。

不久，人们看到街头上多了一个疯疯癫癫、语无伦次的疯子。大家诧异地发现，这人就是卢忠。

卢忠不知道有没有看过靖难故事，这是将朱棣的装疯本事又给学来了呢！

原告疯了，被告不肯招供。这时候，大学士商辂和司礼监太监王诚借机在中间调和，他们以卢忠是疯癫之人，其言语不可信为辞，劝说皇帝不应该听信胡言乱语，伤害太上皇，从而做出有伤人伦之事。

景泰帝朱祁钰也明白朝臣中还有不少人心向太上皇，事情不能做得太绝，而且现在阮浪死不招供，也没有更多借口再去找太上皇的茬了。

朱祁钰只好顺坡下驴，将一腔怒火发泄在卢忠身上。管你疯不疯，先关入诏狱再说。

阮浪因为饱受酷刑，最后死在监狱中。而王瑶则被处死，最终金刀案结案。

而那个卢忠，因为其他事被贬到广西，五年之后，在太上皇南宫复辟之后，朱祁镇没有放过这个昔日仇人，将他凌迟处死。这也算是对阮浪、王瑶在天之灵有所交代了。

复辟之后的朱祁镇也没有忘记阮浪、王瑶拼死护驾之功，将他们追封并厚葬致祭。

### 边关镇守、团营提督都离不开宦官

永乐年间，宦官就已经开始出镇边防重镇，东起辽东、西到甘肃，镇守太监遍布边境重镇。延到宣宗朝，镇守内官制度成型。上一任宦官离职，司礼监会遴选新人接替，就这样形成了长期的制度化。

以后，不只是边关，腹地也设置镇守内官，大明两京十三布政司都有他们的身影。

在众多的镇守内官中，有一个人名声赫赫，他就是亦失哈。

亦失哈本是海西女真人，他的大名是跟北疆的军事、政治活动联系在一起的。

奴儿干地区，在元朝时设置了东征元帅府。明初，该地区部族归顺明朝，明朝在这里设置了130余卫所。为了加强对这一辽阔地区的管辖，永乐九年，朱棣派遣内官亦失哈和都指挥同知康旺等人带领千余名明军，乘坐25艘巨舰，顺黑龙江而下，前往奴儿干地区，设置了奴儿干都司。

奴儿干都司管辖范围极为辽阔，黑龙江、乌苏里江、松花江、精奇里江等流域还有库页岛，都归属其管辖。永乐十年冬天，亦失哈再次受命来到奴儿干地区和今库页岛一带巡视。他们招抚女真、苦夷等部落民众。为了以宗教方式教化当地部族，朱棣命亦失哈在当地建立寺庙。亦失哈经过考察地形后，在特林建造了永宁寺。

永乐十一年，亦失哈立碑，记录了建立奴儿干都司、兴建永宁寺和他们在这一代巡查的情况，这块碑就是著名的永宁寺碑，这也无可置疑表明了这一广阔地区，在明朝时是属于中国管辖范围。

从永乐到宣德年间，亦失哈一共九次前往奴儿干地区，每次都招抚部落，为这一地区的稳定发展做出了贡献。

宣德七年，时已升任都知监太监的亦失哈协同都指挥康福带领明军 2000 多人，巨舰 50 艘，再次来到奴儿干地区招抚。

几年之间，之前建造的永宁寺已经被毁，寺碑也被推倒。破坏寺庙，就等于向大一统王朝示威。

经过追查，亦失哈得知此事乃吉列迷部落所为。亦失哈严厉斥责其部落首领，要求其悔过自新。

吉列迷部落首领慑于大明强大的军威，只好前来请罪。亦失哈宽恕了他的罪行，并厚待他。远近部落听说之后，纷纷来捐助重建永宁寺，不久永宁寺重新落成，比之前的旧寺更加富丽堂皇。

亦失哈再次立碑纪事，是为重建永宁寺碑，这也是明代中国在整个黑龙江流域行使主权的有力证据。

宣德十年，亦失哈奉命担任辽东镇守太监。在此期间，他利用自己的女真人身份，在处理协调女真和明政府之间关系上做出了卓越贡献，对于女真部落间的争斗，他能及时协调处理；对于女真的抢掠活动，他能及时平定制止。在当地遇到灾荒时，亦失哈拿出自己的积蓄来救助灾民。

亦失哈对东北边防建设贡献良多。他上奏朝廷以年轻有为的胡源替代年老体衰的夏通守卫开源。为触犯死罪的镯住马请求赦免，以便发挥他熟悉边情的优势，继续为朝廷立功。对于兀良哈三卫的侵扰，亦失哈及时武力打击。

土木堡之变后，建州卫女真首领李满住乘机勾结朵颜三卫，劫掠辽东。

兵部尚书于谦因为亦失哈是女真人，担心他泄露事机，勾结女真人入犯边境，于是将他调回北京。

亦失哈失去朝廷的信任，为了避嫌，他于景泰元年改名易信。

忠心耿耿为辽东经营 40 年，为东北边境的发展做出卓越贡献，晚年却被朝廷猜忌。易信的心里是悲怆的，但是他不甘心，他想重新挽回朝廷对他的信任。

景泰元年二月，他上疏要求改进手把铳，因为手把铳在点燃发射一次之后，再要发射第二弹之前，必须要重新换火药。这就给了敌人机会。他建议把手把铳的柄加长到七尺，前面还安装上枪头，这样如果还没有来得及进行下一轮发射时，敌人如果已经冲上来，就可以用枪头和敌人战斗。他还专门造了一个样品，送到皇帝面前。朱祁钰很欣赏他的这个发明，让兵仗局按照样式，重新设计打造了手把铳。这种新型手把铳将冷热兵器的优点完美结合在一起，也是近代步枪安装刺刀的先驱了。

可以说，亦失哈还是个军事发明家，他的这个发明比 17 世纪法国军队使用带刺刀的步枪领先了 200 多年。

亦失哈在开发巩固东北边疆、发展女真和内地经济文化政治交流方面，做出了较大的贡献，因此他也为后人所铭记，并被写入中学历史教材之中。

除了镇守边关，宦官们还涉入京城团营提督之中。在景泰朝之前，明朝最精锐的部队是京军，也就是京城三大营，包括五军营、三千营和神机营。京军精锐在土木堡之战中损失殆尽。

景泰三年，于谦、石亨奏请朱祁钰，从三大营京军中挑选精锐 15 万人，分成十营训练，每个营 1.5 万人，这称作团营。团营的总管太监除了鼎鼎大名的曹吉祥外，还有一位名叫刘永诚的。

说起这位刘永诚，虽然清修《明史》中无传，甚至找不到他的墓志铭之类，但他可是在军事领域叱咤风云的人物。

刘永诚，小名刘马儿，清丰县人士。他历经明太宗朱棣到明宪宗朱见深六代皇帝，人生也颇为传奇。

刘永诚一开始在朱棣身边担任亲兵的角色，他曾经三次跟随朱棣北伐蒙古。善于骑射的他，屡立战功。

朱棣很看重他，亲昵地给了他一个外号"马儿"。

宣宗在位时，刘永诚曾经侦察过汉王朱高煦的叛乱逆谋。宣德朝和正统朝，刘永诚曾经两次出战兀良哈三卫，并大获全胜。

土木堡之变发生的时候，刘永诚在甘肃镇守，他在镇守期间，数次出兵征服叛乱部落，并擒获他们的首领。景泰帝登基，召他回京之后，升他为御马监太监，他的侄子也是义子刘聚在北京保卫战中立功，升为锦衣卫指挥。

南宫之变时，刘永诚带兵参与曹吉祥等人的行动，由此被复辟后的英宗所青睐。

等到宪宗朱见深登基时，刘永诚已经70多岁了，他明白月满则亏的道理。聪明如他，早就在同事曹吉祥的下场中，看到权力的可怕之处。他交出自己的权力，还将历代皇帝赏赐给他的金银珠宝上交朝廷，还有自己名下的部分土地也一并上交。

朱见深感动了，他又想到刘永诚曾经的战功，想封他一个伯爵当当，却被文官们以没有成例为辞极力阻挠。无奈之下，朱见深只好封刘聚为宁晋伯。

刘聚封伯的第二年，刘永诚病逝。刘聚向皇帝提出两个要求：一是希望皇帝能给刘永诚封一个谥号；二是希望给刘永诚的祠堂赐匾额。第一个要求因为没有先例，又被文官们驳回了。朱见深答应了第二个请求，亲笔为刘永诚祠堂题写了"褒功"两个大字。

刘永诚死后100多年，也就是万历年间，北京的百姓们闲聊前朝故事时，还会神采奕奕地提到，当年刘马儿如何如何。

**景泰朝宦官不法两三事**

景泰帝朱祁钰在位七年时间，内外多事，加之景泰帝以藩王即位，在朝中根基较浅，这也决定了他对宦官的依赖和信任。延续历代先帝重用宦官的传统，朱祁钰给了宦官们很多权力，宦官全面渗入政治、军事、经济、司法、文化等领域。

伴随着权势的增强，有些内官也开始膨胀，不法行为渐渐增长。景泰朝不法宦官很多，有些宦官被朝廷依法处置，但是有一些被皇帝包庇，从而逍遥法外。

案例一：

景泰元年三月，直隶枣强县的知县张纯，因为犯错，被夺职为民。张纯自觉冤枉，于是花费了上百两银子贿赂长随李臣儿，求他代为平反。李臣儿一开始答应得很干脆，拍着胸脯说没有问题。

但是当他去委托奉御舒良时，却被拒了。李臣儿又去找长随高达，结果又遇到冷脸。

事情没有办成，却收了人家银两，把银子全部还给人家，李臣儿又不甘心，也不舍得。他斟酌一番后，将贿赂银的三分之二还给张纯。张纯带着这些银子，要出北安门时，被官军诘问，官军见他支支吾吾，更加怀疑，最后将他送到锦衣卫审问。

锦衣卫镇抚门达没有审问出所以然，最后将犯人交给都察院。都察院一审问，张纯交代了贿赂的详情。

景泰帝大怒，命司礼监追回李臣儿的赃银，并且杖责50下，把他降职为小火者。行贿人张纯被杖责100下，到辽东边境充军。这次宦官的受贿事件中，景泰帝的处罚不可谓不严厉。

案例二：

景泰二年四月，奉御善增被下锦衣卫诏狱。原来，善增因为受到皇帝宠信，得以参与操练军马之事。他依仗皇帝的信任，权势滔天，并且四处搜刮，房屋、奴仆、马匹等家财充盈，可以比拟王公贵族。

这正是小人得志便猖狂。得志之后的善增，放纵奴仆杀人，侵占民田，滥征商税。

不但如此，朝臣如果有得罪善增的，他立刻就辱骂对方，其为人极其猖狂。

当然，他的猖狂某种程度上也是朝臣们惯出来的。

善增过生日时，文武官员带着金银财宝为他贺寿。大家讨好他，目的也很简单，就是希望他能在皇帝面前为自己美言几句而已。

善增的猖狂最终导致自己的倒台。六科给事中、十三道监察御史这些言官们，再也忍无可忍，一起弹劾他。

善增所为不法的情况也传到朱祁钰耳朵里。这次，他既然激起了众怒，正好皇帝也觉得他渐渐跋扈，不受控制，也觉得他失去利用价值。于是，朱祁钰就答应群臣治罪他的请求，将其下狱，后来虽然被释放，但善增受到这次打击，再不敢肆虐，从此老老实实夹起"尾巴"做人。

案例三：

正统十三年，左监丞阮能镇守广东。从此，一直到景泰年间，阮能一直担任广东镇守内官。

阮能在广东期间，为人奸诈险恶，他还是缺了一块嘴唇的丑陋之人。他四处搜刮钱财，百姓多受其扰。如果哪个百姓家有好东西，他就故意找借口将哪家的人抓起来，然后勒索赎罪银子才放人。

阮能极其贪财，他曾经铸造了很多大个的银锭，用舌头边舔边说："这是我的儿子啊！"

广东人深受其害，当地有童谣曰："崩口阮，要人吭。"

阮能还听信了妖僧德存之言，在白云山建立寺庙。

景泰帝即位改元后，德存自称禅师出世，并且自己立了寺额，德存在赛会时，又立"天龙八部"统领村民，打算谋逆，人人不敢言。阮能回京之后，德存也被擒拿。

阮能还因为广东当地驻扎的少数民族武官不肯贿赂自己，就在兵部尚书陈汝言面前说他们坏话，建议将他们都调走。这些武官喧哗，不肯调任，差点酿成兵变。

可见，阮能在广东的所作所为，已经影响到地方安定。

天顺三年十一月，阮能被罢职调回，以阮随继任。

当然，阮能在广东也不是一无是处，他监控不能尽职的地方官员，及时向朝廷举报弹劾他们的过错，从这个层面来说，他也发挥了对地方官员的监督作用。

案例四：

景泰元年，大同右参将许贵，告了大同镇守右少监韦力转一状。原来韦力转看中了一个军兵的妻子，他欲与军人之妻发生奸情，却被军人阻拦。他恼羞成怒，借故杖死了军人。

韦力转跟养子之妻私通，事情败露，他又射死了养子。

皇帝接到诉状，命巡按御史调查，后来却不了了之。

就这么一个人，居然还弹劾左副都御史年富，说他侵夺官银，与淫妇私通，另外还有受贿等不法之事。这时候因为年富跟他矛盾甚深，以致韦力转对他横加诬蔑。

年富也不是"软柿子"，他也弹劾韦力转虐待官军士兵，因为和内使阮和不睦，故意指使石彪以边务为辞，调其到威远守卫。年富奏请皇帝调回韦力转。朱祁钰却令韦力转继续镇守，以后再犯不饶。

韦力转在景泰朝为非作歹，并且受到朱祁钰的庇护。但是到了英宗天顺朝，他的好日子到头了。

天顺元年五月，工部右侍郎霍瑄弹劾韦力转曾经私自杖责了自己十几下，又说他宴席之上，命妓女表演为戏乐，而且僭用金器如王爷一样，另外强夺部下的女子为妾。英宗大怒，命人将他逮捕法办。

韦力转在锦衣卫诏狱里面吃了一些苦头之后，又被英宗释放。虽然重获自由，韦力转的权势却荡然无存，从此销声匿迹，再没有在政治舞台上出现过。

景泰朝宦官故事基本讲完，让我们回头再看看朱祁镇、朱祁钰兄弟之争的最后结局吧！

### 夺门之变与大宦官的发迹

景泰八年正月十七清晨，整个大明帝国如同做了一场梦。这个梦来得太突然，几乎所有人都不敢相信自己的眼睛：软禁在南宫七年之久的太上皇突然复位了。

当响亮的上朝钟声敲响之际，所有人才反应过来，这不是一场梦，而是现实。

景泰八年正月，随着正值壮年的朱祁钰病倒，一切的结局都已经注定了。正月十二，景泰帝强撑病体来到京城南郊，准备主持第二天的祭天仪式。只是他当夜病情加重，实在无法主持，只好让石亨代为行礼。

皇帝病重的消息很快传遍朝堂上下，大臣们见皇帝病势沉重，合奏一本，要求皇帝再次立储。

朱祁钰想想虽然自己的独子朱见济命薄，在被立为太子没有多久就夭折了。但是自己年轻力壮，虽这次病势沉重，但宫中御医医术高超，定能痊愈。自己来日还可以诞育更多子嗣，岂能将大位轻易传给他人。

应该说，朱祁钰虽然自私，却不狠毒，如果他想杀死皇兄朱祁镇，总有各种理由。他还在顾念手足之情，不想斩尽杀绝。若是从断绝后患的角度来说，朱祁钰确实没有狠下心来。

不过话说回来，即使朱祁钰不肯同意重新立沂王朱见深为太子，但是他病体沉重，时日无多。等景泰帝一驾崩，大臣们还是会上奏孙太后，重新立朱见深为太子。这样，大明权力更替也会实现和平过渡，不会经历一场动荡。

只可惜，历史没有如果。

就在景泰帝一病不起的时候，几人聚集在一起，密谋实施政变，一举推翻朱祁钰，重新拥立太上皇朱祁镇登基。

主谋有三人：左都御史徐有贞、武清侯石亨、司设监太监曹吉祥。

他们深知如果等朱祁钰咽气，朱见深登基，自然不会有什么功劳。若是趁着朱祁钰还没有死，突然发动政变，拥立朱祁镇复辟，这可是拥戴之功啊！后半辈子将有享不尽的荣华富贵了。

武清侯石亨手握兵权，曹吉祥在内廷权势显赫，徐有贞多谋略，三人可谓是强强联手。

曹吉祥负责控制内廷局面，他安排好手下将夺门消息封锁，防止景泰帝有所察觉。

政变进行得十分顺利，正月十七凌晨，他们带兵攻入南宫，将太上皇迎立出来。

然后一行人进入紫禁城奉天门，拥立朱祁镇重新坐上阔别八年之久的皇帝宝座。史称这次政变为夺门之变，又称南宫之变。

复辟之后的朱祁镇，首先要清算景泰帝心腹之人。内阁大学士王文、兵部尚书于谦、司礼监太监王勤、王诚、张永、舒良被当廷擒拿。

石亨等人力主严惩于谦等人，以迎立外藩为辞，定了王文、于谦等一下人等谋逆之罪。最终王文、于谦、王勤、王诚、张永、舒良被押赴西市斩首示众。

可惜，千古忠臣于谦死于夺门之变，这也是英宗一生中做的最大错事之一。

杀了景泰帝的内外股肱之臣后，英宗还不罢休，他又想起陷害过自己的一些小人，顿时怒从心头起。

英宗在南宫时生了病，需要吃药，于是找到掌管御药房的司礼监太监廖官保要些药物服用，却被势利眼的廖官保一口拒绝了。当时的太上皇是落架的凤凰不如鸡，只能忍气吞声。

还有一次，英宗朱祁镇实在对皇弟朱祁钰气不过，随口骂了几句皇弟的不是。结果隔墙有耳，少监许源去朱祁钰那里告了一状，只可惜朱祁钰不是那狠心的人，并没有对皇兄起杀心，从而错过一次斩草除根的机会。

英宗朱祁镇复辟之后，将他们新账旧账一起算，押赴西市，凌迟三日处死，狠狠出了胸中一口恶气。

被杀的太监除了五位司礼监太监外，还有一名御马监太监，名叫郝义的。

他的罪名是曾经打算诛杀石亨、曹钦等复辟之功臣，因此被斩首处死。

当然有没有这回事，就值得深究了，因为大家清楚地看到郝义和曹吉祥以及他的侄子曹钦矛盾极深，这是一次公报私仇，也未可知。

仇人杀得差不多了，不，还有一个人，他是自己的兄弟，更是自己的仇人。想到这里，朱祁镇朝着寝宫方向看了一眼。

话说躺在病榻之上的景泰帝，听到奉天门方向传来的钟鼓声，他心知不妙，朝中一定是发生了大变故。他脱口问了一句话，这句话让旁边人震惊，当然也让所有人震惊："是于谦吗？"

难道，这就是那个对于谦无限信任的景泰皇帝，于谦生病了，他可以亲手为他采集竹沥做药引子。

在政变之时，景泰帝第一个怀疑的人竟然就是于谦。帝王心术，深不可测。为于谦发一声叹，为景泰帝更是无限叹息。

当旁边的人告诉他是太上皇时，朱祁钰反而释然了，连说了三声好。是的，他太累了，防皇兄防了七年，最后一刻，大意失荆州。终于一切归零，朱祁钰心里五味杂陈，也许一瞬间，他心里后悔没有痛下狠心，杀掉自己的皇兄。

政变的消息对朱祁钰打击沉重，对他的病情来说也是雪上加霜。虽然之后他暂时有过好转，但是终究因病入膏肓，最终在政变将近一个月后，凄凉离世。

嘉靖年间的陆钶在《病逸漫记》中提到景泰帝之死的一个内幕：景泰帝是被宦官蒋安用帛勒死的。

只可惜，这是孤证，除了这本书，没有其他任何史料有过这种记载。且不说蒋安此人，各种明代史籍中无记载。就说如果真是这样，当时秘事，案发现场难道还有第三双眼？更奇怪的是，近百年后的陆钎又是从何得知？

总之，景泰帝到底是自然病逝还是被人谋害，这成了千古之谜，留给后人无限遐想的空间。

### 曹吉祥谋反之谜

可以说，司设监太监曹吉祥的权势，几乎是靠军功一刀一枪换来的。

曹吉祥，小名吉祥，滦州人，入宫后曾在王振门下当差。

正统元年十一月，曹吉祥带兵抵抗入侵庄浪的蒙古兵，因为作战勇敢，受到朝廷嘉奖，称赞他忠勇可嘉。

正统四年，曹吉祥升任为司设监右监丞。当时，朝廷调动大军征伐麓川，派出太监吴诚和右监丞曹吉祥一起监军。正统六年，曹吉祥镇守云南，之后的朝廷征伐麓川，曹吉祥再次参与，并立下战功。

正统七年正月，麓川平定，曹吉祥奉诏回到北京。正统九年正月，曹吉祥与成国公朱勇、太监刘永诚分道出兵，一起征伐兀良哈。

曹吉祥在朝中地位不断攀升。正统十一年初，英宗封赏五大有功太监，王振、钱安、高让、曹吉祥、蔡忠。曹吉祥名列第四，这也说明他在朝中的地位。

正统十三年，宁阳侯陈懋等人出兵福建征讨邓茂七。在平定这次民变过程中，曹吉祥和太监王瑾一起负责提督火器。

景泰三年，曹吉祥和刘永诚作为内官代表，一起负责总督京营军务。应该说，景泰帝对他十分信任。只可惜，曹吉祥一心为了更多的功利，参与了夺门之变。足可见，这是一个背信弃义的小人。

夺门之变后，成功复辟的朱祁镇封赏夺门功臣。曹吉祥官职已经是太监，在宦官里面职位已经做到顶了，无法再升。但是，为了表示对他迎立之功的肯定，朱祁镇将曹吉祥的过继之子曹钦升为正一品的左都督，后又封为昭武伯，两个侄子曹铉和曹铎都升一品武官。

可以说，一夜之间，曹家子弟鸡犬升天。曹钦被封伯，是明朝宦官亲属第一次被封伯爵这样的高位。

夺门之变的另一个功臣徐有贞被封为武功伯，兼任华盖殿大学士，以兵部尚书职衔入内阁。

石亨则是夺门首功，被晋升为忠国公。曹吉祥和石亨二人人品类似，走得也近。他们的贪心也很相像。

二人接受了很多人的贿赂，这些人希望他们能在皇帝面前为自己美言，混入夺门功臣的队列，从而分一杯羹。

拿了别人的钱，就要办事。这点规则，曹吉祥和石亨还是明白的。他们经常去英宗面前替别人要官做。

一次、两次还行，来的次数多了，频繁了，英宗朱祁镇也渐渐不耐烦了。石亨属下冒夺门之功的多达4000多人，曹吉祥门下冒功的也多达千人之多。二人还不甘心，贪心是无止境的，他们的所作所为已经让英宗朱祁镇极为不满了。大明朝堂，岂能是尔等卖官之所？！

曹、石二人跟徐有贞之间，也产生了巨大矛盾。说到底，还是权力争夺惹的祸。

徐有贞其人，虽然是投机分子，但自恃有才，胸中常怀一腔抱负，既然入内阁，就欲有所作为。

以前内廷旨意批复之事，都由内阁大臣职掌，后来权力渐渐落入宦官手中。徐有贞职掌内阁大权后，主张恢复内阁之权，并将记录内阁原始公文档案的丝纶簿要回内阁保存。

这样一来，就造成他与曹吉祥为代表的宦官之间权力之争。加上这个时候，英宗已经开始厌恶石亨和曹吉祥，徐有贞洞察时事，顺应英宗之意，对石亨、曹吉祥等人所行之事屡次加以控制打压。

曹、石二人依仗功劳，欺压良善，强夺民田，大肆收受贿赂，闹得乌烟瘴气。对于这些不法之事，英宗朱祁镇看在眼里，记在心上，只是他们有夺门大功，一时隐忍，不便追究而已。

天顺元年五月，御史杨瑄弹劾曹、石二人强夺民田的罪行。英宗朱祁镇在内阁徐有贞和李贤的支持下，命御史巡查曹、石非法占田之事，并重重奖赏了杨瑄。

御史张鹏受到同僚鼓舞，联合一帮言官合奏石亨违法之事，要求将其绳之以法。只可惜人心叵测，在一帮言官之中，竟然有一人是石亨党羽，他就是都给事中王铉。王铉将张鹏等人议论之事，一举全部密报给石亨。石亨见势不妙，连忙联合曹吉祥一起找到英宗，跪倒就哭，两个大男人一把鼻涕一把泪，哭诉说张鹏是之前被诛杀的司礼监太监张永的侄子，张鹏向皇帝诬告，就是为了剪除皇帝羽翼，从而为张永报仇。

二人倒也没有说错，张鹏确实是张永的侄子，只不过上告他们的本意被曹、石二人歪解了。明明是忠心为国除害，却变成了徇私报复。

英宗本来也很忌惮景泰遗党反扑，被他们这么一说，心中惊讶，立刻将张鹏和杨瑄下狱，并将十三道御史好一番训斥。

曹吉祥和石亨还不罢休，又说张鹏等人的背后指使人就是徐有贞和李贤。于是，徐、李二人也平白无故被逮捕入狱。

其实，在曹吉祥的暗算之下，徐有贞早就失去了英宗的信任。徐有贞曾经很受英宗信任，他们经常在一起密谈。

曹吉祥看在眼里，急在心头。按照这个趋势发展下去，徐有贞早晚要在皇帝支持下，将他置于死地。要想在这个险恶的权力场生存下去，就要先下手为强。

打定主意后，曹吉祥安排了小宦官暗中偷听英宗和徐有贞的对话，然后将谈话内容原封不动地转告他。

曹吉祥又在跟英宗谈话过程中，有意无意地将之前英宗与徐有贞的密谈内容说了出来。

英宗十分惊讶，他当时只跟徐有贞密谈，他人如何得知？朱祁镇遂认定，一定是徐有贞泄露了自己跟他的谈话内容。

心里有了一个初步判断后，英宗就问曹古祥事情原委。曹吉祥添油加醋，说这些都是徐有贞讲给他听的。

更糟糕的是，曹吉祥还加了一句，这些话呢，不仅是奴婢，就是外臣们也无人不知了。

英宗心中恼怒极了，心想这个徐有贞太不忠诚，自己跟他密谈的内容，多次嘱托他不要泄露。哪知道，他竟然弄得世人皆知。

从此后，英宗对徐有贞开始不再信任。

正好，这一次张鹏事件，朱祁镇也疑心徐有贞不忠，将他下狱究问。

如果按照这样发展下去，这就是一场牵涉极广的大狱，朝中文官势力将遭受巨大打击。

关键时刻，一场天变改变了结果。一班文臣被下狱的这天夜里，突然狂风大作，巨树都被吹倒。天意示警，天意示警！英宗觉得这是上天发怒了，他又仔细思索，觉得这些文官很大程度上是被冤枉了。

于是，英宗将文官们释放。徐有贞虽然重获自由，但是英宗对他已经失去信任，被降职为广东参政。

曹吉祥和石亨必欲置徐有贞于死地。他们又想出阴谋诡计，多亏徐有贞的门客马士权抵死不承认，才换得徐有贞最终保住首级。

徐有贞虽然没死，但是却彻底失去了权力，在这场争斗中，曹吉祥和石亨是胜利者。

内阁还是要有人来办公的。英宗很快就物色到一个新人选：岳正。如同他的名字一样，岳正一身正气，而且年富力强。英宗对他很满意，但是，接下来的事情证明，英宗的眼光错了。

岳正其人，人品没话说，口才也好，只是办事能力确实让人不敢恭维。

岳正在英宗面前打下保票，说一定可以用离间计除掉曹、石二人。

岳正先去找曹吉祥，开口就问他："忠国公经常派杜清来你府上，是为什么？"杜清是石亨手下武将，经常往来曹、石两家之间。

岳正又进一步提出，杜清是石亨派来窥测曹家情形的卧底。如今，最好的避难之法，就是曹吉祥让出权力，以保全自己。

岳正自以为自己的说辞很成功，他又满怀信心地来到石亨家里，传话说皇帝让他做事老实些，不要飞扬跋扈。

岳正只不过是一介书生，自以为这样一番言语就能轻易离间曹、石二人。

曹、石二人早就悟透了岳正的用意，曹吉祥冲到宫中，见到英宗，伏地求死，言语之间暗指岳正到曹府说的那些话是英宗指使的。

英宗等曹吉祥走后，找到岳正，好一番训斥。本来以为他有多大能耐，这下打草惊蛇，破坏了英宗的计划。因此，岳正也被英宗赶出内阁。

曹、石二人步步得胜，于是更加骄横起来。有人匿名举报曹吉祥，曹吉祥竟然请英宗出榜悬赏，捉拿举报之人。

英宗对曹、石二人厌恶至极，他在文官中寻找一个可以收拾二人的得力助手。终于，他找到李贤。李贤曾经对英宗说："夺门之功怎能夸示后人。本来大位就是陛下的，夺字就说明了此事之非。曹石等人以皇帝为赌注，幸亏侥幸成功。若不成功，曹、石死不足惜，恐怕陛下也不知将陷入何等险境！"英宗听了这番深入的分析后，连连赞同。他下旨以后朝廷公文不准用"夺门"字样，并且革除4000多名冒功者。同时，他开始远离曹、石二人。

为了对付曹、石二人，英宗觉得仅仅靠文官还不够，他培养锦衣卫势力，锦衣卫指挥使门达和百户逯杲成为他的得力助手。

逯杲盯住石亨的一举一动，他亲自带人抓捕了石亨的侄子石彪，石彪被人告发企图夺权。之后，逯杲又奏石亨心怀不轨，英宗将石亨下狱，最终，石亨不明不白死在狱中。

要说跋扈不法，石亨确有其事，但是说谋反，则是无中生有了。只不过，英宗觉得他所作所为，已经严重影响到朝廷稳定，需要拿他杀一儆百而已。

石亨已死，曹吉祥孤军奋战。天顺五年的一场兵变，朝廷将曹吉祥定为谋反主谋，那事实究竟如何呢？

在石亨、石彪叔侄败落后，曹吉祥深有兔死狐悲之感。而朝廷言官和锦衣卫又紧紧盯住曹氏一门的一举一动，只等他们主动犯错。

尽管曹吉祥本人小心翼翼，无奈他的嗣子曹钦不知收敛，又为曹吉祥惹下祸端。

天顺五年七月，曹钦私自拷掠曹福来，被言官弹劾，锦衣卫暗中派人刺探曹钦动向。英宗朱祁镇此时也降下敕谕，告诫群臣谨守法度，奉公守法。曹钦一听到此消息，心头一震：当初石亨一党被皇帝清理之前，皇帝也是预先降下敕谕，曹钦感觉情况不妙，遂决定谋反。

在动手之前，曹钦还有些担心，他咨询门客冯益："自古以来，有没有宦官子弟做天子的呢？”冯益顺口回答：“魏武帝曹操就是啊，他还是您家同宗。”

曹钦遂坚定了造反决心，立志以曹操为榜样，也博个天子当当。

曹吉祥在造反之前，让他的死党、掌管钦天监的太常寺少卿汤序择定良辰吉日起事。

汤序选定的是七月初二这天拂晓，曹钦带兵杀入皇城，然后曹吉祥在内接应。

曹钦将众达官召集在一起饮酒，并且厚厚赏赐这些亲信。但是亲信中也有靠不住的，指挥使马亮等人唯恐事情败露，为了提前撇清自己的关系，他们决定立功赎罪。几个人偷偷溜出曹钦家，去找恭顺侯吴瑾和广义伯吴琮告变。

吴瑾和吴琮听了消息之后，大吃一惊，连忙报给孙镗。说来也巧，大明西陲甘凉地区告警，孙镗奉了朝廷命令，正打算挂印西征，定的出发日是第二天。当日，孙镗正在朝房安歇。

接到汇报之后，孙镗也惊讶不已，他们草草写就了一封奏疏，塞入长安西门的门缝里。

接到密报的朱祁镇大惊，立即下旨捉拿了宫内的曹吉祥，然后命令九门紧闭，平定叛乱。

曹钦得知马亮等人溜走的消息，知道大事不妙。他带人先杀到逯杲家中，杀了仇人。然后又赶到朝房，杀了左都御史寇深。

当时正在东朝房的李贤也被乱兵砍伤。乱兵正要补上致命一刀时，被曹钦制止，他提着逯杲的脑袋给李贤看，说：“今天我所作所为，都是此人逼的。”曹钦请李贤替他起草一封奏疏，向皇帝解释他为什么起事。

曹钦又带着人攻打皇城，东、西长安门攻打不下，他下令放火焚烧。皇城内守卫军士拼死抵抗，叛军无法攻入。孙镗和太平侯张瑾一同攻击叛军，孙镗两个儿子带着征西的军队，来攻打叛军。

一番激战之后，叛军大败。曹钦带着残兵又打算攻打东安门，半路遇到恭顺侯吴瑾，众人上前追杀，将吴瑾乱刀砍死。

曹钦命部下纵火焚烧东安门，正好遇到孙镗之子孙轵，混战之中，孙轵一刀砍中了曹钦的臂膀。曹钦打算从城门突围，可是各门紧闭，无处逃脱。

万般无奈的曹钦又回到自己家中，做垂死挣扎。孙镗带兵将其府邸团团围住，并让部下猛攻。终于，孙镗大军杀入曹府，曹钦被迫投井自杀，他的兄弟、都督曹铎、指挥曹铉和堂兄、都督曹濬都被朝廷军队诛杀。

三天之后，曹吉祥被押赴西市，凌迟处死。其党羽汤序、冯益等人都被诛杀。

这就是《明英宗实录》并综合明人私家笔记，记载的整个曹吉祥和曹钦谋反的过程。

可是，仔细考证，我们又发现曹吉祥谋反说疑点不少。首先，曹吉祥叔侄谋反的动机有问题，而且整个叛乱过程显得非常仓促、凌乱，完全不像是一场精心策划的叛乱。

事变的当事人李贤在《天顺日录》中提到曹吉祥谋反的动机，是因为一开始英宗顾及曹吉祥是夺门功臣，每每顺从他的意志，到后来，不堪忍受，稍示裁抑，曹吉祥因为不满，才命曹钦发动叛乱。

曹吉祥叔侄如果想造反，必然冲着帝位去的，如果说，仅因为对皇帝不满而造反，此动机似乎不足。当然，私家史乘为了突出曹钦谋反的动机，记载了一个关于"魏武帝之对"的故事。此故事滥觞于成化时王锜的《寓圃杂记》，故事说曹钦死后，只有曹钦之妻贺氏极力为丈夫辩白，冯益与贺氏对证，为了撇清自己，故意对贺氏大加诋毁、辱骂。贺氏实在承受不住侮辱，回应道："冯先生不必多言了。昔日你与曹钦在中堂高坐，曹钦问：'古来有宦官子弟当天子的吗？'冯先生回答：'曹操就是曹节的后人，终成大事。'曹钦大喜，命人上酒。"

祝允明在《野记》中也描述过这段故事：曹钦败后，其家人被捕，朝廷审讯逼问他们同谋者有谁，最终不能得到结果。曹家人被诛杀，只有一个小妾贺氏被关押。贺氏在与冯益对质时，提到曹钦曾经问宦官家人有没有做天子的，冯益回答曹操是曹节家人，竟成就帝业。冯益听了以后无言以对，最后被斩首于市曹。

两个故事大同小异，都是为了说明曹钦有称帝之意。但是私家笔记记载的故事讲述人贺氏的身份大有问题，若有如此关键之人证，能证明曹钦早有谋反野心，为何作为最原始文献的实录和《天顺日录》不载？另外明朝理学大盛，家中宴请客人，贺氏何能抛头露面，听到丈夫和冯益之间对话。要知道真要有这种大逆不道的对话，曹钦再愚蠢，岂不知道避开他人，与冯益秘言此事。而不是无所顾忌，在酒席之间当着他人之面，公开议论此事。

总之，曹钦和冯益"魏武帝之对"故事是后人添加，目的是坐实曹钦谋反之罪。

按照史书记载的曹钦叛乱的过程来说，也是疑点众多。曹吉祥既然准备在宫中与曹钦里应外合，何以英宗下旨抓捕他，他没有做任何反抗就束手就擒？按照实录的说法，禁军中有大量曹吉祥的党羽，若曹吉祥真的依靠他们有造反之意，他们能坐视主谋被擒，毫不反抗？事后审判曹吉祥的情况，更是表明了宫中被抓的只有曹吉祥一个人，若是有同党，朝廷岂能放过？若是没有同党，就凭曹吉祥一人，就能在宫中里应外合？

另外谋反的整个过程杂乱无章，根本不像是精心策划的叛乱。按照造反的一般逻辑，都是擒贼擒王，若是曹钦真的要当皇帝，应该首先攻打皇宫，杀死英宗。但是曹钦第一时间杀到逯杲家中，这已经是在知道马亮等人告密的情况下，如果真的要叛乱，为何要在这么宝贵的时间内，先去杀一个跟夺权无关紧要的人？而且很奇怪的是，曹钦在朝房又为何不杀李贤，而是逼迫他上疏为自己辩白，既然已经造反，还能期待明英宗仅仅凭借臣子的一封奏疏，来大发善心，原谅自己？曹钦当不至于天真到如此地步。

《明英宗实录》《天顺日录》等原始文献记载曹钦兵变的过程，都是曹钦先杀死逯杲、寇深，然后逼迫李贤上疏为自己辩白，最后才放火烧宫门。上文我们已经分析过，这样一个事件的先后顺序，并不符合叛乱的逻辑。也许后世文人们发现了这个原始记录的问题，由此在他们的笔下，事件的整个过程又有所变化。

彭时在他的笔记中记载：曹钦先是攻打城门，然后杀死逯杲和寇深，在举火攻打皇城门，最后捉拿李贤。而黄瑜《双槐岁钞》记载的兵变过程又有所不同：曹钦举兵犯宫阙，杀逯杲和寇深，然后焚烧东、西长安门。

明明最原始的文献中已经有了曹钦兵变的先后顺序，为何后世文人还要在自己的笔记中改变兵变的先后顺序，将先攻打城门提前到整个事件的首位，这样的记载可以让曹钦兵变更符合一般叛乱的逻辑，让整个事件看起来"更像"是叛乱。

其次，李贤在兵变被平定后，立即向英宗上疏请求宽恕曹钦的胁迫从党。历代帝王对蓄意造反者都是要杀之而后快，具体到明朝，《大明律》有制，只要谋反，不分主犯和胁从，都是要全部处死的。李贤明知如此，还要上疏为被曹钦胁从之人求情，这只能说明曹钦谋反之事，李贤是不相信的。他的这个建议也被英宗采纳，命人将都城和保定等处被曹钦胁从的少数民族达官，不要惊疑，将他们赦免。

英宗对曹钦余党的处理，也让人疑惑不解。英宗对曹钦胁从的余党处理可以以宽仁视之，但是他对重要从犯的处理，又恰恰说明了不为人知的事件真相。天顺五年七月，事变之后，曹吉祥、曹钦父子的心腹武官赵旺和侯通被朝廷勒令致仕。另外作为曹钦余党的都督同知也先帖木儿，逃亡到通州百姓的瓜田中，因为饥渴难耐，偷吃了百姓的瓜，而被百姓发现并扭送官府。法司判处其凌迟之刑，英宗只是命锦衣卫将他囚禁起来而已。

当然被宽恕的同党不止他们三人，锦衣卫曾经抓获了曹吉祥管家还有同居的内使张鉴等 53 人，奏请治罪，英宗却以他们不知情，最后宽恕了他们。试想，张鉴等人都未经审讯，英宗何以笃定他们不知情？这就说明了英宗心知肚明，曹吉祥根本没有策划谋反之事，无此事，作为曹吉祥亲近的 53 人，才能不知情。否则按照《大明律》规定：凡是与谋反者同居的人，不管是不是同姓或者是不是伯叔父兄弟的儿子，只要是 16 岁以上，不管你是不是伤病或者残疾人，都要处斩的。

所以如果真的是曹吉祥谋反，不管张鉴等 53 人知不知情，他们都是难逃一死的。更让人惊讶的是，曹吉祥和曹钦这两个谋反主谋的 63 名直系家属，也仅仅是被收监关押，最后都被分配给公、侯、伯家为奴仆。若是蓄意谋反，他们早就被斩杀西市了。

再次，兵变的人数也让人起疑。最原始的文献实录和《天顺日录》中都没有记载具体的兵变人数。嘉靖朝文人高岱在《鸿猷录》中提到兵变的不过是几十个人，邓元锡在他的《皇明书》中将人数提高到 500 人。若是蓄意谋反，曹钦岂能带领这点人马就指望能攻下皇宫，杀死皇帝并夺权？

最后，曹吉祥在石亨死后，权势的下降也是值得注意的问题。在天顺四年，曹吉祥的政治盟友石亨下狱死后，曹吉祥的权势也一路减小。曹吉祥在天顺四年之后，已经被朝廷闲置，兵变时，他的实际官位不过是司设监太监，这是一个负责宫中杂役的冷门衙门，跟权势赫赫的司礼监和御马监都无法相比。这个事实对"曹吉祥谋反说"是不利的，所以万历朝的尹守衡在《皇明史窃》中提到曹吉祥兵变时为司设监太监，并且掌管司礼监。万斯同《明史稿》中直接将曹吉祥的官职改为司礼监太监。为了让谋反说更可信，后世的文人们苦心将曹吉祥的权力大大提升，不惜篡改事实，将其提升到司礼监太监的位子上。

试想，如果曹吉祥要造反，必然要位高权重，才能控制更多的资源为自己所用。若不是如此，他虽然被朝廷闲置，但是不至于有性命之虞，何必抛却身家性命不要，指使曹钦行谋反之事？

从上面的分析来看，曹吉祥和曹钦谋反说是大有问题的。事实的真相很可能是这样：曹吉祥受到英宗打压，权势下降，曹钦也被锦衣卫重点盯防。曹钦办事不谨，留下了把柄，被言官弹劾。英宗打算治罪他，他被迫发动兵变，杀死一直对自己步步紧逼的锦衣卫逯杲和文官寇深，然后胁迫为皇帝所信任的李贤，为自己上疏辩白，请求皇帝明白自己的心迹，自己所为都是逯杲所迫，并没有谋反之心。而孙镗等人将他的兵变上升到谋反的高度，于是带兵攻打他，他为了保命，与之对战。激战之中，曹钦也丧失了理智，最终攻打皇城门，打算来一个鱼死网破。

整个曹钦兵变事件，就是被锦衣卫逼迫所激的临时行为，并不能定性为蓄意谋反。曹钦有称帝之意更是无稽之谈了。

此事件，通过上文的分析，我们看到曹吉祥没有参与，也没有主观指使谋反之事。英宗之所以要诛杀他，也是为了彻底消除曹家权势，去除夺门印象，借助曹钦兵变事件，为自己彻底扫清障碍。再说，曹吉祥之前的所作所为，实在得罪了太多文官，他们也不可能放过曹吉祥。

而文官们苦心将事件添油加醋，加以改编，也是为了将一场偶发的兵变上升到蓄意谋反的层面。从而告诫皇帝，宦官专权的危害性，足以导致社稷倾覆的程度。曹钦、曹吉祥谋反说，也被清修《明史》记载下来，作为前朝宦官专横的一项罪名传之后世。

一场偶发的兵变导致了曹吉祥落入万劫不复的地步，那天顺朝其他宦官还有什么故事？

### 从朝堂到地方：天顺朝宦官众生相

经历八年囚徒生活的朱祁镇，做梦也没有想到，能重新复辟为帝。可以说，朱祁镇的一生政治大事离不开宦官，他一生打错过一场仗，也就是土木堡之变，王振成为他的替罪羊。他一生杀错过一个人，那就是于谦，曹吉祥曾经在旁边怂恿。当然，他重新复辟，更离不开曹吉祥的大力襄助。

文官们不理解的是，吃过王振大亏的朱祁镇为何在复辟之后的天顺朝，依然信用宦官？他们不明白，在皇帝眼中，宦官就是比文武官员忠诚。从朝堂到地方，天顺朝政治离不开宦官的身影。

这些宦官或奉公守法，或飞扬跋扈，或在地方功绩卓著，或所为不法，最终落得悲惨下场。

先看明英宗朱祁镇如何对待不法宦官。

天顺四年三月，长随潘记家奴盗取主人家的银子，前去赌博，被内使朱太发现，打算告诉主人潘记。家奴害怕主人治罪，于是自杀身亡。而朱太又担心获罪，于是将家奴尸体丢弃到水中，说是家奴取水时不小心淹死的。潘记将朱太的这番说辞上报皇帝。英宗命司礼监抓获朱太审讯，朱太依然不肯说实话，英宗大怒，下令将其处斩。

七月，镇守珠池的内使谭记诬陷广东廉州知府李逊纵部民盗窃珍珠，李逊于是被下锦衣卫诏狱审讯。面对诬告，李逊也不甘心获罪，他又向皇帝告发谭记杖死无罪之人以及强取百姓家财物等罪状，英宗将谭记下狱。有了朱太的教训，谭记一五一十承认了自己的罪行，英宗将他下狱囚禁，命将李逊复职。

九月，负责守备西直门的右监丞王臻放纵守门指挥夜晚携带妇女在城头饮酒。事情被上奏皇帝，法司请以常律论处，奏请输赎还职。英宗特意下令锦衣卫将王臻和一班玩忽职守的武将，在正阳等九门各枷号一个月。

天顺五年十一月，内官贾信、侯采同谋暗中占用御马监的工匠，英宗命将二人执送锦衣卫审问。

天顺六年正月，内官周光奉命出使襄王处，沿途作威作福，殴打地方官员，索取财物，并且以所得宝马两匹献给襄王。事发后，周光被下锦衣卫大狱审问定罪。

六月，御马监勇士指挥佥事张宣跟随太监帖木儿干前往南京办事，归途中经过凤阳夹沟驿，驿丞程端为了谄媚帖木儿干，以金帛向张宣行贿。程端后去京城，张宣让程端以良马馈赠帖木儿干，并许诺给他升官。张宣贪心不足，屡次向程端索要金帛，程端不给，张宣就多次凌辱他。

程端因此发狂，突入御马监，说张宣要造反。他脱衣上树，大叫着又跑到西上门。守门者将其捉拿，与张宣一起下锦衣卫大狱。英宗命锦衣卫都指挥门达审讯。程端将门达的罪过说了一个遍，然后说是祖宗让他说的。英宗命令将受贿的张宣戴枷警示，张宣竟然死于大枷。

天顺二年冬，鹰坊司的宦官奏乞皇帝外出采猎，英宗不许。后来，宦官又来复请，英宗说："你们这些人想出猎，但是不许扰乱州县。朕遣人访查。"宦官以为皇帝既然许诺他们出去，就未必会派人追访他们。宦官到了州县，捕获不到禽兽，地方官员慑于他们的威严，于是向百姓征聚，得到鹿、獐、兔等，宦官以这些都是猎物上报。英宗果然命人密访，得知宦官的欺诈之情，命人将其杖责罢黜。

几个案件的处理，还是能看出来，英宗对违法宦官总体还是较为严厉的。

除了这些不法宦官外，从中央到地方，很多宦官还是体现出满满的正能量。

天顺年间，郑忠奉命镇守贵州。当时贵州境内少数民族叛服不定，郑忠协同总兵官李贵竭力进行镇抚，不久贵州安宁。郑忠多智力、有作为，一切所为以便民为务，他曾经修建贵州境内桥梁、道路并建壶漏以便于明使节，建庙宇祈福百姓，奏请增设乡试举人名额，因为他在贵州功绩卓著，当地人为他建生祠以示感激之情。

正统十四年，柏玉因功被升迁为太监。朝廷命其为宣府镇守太监。柏玉在宣府曾经有事请托侍郎刘琏，刘琏秉公办事，没有听从柏玉的请求。大家都以为柏玉会有所报复。其后刘琏病死，柏玉十分难过，他逢人就说自己很怀念刘琏，以为好人难得。别人问他为什么，柏玉回答："我每当有事请求他，他从来没有答应过。然而我至今思念。侍郎秉公做事是正确的，我所请托之事是不对的啊！"柏玉在天顺三年五月病重，临终之前，他留下遗嘱，言语之间未曾涉及自己的私事，只是说："大同，是国家的后门，以后继承我职务的不管是谁，都不准败坏国家之事！"柏玉还真是不计私仇，以身许国的忠臣。

正统十四年，宦官怀忠奉命镇守山西，他在当地政绩斐然，名声大振。天顺三年冬，怀忠担任南京镇守太监。他在任期间，将内外事务打理得井井有条，训练军马，守护城池，南京文武官员都叹服他为事公正。

怀忠修缮了南京太学的孔子圣位，以示尊师重道之意。另外，他募资修缮了天妃宫，这是永乐初年郑和为祈祷天神护佑下西洋官兵，特意修建。怀忠秉性聪敏，忠诚不阿，并且学识卓越，忠心于皇帝，待人以宽恕，在当时享有极高的声誉。

怀忠病死之后，京师上下之人，听说此噩耗的没有不悲伤的。

崔保，是河间盐山人。永乐年间，幼年的崔保入宫为宦。之后，他历经升迁，天顺年间改任都知监，出镇居庸关。他在镇期间，喜欢交结儒生，教化子弟，府邸常常传出读书之声。崔保还经常资助贫困学子，他在居庸关出资修建社学，又建先圣孔子庙，极其严整。

崔保还大力发展慈善事业。他在永安城修建禅庵一所，生病者免费给予医药，贫困无力治丧者，给予棺木。他救济老幼病弱，所行善事不止一端。

崔保在地方所行善事甚多，当地人为其建生祠以示尊崇。

通过这些镇守太监所行善政，我们也可以看到镇守内官制度有其存在的必要性和合理性一面。

地方镇守内官正能量满满，中央也有令人称颂的宦官事迹。

覃包，广西人，他熟读各种书籍，能吟诗，性格刚正不阿。朱祁镇复辟、景泰帝病死之后，覃包负责管理朱祁钰的宫廷女眷。有一次，英宗朱祁镇打算进入寝宫检阅景泰帝留下的私产，覃包抵死不从。他考虑到皇上此举有可能会让景泰女眷惊惧，为了保全大体，所以极力反对。朱祁镇斥责他，他大喊着跳进池水中打算自溺，还说："奴终究不敢奉诏。"朱祁镇无奈，只好放弃此事。

成化年间，覃包做到司礼监太监。万贵妃曾经问他索要黄幄，覃包不给。万贵妃哭着跟皇帝告状，宪宗朱见深招来覃包斥责。覃包伏地说道："祖宗旧制，只有太后和中宫皇后才能使用黄幄。贵妃用这个，皇后怎么办？贵妃什么时候能满足呢？"宪宗大怒，没等他说完，就将他下诏狱，杖责了20下，将他调守南京。

英宗朱祁镇复辟之后，励精图治，勤政爱民，也做出不少功绩。他重情重义，太监蒋冕劝说他废掉钱皇后，因为她无子又瞎了一只眼睛，瘸了一条腿。英宗当即怒斥他是小人，说决不换皇后。他难以忘记，正是钱皇后在他被俘瓦剌的日子里，日夜为他哭泣祈祷，过度悲伤导致了残疾。他知道钱皇后对他情真意挚，在南宫最艰苦的日子里，也是钱皇后亲手纺织，陪伴他度过最难熬的岁月。

### 承受遗诏的大宦官牛玉

天顺八年正月十七，明英宗朱祁镇驾崩。一切毫无征兆，正月初二英宗病倒。病来如山倒，正月初五，英宗就下旨令皇太子朱见深代为视朝并处理政务。

病榻上的朱祁镇知道，告别的日子要来临了，尽管他那么的不舍。他将皇太子朱见深，太监牛玉、傅恭、裴当、黄顺等人召到病榻前，交代后事。

他紧握住儿子朱见深的手，让牛玉在旁边记录。气若游丝的朱祁镇拼尽全力说出最后的遗言："东宫即位，过百日后，成婚。皇后钱氏名位已定，太子当尽孝奉养。嫔妃殉葬之事，也当废除。"牛玉当时已经是司礼监掌印太监，作为宦官中权势最高的第一人，英宗朱祁镇对其信任有加，能承受遗诏，也是无比荣耀之事了。

英宗驾崩，他的传奇一生也结束了，另一个崭新的时代来临。

# 六、这真是一个宦官横行，混乱不堪的时代吗？
## ——成化朝宦官往事

成化朝留给后人的印象是，这是一个混乱不堪，宦官们横行霸道，皇帝宠信万贵妃，佞信佛道，世风日下的时代。政治上的混乱加上内忧外患，以至于有人将其作为明朝的中衰时代来讲述。

我们从宦官参政的角度来分析，这个时代并不是历史所记载的那么不堪，而是一个明朝稳步发展的时代。

英宗驾崩后，宪宗朱见深紧接着面临内外挑战。

首先，一场宫廷风波让朱见深初次磨炼，也是他政治手腕渐趋成熟老辣的第一步。

### 选后风波中落败的大宦官牛玉

首先，我们来讲一下牛玉的故事，他是天顺年间延至成化初期权势极大的太监。

先让我们看一份履历：

牛玉，字廷圭，号曰退思居士。他先祖居住龙门，1367年，其祖上迁徙到北方，占籍在涿州。

牛玉的父亲叫牛德川，母亲王氏。牛德川有三个儿子，长子牛贵，二子牛瑄，三子即为牛玉。牛玉幼年聪慧，动作举止老成，不喜欢嬉闹，乡间长者都认为这孩子不一般。

他十岁时，母亲病重，他到处迎医问药，不觉疲劳，而且夜晚焚香祷告，乞求上天能让自己代替母亲生病。不久母亲病情痊愈，当时大家都称颂牛玉是孝童。

永乐十一年，牛玉入宫，在司礼监供职。宣德二年，他被晋升为司礼监长随，主管内外奏章，并且跟随大学士杨溥读书。

这段在内书堂读书的经历，也为后来牛玉的飞黄腾达奠定了基础。获得充足的知识储备，加之办事得力，牛玉在宣德七年被升迁为奉御。

奉御牛玉一边在司礼监掌管奏章，一边充任东宫太子朱祁镇的伴读。

陪太子读书的这段经历，也加深了牛玉和太子之间的感情。

正统十四年英宗亲征瓦剌，临行之际，命牛玉提督宫廷事务，兼掌机务。

景泰帝即位之后，排除英宗亲信。牛玉作为英宗的亲信宦官，自然也被降职，由太监降为监丞，到东宫太子朱见深处侍奉。

天顺改元后，英宗复辟，牛玉也参与夺门之变，以拥立之功，成为司礼监掌印太监。天顺一朝的司礼监掌印太监自然是宦官中权势最大者，前面我们也提及，曹吉祥虽然受宠一时，但是论权位却不及牛玉。

曹钦兵变事件中，牛玉居中谋划，为朝廷平定兵变出了力。事后，英宗赏赐给他田地2000顷还有金币等财物。牛玉推辞，英宗不许。

可以说英宗朱祁镇后半生最重要的宦官，就是牛玉了。

不过，吃过大亏的朱祁镇对宦官也不是百分之百信任。有一次，朱祁镇当着所有司礼监太监的面，拿起一本奏疏，认真看了很久，突然指着一处，大声说："此处有洗改痕迹。"他质问诸位司礼监太监："六科怎么没有发现，也没有纠劾？"众位太监后背直冒冷气。

其实，朱祁镇正是通过纠察小错，显示自己的明察秋毫。牛玉自此办事更加小心谨慎。

英宗临终之际，牛玉作为承受遗诏的太监，在新旧两帝交替之际，将内外事务打理得井井有条，甚得宪宗朱见深赏识。

照此态势发展下去，牛玉将打破一朝天子一朝臣的旧例，在新朝也继续得宠。只不过，谁也没有料到，一场选后风波，却将权势正隆的牛玉打入谷底，从此再也没有翻身。

天顺六年五月，朱祁镇为了皇太子朱见深的婚事，就开始着手准备了。他派遣多名太监到各地海选民间良家女子，作为太子妃的备选人员。

在京城海选的负责人是太监牛玉和裴当，北直隶山东的负责人是太监颜义，而南京、河南的负责人则是太监夏时。

天顺六年夏，英宗亲自从全国各地海选来的12位女子当中挑选了三位女子，分别是王氏、吴氏和柏氏。作为成功的入围者，三位女子在宫中接受礼仪学习，不出意外，三位将分别是太子正妃和次妃的人选。

其实，真正能决定三人之中谁是太子正妃人选的人不是英宗，而是孙太后。她身边有一位近侍太监，就是夏时。王氏就是南京上元人，是夏时亲自海选来的。既然是夏时选来的，孙太后岂有不支持之理。这位夏时可是曾经在太上皇朱祁镇还朝时，被孙太后派出到宣府迎接圣驾的人。

孙太后既然做主让王氏做太子正妃，这事也就板上钉钉了，只可惜，三位女子都没来得及正式册立，孙太后就病逝了。立妃的事情也就延误了下来，直到英宗驾崩，这时还没有确定。朱祁镇挂念儿子的婚事，特意给牛玉留下遗言，让他百日之后，提醒朱见深完婚。

英宗死后，王氏本来内定的正妃人选地位发生了动摇。因为牛玉在背后散播谣言，说王氏是不祥之人，克死了太后和先皇。这样的人岂能成为新皇的皇后？

牛玉一口"铁齿铜牙"，说动了朱见深的母亲周贵妃和钱皇后，两位后宫掌门人一致同意，再次重选。

牛玉以再在全国各地选，时间上怕是来不及，不如在京城地区选。最后选来选去，还是之前的三位排名前三。只不过位次上有了变化：王氏由第一跌至第二，来自北京顺天府的吴氏却由第二升到第一。

最终，在两宫太后和牛玉的主持下，吴氏成为宪宗朱见深的皇后。

这场选后背后，其实暗藏着一场权力博弈，牛玉为了巩固自己的地位，力挺吴氏，通过作弊，推翻了原先的人选，这也为他日后的倒台埋下祸根。

吴氏出身武将之家，她性格耿直，脾气火爆，很快就在宫中惹出一场大祸。

朱见深的幼年和少年时代，身边一直有一位大他17岁的宫女姐姐在照顾他，这位宫女就是后来闻名遐迩的万贵妃。她全身心地看护朱见深，陪他度过了最艰苦的岁月，朱见深对她发自内心的爱恋。也许是一种恋母情结，不过谁也不能否认他们之间是真爱。

真爱着朱见深的万氏和新晋皇后吴氏之间发生了冲突。吴皇后不明就里，听到一些关于万氏的风言风语，于是就以迷惑皇帝的狐狸精视之。

吴皇后为了在宫中立威，也为了打压和警告一下万氏，就命人将其招来。不分青红皂白，吴皇后先是对万氏一顿臭骂，万氏受不住侮辱，随口顶了几句，吴皇后暴怒，命人将其棍棒责打了一番。

挨了打又受尽侮辱，万氏自然不会善罢甘休，到朱见深那里哭诉自己的遭遇。望着梨花带雨的心上人，朱见深看在眼里、疼在心上。他连忙对万氏一番安慰，心中暗自琢磨一定要废掉吴皇后，为万氏出气。

可是废后毕竟不是一件小事，大明开国以来，只有过一次废后事件，就是宣宗朱瞻基废除胡皇后之事，多年之后，宣宗还一直耿耿于怀，说废后是他年轻时做的荒唐事。

要废后，必须要有立得住脚的过硬理由。朱见深不愧少年老成，他打算从牛玉入手，先废掉牛玉，再废掉吴皇后，这也是一举两得之举。

万氏挨打的第二天，宫中传出消息，太监牛玉和吴熹被下了都察院大狱。

在监狱里，牛玉交代了自己受贿，在选婚事件中作弊的罪行。原来，吴皇后父亲吴俊为了女儿能入选，通过太监吴熹向牛玉行贿。牛玉为了让吴氏当选，从而在内廷有所依靠，加固自己的权势，在钱太后面前游说，从而使得吴氏成为正宫皇后。

既然罪行已明，吴氏是通过贿选作弊才成为皇后的，这样的人怎能母仪天下？朱见深一道旨意，下令将吴氏皇后册宝没收，将其打入冷宫。

吴氏前后不过做了一个月皇后，而随之，朱见深又下旨宣布了牛玉的罪行。牛玉和吴熹被贬斥到南京孝陵卫种菜。

秉承着痛打"落水狗"的精神，南京六科给事中王徽等言官是连做菜农的机会都不给牛玉了，他们上疏要求诛杀欺君罔上的牛玉，并且要治内阁大学士李贤等人不作为之罪。

成化帝朱见深明白自己扳倒牛玉的真实目的。其实贿选其事，本无证据，牛玉因为这些年位高权重，得罪了不少内外臣工，内廷的一些宦官也希望他倒台，从中大力促成。而朱见深初即位，欲有所作为，又想甩开先帝的这位权势太监，正好借助贿选事件，将牛玉权力收回。另外，通过斗倒牛玉，顺便将吴皇后废掉，也算是对自己挚爱的万氏一个交代了。

所以，朱见深对牛玉没有痛下杀手，他驳回了言官们的请求，但是牛玉倒台，也连累了不少人。牛玉的姻亲孙镗被罢职，侄子牛纶和外甥杨琮都丢了官，被罢职为民了。

牛玉的晚年境遇还不错。他在南京没有当太长时间的菜农，朱见深又命他担任南京司礼监掌印太监。南京再好，也是外乡，牛玉动了思乡之情，请求皇帝准他回乡养老。那时已经是弘治六年了，皇帝换成朱祐樘，孝宗准了他的告老之请。在故乡安享晚年的牛玉最终病逝于弘治十三年，享年 92 岁高龄。

牛玉此人为人孝顺，喜欢结交朋友。跟多数太监不同，他不喜欢佛老之事。他喜欢结交儒生，遇到士大夫，会跟他们谈论儒家道理，久而不觉疲倦。他平素没有其他爱好，闲暇之余，手不释卷，喜欢吟诗作赋。在南京期间，牛玉游历名山大川，留下了自己的题诗。

他教导诸子侄极有方法，延请名师为他们辅导诗书。侄子牛纶以进士出身，做到太常寺少卿的职位。

牛玉此人一生无大过，只不过在选后事件中，做了手脚，从而导致自己的败落。但是要说贿选，这个还真有些冤枉他了，朱见深明知此事，将他作为废后事件的牺牲品贬斥南京，没有将其赶尽杀绝，也自有深意在此。

牛玉倒下了，另一个急于夺权的宦官也倒下了，只不过，他可没有牛玉的才干。

### 志大才疏，急于入司礼监的宦官王纶

明代的宦官教育机构内书堂，配置了高规格的教师，他们一般都是翰林院的翰林，学富五车，满腹经纶。在内书堂教育小宦官的过程中，因为天长日久地相处，这种师生之谊对明代政治也产生不小的影响。

内书堂毕业的小宦官前途一片光明，很多人成为权势宦官，他们不忘师恩，与曾经的恩师之间演出了一幕幕政治活剧。

例如正统年间的宦官王诚入内书堂学习，王一宁曾经做过他的教师。景泰年间，时为司礼监太监的王诚为了报答师恩，在景泰帝面前援引王一宁，最终王一宁得以入阁。

宪宗朱见深初即位时，也发生了一起宦官学生与教师相互勾结的事件，只不过，这一次是以悲剧收场。

典玺局局丞王纶曾经在东宫侍奉过时为皇太子的朱见深，皇太子成为皇帝后，他自觉身价也随着水涨船高。王纶依仗皇帝的信任，渐渐露出了跋扈的本性。一些小人也将王纶当成潜力股，期待在他身上先投资再回报。一时之间，王纶门庭若市，送礼的人都快把他家门槛踏破了。

王纶有自己的小九九。他在内书堂读书时，曾经有一位恩师对他情深义重，这位恩师就是翰林侍读学士钱溥。当时有一个幼童在陪读，王纶跟他关系也非常好，这个幼童就是后来做到尚宝司丞的朱奎。

这位钱溥眼见昔日的徒弟现在飞黄腾达，眼看有入司礼监之可能。钱溥也只好放下文人士大夫的架子，通过朱奎去示好王纶，希望这位高徒能对自己有所援引。

钱溥当然也有所求，他有 个入阁梦，而王纶有一个司礼梦，于是两人一拍即合，他们打算"强强联手"了。当时明英宗病重，眼看就要不行了。王纶加快了寻找外援的进程，他叫上朱奎一起到了老师钱溥家里。见到老师，王纶二话不说，将钱溥按在椅子上，自己恭恭敬敬行了弟子之礼。钱溥颇为受宠若惊，师徒把酒言欢，一直喝到深夜才散。

师徒酒喝高了，自然话就多了，话多了自然说话的声音就越来越高了。这下，他们深夜的夜宴惊到一位邻居。

这位邻居就是内阁学士陈文。被吵闹得不能好好休息的陈文很生气，后来他发现来的人竟然是王纶，这下他觉得事情不简单。朝廷严禁内外臣相互结交，现在王纶气势正盛，他来到昔日老师家里一定有所谋划，这可是关系朝政的大事啊！

陈文又想到自己平时与钱溥关系还不错，作为邻居，钱溥经常请他喝酒、吃饭。现在钱溥竟然避开自己，私自跟宫中权宦饮酒。

陈文想到这里，好奇二人谋划之事，于是暗中趴在墙角根下偷听，醉醺醺的王纶说："皇帝眼看不行了，东宫太子要纳妃了，师傅看这事应该怎么办？"钱溥说："应当奉遗诏行事。"

陈文听到如此猛料，再也坐不住了，他寻思着如何适时爆料此事，也为自己在朝廷立下一大功。

英宗驾崩后，朱奎曾经带着晋州知州邹和写给王纶的书信进入王纶家。有闲来无事之人议论说："这是钱溥秘密写的先帝遗诏。"

皇太子朱见深刚刚即位，骄狂的王纶便以入司礼监自期，而且勾结外廷文官，并在私室妄谈朝廷大政，这还有没有王法了？

陈文终于发难了，那是在内阁首辅李贤准备书写遗诏时。李贤研磨铺纸，正打算提笔书写英宗遗诏。正在这时，在场的陈文突然冲了上来，一把夺下李贤手中的笔，愤怒地说："你不用写了，已经有起草遗诏的人了。"李贤大惊，连忙问他怎么回事。

陈文一五一十地讲述了王纶与钱溥相互勾结，在家中议论朝政之事，他们两人，一个以司礼监太监自视，一个以内阁大学士为梦想，将朝廷内阁大臣、司礼监太监们视若无物。

陈文为了火上浇油，又说王、钱二人定计，打算驱逐李贤以钱溥代替他，以兵部侍郎韩雍代替尚书马昂。李贤眼看自己的权位受到严重挑衅，岂能罢休，他将事情原委上奏给朱见深。

新皇帝朱见深看到奏疏，十分生气。一个画面浮现在他的眼前：那还是在英宗大殓那天，朝廷上下沉浸在一片悲哀之中。朱见深也哭得眼睛红肿，突然他在身着白布孝服的人群中，发现了一个与众不同之人。他外面穿着白布孝服，举手投足之间却不慎将里面穿着的一件黑色裘皮衣服露了出来。

大丧之日，此人怎敢如此对先帝不恭。朱见深当时没有发作，不过，他心中狠狠给这个张狂的人记下了一笔。这人就是王纶。

如今首辅李贤弹劾他，朱见深打算新仇旧账一起算。旁边还有司礼监太监牛玉火上浇油，历数了王纶的罪过，劝说皇帝立刻逮捕他。

这位牛玉当然也有私心，他担心王纶入司礼监，挑战自己的权位；而且侄子牛纶的好友中允刘珝，一向跟钱溥不和。这些因素也使得牛玉极力要扳倒王纶。

法司依照法律判处了二人斩刑，但是当时新帝登基，大赦天下。于是王纶被降为内使，发往南京闲住；钱溥降为顺德县知县，朱奎降为盐科副提举。跟二人关系亲近的文武官员都受到牵连，或降职或调往边境和偏远地区，自不必细言。

### 公正不阿的王翱也勾结宦官

英宗一生中，曾经有两位王先生最让他敬重：一位是太监王振，一位是文官王翱。王翱秉公办事，不徇私情，其公正无私让英宗叹服。

例如，王翱的女婿贾杰在京城附近做官，身在北京的王翱夫人多次接回女儿，两地分居时间久了，贾杰自然有了意见。

他对夫人抱怨："你父亲掌握选官之权，把我调回京城是很容易的事情。怎么就让我们来回奔波？"夫人听了之后，去求父亲王翱想办法调贾杰到京城做官。

没想到王翱听了之后，勃然大怒，竟然打伤了女儿的面部。

王翱在辽东时，同事的宦官送给他几颗明珠。王翱坚决不要，那人说："这是先皇赐给我的，并不是什么赃物。"王翱无奈，只好收下。那位宦官死后，王翱将他的侄子叫来家中，把明珠还给了他。

王翱此人为官廉洁奉公，是得到英宗皇帝高度评价的好官。

只可惜，成化元年五月，时年81岁的王翱被人弹劾，都察院要求将其下狱。

原来，仓大使李添瑀因为考核不合格，要被降职。他着急之下，找到陈名等五个人从他们那里贷了1000两银子。他拿这些银子来贿赂宦官郭聪，求一个好差事。

郭聪写了一个手帖，嘱托时任吏部尚书的王翱将嘉兴盐仓批验所大使的位置给李添瑀。王翱看到帖子，假装发怒，将来人骂走。他回头跟旁边的侍郎崔恭、尹旻说万万不从之类的话，暗中却将李添瑀调动到湖广倚北湖河泊所，这个差事比盐仓还要好。

后来，陈名等几人分赃不均，产生了矛盾，事情也随之败露。王翱只好上疏认罪，都御史李秉弹劾王翱隐瞒欺诈等罪，朱见深也怜惜他是老臣，放了他一马。

王翱此人年轻时刚正无私，老年却晚节不保，陷入宦官为中介的权钱交易。

**自作孽不可活的宦官沈绘**

后世常评价朱见深重用宦官，确实他在位期间，对宦官非常宠信，也包括对一些违法宦官的纵容。不过，事情没有绝对，他也曾经严厉惩治过一些不法宦官，其中有一位比较典型，他就是沈绘。

成化五年五月，太监崔安和沈绘出使朝鲜册封新的朝鲜国王。

完成使命之后，朝鲜君臣给两位天朝上国的使者饯行。沈绘也不知与崔安发生了什么矛盾，突然争吵了起来。沈绘边哭边骂，崔安气愤不过，解开衣服，撸起袖子，就要殴打沈绘。崔安的养子、养孙一起上前，劝和二人。沈绘以靴子尖踢劝架之人，边踢边指着崔安说："我回朝之后，奏报皇帝，必然要杀了你。"

崔安也不示弱，回道："你在我眼里不过是草芥一般，你有什么能耐？"

一场好好的饯行酒宴，被两人完全破坏。两个太监作为使者，当着朝鲜君臣的面丑态百出，丢尽明朝的脸面。

成化九年四月，司设监太监沈绘因为恃宠作恶，渐渐被朱见深疏远。他心中不满，常常口出怨言。他的好友奉御贾祥教他私下制造兵器，并使家僮演习。他家中有人担心受祸，遂主动揭发了他平日里经常盗取内帑金银器物等不法之事，并说他的弟弟千户沈广经常披甲胄出入皇城，不知道他意欲何为。

沈绘被下法司审问，诸罪皆是事实。于是宪宗下令斩首沈绘、贾祥，沈广判处绞刑，其党徒21人送司礼监处置。

当然，后来沈绘为了脱罪，打算走万贵妃的门路，不过事情最终败露。他虽然没有被处死，却一直被囚禁，永远失去了自由。

沈绘的获罪也表明了，朱见深不可能对违法宦官无限度地宽容。

## 黑眚闹怪，引出一个特务机构

成化十二年七月的一天深夜，北京城内突然传来一阵阵凄厉的惨叫声。

这惨叫在漆黑的夏夜里显得尤其瘆人，让人不寒而栗。

一个长着红眼睛，长尾巴，似犬似狐的怪物，还背负一团黑气，从百姓家的窗户闯入，凡是看到的人都发出一身惨叫声后，倒地晕倒。

这就是黑眚，一种灾异。但是，由于此物行动极快，百姓们谁也没有看清过它的样子，却知道它出入无常，能伤人，是一种可怕的怪物。

很快，恐惧笼罩了整个北京城。百姓们家家户户点亮灯光，拿着斧头、菜刀，谁也不敢睡觉，连夜露天坐着，用锣鼓声惊吓驱赶随时可能到来的黑眚。

宪宗朱见深这天在奉天门上早朝，正有大臣奏事之时，突然有人大喊了一声："黑眚来了！"一时间，文武官员乱作一团。

宪宗皇帝假装镇定，喝止群臣，其实内心已经惊惧异常。

成化十二年的这次黑眚事件使得整个京城陷入一片混乱，从上到下，人心惶惶，不知所措。

此事刚过去不久，京城又发生一场令人胆战心惊的乱事。

有一个游方僧人，他本名侯得权，是保定易州人，在狼山广寿寺出家后，更名为明果。

年长之后，侯得权游方，到了河南少林寺。他遇到术士江朝，江朝说他日后命运富贵至极。

侯得权渐渐做起了富贵梦，之后他遇到道人田道真，田道真送了一本妖书给他。侯得权听信了田道真的胡说八道，根据他说的话，又给自己改名为李子龙。

李子龙和尚也不做了，蓄发还俗。他到处交结亡命之徒。李子龙到了京城，借住在军匠杨道仙家中。通过杨道仙的关系，李子龙结交了内使鲍石、崔宏，长随郑忠、王鉴、常浩，左少监宋亮、副使穆敬。这些宦官都被李子龙所谓的仙术迷得神魂颠倒，深信不疑。其中鲍石和郑忠还引导李子龙前往万岁山，观望宫内情形。

李子龙的邪教组织发展得越来越快，除了一些宦官，很多京城卫所的中下级军官也加入他的组织。

锦衣卫破获了这个组织，最终李子龙、杨道仙、朱广、鲍石等核心骨干力量被押赴西市处死。

案件虽然破获了，但是宪宗朱见深还是倒吸了一口凉气。想象宦官们也跟妖人内外勾结，如果他们要取自己的性命，也不是太难的事情啊！想想这个李子龙发展了那么多人，锦衣卫和东厂却一无所知，真是太让人失望。

再想一想前不久的黑眚事件，朱见深越发觉得现在的厂卫办事不力，他需要一个新的机构来为自己办事，并制约东厂。于是一个新的机构应运而生，这就是西厂。

成化十三年正月，一个新的特务机构正式挂牌开张了，这就是西缉事厂，简称西厂，办公地点设在皇城西南的灵济宫前，以旧灰厂作为厂署总部。

西厂的总头领称作钦差总督西厂官校办事太监，也称为"提督西厂太监"或者"西厂厂督"。而担任首任西厂厂督的就是太监汪直。

### 宦官汪直与西厂第一次废立

汪直，广西大藤峡瑶人。他的父亲因为力大无穷，号称能举起千斤重物，故被人称作汪千斤。

在宪宗刚登基不久，广西大藤峡便发生了叛乱，当时，汪千斤也参与其中。

朝廷派遣韩雍等人平定了大藤峡叛乱，汪千斤也死于战乱之中，时为幼童的汪直成为明军俘虏，并被阉割。

当然被选进宫的阉割幼童，也有着某种标准，至少要颜值高、聪明伶俐的才行。而汪直正符合这样的条件。

汪直进宫的年龄史书上没有记载，不过我们可以推测必然是非常小，顶多两三岁的样子。因为他的父亲死于明军之手，有记忆的儿童若是长大为父报仇，那不成了安插在皇帝身边随时可能爆炸的"定时炸弹"了？

成化十三年，内阁大学士商辂曾经在他的奏疏里提到汪直年幼。而《明宪宗实录》里面提到成化十四年，汪直开设西厂时，也用了"年幼得宠"这样的词汇。

古人词汇里面的年幼至少也要是 14 岁以下的少儿。

据此可以推测出来，开设西厂时，汪直不过十三四岁的年龄。

汪直初入宫，首先去侍奉万贵妃。万贵妃觉得这个小孩唇红齿白，办事干净利落，十分让人喜爱。万贵妃也常常在朱见深面前说起，这个名叫汪直的小孩办事得力。

没过几年，才十岁出头的汪直就被封为御马监太监。这个年龄能做到宦官中的极品，这该是怎样一种宠爱啊！？

朱见深确实很宠爱汪直，据朝鲜使者记载，汪直竟然有时候可以影响到皇帝的人事任命，以至于有人私下称他为"小皇帝"。

自从宫中出了黑眚事件和李子龙谋逆案之后，朱见深决定重新设置一个特务机构，而掌管这个机构的人，他放心地交给了汪直。别看这个少年才不过十三四岁，但是他与众不同，有勇气有担当，冲劲十足，又对自己绝对忠诚，是个得力的助手。

汪直从锦衣卫中挑选了百十号精干进入西厂办事。北京城的百姓们经常会看到一个十来岁的俊美少年，骑着毛驴或者骡子，身边跟随着两名大汉。这就是汪直化装为普通市民，在北京城为皇帝搜集有用的消息。

汪直可不止会搜集情报，他虽然身体瘦弱，但是善于骑射，也是武功在身的好手。

作为新成立的特务机构，朱见深对西厂寄予了深厚期望。而汪直年轻好胜，也一定要超过他最大的竞争对手——东厂，俗话说得好：同行是冤家。西厂成立的初衷也有牵制东厂的意思在里面，既然要牵制，就要有所超越。

西厂成立之后，探报们搜集的不过是些鸡毛蒜皮的小事，这跟汪直的预期相去甚远。汪直决定办上一两件轰动朝野的大案，来为自己和西厂立威。

汪直正苦于立功无门时，有人竟然主动送上门来了，而且是一个出身仕宦人家的官员。

福建建宁卫指挥同知杨晔，他是"三杨"中杨荣的曾孙。杨晔可没有曾祖父的名臣风范，他和父亲，已经退休的原指挥同知杨泰横暴乡里，欺压良善，竟然闹出了人命。

他们的恶行被仇家举报。朝廷命刑部主事王应奎、锦衣卫百户高崇前来勘查情况。

眼看罪行要暴露，杨晔连忙用重金行贿王应奎和高崇，两人见钱眼开，一口答应帮杨晔掩盖罪行。

杨晔以为当今朝廷，人人皆是贪官，凭借曾祖父朝中积累的人脉，加上金钱开道，几条人命算什么。

杨晔带着金银珠宝来到北京，借住在董序家中。杨晔花钱上下打点关系。通过董序的介绍，杨晔知道锦衣卫百户韦瑛认识很多宦官，而且他追随汪直办事，深得汪直赏识，找他准没错。

于是，杨晔带上重金，来到韦瑛家中。韦瑛本是一市井无业之人，因为投奔了一个姓韦的宦官，后来又参与征讨延绥一带的蒙古人，立下一些军功，因此被升迁做了百户。

韦瑛对杨晔的来访十分热情，他详细询问了杨晔来京后拜访官员的情况，以及打下保票，保准让杨晔的案子大事化小，小事化了。

杨晔满怀希望地离开了，韦瑛却转身就去找汪直，将事情的原委告诉了他。

汪直一听，这可是立功的好机会啊，他命韦瑛立即将杨晔等人捉拿归案。

杨晔被抓到西厂大狱，才明白上了韦瑛的当，一开始他气愤不已，指着韦瑛的鼻子大骂。韦瑛也不恼火，下令给他上一种叫作"琶"的刑法。这是锦衣卫惯用的一种酷刑，用刑之后，骨节寸断，让人求生不能，求死不得。

杨晔哪里熬得住这种酷刑，一阵惨叫之后，他一五一十地交代了罪行，还称自己将贿金寄存在叔父、兵部主事杨仕伟家中。

韦瑛记下口供，带人连夜包围了杨仕伟家。杨家这一被围，闹得鸡飞狗跳，惊扰了很多邻居的美梦。其中有一位，他登着梯子，上墙头观看，才知道是西厂在拿人。他大喝一声："尔等擅自侮辱朝廷命官，有没有国法了？"韦瑛听了，大声质问："你是谁啊？竟然不怕西厂。"这人毫不畏惧，挺身回答："我就是翰林陈音！"

这位陈音不知道杨家的罪行，还以为西厂校尉又在欺辱官员，其实杨家的罪行可谓深重。

杨晔杀人案是典型的家族涉黑案件，一连串的官官相护，他们的罪行包括杀人、行贿受贿、窝藏包庇，等等，这个案件的影响极坏，单纯靠文官集团的三法司审讯，是难以彻底拔除的。

只有通过不受文官集团牵制的西厂来办理，才能彻底予以打击。

杨晔在西厂被上过酷刑后，受了重伤，最终不治而亡，死在狱中。朱见深命太监钱喜和韦瑛一起去福建，查抄杨家家产。同时，将杨泰和杨家上下百余口一起抓拿进京。

受贿的王应奎和高崇也被捉拿归案。

成化十三年四月，杨泰被依照律法判处斩刑。不过，他命好，赶上了皇帝开恩，将其释放为民。杨家财产全部抄没入官，杨泰的弟弟杨仕伟和女婿董序被降职，高崇死于监狱，王应奎发送到边境充军。

西厂这个大案，办得干净、漂亮，采用了雷霆手腕，一举解决了盘踞福建的恶势力，为民间除害，同时打击了贪腐官员，可谓一举数得。

这个案件的成功处理，让汪直名声赫赫。不过汪直并不满足，他要继续发挥皇帝心腹的作用，办理更多的大案，来展现西厂的风采。

成化十三年四月，刑部主事武清在广西办事，他在归途中，西厂告发他行李中有贪贿之物。汪直下令将其捉拿，一番搜查和审问后，没有发现证据，只好将其释放。

还是四月间，汪直令百户韦瑛将太医院判蒋宗武下西厂大狱。

礼部郎中乐章和行人张廷纲出使安南回国途中，因为涉嫌受贿，被韦瑛捉拿，送往西厂大狱。

浙江左布政使刘福起复，在回京听选途中，有人告发他不法之事，西厂将其捉拿。

四月间，短短一个月内，就连续有五名朝廷官员被西厂捉拿入狱，文官们开始人人自危，他们不知道，下一个进西厂监狱的是不是自己。

五月，监察御史黄本前往云南、贵州刷卷，韦瑛搜查他的寓舍，发现了象笏等物，送到锦衣卫追究审问，最后被判罪。

接下来，太医院事左通政方贤被下西厂大狱。方贤家中藏有大量的片脑、沉香等名贵药材，这些都是他盗取的官藏药材。另外西厂校尉还从他家搜出御墨和龙凤瓷器等御用之物，方贤由此被下狱治罪。

面对纷纷落马的同僚们，文官集团再也坐不住了。成化十三年五月初十，内阁大学士商辂、学士万安、刘珝、刘吉四人一起联名上奏，将西厂破坏祖制的罪名列出了十条，西厂的缉事活动已经造成社会动荡，要求立刻革除西厂，罢黜汪直闲住，另外将韦瑛和王英治罪，以便挽回民心。

文官集团以民心的名义，要求革除西厂，朱见深面临空前的压力。

朱见深一开始不打算屈服的，他让太监怀恩、覃昌和黄高三人一起到内阁，声色俱厉地传谕质问内阁大臣："朝廷用汪直行事，坏了哪些事？尔等告状，这是谁的主意？"商辂、万安、刘珝、刘吉四人可没有被太监的气势吓倒，他们纷纷慷慨陈词，表示汪直的罪过人人皆知，并没有什么主使之人。

过了一会儿，怀恩等太监又来到内阁宣旨，大意是皇帝已经知道了汪直坏事，打算革除西厂，遣散官校。怀恩传完旨意，压低了声音跟四位阁老说："先生们不知道，我们司礼监几个人里面已经因此事被赶走两个人了。"商辂等人连忙问是谁，怀恩回答说是黄赐和陈祖生，现在他们已经被拦在东华门外，皇帝不见他们了。

当时，商辂等四人还云里雾里，不知道黄、陈二人为何被赶走。

第二天，宪宗命怀恩当面斥责了汪直的罪过，让他回御马监任职，将韦瑛调动去了边境卫所，西厂的办事小旗和校尉都回锦衣卫办事，西厂就这样被革除了。

果不其然，西厂被废的第二日，朝廷传旨，将司礼监太监黄赐和陈祖生贬斥到南京。

这位黄赐可不简单，他可是当时的司礼监掌印太监。汪直知道了皇帝打算听从文官的建议，废除西厂的消息。他不甘心，怀疑是黄赐在里面捣鬼，跟文官们内外勾结，促成此事。于是，汪直在朱见深面前告了黄赐一状，说他是福建人，跟杨晔是老乡，内阁的奏疏就是黄赐暗中主使。

朱见深本来就对黄赐不太信任，汪直这么一告，他觉得有道理。于是，朱见深才将黄赐和跟黄赐关系亲近的陈祖生贬斥到南京。

其实，说起黄赐，还有一段趣闻逸事。黄赐早年在内书堂读书，颇有才干。成化时，黄赐以司礼监掌印太监之身份，参与三法司审案。当时的刑部尚书是陆瑜，都御史是王概，这两位都是朝中重臣。在审案时，这两位高谈阔论，展现自己的见解。而黄赐居中而坐，笑眯眯地听着两人的谈话，也不多言。这时候，一个疑难案件又让陆、王二人争论了起来。原来，有个兄长跟人争斗，他弟弟帮哥哥忙，将那人殴打致死。法司的意思是判处弟弟死刑偿命。黄赐主张从轻判处，陆、王二人却极力反对。黄赐说："同室之人有争斗的，都要不顾一切去帮忙救助，更何况是他的哥哥。还有什么好怀疑的？"他这一说，两位大臣竟然无言以对，最后弟弟得以免死充边。从这个故事也可以看出，黄赐能做到司礼监的高位，必然有其过人之处。

西厂被革除后数日，都御史王越在早朝时候，遇到刘珝和刘吉，他说："汪直行事公道，像黄赐那样专权纳贿，不是汪直的话，谁能赶走他？商辂和万安两位做官久了，有所忌惮。而二位才入阁几日，况且汪直对二位多有扶持，你们为何也参与弹劾汪直？"刘珝沉默不语，刘吉说："不然，我等办事为朝廷，非是为了自身。若是汪直办事都公道，朝廷为何设置公卿大臣，天下后世之人会怎么看？"王越无言以对。

西厂虽然被废，朱见深仍然信任汪直。之前，之所以答应文官们废除西厂，是因为西厂确实得罪了太多文官，风头过猛，宪宗朱见深也明白"木秀于林，风必摧之"的道理，他想让西厂先暂时避开风头，以待时机。

朱见深密令汪直探听外间动静，寻找能通文事之人作为辅助。有一个军卒报告汪直，说锦衣卫千户吴绶能写文本，精通行移。汪直将他招来，让他拟了三份批答，封进以后，朱见深很满意。吴绶也在日后成为汪直的得力助手，这是后话，暂且不提。

成化十三年六月，兵部尚书项忠被革职为民。说起来，他跟汪直早就结下了梁子。汪直每次出行，随从很多，大家前呼后拥，好不气派。文武官员见了他，无不下马回避。

这一日，汪直遇到一位官员，竟然没有主动给他避道，汪直心中暗自给他记了一笔。此人正是兵部尚书项忠。

第二天早朝时，百官在午门外列队，汪直指使手下校尉远远大声高呼项忠的名字。散朝之后，校尉们还将项忠拥着赶走。

汪直戏弄朝廷大臣的行为，项忠自然也将此事记在了心上，恨透了汪直。

后来，内阁大臣上疏要求废除西厂时，项忠也领衔上疏要求革除西厂。

被革除了西厂，汪直心中愤愤不平，事业刚有起色，就被扼杀。项忠在其中起到关键作用，他立志一定要斗倒项忠。

恰好，汪直通过东厂探报获得一个重要情报：江西都指挥使刘江和指挥黄宾相互串通，徇私舞弊。

原来刘江本来是京城卫所任职，他通过黄宾结识了其兄长黄赐，黄赐又托付兵部尚书项忠和武选司郎中姚璧，得到江西都指挥使这样的美差。

这下项忠被革职为民，太监黄赐被降为长随。当然不久之后，黄赐又被提升为南京司礼监太监，远离政治中心，在南京享受后半生的荣华富贵。

## 西厂二次"开张"

第一次开办西厂，不管是皇帝朱见深还是太监汪直，都没有经验，他们是边摸索边实践。

汪直少年急躁，办事雷厉风行，确实得罪了一大批文官，迫使宪宗不得不暂时解散西厂。

不过，项忠勾结太监黄赐徇私舞弊的案件，却又给朱见深敲醒了警钟，内外官员勾结这也是朝廷之大忌，若没有办事得力的西厂，单纯依靠东厂和锦衣卫，还不足以让朱见深放心。他决心将西厂重新开张，毕竟，这个皇权利器在对付文官和宦官方面，都是非常得力的。

皇帝还没有自己开口，早有聪明人嗅到皇帝的意思。这位有着敏锐政治觉悟的人就是监察御史戴缙。

戴缙上疏要求复立西厂。这正是雪中送炭，朱见深也就顺应臣意，"勉为其难"地答应了这个请求。

其实，戴缙在上奏疏之前，已经提前给吴绶看过了奏稿。吴绶润色修改后，又拿给汪直。汪直大喜，将奏稿递给朱见深。

西厂被革除才一月，又重新开张。大学士商辂见西厂再次成立，担心汪直打击报复，只好主动提出辞职。

商辂为首的内阁大学士，曾经在要求罢黜西厂的奏疏里提到这样一件事：西厂的办事人员在通往北京和南京的运河上盘查往来船只，连办公的官员船只都要盘查，吓得老百姓都不敢做生意了。

西厂查官员的船，背后的原因是什么？原来，汪直派韦瑛等人缉查事情时，发现很多官员乘坐的船只经过运河时，仗势欺人，向沿途州县和驿站强行索要民夫拉船，并且让他们做些装卸货物的重活。

甚至那些巡按地方的御史也公然这样做。那些打着办公旗号的官员船只，多达数十甚至上百艘，里面经常有夹带私盐或者其他珍奇宝物。所过之处，骚扰地方。那些势家豪强走私食盐，侵夺民利，京官们不顾名节，勾结州县豪强。

汪直看得清楚，这些违法官员正是借助外出公干为名，用大量的官船来为自己运送私盐和其他货物贩卖以获利，而运送的成本还有船只本身的消耗，都算在沿途州县和驿站身上，这明显是滥用驿站，假公济私。

很明显，汪直命令西厂盘查官船的行动，就是要打击文官集团这一贪腐行为。

西厂复立之后，又接连办了几件大案，震动了朝野上下。

成化十三年十月间，汪直派遣韦瑛的弟弟韦瓒前往贵州等地缉事。韦瓒走到了南京，住在龙江驿。他无意中得知一个重要内幕：闲住都督李震和南京守备太监覃包交结（这位覃包正是前文我们提到的，得罪万贵妃，被贬斥到南京的那位司礼监太监），李震贿赂覃包，李震侵占官街和私下役使军士给自己建造房屋等不法之事。

韦瓒记录下他们的罪行，他的关文用的姓是韩，是为了探事方便，不暴露身份。不巧的是，正好驿站的驿官看到韦瓒故意用化姓，怀疑他是假冒的。

于是，驿官暗中告诉了覃包，覃包派人将韦瓒捉拿，搜出了他记录下的覃、李二人罪行的密帖两张。

覃包将韦瓒下南京锦衣卫大狱审问，重刑之下，韦瓒只好承认自己是假冒西厂人员的冒牌货。

覃包于是将他押送到北京，交给西厂处置。汪直立刻报给朱见深，朱见深下令调查此事，发现韦瓒记录的覃包和李震罪行都是真实的。

宪宗派遣汪直前往南京，当面斥责覃包的罪行，并且将他降职到神宫监，专门负责孝陵司香；而李震则被调回北京闲住。

十一月，汪直又指令吴绶写奏疏指出，在洪武、永乐年间为人臣者，没有人敢坐轿子，正统时年老的文官有时候会乘坐肩舆。景泰以来，文官五品以上的都开始乘坐轿子。

汪直要求严格文武官员乘坐轿子的规定：文官三品，年满 60 岁以上，可以乘坐；武官不管什么情况，都不准乘坐轿子。朱见深看过奏疏，表示赞同。这下可好，那些被剥夺了乘坐轿子权利的文武官员们，心中个个恨透了汪直。

但是，他们此时是敢怒不敢言。因为，都御史王越、尚书尹旻、戴缙、吴绶和学士刘珝结好汪直。这几个人谋划的事情，都通过汪直传达到皇上那里，立刻就会被施行，朝中人人畏惧。就是司礼监太监们也不敢与之争锋。

汪直可不仅仅擅长特务，对其他事务，他也多有一些建设性的意见。

汪直针对京城治安问题，又提出一系列建议：最近，有四方盗贼潜往京城，四处游荡，为非作歹。他们多是各地军户逃跑之人，他们没有籍贯，难以查考。

汪直希望皇帝让都察院发文：限期他们一月之内赴官登记，首次被告发者发往原籍卫所州县服役，免究其罪。如果有隐匿不报的，缉查出来，发配到极边之地，其投奔的主家也要连罪。如果这些人确有贫穷困难不能还乡者，如果经过审查，其来历没有问题，就编到京城附近卫所，发给俸粮。如果有诈冒内官家人的游荡之徒，听由所主之家和邻居告发。

军户逃亡，是明中叶一个很严重的社会问题。军官大量侵占普通士兵的土地，克扣他们的粮饷，但是这些军户还要缴纳粮食和承担军役。屯田制度遭到破坏，军户们只能大量逃亡。现在，很多军户逃亡到京城，造成京城的治安问题。

这引起宪宗朱见深的高度重视，他决定大力整顿。面对越来越多的贪腐问题，朱见深觉得东厂的太监也已经跟文官们开始同流合污了，他觉得有必要重用办事得力的汪直，重新建立一个机构来治理贪腐官员，另外加强京城等地治安，这也是他成立西厂的一个重要原因。

十二月，汪直根据京军每月支取月粮不便的问题，又提出改革方案：原先京城官军每年的俸粮，每月轮流在京城和通州的仓库支取。春夏之际，雨水多，道路泥泞，官军又负担很多差役，到通州领取俸粮不方便，应该更改旧例。官军三月到八月在京城仓库领取俸粮，其他时间在通州仓库领取，这样就避开雨水季节，给官军们减轻了负担。

宪宗朱见深见汪直见解深切时弊，欣然采纳了他的建议。

成化十四年三月，太监汪直针对高邮、邵伯、宝应、白马四湖每当遇到西北风大作时，运粮的官船、民船多被堤石桩木冲破漂没的情况，提出应该在原先的堤坝之东重新筑造新堤，以避免风浪。朱见深命工部官员会同漕运总兵、巡抚官一起增筑堤坝。

五月，针对武举改制之事，汪直又提出自己的主张。他奏请在武举考试中，设置乡试、会试、殿试，就如同进士考试一样。兵部经过会议讨论后，提出乡试九月举行，会试三月，第一次比试射箭，第二次比试论、判语，第三次试策。殿试四月初一举行，赐给武举及第、出身有差。恩荣次第和录名、勒碑都如同进士科一样。汪直的这一建议，对加强武举考试制度建设，意义重大。国家层面将武举考试提升到同文官科举考试相同的地位，这对于国家选拔一批可用将才也提供了保障。

成化十四年十一月，汪直处理了一个违法太监，震动了朝野。南京内官监太监覃力朋到北京进贡，他用上百艘官船运送私盐，役使民夫牵船，而且索取沿途州县驿站，得到500两银子。覃力朋船队到了甲马营时，巡检司报告了武城县令，县令派遣典史带人盘问。覃力朋拒绝接受检查，还命手下打了典史，打落他的牙齿，并且射死了一个人，打伤多人。

汪直得知消息后，逮捕了覃力朋审问，罪行坐实。刑部打算以贩卖私盐和拒捕罪处覃力朋以斩刑。

宪宗朱见深开始是同意这个判决的，后来架不住覃力朋四处托人求情，最后宽恕了他。

覃力朋虽然侥幸免死，却栽了一个大跟头，之前文武官员不敢得罪的大太监，也有西厂来整治了。

十二月，汪直将监察御史王崇之和铁岭卫都指挥王英下锦衣卫诏狱。两人互相攻讦对方不法之事。下狱之后，王崇之先前以公事杖杀人，所部卫卒有饿死逃窜者，但是他不能抚慰等罪行被一一揭发。

成化十五年四月，太监刘恒、汪直会同总兵官朱永、蒋琬、尚书王越一起检阅京营官军和选用把总官。不久，驸马都尉马诚私通府中婢女，被汪直侦探得知，马诚被下锦衣卫诏狱。宪宗朱见深革去马诚冠带，命他戴着平巾，送往国子监读书习礼，停发他俸禄 500 石。

五月，另一个驸马也出事了。这次是驸马都尉樊凯私通婢女，并且打死了人，汪直将他下锦衣卫大狱。宪宗朱见深给了他与马诚相同的处罚。

还是五月间，都察院右副都御史牟俸在巡抚南京附近期间，作威作福，横行不法，被下属告发到西厂。汪直将其用刑审讯，最后牟俸被发配边疆。

锦衣卫掌镇抚司事指挥吴绶被调动到南京锦衣卫。说起来，吴绶也是汪直的得力助手，一开始，他依附汪直。时间久了，吴绶也知道他代汪直办的很多事情，为舆论所不容。为了给自己留退路，他也经常庇护那些下狱的文臣，这些事情被汪直得知，十分生气。于是，朝廷就有了调动吴绶去南京锦衣卫的调令。

西厂复立之后，确实也办成几件大案，一时间，朝廷上下感觉到汪直的铁腕手段，皇亲国戚、太监、文武官员，汪直没有不敢动的，只要违法，他统统拿下。权贵们被震撼了，他们也恨透了汪直，只等待一个时机，让汪直和西厂彻底消失。

文官中还是有人按捺不住，抢先发难了，他就是兵科给事中孙博。孙博在成化十六年正月上了一道奏疏，大意是东、西二厂的探报多因为一点小事，就中伤大臣。这些小旗校尉都是下等之徒，岂能折辱作为股肱之臣的官员，他请求皇帝革除西厂。当然，朱见深驳回了他的要求。

汪直听说这个事后，十分生气。他把孙博叫来，当面斥责，而且上奏皇帝要求带着孙博前往边关。这明显是不放心他，随时监控。

人人都为孙博捏了一把汗，但是汪直也不是报复心强的人，始终也没有把孙博怎么样。

孙博在边疆期间，以其出色表现赢得汪直的青睐。而孙博跟随汪直在边关抗敌时，也渐渐发现汪直并不是文官们口中那么邪恶贪婪。相反，汪直忠心为国，一心要为大明边境安宁而努力。孙博心中对他佩服不已，逐渐改变了对汪直的成见。他们化敌为友，成为好朋友。后来，汪直被大臣们弹劾时，孙博反过来为汪直辩护，最终落得个被贬斥的下场。

一向在京城职掌西厂的汪直，怎么突然想起到边关立军功了？这里面的故事容慢慢道来。

### 汪直的金戈铁马英雄梦

明宪宗朱见深对汪直越来越依赖了，他觉得汪直的作用可以再发挥得多些，比如在边疆保家卫国。

成化十五年秋，汪直被宪宗派遣到辽东巡边。

建州女真伏当加部屡次犯边，辽东巡抚陈钺建议汪直，劝他奏请征虏，如果能获得军功，皇帝对他的恩宠岂不是更加牢不可破？

朝廷命抚宁侯朱永和汪直一起带兵征伐伏当加，这一仗斩首695级，将敌军打得落花流水。宪宗大喜，将朱永升为保国公，陈钺为右都御史，汪直加岁米。

这一战的重要意义不言而喻。建州女真是女真部最靠近大明的一部，他们在永乐朝就接受明朝册封。

明英宗时，建州卫首领李满住联合建州三卫，反叛明朝，不断入侵辽东地区。

成化改元后，朱见深曾经命赵辅带兵绞杀女真反叛势力，杀李满住和董山。

不过，建州女真不久恢复了实力，又开始侵扰大明。

成化十五年的这次"犁庭扫穴"，在朱永和汪直、陈钺的一起努力下，达到圆满效果。从此，遭受重创的建州女真整整老实了100多年，直到万历中后期，他们再次崛起，开始向大明挑战。

回头再说汪直。汪直从此迷上战事，他打算建功立业，用一刀一枪为自己博取战功，成就自己的金戈铁马梦。

汪直在边关期间，十分关心边务。他看到大同十五卫的牧马，从永乐、宣德时的1.6万匹，到现在丧失了近一半。30多年了，朝廷仍然命令这些牧马的军士们补充丧失的马匹，以全军士们极度贫困，有的甚至开始卖妻子、女儿。汪直上奏宪宗，宪宗命尽兴蠲免。

收拾完了女真，汪直开始瞄准当时明朝最大的敌人——蒙古各部。

成化十六年正月，明宪宗命保国公朱永佩平虏将军大印，协同太监汪直、兵部尚书王越一起率领京军万人，前往陕西延绥加强边防。

汪直和王越打算对蒙古人发动突袭。二月二十二，他们从京营和边军中挑选精锐之士2.1万人，出孤店关，这次行动绝对保密。为了防止蒙古人探知消息，明军昼伏夜行。

二月二十七，大军到达猫儿庄时，兵分数路。正好此时刮起大风，雨水中夹着雪花，天地之间一片昏暗。

黎明时分，王越和汪直带领明军到达威宁海子。这是蒙古鞑靼部大汗巴克蒙图的汗庭。

大风加雨雪，这样恶劣的天气，鞑靼人没有料到明军能出塞长途奔袭到此。

王越和汪直挥舞着手中的兵器，带头冲杀在前，明军士气大振。一番大战之后，生擒171名俘虏，斩首437级。小王子巴克蒙图侥幸逃脱，但是皇后满都海被明军斩杀。

这一战明军大获全胜，是少有的直攻敌军后方的大胜仗。王越因功被加封威宁伯，汪直则被加岁禄米48石。

汪直在边关期间，西厂还在照样运行，只不过负责主事的是宦官宗秀。他在代理西厂期间，也立下一些功绩。

比如成化十六年三月，御马监的监丞吴雄得到一本妖书，他拿给军人朱谦看。妖书内有黑眚字样，朱谦说前些年在京城伤人的怪物，就是这个。他们两人到处散播邪言妄语，结果被西厂缉事者得知。

宪宗命将吴雄送到司礼监处治，朱谦发配边疆卫所。可见，西厂在监控宦官系统方面也发挥着重要作用。

十二月，西厂缉事校尉暗中访查到河南道监察御史陈斌的罪行。陈斌到云南巡按期间，贪赃枉法。宪宗命将其下锦衣卫狱，追查其赃物。陈斌说寄存在原籍亲朋好友那里，遣官去追偿。刑部拟处绞刑，宪宗命将其发关外充军。

成化十六年十月，宪宗命汪直和太监傅恭、刘恒一起掌管神机营，并提督京城十二营。

汪直在边关期间，与边关将士们日夜战斗在一起，他们结下了深厚友谊。走出宫廷的汪直体会到边军的艰苦，他们为保卫大明边境抛头颅，洒热血。有时候，连暖和衣服和鞋子都穿不上。

汪直奏请宪宗赏赐辽东官军 55540 人衣服和鞋子。

成化十七年二月初八，鞑靼人从海东山等处入明境侵扰。汪直、王越分派军士截杀，追击敌军到黑石崖，斩首 130 级。汪直以此战之功，加岁米 300 石。至此，他已经累计每年获得岁米 480 石，成为整个明朝宦官中，加禄米第二高的人（禄米第一高的是嘉靖朝太监黄锦的 500 石）。

五月，汪直又奉命与王越带兵 3000 人，前往宣府防御蒙古人来犯。

十一月，汪直奏请回师，却被宪宗以时值冬季，蒙古人有可能再次来犯为由拒绝了。汪直心头一沉，皇帝对自己的请求没有不允许的，这一次竟如此拒绝。这是怎么了？

令汪直更惊讶的事情还在后面。兵部尚书陈钺也上奏皇帝，要求将汪直和京军一起撤回京城。宪宗却下旨斥责了陈钺。

宪宗对汪直的态度开始有了变化，随着西厂的被废，汪直也走下权力的神坛。

### 东厂宦官尚铭的心事

成化十八年正月，太常寺少卿丁永中、寺丞蒙以聪、崔志端在大祀殿祭祀时，位南而坐。这可是违背宫廷礼仪的大事。

宗秀手下的西厂校尉探听到此事，宪宗下诏将三位太常寺官员罚俸一个月。

可以说，西厂对官员的监控是全方位的，而处在严密监控下的官员们也相当郁闷。他们觉得再也无法忍受西厂的"欺辱"了，决定再一次反击。

文官们还在等待时机的时候，谁也没想到，首先对汪直发起攻击的，竟然是太监。这个太监从某种意义上来说，还算是汪直的同行。同行是冤家，东厂太监尚铭对此深有体会。

深夜时，尚铭还在东厂府衙大厅旁边的小厅来回踱步。小厅内供奉着岳飞画像，看着栩栩如生的岳武穆英武之像，再瞅瞅厅外镌刻着"流芳百世"四个字的碑刻牌坊，尚铭心中若有所思。

朝廷设置东厂的目的就是为了牵制臣工，为皇帝直接服务。而东厂内供奉岳飞像的目的也很明显，皇帝希望东厂能像岳飞一样忠于自己和帝国，全心全意为皇权服务。

流芳百世，尚铭反复琢磨着这四个字。作为特务机构的首领，不能指望像那些文武官员一样流芳百世，但是至少不能遗臭万年。

尚铭踱步来到办事大厅西面的祠堂，里面供奉着历代东厂掌印太监牌位。想着这些前辈里面，确实有些人已经遗臭万年，至于流芳百世，还真没有。

尚铭为人圆滑，跟他的前辈比，他对金钱的贪婪丝毫不占下风。

尚铭爱钱，但是他不取普通百姓之财，他自认为他的财"取之有道"。

他命人盯住京城的豪富之家，他们的财产情况以及这些豪富大大小小的不法之事，都被尚铭命人记录在文册上。

尚铭命手下人将那些有钱人抓到东厂，然后好吃好喝招待着。有钱人看着眼前写满自己"罪状"的文册，明白破财免灾的道理，于是各个主动交钱孝敬尚铭。

尚铭就这样得了不少财物，他也不吝啬，拿出一部分孝敬皇帝，然后赏赐下面人。上上下下对他的评价那是一致的高。

尚铭当初掌管东厂，还是出自汪直的推荐呢！只不过，随着两厂的争功，他们的矛盾也在加深。

一件事情的发生，终于让尚铭和汪直之间的矛盾达到白热化。

汪直在威宁海子建功之后，回到京城休整。正好，有盗贼夜间翻进皇城，在西内盗窃衣服和大米。皇城内出了贼，宪宗大怒，下令限期捉拿归案。

东、西二厂都领了任务，抓紧开展调查。东厂校尉首先捉获了盗贼，尚铭就此报功，宪宗重赏了尚铭。

汪直知道此事，面子上挂不住，随口骂道："尚铭是我引荐的人，竟然敢背着我独自占功。"汪直有了对付尚铭的打算。

尚铭听说了汪直的话，心中恐惧。他打算先下手为强，寻找汪直的过失。

他这用心一找，还真找到了。原来，汪直跟王越关系十分要好，他们无话不谈。有时候，汪直会将皇帝的一些小秘密说给王越听。王越可是有心人，他暗中记下这些事情，又讲给自己的心腹听。

有一个王越的心腹，因为一些事情，跟王越反目。这人投靠了尚铭，将之前从王越那里听来的一些话，讲给了尚铭。

尚铭大喜，将此事上奏宪宗，控诉汪直竟敢泄露宫闱秘事，还将其作为谈资四处宣扬。另外，尚铭还告发汪直勾结王越之事，朝廷最忌讳的就是宦官结交外廷之臣。

听了汪直的这些罪行，宪宗逐渐开始怀疑对汪直的信任是不是太没有底线了。宪宗内心渐渐对汪直不满，也开始有了排斥之意。之前，汪直多次请求班师回朝，宪宗不允，就是一个很明显的信号了。

## 宦官伶人阿丑

汪直和他的西厂得罪了太多的势力，宦官、皇亲国戚、文武官员都被他们得罪了一个遍。

这不，连优伶都敢讽刺汪直了。

阿丑，钟鼓司下属优伶，他善于演出滑稽戏，经常为宪宗演出。

一次，阿丑扮演一个醉汉。有人告诉他："某某官员来了。"他不理会，一通大骂。那人又提醒他："圣上驾到了。"醉汉还是一通骂。那人抛出一句话，醉汉立刻老实了。他说的是："汪太监来了。"那人问醉汉："天子来了你不怕，为何怕汪太监？"

醉汉回答："现在人们只知道有汪太监，不知道有天子。"笑过之后，宪宗朱见深脸色逐渐变得难看，他知道汪直的权势确实有些大了。

汪直与王越和陈钺结好，外间都称他有"二钺"。一次阿丑给宪宗表演，他扮演汪直，手里拿着两把钺，趔趄地在台上走。有人问他拿着两把钺做什么。他大声说："我带兵就靠这两把钺。"别人问是什么名字。他回答道："王越、陈钺是也。"台下观看的宪宗微微点头，是啊，内外臣勾结交通，这是国朝大忌啊！

阿丑敢于讽刺权势滔天的汪直，其实背后也站着一个太监，他就是司礼监掌印太监怀恩。想当初，西厂第一次被罢时，他拉上司礼监两个太监垫背，也让怀恩怀恨在心。这下正好借助皇帝对他信任大不如前之际，来个火上浇油。于是，在怀恩的支持下，阿丑才敢于讽刺汪直。

当然，阿丑不止讽刺汪直，对于其他权贵，他也毫不留情地予以揭露。保国公朱永掌握京城团营，他利用职务之便，私下役使 2000 名官兵给他盖房子。阿丑在舞台上扮作儒生样子，口中高声吟道："六千兵散楚歌声。"有人跟他争辩说："应该是八千兵。"阿丑说："你不知道吗？两千兵在保国公家盖房子呢。"宪宗听说了，就派遣东厂太监尚铭调查此事，朱永赶紧停工，贿赂了尚铭，才摆平此事。

又一次，阿丑扮演六部派遣委任官员的情形。上面命令精心选择人才。选出了一个人，负责的官员问他姓名，回答说姓公名论。负责官员说："公论没用。"又选一人，问其姓名，答曰公道。官员说："公道难行。"又选一个，那人说姓胡名涂。官员听了之后，满意地笑了："胡涂现在吃得开，能行。"宪宗听了，微微一笑。

宦官梁芳卖官鬻爵，引发朝中不满。一次宴席上，阿丑扮演主人、客人见面的情况。主人问他说："客人从哪里来的？"客人回答从船上来。主人问船行得安稳与否。客人回答船安稳，就是有臭虫，所以无法安眠。主人说晒晒被褥就好了。客人说没用，臭虫钻到船缝里面了。主人思索了下，回答："除非砍去梁方，船自然就没有缝隙了。"看戏的人心中暗自叹服阿丑的勇气。

阿丑扮演医生给病人看病。病人的病情是胸前肿了一大块，痛苦不堪，没法治。医生回答说他有药方，可以不花一文钱。只要找五个更次都不说话的人，取他们的唾液抹在肿块上面，就好了。病人说这种药不好找。医生回答："现在王府、六部还有都察院的言官们，他们都是不说话的人，哪里有什么难找的？"

阿丑这种伶人宦官，通过演戏的方式来暗讽政事，也算是独特的一种参政方式了。

### 西厂第二次被废和汪直的结局

自从西厂第二次开张以后，汪直的权势更盛，西厂办事风格的狠辣也让朝中大小官员畏之如虎。当时有谚语称，官员们见到汪直"都宪叩头如捣蒜，侍郎扯腿似烧葱"，朝鲜来华使者更说，甚至有人暗中称汪直是"小皇帝"。

汪直权势之大，天下皆知，甚至有人"狐假虎威"，竟然做出冒充汪直的勾当。

成化十四年七月，江西人杨福冒称太监汪直案告破。杨福曾经在崇府内使手下为奴，后来他跟着主人入京，不久又暗中潜回。

杨福经过南京时，有认识他的人提起他长得很像汪直。富贵险中求，既然像权倾天下的汪直，何不冒充他，冒险求一个富贵。杨福这么想着，心里乐开了花。杨福化身汪直，认识他的那个朋友伪装他的随身校尉。

他们二人自芜湖经过常州、苏州，又由杭州抵达绍兴、宁波各府，地方官争先恐后地迎奉。市舶司宦官也相信他就是汪直，地方百姓听说汪直下江南了，纷纷带着诉状向汪直诉冤，假汪直竟然也受理了几起案子。

杨福等二人从台州、温州、处州又到福建建宁、延平等地，他们所过之处，地方官员纷纷奉送礼金，二人赚了个盆满钵满。

杨福到了福州时，假称有圣旨，福建三司官员恭恭敬敬地迎奉他们，小官如果有抵牾他们的，杨福还命令杖责。

最终假汪直被人识破，还是因为没有符验，镇守太监卢胜看出端倪，将假汪直拿下。

最后，杨福和他的朋友被处斩。这正是：权宦权倾天下，无赖也敢冒充，一朝黄粱美梦，最终人头落地。

假汪直走到人生的终点，而权倾天下、恩宠无比的真汪直也开始走向事业的终点。

成化十八年二月，宪宗命汪直总镇大同、宣府等处。当时跟随王越和汪直在北边作战的京营官、游记、参将等都被召回了，宪宗却单独留下汪直镇守边镇，这是圣眷渐疏的一个重要标志。

文官们看出汪直已经失去皇帝的宠信。

三月，六科十三道言官弹劾汪直，大学士万安也上疏请求革除西厂。

宪宗大笔一挥，准奏。西厂第二次被革除，下一次西厂再次出现在大明朝，已经是明武宗正德年间了。

西厂被废，汪直之前建议调动500名达官到京城操练的事情，也被宪宗取消了。

西厂虽然被革，汪直一片忠君爱国之心不变，他还在边关奋勇杀敌。成化十八年六月，蒙古骑兵入寇延绥河西清水营等地，江直和王越调兵抵御，宣府游击将军、都指挥使刘宁等人在塔儿山等地大败敌军，斩首340多级，这是明中叶对蒙战争少有的大胜。蒙古经此重创，多年都不敢再度进犯。

捷报传到北京，宪宗下旨加汪直岁米24石，王越加岁禄50石。

王越和汪直真是黄金搭档，二人配合多次立下大功。可是，后来王越被调到延绥，许宁到了大同，成为汪直新的同事。

汪直不喜欢这位新同事，跟许宁闹得不可开交，大同都御史郭镗调解不了二人的矛盾，只好上奏朝廷。

兵部得知情况，尚书张鹏上奏皇帝说，汪直和许宁在边境不和，如果不早点处分，可能会导致边境局势大坏。宪宗下达指示：汪直和许宁不以国事为重，逞一时之私愤，万一敌人入犯，怎么御敌？宪宗还拿出昔日廉颇和蔺相如的故事切责汪、许二人。

成化十九年六月，宪宗下旨将汪直调动担任南京御马监太监，南京在明代是留都，也是失宠官员的去向之地，大批在北京官场上的失败者齐聚南京，这里也成为失意者的栖身之处。

接到司礼监太监李荣传下的圣旨，汪直万分惆怅，只好打点行囊，准备南下。

汪直在南下途中，饱尝人间冷暖。那些之前对他迎奉唯恐不及的地方官对他无不避而远之，或者冷嘲热讽。汪直心中悲凉，他知道权力一旦失去，自己就是一个普通人了。

到了定州曲阳县时，当地官员对汪直避而远之。汪直一个人孤孤单单地躺在公馆床上，又冷又饿，脑中浮现出往事，唏嘘不已。正在这时，忽然公馆来了一名官员，汪直定睛一看，正是定州知州裴泰。

裴泰在汪直得势时，多次招待过汪直，他每次都提前预备好酒、好菜，汪直带着仆从到来，不管时间早晚，总能吃得醉饱。汪直对他印象很好。

没想到，自己落魄之际，裴泰还能来见自己。汪直向裴泰求一顿饱饭，裴泰立刻奉上随身携带的饮食。汪直感动不已，将裴泰当作知己，他叹息着说："我现在今非昔比，这次南行，圣上的意思犹未可测。明日，还要烦请你帮我准备南下的车马。"裴泰听了以后，脸色大变，汪直却没有注意到，裴泰虽然口中连连应诺，心中却乱作一团。他事先不知道汪直已经失去圣眷，以为汪直还得宠。如今，汪直已经落到这般地步，自己还是要尽快撇清跟他的关系，不要连累到自己为好。

第二天一早，汪直发现，他认定为知己的裴泰早已经不见人影了。

其实这个故事被文人们记录在《明宪宗实录》和《明史》当中，就是为了编排汪直失宠后的落魄情况。可是，他们万万没有想到，这件事无意中反映了汪直的另一面，而这一面恰恰又是文官们不愿意承认的：那就是，汪直是一个清廉的太监。

被贬斥到南京，汪直并没有什么随身值钱的财物，以至于到了公馆中又冷又饿，只好乞求裴泰给他饮食。之前，宪宗虽然将他降职，却没有抄家的命令。如果他是贪腐之辈，家财万贯，当不至于道路上如此落魄。对比一下，那些被调任地方降职的大官，都是随身携带几十辆大车的家财。

就是从文官们弹劾汪直的奏疏看，没有一个人用贪污问题来攻击汪直，汪直的清廉让痛恨他的文官们无可指摘。

不过，文官们秉承痛打"落水狗"的精神，要将汪直彻底打垮，永远不得翻身。经济问题上找不出汪直的罪过，那就从其他方面入手，罪名想找，总会有的。

八月间，科道言官弹劾汪直八大罪。宪宗下旨将南京御马监太监汪直降职为奉御。威宁伯王越被革职为民，陈钺早已致仕不问，南京工部尚书戴缙和锦衣卫指挥吴绶被革职为民，韦瑛后来因他事被杀。

汪直倒台了，可是我们透过泛黄的史册，在字里行间却发现他不是一个大奸大恶之徒。

嘉兴知府杨继宗以清廉闻名，有一次进京办事，汪直久仰他的大名，想去拜访他，却被拒之门外。宪宗问汪直，在进京朝觐的官员中，有谁比较清廉？汪直顺口回答，只有杨继宗是不爱钱的。

汪直对闻名天下的清官杨继宗充满了崇拜之情，他没有放弃结识杨继宗的愿望，当听说杨继宗父亲离世的消息，汪直到了杨继宗家里吊丧。这下，杨继宗没有什么拒绝的理由了。

进门之后，汪直终于见到传说中的清官了，他开玩笑说："原来杨继宗就长得这副模样呀。"没承想，杨继宗冷冷回了一句："我是长得不好看，可是，我身上一件东西都不缺，没有辱没祖先。"

杨继宗这不是开玩笑，简直可以称得上人身攻击了，当着太监，说人家最忌讳的话。很多人都为杨继宗捏了一把汗，他们担心权倾天下的汪直会报复。

不过，担心的报复一直没有来。相反，汪直在宪宗面前不停地为杨继宗说好话，杨继宗步步高升。

　　汪直在地方巡视期间，沿途官员奴颜婢膝，对他百般讨好，唯恐落后。只有河南巡抚秦纮不把汪直当回事，对他冷面相待。

　　汪直不但没有生气，还对秦纮毕恭毕敬，可是秦纮一点面子不给，对他依然不理不睬。对汪直的随员中，有些不法随员骚扰地方的情况，写成奏疏，报告给宪宗。

　　汪直回京之后，宪宗问他沿途官员如何。汪直没有表扬那些"马屁精"们，他说只有秦纮既廉洁又有办事能力。

　　宪宗朱见深哈哈大笑，拿出一份奏疏给汪直看，原来就是秦纮弹劾汪直和他的随员的。汪直连连叩头认罪，并且连说秦纮奏报得对，自己对他贤能的印象一点都不会变。

　　后来，秦纮在巡抚河南时，又遇到汪直巡视。秦纮又弹劾了汪直，汪直不仅没有怪罪他，还在宪宗面前大力举荐他，后来提拔他做了户部侍郎。汪直的宽宏大度也感动了秦纮，两人最终成为好友。

　　巡抚汪霖在汪直巡查地方时，对其接待费用公事公办，汪直不高兴，发了一通牢骚。汪霖听说了，还是照样对他。汪直见此人能坚持原则，对他另眼相看。

　　可见，汪直敬仰清廉、有能力的官员，之前被他打压的马文升、项忠等官员多是因为与他政见不合。

　　至于为什么宪宗朱见深会将汪直贬斥南京，我们大致推测如下原因：首先，汪直确实有勾结王越等廷臣的嫌疑，宪宗朱见深非常忌讳这一点。

　　其次，汪直的西厂办事过程中，得罪了太多文武官员、勋贵甚至太监，加之东厂太监尚铭和司礼监太监怀恩，这些人一起施压，迫使朱见深不得不弃车保帅。这也是汪直虽然被贬斥，却得以善终的重要原因。朱见深明白汪直只不过是自己的"挡箭牌"而已。

　　最后，将汪直贬斥南京其实也是保护之举。让他远离政治中心，虽然权力没了，但是可以保住其性命，宪宗确实用心良苦。

　　汪直终老南京，再也没有回到北京。也许在落霞孤鹜的某天，年迈的汪直远眺北方，也曾经回想起自己带领西厂，整饬朝廷的风光；还有自己全身披挂，冲杀在战场上的无限豪迈。

### 尚铭梦碎司礼监

西厂废了，汪直贬了，满朝文武官员欣喜万分。其中有一个人，尤其兴奋，他就是东厂太监尚铭。

最大的竞争对手倒下了，东厂现在一家独大，尚铭岂能不喜。尚铭觉得汪直倒台，展现了皇帝对自己的信任。他开始飘飘然了，他梦想成为司礼监掌印太监，要做太监中的权势第一人。

尚铭千方百计运作，结交太监李荣和萧敬，终于谋求到司礼监太监的位置。但是作为司礼监太监，他还掌握着东厂，这就应了"月盈则亏"的道理，权势太大让他走上汪直的老路。

尚铭此人较为贪婪，前面我们交代过，他勒索富户获取不义之财。除了这些，尚铭还利用手中权力卖官鬻爵，最终在成化二十年正月，尚铭被宪宗贬斥到南京。

走在半路上，尚铭又被宪宗派人追回，将他戴上镣铐，押回北京，要追究他的罪行。

经过审问后，尚铭被杖责100下，充净军，押赴南京孝陵种菜。

尚铭的结局比汪直还惨，宪宗下令抄了他的家，结果得到家财数万，车子将赃物运送到内府一连用了好几天。

尚铭被贬，文官们还不肯放过，一定要穷追猛打。吏科都给事中王瑞上疏，要求追究尚铭党羽。宪宗一句"朝廷自有处置"，将他回绝。

科道言官们见王瑞被拒，决定一起上奏，要求皇帝对结交尚铭的外臣们加以重责。

宪宗见言官们不指名道姓，只是模糊上奏，一时间大怒，欲将他们一并廷杖。

眼看一场闹剧就要上演，多亏司礼监太监怀恩在旁边劝谏，宪宗才冷静了下来。

宪宗改变了主意，他让怀恩将言官们当面训斥了一番，要求他们以后言事要符合事实，不准敷衍了事。

可见，虽然尚铭倒了，宪宗并不想穷追猛打，宦官仍然是他最可信赖的人群。

尚铭倒了，接替他的太监是忠是奸，行事如何？

## 悬梁自尽的东厂厂公

尚铭之后，接替掌管东厂的，是太监陈准。

此人是司礼监太监怀恩的好友，他深受怀恩的影响，为人正直不阿。

接替东厂的第一天，陈准就告诫手下大小头目们："如果有谋逆这样的大事，你们告诉我。如果是其他民间琐碎之事，自然有法司处理，东厂不要插手。"

这道命令一出，京城百姓纷纷鼓掌称善，大家心中安定。

陈准督领东厂期间，东厂上下办案公正，东厂在大明臣民心目中的印象一度改观。

只可惜，陈准这样的好厂公却未能长久任事。陈准遇到人生中艰巨的抉择。

有一个本来无罪之人被无辜抄家，朝廷还将此人送到陈准这里治罪。正直的陈准不愿意做这种伤天害理之事，他又没有怀恩那种勇于劝谏皇帝的勇气，思索再三后，他最终做出一个让所有人意想不到的决定：既然无力改变事实，那就选择离去吧，宁死也不肯冤枉一个人，这就是陈准的抉择。

第二天，东厂官员发现他们一向敬重的厂公陈准竟然悬梁自尽了。

在文学和历史作品中，黑暗罪恶的东厂在这一刻闪烁出人性最耀眼的光芒。

一个宁死都不肯冤枉他人的太监，没有多少人记住他的姓名。不过，他的所作所为却是很多贤明官员都无法做到的，请记住，他的名字叫作陈准。

东厂在成化年间，确实也破获了不少案件，他们监控文武官员、权贵皇亲，甚至宦官也是他们监控的对象。

成化二十二年十二月，宦官熊保奉命前往河南公干。经过兴济县时，熊保以船夫不足，迁怒皂隶，杖责一人致死。熊保还携带私盐，强迫沿途州县官购买，并且勒索钱财。

到了河南，三司官员、镇守官还有王府都馈赠熊保钱财，他得到银子5300余两，马33匹，金玉书画无数。随行的鸿胪寺带俸右寺卿黄钺也得到银子800两。

他们忙着点钱，却没想到，早有眼睛盯上了他们的一举一动。这就是东厂缉事官校。他们密奏皇帝，熊保等人被下锦衣卫大狱审讯，一番拷打之后，他们认罪。

刑部判处熊保绞刑，黄钺徒刑。宪宗命将熊保发南海子充净军种菜，黄钺等人充军铁岭卫，其他随员杖责80下，发遵化厂炒铁。

这起案件中，东厂的耳目起到了至关重要的作用，使得不法宦官和贪腐官员都得到惩治。

成化年间，宦官故事多，有的正能量，有的让人切齿痛恨。很多宦官所作所为，还连累了主子，让主子在几百年后仍被人唾骂。这位主子就是明宪宗一生的挚爱——万贵妃。

### 万贵妃身边的宵小之徒

要谈及宪宗成化朝政治，就必然离不开一个女人，她就是万贵妃，宪宗朱见深一生中最挚爱的女人。

当年土木堡之变后，明朝面临空前危机。时年两岁的朱见深被立为太子，随着北京保卫战的胜利，皇叔朱祁钰的皇位坐稳了。朱祁钰的私心膨胀，看着太子位上不是儿子，而是侄子，心中极不是滋味。他动了易储之心，将太子朱见深废为沂王，将亲生儿子朱见济扶上太子位。

朱见深失去太子位，名为亲王，实同软禁。在他人生中最艰苦的岁月，是比他大17岁的宫女万氏陪伴他度过的。

天长日久的陪伴和守护，朱见深和万氏之间渐生情愫。年龄不是问题，对朱见深而言，万氏有母亲般的温暖，成熟女人的魅力更是让他无法自拔。

应该说，万氏对朱见深的情感也是真挚的，那种艰苦岁月里产生的感情是无人可以替代的。

朱见深登基为帝后，把一切能给的都给了万氏，如果不是阻力太大，可能万贵妃就会变成万皇后了。

清修《明史》将万贵妃描述成恶毒之妇，她迫害宪宗宠幸过的后宫女子，暗中毒死了很多小皇子，甚至将明孝宗生母纪氏之死也归结到她的头上。

其实根据《明宪宗实录》里面商辂的一份奏疏描述，万贵妃在宫中全心全意养育朱祐樘，纪氏因为有病在宫外居住，在两个月后不治而亡，并非万贵妃毒死。退一万步讲，如果真是万贵妃毒死纪氏，登基为帝的朱祐樘岂能放过杀母仇人？

不来个鞭尸毁棺，诛灭九族？

至于万贵妃迫害怀孕嫔妃和毒杀小皇子的事情，更是无稽之谈。真爱皇帝，岂能让他无后？

万贵妃为什么被后人如此黑化，黑成了狠毒妒妇？很大程度上，万贵妃的名声是被宦官梁芳、韦兴、钱能等人给连累的，这些宦官假借贡献之名，搜刮民间钱财，孝敬结好万贵妃，从而闹得民怨沸腾。

这些宵小之辈中，最有代表性的就是太监梁芳了。梁芳，广东新会人，成化朝的御马监太监。

梁芳是个八面玲珑之人，他见宪宗对万贵妃宠幸，一心想靠上万贵妃。梁芳通过结好万贵妃的弟弟万贵和万通。梁芳将搜刮来的钱财进献给万氏兄弟，以满足他们穷奢极欲的糜烂生活。

万氏兄弟得了钱财，自然不停地在姐姐万贵妃面前为梁芳美言，就这样万贵妃也对梁芳印象极好。

梁芳见第一步计划成功，内心欢喜，决定趁热打铁，继续稳固自己在万贵妃心中的地位。他通过党羽钱能、韦眷、王敬等宦官在地方采办之机，指使他们大肆搜刮钱财和珍宝美珠，梁芳将这些进献给万贵妃享用。

万贵妃喜欢的人，自然也成为宪宗喜欢的人。得到恩宠的梁芳更加放荡不羁，他引荐道人李孜省和僧人继晓，这一僧一道又被宪宗宠信。

宪宗为了表示感谢，对这些喜欢的僧道、宦官家人、画家、医生等统统给予官职。这些人官职不是通过正常衙门程序给予的，而是通过司礼监太监直接传圣旨赏赐的，所以被称作传奉官。

梁芳等人这一通闹，一时间朝廷上下乌烟瘴气。陕西巡抚郑时上疏揭发梁芳，反而被罢官。郑时为人正直，在民间享有极高的声誉。他这一被罢官，百姓们如丧考妣，痛哭流涕送他上路。这事惊动了宪宗，宪宗有些省悟，罢黜了十名传奉官。并且下诏说，以后只要传圣旨授予官职的，都需要复奏，但梁芳没有被责罚。

宪宗对他的恩宠仍然让人不可思议。指挥袁辂献出土地修建佛寺，梁芳奏请袁辂承继广平侯，宪宗竟然也慨然应允。

梁芳一人得宠，鸡犬升天。他的族属梁瑄、梁德分别被封锦衣卫百户和镇抚，甚至梁芳的家僮梁顺也被升为锦衣卫千户。

一时间，上门求梁芳推荐做官的人，踏破了他家门槛，梁芳大收黑钱，为这些人乞请传奉，朝廷风气大坏。

梁芳老母居住在广东老家，梁芳向宪宗奏请，让他弟弟梁德经常往来京城和新会之间，以便侍奉老母。梁德借机到广东搜刮良禽花木，以私人身份进贡给宪宗。梁德的所作所为给广东地方造成不少骚扰。

梁芳肆意挥霍宫中库藏钱财，一时间，内库几朝累积下来的藏金都被用光了。宪宗巡查内库，发现这个问题。他终于怒了，将梁芳和韦兴找了过来，怒声斥责他们："都是因为你们两个人，府库藏金都被浪费了。"韦兴不敢言语，梁芳却解释说："兴建显灵宫和各处祠庙，都是为了陛下祈求福泽罢了。"

宪宗不清楚这些钱到底花在哪里，沉着脸跟他们说："我不跟你们算这笔账，自然会有后面的人跟你们算账。"

梁芳害怕，知道宪宗所指的后面人就是太子朱祐樘，他一时间动了劝说皇帝改变储君的想法，只不过多亏了一位司礼监太监拼死劝谏，加上泰山地震，太子的位置才得以保全。

梁芳的地位都是依仗宪宗和万贵妃的宠幸，在二人相继离世后，太子朱祐樘即位，以祸乱朝政的罪名，将梁芳降职为南京御用监少监，梁芳知道自己因为劝说皇帝废黜太子，得罪过新皇，于是赶紧把永清县和远官店的庄田退还。

但是梁芳毕竟罪过太大，文官们不可能放过他，在一片弹劾声中，梁芳被捉拿入狱，死在监狱中，也应了那句话：多行不义必自毙。

梁芳这些贪婪的宦官连累了万贵妃，导致后世对她恶评如潮。另外，万贵妃确实也放纵自己的兄弟万贵等为害民间，加上支持梁芳等宦官大肆搜刮，从这方面讲，她的恶评又有咎由自取之嫌了。

除了梁芳，成化一朝还有些宦官为恶地方之事，他们的所作所为确实给明朝地方造成不少骚扰。

### 一门四宦官：钱能和他的兄弟们

钱能，海西女真人，他在兄弟四人中排行老三，人称其为"三钱"。老大钱喜、老二钱福都是御马监太监，老四钱义御用监太监。一门兄弟四人都做到太监的高位，在明朝也算是异数了。

正统二年，女真钱氏兄弟都被选入内廷，当时最小的钱义只有四岁。他们极有可能是作为战俘进入宫廷为奴。

老大钱喜最先出人头地，做到御马监太监的高位。成化二年，蒙古入犯，钱喜作为督军太监会同大同等处总兵官，出兵剿灭敌寇。成化十三年的杨泰案中，钱喜曾经跟韦瑛一起受命抄没杨晔家产。

老小钱义秉性机敏、嗜学，他在宫中经常向那些老宦官们学习经验。这些老资格的宦官都说："这孩子将来肯定要大富大贵。"南宫复辟之后，英宗宠信钱义，升他做奉御。

英宗选派他侍奉时为太子的朱见深，他做事认真，不敢有丝毫懈怠。闲暇之时，钱义读书背诵，有人嘲笑他，他回道："读书总比闲坐着好。"

天顺八年，朱见深登基后，将钱义升迁为御用监左监丞。成化元年，又被擢升为正四品的御用监太监。

钱义为人能礼敬士大夫，有人侮辱他，也不跟别人计较。他倒是一个名声不错的太监。

兄弟四人中名气最大的还是钱能。当然，这个名很大程度上是恶名臭名。

有三位在内廷权势显赫的兄弟襄助，御用监太监钱能在成化四年得到一个美差：出镇云南。

钱能前往云南，肩负着一项重要使命，那就是索取云南积欠朝廷的银两，以便缓解朝廷内库空虚之急。明宪宗登基后，内外战事较多，加之国家连年大灾小灾不断，府库用银巨大，天子的内库存储也被用于各项事务。

眼看内库的银两越来越少，内承运库太监林绣奏请宪宗将云南历年积欠银两和各处赃罚款银两尽数解到京城，以备急用。说白了，钱能被派往云南，就是去搜刮钱财，这是一个可以明目张胆敛财的美差。

钱能到达云南的第二年，也就是成化五年，就被贵州巡抚陈宣参了一本。因为钱能随身带了一大帮子随从，沿途敲诈勒索，欺辱官员，尤其是他们在贵州期间，欺压百姓，勒索钱财，造成当地民怨沸腾。陈宣请求宪宗将钱能和少监郑忠随带多余的随从召回。宪宗却批复说，特许钱能携带随员十名。

云南巡抚郭阳拍钱能马屁，上疏朝廷称赞钱能办事得力，要求他继续留在云南任职。

钱能为了索取钱财，无所不用其极，甚至差点闹出外交纠纷。按照规定，安南国入贡朝廷一律经广西，不走云南一线。钱能谎称安南王擅自将捕捉盗贼的官军派往云南境内，要求派遣指挥使郭景去申饬安南国王。

宪宗批准后，钱能派郭景将玉带等宝物送给安南王，要求安南进贡特产，并且改走云南一线入朝。安南王那时侵占凭祥，气势正盛，正好想借道云南，窥探大明虚实，于是一口应允了下来。

安南王以解送广西龙州罪犯为名，随郭景经云南进京。他索取民夫600人，又派兵赶来，云南当地大受其扰。兵部见事态严重，严厉斥责说云南不是入贡之道，龙州罪犯只能解送广西，不能进京。事件这才得以解决。

钱能还曾派郭景和指挥卢安到孟密等土司，以答应将他们升为宣抚司为条件，勒索宝石和黄金，并且逼淫土司孙女。

消息传到京城，内阁首辅商辂奏请派遣大臣王恕前往云南巡抚，以便牵制他。

成化十二年王恕到达云南后，调查了事情的原委，郭景畏罪自杀。宪宗法外开恩，没有追究钱能之罪。

王恕到云南后，紧紧盯住钱能的一举一动，稍有不法行为，王恕就上疏弹劾钱能，要求皇帝予以惩治。

钱能畏惧王恕的刚正严明，通过皇帝身边近臣离间，要求将其调回京城。钱能返回京城办事时，也在宪宗面前进谗言，说王恕的坏话。

有意思的是，王恕虽然是钱能的眼中钉，钱能却极其敬重他的为人。王恕后来到浙江赴任，吴诚代替他的位置。钱能派遣指挥胡亮在平夷迎接新巡抚，回来之后，钱能问他吴诚比王恕如何？胡亮说："甚好，吴诚知道敬重公公，跟王某人大不相同。"钱能却露出鄙夷的笑容："王恕正直无私，老是跟我作对，吴诚这样的巡抚，只配给王恕提草鞋罢了。"

后来，钱能到南京守备，王恕当时正是南京兵部尚书，两人再次成为同事。钱能对王恕更加心悦诚服，经常对别人说："王公，是天人也。我只有敬事而已。"

王恕看到钱能比之前收敛了不少，于是对他也能坦诚相待，两人共事融洽。

其实文官们也看得清楚，钱能在云南掠夺钱财出自宪宗皇帝的支持。文官们与钱能本人并没有私仇，弹劾钱能也是出自对掠夺云南百姓的不满。

钱能在成化四年到成化十六年期间一直奉命镇守云南。

在这期间，他勒索搜刮了不少钱财。云南有个富户染上了皮肤病，钱能叫来富户之子，跟他说其父又老又病，而且这是恶疾，能传染，不如将他投入滇池淹死，免得传染给军士们。富户之子知道钱能这是勒索钱财，只好乖乖地奉送一笔巨款给钱能。

有个王姓百姓，靠卖槟榔发家致富，人们都称他为"槟榔王家"，钱能抓住他的"小辫子"，说你一个平头百姓，怎么敢煽动百姓，僭越称王？吓得王富户交了钱财，最终才得以破财消灾。

成化十六年五月，钱能在科道言官多次弹劾后，称病乞求皇帝将其召回。

钱能在回京之前，还办了一件正事。老挝使者来朝进贡，安南国当时正攻打老挝，钱能知道后，请求朝廷敕令使者兼程赶回老挝，并且送给他们路费。这其实出于保护朝贡国的目的。

钱能被召回后，宪宗命他担任南京守备一职。钱能在云南时，用7000两银子购买了沐府价值4万多两的古物。来到南京后，他与另一个喜欢收藏古物的太监王赐展示藏品，南京的缙绅们也有缘得以目睹参观。

钱能在南京为官安稳，一直到弘治三年蒋琮案中，他被涉入其中，但是弘治帝没有追究他。

弘治末年，钱能病逝于南京，死后归葬在北京的钱氏祖茔。

钱能为人贪婪，在云南期间尤甚，他能得到宪宗父子两代皇帝的恩宠，归结原因，就在于他的搜刮活动是为了解决皇室财政困难，皇帝感念他的功劳而已。

最后提一句，钱能在云南期间，曾经收养了一个李姓巡检使之子李福宁，将其改名换姓为钱宁，钱能死后，皇帝推恩他的家人，钱宁成为锦衣卫百户。正是这个钱宁，在正德朝兴风作浪，成为有名的佞幸。

当然，为了解决内库危机，宪宗不止派出钱能一人，还有一个太监在江南为非作歹，成为众矢之的。

### 激变学潮的罪魁王敬

成化十八年五月，"囊中羞涩"的宪宗，又将目光盯在富庶江南。他让太监覃昌传旨，命太监王敬前往江南购书、采药，并且派遣锦衣卫带俸千户王臣、百户王完、王钊、姚敬等 19 人一起前往。

有了皇帝的旨意，王敬等人一路上招摇过市，勒索财物，将江南一带的书画、宝器掠夺了不少。王敬等人以盐引勒索地方官府银两，又沿途敲诈百姓，给江南造成骚扰。

王敬的最得力助手就是王臣，这人一条腿跛了，人称作"王瘸子"。王瘸子帮王敬出了不少坏主意，他本人好色，还霸占不少江南女子。

听了王臣的建议，王敬在民间搜到一本算命的"宝书"。他打算将此书进献给宪宗，此书破旧不堪，于是王敬就命令苏州府儒学生赵汴等 20 人重新誊录一份。

正在抄写的过程中，赵汴发现此书是旁门左道，我等堂堂孔圣人学徒，岂能为此不堪之事。于是乎，他振臂一呼，其他学生也罢抄，大家把笔一扔，不抄了。

王敬大怒，命令苏州地方官将 20 名学生责打了一番。受罚的学生更加生气了，他们骂王敬说："你等欺负百姓不说，现在又来害我们这些儒学生。"

王敬见学生敢骂自己，气不打一处来，上奏宪宗告学生们一状。宪宗也不分青红皂白，命江南巡按御史将学生们抓起来治罪。

不过恶人自有恶人磨，正此时，东厂太监尚铭手下调查到王敬、王臣在江南的诸多不法之事，向宪宗做了汇报。

尚铭上奏里面一条彻底触怒了宪宗，就是王敬等人竟然敢于诈传圣旨。宪宗命令将王臣斩首示众，王敬贬斥为南京孝陵卫净军种菜，王完等人发配充军。

王敬得以保全性命，最重要的是他为宪宗和万贵妃在江南搜刮到不少宝物，主子开恩，饶他一命。另外，王敬的后台梁芳、韦兴等人极力保全，也是重要原因。

只为那天子内库空虚，宦官四出，在广东地界，又有一人闹出风波。

### 广东市舶司宦官韦眷

广东市舶司是明朝在广东设置的接待外国贡使和处理朝贡贸易的办事机构。从唐宋以来，中原王朝就有派遣宦官提督广东海外贸易的传统。在明朝，掌管市舶司事务的太监全称为提督广东市舶提举司太监。这是一项美差，海外贸易利润巨大，在为朝廷敛财的同时，自己的腰包也能逐渐鼓起来。所以宦官们都将此差视为脂膏之职。

韦眷，字效忠，广西宜山人。他自幼入宫，办事忠勤，先后升为右少监、内官监太监。在梁芳的大力举荐下，韦眷在成化十一年出任广东市舶司提举。

韦眷来到广东后，发现办事人手不够，奏请皇帝拨给徭役 60 人帮办。宪宗表示同意。接到指示的广东布政使彭韶却表示反对，他觉得额定的 80 人足够用了，另加 60 人不妥。宪宗一番斟酌后，定下增加 30 人作为广东市舶司内官随从。

韦眷通过海外贸易，为宪宗和万贵妃采办到宝石、苏木、香料、琥珀、犀牛角、象牙等宝物。虽然已经立下不少功劳，韦眷还觉得力度不够。他听说皇帝和嫔妃们喜欢狮子，他找到撒马尔罕的使臣，讨要几头狮子给皇帝观赏。使臣却告诉他本国不产此物，满剌加一带倒是有狮子。韦眷听后，就紧锣密鼓地开始准备起来。

也不知怎么，就走漏了风声。广东布政使陈选得知消息，以民生不安、劳民伤财为辞上奏宪宗，要求取消进贡狮子。宪宗这次倒也爽快，答应了陈选的请求。韦眷本来想通过采办狮子，讨好皇帝，没有想到被陈选坏了好事。

从此，韦眷开始恨上了陈选。

成化二十二年，番人海商马力麻，假冒苏门答腊使者来华。韦眷得到他的好处，不予追究。陈选看出事情的端倪，揭发了马力麻和韦眷的罪行。马力麻被治罪，韦眷却毫发未损。

成化二十三年，天方国海商阿力携带宝物，打算入京朝贡。阿力到达广东后，财物被韦眷侵占。阿力不甘心，打算入京告状。没有想到韦眷恶人先告状，抢先一步在朝廷上下打点活动。宪宗竟然以为阿力是海外间谍，下令锦衣卫将阿力押送广东镇巡官处收管，并将其遣送回国。

韦眷不但滥用职权，侵夺海商财物，还勾通海商黄肆和王凯等人，任由他们出海走私，甚至杀人越货。

这起官商勾结的走私案被番禺知县高瑶破获。高瑶将没收的番人财物上交布政司衙门。陈选上奏朝廷，要求治罪韦眷。

韦眷和陈选的仇恨愈来愈深。

陈选此人不惧权贵，早在他当年担任河南提学副使时，就与汪直有过一次交集。当时汪直奉命视察，当地官员无不奉迎拜谒。只有陈选见了汪直，仅拱手而已，汪直觉得奇怪，就问了他的官职。事后，汪直觉得此人正气，也十分敬仰他，没有报复追究。

陈选连权势滔天的汪直都不怕，岂能怕一个韦眷。

韦眷打算先下手为强，他诬告陈选和高瑶朋比为奸，贪赃枉法。韦眷串通好朝廷下派广东调查的官员，他们坐实了陈、高二人的罪名，将他们逮捕上京法办。

高瑶和陈选被逮捕的消息传到民间，百姓们纷纷哭送两位好官。陈选死在途中，高瑶被发配永州充军。

韦眷小人得志，不过并没有猖狂多久。弘治初年，他因为结交太监蔡用妄举李父贵冒充纪太后族人，被降职左少监，撤回京城。

同时，孝宗皇帝为陈选平反复职。

韦眷在广东的所作所为破坏了海外贸易，给地方造成骚扰。

**成化朝文官与宦官关系的另一面**

成化一朝，不法宦官多，作威作福的宦官多，文官们对宦官口诛笔伐，一时间我们看到马文升、商辂、陈选甚至万安都加入讨宦大军之中，可是，通过一些鲜为人知的史料，我们发现了文官与宦官关系的另一面。

第一，商辂与钱能的关系。商辂在正史中是以反宦官斗士的形象出现的。无论是在反对西厂，还是奏请派遣王恕巡抚云南牵制钱能来看，商辂都是文官集团积极与宦官抗争的"排头兵"。

不过，随着最胜寺兴建碑的发现，我们发现了商辂的另一面。此碑文是应钱氏兄弟所请写就，碑文写于成化八年。商辂的碑文声情并茂，是一篇纪念钱氏四兄弟生母的悼念文章。从字里行间可以看出，商辂应该与钱氏渊源很深。

商辂不是奉旨写文，按理说作为反对宦官的领头人物，写这样的碑文，是出于与宦官的人情往来。

商辂反对专横宦官是公，私下与宦官来往是人情世故，由此可见文官与宦官之间关系的复杂性。

第二，太监黄高与余子俊关系。

余子俊在正史中作为文官集团的杰出代表，为人称颂。一则小故事反映了他与宦官交好甚至巴结的一面。

成化年间，司礼监太监黄高在庆寿寺休假。当时有一名兵部尚书求见，但是此人不想说出姓名。他和侍郎先后离开兵部，各自跟彼此说是去其他地方。不久，两个人都到了庆寿寺门外，尴尬至极，进退不得。

过了一会儿，都御史王越和户部尚书陈钺也来了。黄高很久都没出来，只是让寺庙主告诉诸位文官："请诸公拜佛。"王越带头，大家一起进入寺庙。

他们刚要拜佛，黄高出来说："诸公今日的富贵，都是前世积来的。跟佛有什么关系？"其实，此言暗中嘲讽各位官员不是靠德学得来。继而，宾主各自落座，黄高说："昔日王振用事，六卿多私自拜谒，人们都认为他是擅权。现今诸公来访我，怎么知道外人不会议论我？而且诸公访我，不知道你们认为我是什么样的人？"

兵部尚书说："公真是圣人呀。"黄高惊讶地说："大而化之才能称作圣。孔子尚且说，吾不敢当圣人。我是何等人，怎么敢说是圣人。……"黄高口若悬河，滔滔不绝说了很久，众人静静听着。

这位兵部尚书就是明代名臣余子俊。文官结交宦官，足可见宦官权势之大，也可见宦官与文官不过都是同事关系，他们之间的勾结，也可视为同事之交。

前文，我们讲述了成化朝的一些为恶宦官，也有一些宦官能导君以正，做出了不少贡献。有一位甚至颇具名臣范儿，被文官士大夫所称颂。

### 宦官中的名臣范儿：司礼监宦官怀恩

清修《明史》载有怀恩的传记，说他是兵部侍郎戴纶的族弟，宣宗皇帝杀了戴纶，抄了戴纶叔父太仆寺卿戴希文家。戴希文就是怀恩的父亲，当时怀恩年幼，也被收入宫中为奴，赐名怀恩。

文人之所以如此记载，其实为了美化怀恩出身，这样一个名声极好的宦官，怎么可能就是自愿入宫，必然是身世坎坷，万般无奈才被迫入宫为奴。

只可惜，我们翻阅《明实录》，发现事实并非如此。怀恩，南直隶苏州府人，本姓马，宣德年间入宫，被赐姓怀。到底为什么入宫，实录没有说，不外乎是家中贫困或者家人希图富贵，才将孩子送入宫中阉割。

《明实录》里面有传记，《明史》里面史官为他修改出身，这是怎样一种殊荣啊！要知道，文官笔下的好宦官太少，怀恩这样得到文官极高好评的更是凤毛麟角。其实，凡事皆有因果，怀恩确实是一个具备名臣范儿的太监，才能被文人们所推崇，并大力宣扬的。

成化三年，户部尚书马昂等负责清理京营，礼部尚书奏请选派内臣一人公事，并大力推荐了怀恩担任此职。成化四年，征讨满四叛乱时，怀恩又与太监黄赐、兵部尚书白圭等人一起商讨军机。

怀恩勇于保护朝中正直大臣。有个名叫阿九的宦官，他的兄长担任京城卫所经历，因犯罪，被刘大夏鞭笞责罚。阿九知道兄长被打，怎肯善罢甘休，他在宪宗面前诬告刘大夏。宪宗将刘大夏抓入诏狱，多亏怀恩鼎力救助，才得以释放。

员外郎林俊弹劾太监梁芳、妖僧继晓等人，因为奏疏里面涉及宫闱秘事，惹怒了宪宗，朱见深将其下诏狱，还动了杀他的念头。

文官们屡次上疏求情，宪宗不听。怀恩叩头求情，说千万不能杀进谏的忠臣。他声泪俱下，说太祖、太宗朝，就是因为大开言路，所以得以天下大治。如今要杀谏臣，必然造成百官离心离德，臣誓死不敢奉诏。

宪宗更加生气，怀疑他跟林俊勾结，才让林俊知道宫闱之事。他越想越气，顺手拿起御案上一方砚台朝着怀恩砸了过去。

怀恩见砚台朝他飞了过来，不但不躲，还抬头迎了上去。砚台没有打中他的头，宪宗气得把御案都掀翻了。

怀恩脱帽，紧紧抱住宪宗的腿，号啕大哭："奴婢不能再侍奉陛下了。"宪宗挥挥手，让人将他扶了下去。

怀恩出了宫门，突然想起被弹劾的奸臣们有可能会授意锦衣卫谋害林俊。他赶紧派人传话给锦衣卫镇抚司："你们勾结梁芳，陷害林俊，林俊如果死了，你们也别想活。"

怀恩回到住宅后，闭门谢客，自称中风。

宪宗皇帝盛怒之后，仔细思索，觉得林俊所言也不是完全没有道理，慢慢消了气，也就释放了他。宪宗还派出御医到怀恩家中，为他诊病。

怀恩不止一次逆"龙鳞"，净谏皇上。有个叫章瑾的因为贡献了宝石，宪宗一高兴，打算给他锦衣卫镇抚职位。他让怀恩传旨，没有想到怀恩却拒绝了，他说："镇抚司掌管天子刑狱，是武臣的重要职位，怎么能给一个献宝石的投机之人？"宪宗大怒，责问怀恩竟敢违命。

怀恩说："非敢违命，只是不想违法而已。"宪宗无奈，只好让覃昌传旨。

怀恩为了阻止此事，暗示兵部尚书余子俊上奏反对，可是余子俊没有他的勇气，不敢上谏，气得怀恩连连叹息："我就知道外廷大臣无人了。"

外廷大臣有上谏皇帝的，怀恩都会在内大力支持，都御史王恕经常直言进谏，怀恩看到他的奏疏，都会感叹："天下忠义，就此人而已。"

怀恩办事公正无私，深得外廷好评。成化十八年腊月，易州知州李宪非法杖死了部民，李宪四处打点关系，以逃避罪责。守备内官钟庆得知此事，得到李宪派人委托其乡里一个太监帮忙的书信，里面提到的太监是怀恩。

怀恩得到钟庆的奏报，大怒，命人将李宪提到京城，下锦衣卫大狱审问。李宪本打算找怀恩帮忙，未曾想，这封书信没有发出去就被查到。

此事也可见怀恩办事之公正无私。

怀恩最大的功绩还是劝谏宪宗，力保太子朱祐樘。

前文我们讲过宪宗视察内库时，曾经斥责梁芳、韦兴，说太子自然会跟他们算账。梁芳等人惊惧，他们合计劝说宪宗改立兴王为太子。

宪宗正好宠幸兴王的生母邵妃，此建议对了他的心意。于是，宪宗把怀恩找来，跟他商量易储之事。

皇帝要废太子，为何找司礼监商量，这就是司礼监权势之所在，也是明代制度设计之巧妙了。如果读者记性不错，还记得之前景泰帝要易储，也曾经试探过司礼监太监金英。

宪宗一说，怀恩情绪激动，当即摘下帽子，跪下叩头，边哭边说："奴婢死不从命，宁可陛下杀了我，也不让天下人来杀我。"

司礼监掌印太监如此态度，宪宗只好暂时作罢。

怀恩回去后，闭门不出。宪宗下诏将他贬斥到凤阳守陵。怀恩临走之际，还不忘找来同事司礼监太监覃昌，交代他一定要力保太子。

怀恩去往凤阳，覃昌继任司礼监掌印太监。他觉得自己没有怀恩的强硬风骨，怀恩都做不到的事情，自己又如何能做到。他整日里忧心忡忡，唉声叹气。

覃昌又想到去找内阁首辅万安和次辅刘吉商量，两人都是老好人，不敢得罪人，左右搪塞。覃昌万般无奈，气得直跺脚，甚至想学陈准，一死了之。

眼看宪宗不停催促覃昌传旨，更换太子。也巧，正好这时泰山发生地震，内灵台奏报泰山崩，必须要通过东宫太子有喜来冲。宪宗还在疑惑："太子也应天象吗？"一旁的覃昌连忙回道："太子是陛下之子，怎能不应天象。"宪宗一想也是这个道理，就下旨给太子选妃。

就这样，太子朱祐樘算是保住了储君之位。

孝宗即位，感念怀恩因力保自己，才被贬斥。于是，孝宗下旨将怀恩召回京城，仍然让他掌管司礼监。

怀恩在弘治朝，一如成化朝之刚正无私。他立劝孝宗驱逐万安，任用王恕。孝宗在宫中无意中发现了万安进献给父皇的房中术，孝宗大怒，命怀恩去内阁质问万安，并将弹劾他的奏疏一并读给他听。

万安此人脸皮极厚，听着怀恩高声宣读百官弹劾他的奏疏，还没有主动辞职之意。怀恩上前摘去他的牙牌，万安才被迫离开。

弘治初年，朝廷鼓励直言，进言者陡然增多。有些进言的文官言语过于激切，有人说宦官是受过刀锯之刑的残疾人。太监覃昌见此大怒，怀恩却笑笑，安慰他说："他说得对。我们本来就是刑余之人，又何必发怒？"

怀恩死于弘治初年，孝宗赐他祭葬，并赐"显忠"祠额，此两字也算实至名归，对怀恩一生的盖棺论定了。

除了怀恩，还有一位成化朝太监不得不提，他因为说过一句话让人感动不已。

### 一句话感人至深的宦官

樊坚，广西柳州人，父亲樊亮，母亲韦氏。樊坚13岁时，进入内廷，当时正是宣德六年。他被选入内书堂读书，过目成诵，是众人中的佼佼者。

正统十一年，樊坚被授予奉御职位。成化元年，他又升为局副使。成化二年，奉命建造大慈仁寺有功，樊坚被升为司设监监丞。两年之后，他成为司设监太监。

因为忠心勤劳，樊坚被选到周太后宫中任职。他曾经护送亲王之国，规定的供应之外，一无所取。沿途州县驿站之人，听说樊坚来了，都高兴地说："福人来也。"

樊坚为人宽宏大量，心怀慈悲。每当遇到别人贫苦的，就动恻隐之心，对他们大力救助，从来不吝啬。

樊坚感念国恩，常常担心不能回报，所以他办事兢兢业业，不曾有过懈怠。

樊坚想起自己年少入宫，对父母没有尽孝，他常常难过地说："人都有父母，我却不能朝夕陪伴父母。我尽然不能在生前侍奉他们，只好在死后报答他们。"这句话，也着实令人感动。

他在每年父母的祭日，都会敬献祭物，表达无限的思念之情。

成化十八年，樊坚病逝，葬于宛平白纸坊。

成化一朝23年，随着万贵妃和明宪宗的相继离世而结束。明朝进入一个被文官士大夫极力讴歌的时代，也就是"弘治中兴"。鲜为人知的是，在这18年中，大大小小的宦官们在以自己的方式深刻影响着帝国的政治走向。

# 七、圣君朱祐樘背后的身影

朱见深追随他最爱的万贵妃走了，留下一个外无大患、内无大忧的稳定江山。

孝宗朱祐樘坐在皇座之上，若有所思，他想到自己的生母没有来得及看到自己登基为帝的那一刻。多么可惜啊！如果她在，登基大典上最高兴的人应该是母亲纪氏。

孝宗朱祐樘又想到从小看护他的太监张敏，"张老公，如果你不是气性那么大，也许就挨到今天，能看到朕登基这一刻了"。

### 看护皇子，一门三宦官

清修《明史》中有一段颇为精彩的宫斗戏：宪宗朱见深在视察自己的小金库时，看中了一个女官。这位女官姓纪，正值妙龄，是广西大藤峡之战的俘虏。被明军俘获后，入宫做了看守内库的女官。

宪宗对她一见钟情，临幸之后不久，纪姑娘怀孕诞下一子，也就是后来继承大统的明孝宗朱祐樘。

狠毒的万贵妃听说此事，暴跳如雷，让宦官张敏把孩子处理掉。张敏不忍，暗中藏匿纪氏母子，骗万贵妃说已经溺死了纪氏之子。

成化十一年，宪宗感叹自己老而无子，张敏连忙将事情真相讲了出来，宪宗大喜，将小皇子迎回，张敏担心万贵妃报复，吞金而亡。

而纪姑娘也被万贵妃下毒害死。

这段记载，怎么看都具备一出精彩宫斗剧的要素：身世坎坷的皇子，悲惨下场的母亲，忠心护主的宦官，狠毒跋扈的女主。只可惜，这段明朝版本的"狸猫换太子"的精彩桥段，只是演义而已。

首先，纪氏从怀孕到朱祐樘降生，朱见深都是知道的。成化年间官员尹直在《謇斋琐缀录》里提道：朱见深知道纪氏有了身孕之后，不想让万贵妃知道，担心失去儿子的她不开心。朱见深就悄悄将纪氏安顿在宫外的安乐堂，对万贵妃说纪氏病"痞"，也就是肚子里面长了硬块。古人对"痞"这种病比较畏惧，说这是一种可以传染的不治之症。

纪氏分娩之后，朱见深命心腹宦官前去看护。太子朱祐极夭折，有大臣渐渐知道皇帝另有儿子的消息，于是阁臣彭时请司礼监太监黄赐转告皇帝，请将皇子光明正大地迎回宫中。

万贵妃也得知这个消息，一开始她很惊讶，随即换上礼服向皇帝道贺，并且厚赐纪氏母子，奏请皇帝将小皇子接入宫中。

当时是成化十一年，乾清宫门正好起火，宪宗觉得这是上天示警，暗示他要公布一个秘密。于是，宪宗就顺应了文官和万贵妃的请求，将皇子之事公之于众，并给皇子取名朱祐樘。

其次，纪氏并非万贵妃毒杀。纪氏当时得了重病，朱见深命御医诊治，因为病情加重，汤药不能进，四天之后就离世了。之前，太监黄赐、张敏也曾经领着太医院使方宝和治中吴衡前往诊治。

纪氏若是万贵妃毒杀，继位之后的明孝宗应该不难查明真相，那他最起码也应该对万贵妃开棺鞭尸，诛灭万氏一门以示报复。可他没有这样做。如果万贵妃真有这些罪行，在弘治年间修成的《明宪宗实录》必将大书特书，记录下她逼迫有孕嫔妃打胎，毒害皇子还有害死纪氏这几条大罪。不但没有这些记载，实录中反而记录了商辂一份奏疏，里面提到万贵妃在宫中抚养过朱祐樘一段时间，而且待如亲子，这些外廷的大臣们也都知道。

若是万贵妃曾经有迫害有孕嫔妃等恶毒之事，岂能保证消息一点都不泄露，不被皇帝和大臣们知道，若真有那些劣迹，皇帝和周太后岂能放心将小皇子交给她抚养？

从万贵妃这方面分析，她蓄意毒杀纪氏和皇子朱祐樘就更没有可能了。她为人机警，深知结好已经成为太子的朱祐樘就是为自己日后打算。而纪氏当时已经病入膏肓，她何必毒杀一个对自己地位已经没有任何威胁的女子？另外说她想毒杀太子就更不可能了，她再愚蠢，也知道太子对皇帝朱见深意味着什么，要下此狠手，皇帝怎么可能一无所知，怎么可能放过她？对她而言，又有什么好处？

最后，再说太监张敏的结局，绝不是什么清修《明史》上说的在成化十一年吞金而死，张敏安然活到成化二十一年，是被气死的。

张敏，字辅德，福建固安县人。他排行老二，还有两位兄弟，哥哥张本，弟弟张庆。张敏兄弟祖上世代务农。如果没有战乱，也许张氏兄弟三人会像父祖一样，老老实实地做个农民。

正统末年，邓茂七暴乱，张敏叔父张益彬集中乡里之人保卫家园，没想到被仇家诬告，说他要勾结乱贼。结果张益彬一家被治罪不说，还连累了张敏一家，张氏家族男丁年长者充军，年幼的被阉割。张敏兄弟三人就是在这场家族大祸中被阉割，送入北京宫廷为奴。

兄弟三人在宫廷中发展得很好，成化年间，大哥张本担任御马监太监，三弟张庆做到司设监太监。

张本曾经在南京镇守，张庆出镇浙江。张庆在浙江期间，受理民间诉讼，还逮治四品以下的官员。不但如此，他在当地专横跋扈，与浙江按察使杨继宗发生了冲突。当时张敏担任司礼监太监，张庆找到兄长告状，张敏为了给兄弟出头，就在宪宗面前诋毁杨继宗。可是，宪宗先前听汪直说过杨继宗是有名的清官，他顺口问张敏："你说的那人是不私一钱的杨继宗吗？"张敏哑口无言，回去之后赶紧写信给张庆说："你别跟他斗了，皇上已经知道杨继宗的为人了。"

朱见深在成化六年七月，知道纪氏诞子的消息后，派遣张敏前去照顾小皇子。当时纪氏奶水少，张敏就跟兄弟张本、张庆商量着，用麦米做的粉浆喂养小皇子。当时废皇后吴氏也加入抚养小皇子的行列，他们一起将小皇子秘密看护到六岁。

成化十一年，也就是小皇子的身份正式被公布天下之后，张敏因为看护有功，被宪宗晋升为司礼监太监。

成化二十一年三月，张敏在宪宗面前请求不要罢黜马坊的传奉官，他得到宪宗批准，来找他的上司司礼监掌印太监怀恩。没有想到，被怀恩大声斥责："星变就是因为我们这些宦官坏国事，外臣怎么能做这些？今天传奉官弊政就要被纠正了，你又来坏事，他日天雷劈了你的头。"骂完了，怀恩还不解气，指着他的位置说："司礼监掌印的位置，我坐不久了，你兄弟三人位高权重，又想来夺取我的位子吗！"

张敏为人骄傲，又是老资格，被怀恩这样一通骂，当时大气都不敢出，回到家里，越想越气，竟然被气死了。

张敏去世后，宪宗派遣司设监太监陈勉祭葬。孝宗朱祐樘即位后，感念当年张敏的看护之功，又派遣御马监左少监郭镛再次谕祭，以表达对张敏的怀念之情。

通过上文我们得知，虽然纪氏不是万贵妃害死，是自然病亡。但是，对朱祐樘而言，母亲没有看到他登基为帝，没有享一天福，这成为他的终身遗憾。这种愧疚，使得朱祐樘立志一定要在广西找到母亲家族之人，以便报答母亲的养育之恩。于是，明孝宗找母族，也引发一起太监参与其中的冒认皇亲案。

### 冒认纪太后皇亲案

弘治元年，孝宗派遣太监蔡用前往广西访求纪太后的家人。广西当地官员也接到皇帝的旨意，要求全力配合蔡用寻找太后族人。

贺县的寻亲工作进展顺利。蔡用上奏孝宗，说访求到纪太后的两位再从兄弟，一名纪父贵，一名纪祖旺。再从兄弟，是堂兄弟还隔着一层的堂表关系，血缘上跟纪太后已经很远了。

自从蔡用赶往广西后，孝宗就日夜期盼着来自广西的消息。这下，接到蔡用的奏报，孝宗欣喜若狂，虽然"二纪"是太后的远亲，但是总算找到母亲家的亲人了。对母后的一片孝思，终于有所寄托了，孝宗心中顿时释然。

孝宗将纪父贵改名为纪贵，授予锦衣卫指挥同知职位；又将纪祖旺改名为纪旺，授予锦衣卫指挥佥事官职。"二纪"得了官，还被赏赐了大量金银财宝、庄田和豪宅。

两个乡间的穷人，一夜之间富贵，宫中无数人垂涎三尺，只恨爹妈没有把自己生成纪太后的亲属。

其实，在孝宗还是太子的时候，早就有人看中纪太后这个潜力股，觉得她和她的儿子早晚要掌管大明权柄，因此有人抢先一步，假冒是纪氏之兄。

此人就是太监陆恺。陆恺本姓李，广西当地发音，"纪"和"李"同音。陆恺冒称是纪氏的哥哥。

陆恺在广西老家还有一个叔叔和一个哥哥，他委托广西镇守太监顾恒帮忙寻找，想依靠亲友的力量，大家要冒认，就一起冒认皇亲，求一个富贵。

陆恺的叔叔和哥哥没有找到，倒是他姐夫韦父成听说小舅子打算冒认皇亲的事，富贵面前谁不眼红。韦父成也声称自己是纪太后族人。

当地官员为了攀龙附凤，给了他一些良田，还将他住的地方命名为"迎恩里"。

这时，乡间的纪贵和纪旺兄弟还没有被蔡用寻找到。其实，他们兄弟二人也是冒牌货，他们本来姓李，是贫困佃户，眼看韦父成冒认皇亲，大富大贵。他们眼红，乡里乡亲谁不知道谁的底细。他姓韦的能冒姓纪，我们姓李的也可以。于是，李氏兄弟二人找到田主邓璋商议说他们打算假冒皇亲，并揭发姓韦的真实面目。

邓璋听了心动，到府衙告了韦父成一状，同时递交上了一份他伪造的纪家宗谱。

正好这时，孝宗派出蔡用到广西寻亲，蔡用深感这是大海捞针，无从下手。正好此时，他听说纪父贵、纪祖旺有宗谱证明是纪氏族人。蔡用欢喜，也没有细查，就将二人当成纪氏家人上报孝宗。

韦父成见纪氏兄弟发达，嫉妒加不甘，他来京直接告了御状，揭发纪氏兄弟是假冒皇亲。

孝宗命太监郭镛和陆恺一起审判此案。郭镛此人极为狡诈，他是张敏名下之人，早年在纪太后还在安乐堂时，就结交侍奉过她。

其实郭镛早知道陆恺和韦父成假冒皇亲之事，他不揭发，反而替纪氏兄弟和韦父成辩护，一口咬定他们都是皇亲。

孝宗也糊涂了，他命郭镛去祭祀纪氏祖坟。纪氏祖坟开修之后，陆续又有好几个人说自己是纪太后亲人。

孝宗渐渐反应过来，觉得事情有诈，他暗中派两个言官前去广西秘密调查。

这一在民间走访，两人发现了这些所谓的皇亲都是冒牌货。知道真相的孝宗眼泪掉下来，他最恨欺骗。盛怒之下，孝宗判处李氏兄弟也就是所谓的纪贵、纪旺斩首；太监郭镛知情不报，被降为小火者，发往南京；太监陆恺发往先皇陵寝司香。

后来，孝宗又饶恕了李氏兄弟等人的死罪，将他们充军，目的就是不想杀戮，以免吓到再来认亲之人。他宁愿上当百次，也不愿意失去寻找亲人的机会。

之后，孝宗多次寻求未果，只好让尹直撰写哀册，追封外公也就是纪太后之父为庆元伯。册文中有一句："睹汉家尧母之门，增宋室仁宗之恸。"孝宗对母亲的一片孝思，跃然纸上。世人读后，无不唏嘘落泪。

其实，也正是孝宗对母亲的孝顺，让两个太监得以在冒认皇亲案中钻了空子。

孝宗朱祐樘是历史上有名的贤君，贤君的成长之路其实离不开一个人的启蒙教育，这就是太监覃吉。

### 贤君朱祐樘的启蒙老师

覃吉在景泰年间曾经掌管内库的金银宝物。英宗复辟之后，覃吉因为没有及时报告景泰帝赏赐嫔妃的情况，得罪了英宗。

朱祐樘成为太子后，覃吉被任命为东宫典玺局郎。当时覃吉已经年老，面对九岁的朱祐樘，他深感肩上的责任重大。作为太子的启蒙老师，覃吉讲授四书和朝廷典章。覃吉讲授儒家经典之外，还教导太子要熟悉政情、民情，并且主动讲述历史上为恶宦官的故事，要求太子能明辨是非，防止宦官乱政。

覃吉经常感叹："我老了，不希图富贵，只希望天下有位贤明之主足够了。"

他很尊敬太子的讲官，太子受他的影响，对讲官也非常客气，有人觉得礼貌过了，但覃吉说："尊师重道，就是应该这样。"

有一次，宪宗赏赐太子朱祐樘大量庄田。覃吉却劝说太子不要接受，因为将来天下都是太子的，这些庄田只能劳民伤财，被手下之人谋取私利而已。太子觉得他言之有理，就上奏父皇，推辞了这些庄田。

太子在闲暇之余，喜欢看佛经。有一次，他偷偷读佛经，覃吉突然进来了，太子惊呼道："老伴来了。"他连忙顺手拿起一本《孝经》，装模作样地捧读起来。覃吉其实已经看到之前的情形了，他问："太子是在读佛书吗？"太子连忙辩白："非也，我在读《孝经》。"覃吉顿首称赞道："那就好，佛书虚诞，不可信也。"

太子朱祐樘的成长离不开覃吉的大力辅导，他教授太子的这些为人治国的道理，对朱祐樘日后治国理政大有裨益。也可以说，是覃吉用他生命最后的时光全力教导出一位贤明的君主。

只可惜，覃吉病逝在太子朱祐樘登基之前，他也没能亲眼看见太子登上皇位的那一刻。

### 三辞三任的东厂宦官

众所周知，东厂作为皇帝"耳目"和得力助手，其掌印太监权势甚重，可以说是一份美差，宦官们都以得到此任为荣。可偏有一人，他三次辞去东厂职务，又三次被皇帝强行任命，他就是御用监太监罗祥。

罗祥，湖广辰州人。宣德八年他被选入宫中，宣宗、英宗朝时，罗祥不贪财，恪尽职守。宪宗朝时，罗祥被晋升为御用监太监。

罗祥曾经奉命往各地王府勘察案件，他不畏权势，秉公处理。

罗祥还曾受命在京师九门盘点兵器，准备京城存粮以赈济灾荒，将内帑发送给军士。

宪宗见他办事认真，将东厂交给他掌管，罗祥任而复辞，辞而复任，这样反复三次。罗祥本意是不想做东厂工作，他秉性良善，不想与人为争。

不过，既然在东厂任上，罗祥也深知不能辜负皇帝对自己的信任。

御马监太监黎春和军人冯增等人占据顺天府郑村坝等处马房和草场，而这些地方都属于官地。

东厂太监罗祥手下探到此事，罗祥上奏宪宗，宪宗命将冯增等人治罪，黎春等人暂时不处治。

不久，孝宗即位，罗祥又辞去东厂太监职位，他专心办理御用监本监事务。不久，罗祥去世。东厂太监易主，弘治年间几起大案，东厂都牵涉其中，闹出不少纠葛。

不止东厂，弘治二年的南、北两京也不平静，相继发生了两起大案。

### 宦官斗言官，一场大狱在所难免

弘治二年二月的北京言官之狱，是文官集团内部的争斗。我们重点要谈的是三月的南京言官之狱，这场争斗宦官涉入其中，并作为一方势力与文官集团的言官们争斗了起来。

事情的起因跟一个太监有关。此人名叫蒋琮，大兴人，成化十五年担任上林苑海子提督。按照朝廷规定，宦官不能随便回家，是需要住在值班房或者宦官衙署，要回家也得皇上批准才行。

可是蒋琮纪律观念比较差，经常翘班，招呼都不打一声就回家了。他翘班的事情，还是被东厂的人发现了。东厂向皇帝一举报，宪宗大怒，将蒋琮下锦衣卫诏狱审讯。

主持审问的锦衣卫指挥金事赵璟按照惯例审讯了几句，而蒋琮以为皇帝只是吓唬吓唬他，关几天就放出来了。可是，事情的发展出乎他的意料。

东厂太监尚铭当时正跟西厂暗中较劲，东厂捉拿了一个违规的太监，锦衣卫却不认真审讯，打算关几天就把人放了。

尚铭不肯善罢甘休，弹劾了赵璟和镇抚李琏二人徇私舞弊，办事不守规矩。

赵璟面对压力，决定对蒋琮追根刨底，一番仔细地侦查之后，锦衣卫发现蒋琮翘班十分频繁。证据面前，蒋琮也只好认罪。朝廷方面，因为他认错态度好，也就减轻了处罚。在锦衣卫大狱吃了几天牢饭之后，蒋琮被释放，仍然在上林苑海子任职。

成化二十三年，蒋琮被提升为印绶监太监。

孝宗即位后，将前朝佞幸李孜省、继晓、梁芳、韦兴等人罢职闲住或发配。后来，李孜省又因为大赦天下，应该被释放回乡。

蒋琮觉得这样便宜了这些佞幸，他上奏说梁芳、李孜省等人罪过太大，不该被大赦，应该重重治罪才是。

孝宗听着有理，将这些人捉拿入狱，李孜省死在狱中。

蒋琮本着除恶务尽的态度，倒是做了一件很多文官想做也没能做的事情，只可惜他是宦官，否则凭此一条，也可以名垂青史了。

当然，孝宗能听从蒋琮的建议，根本还在于对他的信任。这种信任，是从蒋琮在他做太子时的侍奉陪伴就开始的。

弘治元年，蒋琮出任南京守备司礼监太监。

对这个任命，蒋琮心中欢喜。南京守备内臣也被称作内守备，多为司礼监太监担任，不过也有来自其他监局的宦官。

不同时期，南京守备内臣人数从两人到七人不等。南京内守备官衔多为太监，也偶有少监和监丞担任的。

首任南京内守备是王景弘，他在永乐二十二年任职。内守备职掌首先是与外守备、参赞机务、协同守备等文武官员，一起负责留都南京的军政事务；其次，内守备还要主管南京的内官系统日常事务。

南京内守备责任重大，权势显赫，而且待遇优厚，不仅本人享受高官厚禄，而且弟侄义子等亲属也会因为恩荫得官。

有如此美差，蒋琮岂能不得意。蒋琮坐船顺运河南下任职。一路上，蒋琮意气风发，颇有些抱负在心中。

蒋琮针对沿途见闻，倒也提出很多切中时弊的建议。比如，他认为张家湾到仪真坝增设的官员太多，冗官冗费，应予裁撤。户部每年都会选官员从通州到仪真进行巡视，但是不奉敕书，官员们做事不认真，请再派官时，要请上敕书。对这些建议，朝廷都爽快地应允了。

对于地方治理，蒋琮还提出不少可行性建议。都御史张鼎根据山东、北直隶一带盗匪出没的情况，在真定和河间府之间的大路两端筑墙，墙外深挖壕沟，说如此就可以防盗。

蒋琮在山东德州听到不少百姓抱怨，说这道墙一修，倒是害苦了行路百姓，如果真遇到盗匪，在两墙之间无处可逃。而且修墙也花费大量人力、物力，徒劳无功。蒋琮上奏朝廷，要求停工，孝宗觉得他说的有理，当即应允。

蒋琮一路走，一路观察民情，提出不少关系国计民生的建议。只不过，他以宦官之身，所提之事都是他职责范围之外，也难免落人口实，有越权之嫌了。

蒋琮到南京之后，也充分展现了他好言事的性格，竟然由经济事件转化为政治斗争。

南京沿着长江江浦县有一片芦苇荡，属于南京守备太监所有。成化年间一场大洪水，将芦苇荡之间冲刷出一片土质肥沃的平原，于是守备太监将这片沃土租给失去土地的百姓种植。租种农民需要缴纳赋税和地租，靠着连年丰收，自成化中叶的南京守备太监黄赐起，几任守备太监都获取了大量收入。

这片沃土附近有南京内官监掌管的芦场，这些地方的岁租都由南京内守备收取。不仅芦场，还有一些附近的土地，也被妄指为芦场，一并成为太监管理的公家土地。

成化二十三年，孝宗朱祐樘即位诏书有言：投献的山场、湖荡、土地，都归还百姓。蒋琮并未按照诏令办事，百姓得知消息，群情激愤，请求南京监察御史姜绾等人复查。

弘治二年三月，姜绾向孝宗弹劾蒋琮侵占民田，与民争利之罪。孝宗大怒，责令依法严查。

其实，言官说蒋琮侵占民田，似有夸大之嫌。那些芦苇荡被冲刷出来的良田，本就是南京守备太监所有，芦场附近的投献土地才是太监非法所得。按照这样说，蒋琮只是隐占了部分土地，只需献出那些投献土地即可。

但是姜绾的奏疏给蒋琮扣上了十大罪的"帽子"：变乱成法，以宦官为言官；妄奏都御史秦纮；欲奏罢不迎送自己的官吏等。

其实除了第一条之外，其他都是道听途说，并没有确切证据，有罗织之嫌。

蒋琮是何等之人，岂能容人无中生有，攻讦自己。他也上疏自辩，将十条大罪一一辩驳。蒋琮不但在奏疏里反驳了对自己的指控，还顺带揭发了姜绾、御史方恺、方岳等人的不法之事。孝宗见事端越闹越大，连忙下诏让应天知府杨守随调查。

树欲静而风不止，一波未平又起一波。又有一份奏疏送到孝宗面前，这次是另一位南京镇守太监陈祖生弹劾南京户部主事卢锦和户科给事中方向非法私种南京后湖田地。

这位陈祖生就是当年西厂第一次被罢后，汪直撺掇宪宗罢黜到南京的司礼监太监。

陈祖生生活节俭，博学多才，在内外官员中享有极高的声誉。他弹劾奏疏里面提到的后湖，在明代可是禁地。这是洪武年间，朝廷收藏天下黄册之所在。这里由户部主事和给事中各一人看管，闲杂人等不得入内。

随着近些年，有人在湖边开田种地，湖面淤塞，百姓皆可往来。卢锦和方向就是负责管理后湖库房的官员，他们在湖边种田，种植瓜果蔬菜，也获得些额外收入。

不仅如此，卢、方二人还随意砍伐南京守备太监所管的芦苇地，想到之前卢锦一向与自己作对，而方向更是弹劾过自己，于是，他也借机上疏弹劾二人非法侵占禁地。

文官们怒了，自古只有言官弹劾宦官，岂有宦官弹劾言官的道理？御史纪杰、曹玉、徐礼、给事中韩重等人一起上疏，一份份弹劾蒋琮和陈祖生的奏疏又接连摆在孝宗的御案之上。

事情已经乱成一团糟，可是文官们还嫌不够热闹，生生又拉进来一个太监。

说起这个太监，也是老熟人了，他就是郭镛。当时，他奉命前去广西为孝宗寻母亲族人，正好路过南京。郭镛也会惹事，别的地方不去，他偏偏驾船到后湖去参观。

这个是非之地，岂能擅入？郭镛一来，就被南京的言官盯上了，大家纷纷弹劾他擅自游玩禁地。给事中韩重更是上奏请斥退蒋琮和郭镛。

郭镛真是冤大头，顶多不应该游览不该去的地儿而已，却被言官们也拉入黑名单。他可不愿意吃这个哑巴亏，便到孝宗面前诉苦：应天府尹杨守随勘察卢、方之案，故意徇私袒护，御史们不弹劾他，反而弹劾无辜的内官。真是岂有此理！

孝宗龙颜大怒，派遣太监何穆与大理寺少卿杨谧勘察后湖田地，并顺带审查姜绾和蒋琮互相攻讦之事。

弘治三年二月，调查结果出来了。姜绾弹劾蒋琮，多有不实之词，被降职外调地方。而刘逊、余浚、孙纮、纪杰、方岳等言官被降职一级，调外任，蒋琮不应当接受奸民私自进献的土地，但是他所弹劾南京诸位官员违法之事也属诬告。涉及其中的太监陈祖生、郑强、钱能、李荣、程宗等人皆免问。卢锦被撤职，方向被降职，杨守随被贬为广西地方官。

判决结果出来，文官们一片哗然，大家觉得皇帝明显偏袒宦官。于是，尚书王恕、李敏还有言官伊宏、韩重等人纷纷上疏，要求将蒋琮等宦官下狱，却被孝宗全部驳回，维持原判。

这次南京言官之狱，宦官集团之所以能取得胜利，首先离不开孝宗对他们的信任。其次，言官集团在弹劾过程中，确实有很多不实之词，有风闻言事之嫌。而孝宗就是要借助此案打压言官势力，清理言路，消除言官集团虚妄言论的不良风气。最后，也是很重要的一点，蒋琮和陈祖生与内阁首辅刘吉交好。刘吉靠着揣摩圣意，稳固权位，而为他通风报信的就是蒋琮。盟友有难，刘吉岂能不救。另外，南京言官们曾经弹劾过刘吉，他怀恨在心，正好借助此事打压南京言官势力。

### 蒋琮之败

此次南京言官案，蒋琮等宦官大获全胜，志得意满。他喜攻讦的性格仍然不变。弘治七年，蒋琮弹劾南京兵部郎中娄性擅作威福，欺压属下，克扣官饷，私自为自己建生祠等罪。

朝廷派出官员勘问，蒋琮又弹劾南京兵部员外郎袁廉侵欺马快船价事，词连娄性。

蒋琮也不是无懈可击，南京指挥石文通弹劾蒋琮开挖聚宝山，伤害皇陵王气，已经殴打商人致死，侵占官地和私造马船等罪行。

石文通一个小小卫指挥，怎么敢于攻击权势正盛的南京守备太监？其实石文通本是宦官家奴出身，他背后有"大树"，才敢上奏弹劾蒋琮。

朝廷只好又派出大理寺少卿马中锡、锦衣卫都指挥佥事杨荣和司礼监太监赵忠来调查此事。

调查之后，判决下来：娄性因为贪赃，被革职为民，蒋琮罪名属实，也被下都察院大狱。

之后，孝宗皇帝下旨将蒋琮死罪免过，发配孝陵充净军种菜。

其实，蒋琮落败，原因也很简单。第一，他喜欢攻讦弹劾人，这种个性得罪了不少内外臣工。第二，蒋琮在弹劾娄性时，怀疑娄性背后有两个当权者在包庇他，蒋琮打算将这两家一起参劾。两家担心他真的这样做，就指使石文通弹劾蒋琮之罪。其实，开挖聚宝山只是欲加之罪，莫须有的事情套在蒋琮头上，就是为了加重他的罪过，以便将他彻底扳倒。

至于那两位当道者，史书没有交代是谁，我们推测极有可能是两位大太监，宦官集团也不容许有这样喜欢告状的人存在，于是抢先一步，唆使皇帝将蒋琮罢黜了。

明孝宗其人虽然宠信宦官，但是有时候会略微使用些小手段，让宦官不至于太过放肆。

### 略施小计，整治宦官的明孝宗

弘治年间的一日，司礼监太监陈宽奉命前往京营挑选坐营内官，以协助文武官员管理。孝宗命刘大夏前往挑选。按照惯例，此事由内官参选，外廷文官一般不能插手。

刘大夏知道里面的利害关系，以无先例为由，极力推辞。明孝宗知道他的心思，笑着说："你是不是担心这些人陷害你啊？有朕给你做主，不必怕。"孝宗命英国公张懋和刘大夏一起前往。

京营中有一个太监，名叫岑璋，依仗皇帝对自己的宠信，私下请求孝宗不参加预选。孝宗当时答应了他。

不过，孝宗灵机一动，改变了主意，他找到刘大夏，跟刘大夏说如果岑璋预选那天不来，就依法处置。刘大夏觉得皇帝既然已经答应了他，就不能出尔反尔。孝宗说："朕一时无奈，答应了他。不过，朕没有传出旨意，现在叫你来补上本章，怎么能算是有旨答应过他？"

预选那天，岑璋果然没有来，刘大夏便和司礼监太监陈宽一起弹劾岑璋抗命不遵。明宪宗在奏疏上批阅："本当拿问，且饶这回。"

岑璋知道此事，吓出一身冷汗。其他宦官也严于律己，不敢肆意妄为了。

还有一次，孝宗在后苑游玩，兴致大增，玩得有些过头了。宦官们就劝说他不要再玩了，一讲官借助经筵机会，将《尚书》中的周文王不敢沉溺游猎的故事讲给孝宗。孝宗听出讲官的劝谏之意，减少了游玩次数。

紧接着，孝宗将那些身边的近侍宦官叫来，跟他们说："讲官今天说的就是你们这些人，你们今后好自为之吧。"

宦官们心中惊惧，心想：皇帝这是不按套路出牌啊，讲官明明说的是您，您却敲山震虎，来借助此事敲打我们。

经过这两件事，宦官知道孝宗不是好伺候的主，都奉公守法，不敢造次。

弘治朝宦官不法之事相比前朝算是少的，不但如此，宦官队伍中还出了一位惊天地泣鬼神的人物，他堪比宦官中的"比干"呢！

### 宦官中的"比干"

明朝士大夫慷慨激昂，风骨之硬，有时候是连廷杖都奈何不得的。宦官中也偏偏有一位好人物，他以死进谏，颇有殷商比干之风，堪称宦官中的另类人物。

此人就是何鼎，又名何文鼎，浙江余姚人。其人喜欢读书，生活俭朴，性格耿直。何鼎曾跟随侍郎陈音读书学习，陈音后来迁官南京太常寺卿，何鼎送陈音赴任。当时李东阳在场，他对陈音开玩笑说："师弟苦分离，不做太常也罢。"因为陈音平时跟人说话多喜欢用"也罢"两字，所以李东阳才这样说。

陈音闻言尴尬，一时对不上来。何鼎灵机一动，顺口对李东阳说："君臣如际会，便升太学何妨。"何鼎此对，因李东阳喜欢说"何妨"而来。陈音和李东阳都暗自叹服何鼎的应变能力。

何鼎虽是宦官，但是心系国事，经常针对时弊，提出自己的建议。

弘治二年，长随何鼎上疏言事：要求孝宗革除天顺元年之后所有的传奉官，这些人很多都不是经过正常考试或者立下军功，才得以升迁。

这本是彻底整治弊政的好建议。可是吏部覆奏之后，认为天顺以来，时间久远，全部裁革多有不便，建议孝宗不咎过往，从今往后，不要再出现传奉官便是。

一次彻底清算传奉官的机会，就此被文官集团错过了。

弘治五年八月，已经升迁为惜薪司左司副的何鼎，再一次上疏奏事：通州仓存储粮食，本是权宜之计，军士前往领取军粮不方便，而且一旦有警也不便防守。请求在北京空地设置粮仓，将通州的仓粮移到北京粮仓。他还奏请修浚大通桥以东的河道，漕舟运粮到大通桥下，以省去运输费用。

户部会议后的结果，是京城仓库建造，只是暂时不便；河闸的说法，可以先试行。可见，当时宦官言政，已经成为朝廷上下默许的了。

针对宦官僭服问题，何鼎上疏说赐蟒服是文武官极品才行，宦官有什么功德能得到蟒服？他乞求皇帝加以追夺，皇帝却没有理会他。

这样一位忠心为国的好宦官，却在弘治十年三月被突然下狱了。

事情源自何鼎得罪了外戚张氏兄弟。事情还得从明孝宗的张皇后说起。明孝宗作为中国历史上唯一不纳嫔妃的皇帝，后宫只有一位张皇后。两人感情深厚，犹如民间伉俪。

只可惜，这种恩爱发展成溺爱，孝宗爱屋及乌，对张皇后两位兄弟也恩宠有加，张皇后之兄名曰张鹤龄，弟唤作张延龄。

有一次，孝宗召张氏兄弟二人进宫饮宴。孝宗离席如厕，张鹤龄耍酒疯，竟然拿起皇帝的帽子戴在自己头上。何鼎看到这一幕，心中大怒。

张氏兄弟恃宠而骄,酒后侮辱调戏宫女。张氏兄弟的胡作非为,让何鼎气愤不已。

当时,何鼎拿着一柄铁瓜,在宫门守着,等着张氏兄弟一经过,就将他们一顿痛揍。

如果不是太监李广提前泄露了消息,张氏兄弟从旁门灰溜溜逃走,恐怕二人早就被破相了。

何鼎上奏弹劾张氏兄弟,说他们对皇帝大不敬,没有人臣之礼,要求孝宗严惩二人。

兄弟有难,姐妹岂能坐视不理。张皇后在孝宗面前梨花带雨哭诉一番,加上不停地吹"枕边风",终于激起了孝宗的怒火。

孝宗下令将何鼎下锦衣卫狱审问。锦衣卫镇抚司的校尉刑讯何鼎,问他上奏张氏兄弟,有没有主使。何鼎回答说有两个山东人,但是你等不可能抓到他。校尉问他主使是谁,何鼎回答:"孔子、孟子!"

何鼎在文官中声誉很好,一听说他被下狱,给事中庞泮、御史吴山和尚书周经、主事李昆、进士吴宗周等人先后上疏论救,孝宗在张皇后和张氏兄弟的怂恿下,一心要整死何鼎,因此并没有听从文官们的请求。

张皇后授意太监李广将何鼎杖死在海子。

一代忠宦死于非命,有位翰林为何鼎作诗一首:

> 外戚擅权天下有,内臣抗疏古今无。
> 道合比干惟异世,心于巷伯却同符。

能在文官口中,成为明朝的"比干",何鼎死得其所。

何鼎生前与太监鲍忠交好,为了不连累好朋友,他在上疏弹劾张氏兄弟时,瞒着这位无话不谈的好友,独自写下这份有可能惹下杀身之祸的奏疏。

能在自己危难之际,还想着不连累好朋友,何鼎之人品确实令人叹服。

当然,不久之后,清醒过来的孝宗也非常后悔,觉得何鼎是忠义之人。

他下旨勒石祭祀何鼎,并且给他平反。只可惜,这一切,何鼎永远无法看到了。

孝宗时代,宦官们多是奉公守法,镇守各地的太监们很多还留下了美名。例如福建邓原、浙江麦秀、河南蓝忠、宣府刘清，都是廉洁爱民之人。兵部将他们的事迹上奏朝廷，孝宗赐敕表扬了他们。

在一片形势大好之下，个别宦官也不忘偶露峥嵘，以负面形象刷一下存在感。

### 东厂宦官引发的满仓儿冤案

如果不是一场震惊朝野的案件，满仓儿作为一个普普通通的女子，她的名字本不会出现在国史之中。

满仓儿是彭城卫千户吴能之女，吴能把她交给张媪，委托张媪将女儿卖掉。张媪转手将满仓儿卖给乐妇张氏，还骗她说这是周姓官人家。后来，张乐妇带着满仓儿到临清待了三年后，又转手将她卖给乐工焦义。焦义又把她转卖给乐工袁璘，袁璘逼迫满仓儿做了娼妓。

当时吴能已经死了很久，有人将满仓儿的情况告诉吴能的妻子聂氏。聂氏在歌肆中找到女儿，满仓儿却怨恨母亲当年将自己卖掉，不再认她为母。软的不行，就来硬的。聂氏和儿子吴政带着一帮人，强行将满仓儿带走。

袁璘打算用十金赎回满仓儿，聂氏不从，将他告上官府。刑部郎中丁哲和员外郎王爵一起审理此案。审问出实情，但是袁璘不服罪，于是两名官员下令对罪犯重重鞭笞，过了几天，袁璘伤重而死。

满仓儿被判给聂氏。

袁璘被刑讯致死，刑部主事孔琦、监察御史陈玉前往查看袁璘死状，并嘱咐仵作将尸体掩埋。

袁璘的妻子想查验丈夫遗体，却被仵作拒绝。袁璘妻子觉得其中有蹊跷，于是向东厂太监杨鹏诉冤。

杨鹏逮捕了聂氏和张氏等人审讯。张氏谎称满仓儿是她妹妹，出身临清民家。满仓儿也这样说。

其他证人也跟着说这不是聂氏之女，聂氏女早就被卖给周皇亲了。

杨鹏上奏皇帝，将一干人犯下锦衣卫狱。

锦衣卫镇抚司奏丁哲枉法，打死无辜之人，杨爵随声附和，孔琦、陈玉糊涂不明，要求将他们统统治罪。

孝宗觉得事态严重，下令三法司、锦衣卫务必要追究仔细。锦衣卫到周皇亲也就是长宁伯周彧家中提人。周彧说他家中并没有买过聂氏之女。

孝宗命府部大臣和科道官廷审，张氏和满仓儿才吐露实情。

都察院上奏，丁哲因为公事打死人，判处徒刑，杨爵、孔琦、陈玉以及聂氏、吴政、满仓儿应当杖刑。

刑部典吏徐珪上疏，对判决结果表示异议：丁哲的判决是正确的。杨鹏的侄子曾经私通满仓儿，而且杨鹏还因为其他事记恨丁哲。杨鹏存心报复，袁璘病死狱中，杨鹏要以此事陷害丁哲。

三法司畏惧东厂，不敢辩明，直到朝堂会审，才真相大白。满仓儿诬陷母亲，罪不容诛，却仅处以杖刑。丁哲、吴政无罪被诬，却加以徒刑。黑白颠倒，徐珪要求皇帝革除东厂，将杨鹏和其侄子斩杀，丁哲等被诬官员进阶。如果皇帝一时不能革除东厂，也请选办事谨慎敦厚的宦官，比如陈宽、韦泰等人来掌管东厂。

徐珪上疏，惹得孝宗大怒，革除东厂，岂不是砍去皇帝一条臂膀！？徐珪被发原籍为民，满仓儿被杖责后送往浣衣局，丁哲赔偿袁璘埋葬费，发原籍为民；王爵和孔琦、陈玉赎杖还职。

后世读史之人，多以此事作为东厂介入司法的罪状，众口一词，谴责东厂太监杨鹏权势滔天。

其实，仔细分析，此案东厂和三法司都有过错。东厂杨鹏方面，以侄子私通满仓儿之故，偏袒人犯，录下伪证，颠倒黑白，并以此打击丁哲。

三法司方面，丁哲在审讯过程中打死人犯。事后，查验尸体的孔琦、陈玉知情不报，还嘱咐仵作掩埋尸体，毁灭证据。而聂氏和吴能贩卖女儿之罪不被追究，而且吴政强行带走满仓儿一事，也甚为不当。

双方都有不可推脱的责任，孝宗对满仓儿和丁哲等人的判罚，说实话，还是比较公允。只不过杨鹏，确实也被孝宗所偏袒，他徇私枉法之罪被孝宗选择性忽视了。不过，这也可以理解，作为皇帝，东厂一向是得力的左膀右臂，一般情况下，皇帝不可能自断其臂。

再说杨鹏，他在弘治十年三月被孝宗下旨调入司礼监，文官们想起之前满仓儿案的过节，弹劾杨鹏，奏请皇帝将他罢斥。只不过，孝宗依然置之不理。

孝宗朝有徇私枉法的太监，也有贪污受贿的太监，这不，太监李广马上就要粉墨登场了。

### 弘治中兴之污点：宦官李广

说起李广这个名字，稍有历史常识的朋友都会不自觉想起汉朝的飞将军，不错，飞将军李广正是抗击匈奴的英雄。鲜为人知的是，明朝也有一位李广，只不过，此人是以负面形象示人的。

天顺年间，李广便活跃在政治舞台上，他三次奉命捉拿犯罪宗室，还奉旨前往陕西河州盘查易马情况。

弘治四年，李广升任内官监太监。李广权势渐著，很多人都走他的门路。例如受到汪直牵连被贬斥为民的王越，积极营求李广帮忙，竟然也恢复了左都御史的官职。

李广帮人走门路，名声大噪，大家都知道，只要给他送礼，李广还是会很热心帮忙的。

一时间，李广府邸门庭若市，李广也大大赚了一笔。

人的贪欲是无限的，贪婪的人胆量也是不断增长的。李广竟然胆大包天，开始涉入贿选驸马事件中。

弘治八年，孝宗张罗着为妹妹德清公主选驸马。孝宗对妹妹的婚事很重视，选派太监萧敬、杨穆等人为公主遴选驸马。

明代的驸马虽然在政治上没有多少实权，但是毕竟属于皇亲国戚，一辈子享尽荣华富贵还是可以保障的。

北京有个富民袁相也想混个驸马当当，想来想去，他用重金贿赂李广，央求李广玉成此事。

李广收钱就办事，上下其手，竟然真让袁相中选了。

婚期确定好了，就等着到吉日完婚。所幸，科道言官发现袁相贿选之事，孝宗大怒，废除了袁相的驸马身份，命再选驸马。

负责选婚的萧敬等太监被孝宗斥责，而李广受贿的事情因为没有证据，孝宗未予追究。

李广到底有何魔力，让孝宗对他如此庇护？

孝宗自幼身体羸弱，即位之后，更是大病、小病不断。为了身体康健，孝宗迷上道家养生术，炼丹符水成为他的业余爱好。李广对这方面颇有心得，他在钦安殿跟孝宗设斋醮炼丹药，君臣二人的感情就在这烟雾缭绕中日渐升温了。

弘治九年之后，孝宗勤政渐不如初了，上朝时常迟到，接见朝臣的次数也大大减少，经筵也时开时停。

李广依仗着孝宗的恩宠，不但大肆受贿，而且骄横跋扈。

弘治十年年底，孝宗出城到南郊祭天。回程途中，随行的礼部郎中王云凤骑着马，跟随在皇帝的御驾之后。东厂的缉事校尉指控王云凤竟敢在皇帝后面骑马，这是大不敬之罪。

于是，王云凤被下狱治罪。其实，背后的操盘手是李广，因为王云凤之前曾经弹劾过李广，并且要求斩杀李广以谢天下。李广当然对他恨得咬牙切齿，这次，他指使东厂对仇人打击报复。

多亏大学士徐溥在孝宗面前力保，王云凤才得以降职出外。

李广也是懂得享受之人。为了自己的宅子美观，他竟引玉泉水环绕自家园林。

不仅如此，李广还侵夺京畿地区民田。李广掌管的内官监负责收纳全国各地上纳的物资，他从中勒索敲诈，使得很多百姓由此破产。

李广跋扈不法，终于走到自己的终点。

弘治十一年十月十二夜，清宁宫突然起了一场大火。那可是皇帝亲祖母周太后居所。

孝宗皇帝是纯孝之人，知道祖母宫中起火，心中担忧，连忙赶往清宁宫陪伴祖母一夜。

孝宗为了安慰周太后，找钦天监的人来宫中看风水。

钦天监来人勘察一番后，告诉皇帝，是毓秀亭犯了人忌，宫中的祸患都是这个亭子招来的。

周太后听了这话，勃然大怒，其实，她早对李广不满了。早些时候，李广劝说孝宗在万岁山建了毓秀亭，可是亭子建了没多久，孝宗的小公主就夭折了。现如今，清宁宫又无缘无故起了一场大火，周太后岂能不怒？

　　她大喊道："今日李广，明日李广，果然大祸来了！"

　　李广知道了周太后发怒的消息，惊惧不已，他担心周太后会治他的罪。李广心理素质太差，只好选择了自杀。于是，一代宠阉就这样自我了断了。

　　李广死了，孝宗心中空落落的。他想起李广精通道教，于是就打算派人去李广府上找找有没有什么养生秘籍之类。

　　这一找，就找出问题了。来人带回几本册子，呈给孝宗。孝宗接过一看，上面记录着某官送黄米多少石、白米多少石。孝宗还不明了，疑惑地问身边宦官："李广家有多大，能装得下这么多粮米？"宦官苦笑着跟皇上解释：这是李广受贿的记录本啊，黄米暗指黄金，白米暗指白银。恍然大悟的孝宗很生气，这是被欺骗、背叛的感觉。

　　他下令抄了李广家。

　　吏部员外郎张彩上疏，要求按照贿赂册子按图索骥，所有行贿李广的官员都应该罢黜。

　　有些官员听说此事，竟然主动给皇帝上疏，说明自己没有给李广送过礼，这不是此地无银三百两嘛！

　　所幸，孝宗不是雄猜之主，他考虑到朝臣们的面子，又顾及朝廷脸面，最终没有公布这本受贿册。

　　经过李广事件之后，孝宗开始反省自己为政的缺失，又开始奋发有为，朝臣们欣喜地看到即位之初的那位贤明皇帝，他又回来了。

　　只可惜，这样一位好皇帝，却因为被人用错了药，于盛年之际驾崩，空留无尽感慨在人间。

**庸医杀人**

　　弘治年间，明朝内外咸安，孝宗励精图治，爱民如子，明史上称他为政的18年为"弘治中兴"。

　　弘治十八年四月，孝宗为了缓解民间旱情，设斋戒祈雨。天遂人愿，降下甘霖，孝宗却受了风寒。没想到，这次病情凶猛，孝宗一病不起。司设监太监张瑜、掌管太医院事右通政施钦、院判刘文泰和御医高廷和等人在一起会诊，准备给皇帝开药。张瑜是以太监身份领御药局，也是会诊皇帝病情的总负责人。

没想到，药开好了，孝宗服了几副之后，不见好转，反而更加严重，最终不治而亡。

这下，朝臣们怒了，这样一位贤明之君，竟然被治死了。庸医杀人，庸医杀人！

这不是一场普通的医疗事故，涉及先皇驾崩，岂能儿戏？张瑜等责任人被下都察院大狱审问。

其实，明代对于皇帝的诊疗和用药有着严格的规定。皇帝生病，太医院官诊势御脉，御医参看，一般需要至少两名御医轮流给皇帝诊脉。然后太医院使、院判和御医一起会诊，会同管药太监在内局选药。使用药剂要一起签名封存，以便随时查验；诊治者要一起附奏疏，写明药性和诊治方法。

烹调御药时，需要太医院官员和太监一起监视，烹调好了之后，药物分为两份，一份御医、太医院院判和太监先尝，尝过无事后，再将另一份给皇帝服用。

御药服用之后，还要准备一份历簿，盖上内印，仔细记录用药日期和缘由，以备考察。

从诊视御脉到御药的烹调都有严格的程序和制度规定。只可惜，再完善的制度，如果不认真执行，还是摆设。

张瑜和刘文泰连给皇帝诊脉这条都省略了，就敢给皇帝直接开药，这还不是最严重的，最严重的是，他们用的药根本就跟皇帝的病症不对路，这才是导致皇帝驾崩的主因。

奇怪的是，审问之后，张瑜等人被判的罪状是外官和内官交结作弊，这罪也是死罪，却不会被马上处决。

果然，张瑜、刘文泰等人的死罪并没有执行。其实，这是有朝中大臣暗中在幕后保着他们，就这样，害死孝宗的御医和太监竟然逃脱惩罚，真令人无限感慨。

**顾命六宦官**

各种古装影视剧，涉及皇帝驾崩的场景，总会有一些顾命老臣跪在龙榻之前，老泪纵横地聆听皇帝最后的嘱咐。

只是，很少有人知道，明代也有顾命太监这个说法。明孝宗驾崩之前，就有六位太监承受顾命。

弘治十八年五月初六，天刚蒙蒙亮，内阁刘健、李东阳、谢迁三位大学士赶到阁中上班。他们刚刚坐定不久，一名太监慌慌张张闯入阁内，三位定睛一看，原来正是司礼监太监戴义。

戴义带着哭腔说万岁大渐了，也就是皇上快不行，紧急召见三位阁老。

三位阁臣连忙一路小跑，跟着戴义赶往乾清宫东暖阁。

孝宗气色极差，他坐在御榻之上，缓缓跟阁臣们说："朕继承大统18年，今得重疾，必将不起。"刘健等人连忙一番安慰。

孝宗命在场的六位司礼监太监准备记录遗嘱。太监扶安和李璋捧着纸张和砚台，戴义手执朱笔，准备记录，而萧敬、陈宽和李荣跪在龙床之下，聆听遗命。

孝宗交代众人，今年之内要给皇太子朱厚照完成大婚，接着又说了几件事，孝宗看了下戴义的记录，有些地方不满意，他要过纸笔，在上面修改几处，才将遗命交给戴义。

最后，孝宗紧紧握住刘健的手，眼中含泪，嘱咐他和两位阁臣一定要辅佐太子做个好人。

刘健等人伏地大哭，当时在场的萧敬等六位司礼监太监一起跪倒，放声大哭，他们知道，孝宗这样的好皇帝待下有恩，确实是难得之主。

孝宗传授遗诏，司礼监太监全部在场，或者笔录或者聆听，全程参与，而且新帝即位，他们作为内廷太监，也要跟内阁一起辅佐新帝，这种意义来说，六位司礼监太监就是顾命大臣。

第二天一早，孝宗当面交代太子朱厚照做个好皇帝，午时，孝宗驾崩，享年36岁。

孝宗朝的故事结束了，皇太子朱厚照继承大统，明史上一个精彩纷呈、波澜壮阔的时代来临了。


## 八、游龙天子，群阉乱政？——正德皇帝与宦官故事


正德皇帝朱厚照是明朝历史上颇具争议的一位君主，毁之者谓之荒淫无道，

昏庸不堪；誉之者谓之个性解放，为政有成。其实，朱厚照一朝很大程度上被人误读了，通过正德一朝，大大小小宦官们的表现，我们也许能发现一个接近真实的明武宗朱厚照。

**强力反弹，"八虎"掌权**

武宗朱厚照登基不久，内外臣工之间就掀起一场权力争斗，这场争斗最终的结果，便是内外朝权力的重新"洗牌"。

孝宗朱祐樘在召见刘健等三位大学士托孤之时，便告诉过三位阁臣，说东宫年龄小，贪图安逸游戏。知子莫若父，其实，朱厚照确实很聪明，只不过他的聪明表现在活泼好动上面。

读书自然不是朱厚照的所爱，他喜欢观看歌舞，戏鹰斗狗，角斗饮酒。朱厚照天性不羁，在继位之后，父皇的担心逐步成为现实。

以刘健、谢迁、李东阳为首的外廷大臣们也发现了新皇放荡不羁的表现，他们追根溯源，发现皇帝这些玩乐之事，是身边宦官在撺掇。

这八名导帝游乐的宦官被文官们称作"八虎"，他们是太监刘瑾、马永成、高凤、罗祥、魏彬、丘聚、谷大用、张永。弘治朝，这八人都曾经在东宫侍奉过朱厚照，他们与朱厚照的感情很深厚，是太子的玩伴，更是生活伴侣。

先说刘瑾，他出身于陕西西安府兴平县。再具体一点，刘瑾就是马嵬坡人，马嵬坡可谓无人不知，无人不晓。此地在大唐天宝年间，发生过一段惊天地、泣鬼神的故事。杨贵妃被兵变所迫，在马嵬驿被三尺白绫勒死。据说杨贵妃殉难之处，离刘瑾的故居不过百步之遥。

历史的吊诡在此方寸之地展现无余，杨贵妃和刘瑾作为文人笔下祸国殃民之代表人物，竟然在马嵬坡交集，一死一生，真让人感叹历史的神奇。

刘瑾本姓谈，他父母祖上都是本本分分的农民。生活所迫，家人送他净身入宫。入宫伊始，他投靠一个刘姓太监门下，按照当时的习惯，改姓刘。

当时正是景泰年间，刘瑾不过五六岁的年纪。刚刚进宫的刘瑾，只是乾清宫一个普通的答应，也就是一个小小的厮役。

成化年间，刘瑾负责教坊司的管理；弘治初年，刘瑾又成为茂陵司香，如果就此下去，刘瑾可能就要守一辈子皇陵了。

不过，幸有伯乐推荐，这位伯乐不是别人，正是弘治年间的大太监李广。李广见刘瑾此人颇认识些文字，读过一些书，而且聪明伶俐，口才又好，觉得他是个可塑之才。于是，李广将刘瑾引荐入东宫，去侍奉太子朱厚照。

不过，刘瑾的人生道路注定不会一帆风顺。李广死后，朝廷追查李广党羽，刘瑾又坐奸党被充南京净军。后来被起用不久，又因为乾清宫灾被发配，又召回做了内府监局的金书。

太子朱厚照即位，刘瑾被任命掌管钟鼓司，钟鼓司属于宦官系统中的冷门衙门，掌管内廷的歌舞演出。在钟鼓司任职的人，在宦官同僚中都是被歧视的，被人称作"东衙门"，此司任职者很难得到升迁，其境遇颇类似外廷宗藩王府的官员。

郁郁不得志的刘瑾并没有消沉，相反，他以正统年间大太监王振为榜样，暗自立志一定要掌握大权，出人头地。

刘瑾掌管的钟鼓司正符合武宗的"胃口"，刘瑾也迎合朱厚照的爱好，各种丰富多彩的宫廷歌舞演出，让皇帝乐此不疲。

不仅如此，刘瑾还经常向武宗进献飞鹰、猎犬，陪伴皇帝微服出行。就在这君臣互动中，刘瑾逐渐得到武宗的宠信，被升为内官监太监。

正德元年正月，刘瑾又被委任掌管五千营，六月间，他又掌管团营中的练武营。

刘瑾因为口才好，主意多，成为"八虎"集团中的领头老大。

再说"八虎"中的高凤。高凤景泰年间入内书馆学习。弘治五年，高凤任职东宫典玺局丞，侍太子读书，弘治十一年进入司礼监任事。弘治十六年，高凤因病告假休养，直到武宗登基，他才回到司礼监任职。

正德元年，高凤请求将侄子高得林推恩为锦衣卫管事。外廷以司礼监和锦衣卫两个重要部门都被高氏一门掌管，恐其权势过大，因此极力反对。正德元年十月，高凤为了让侄子上位，自己主动辞职，从此远离了政治舞台。直到正德七年腊月，高凤善终家中。

其实，高凤一生无大恶，其唯一被记载的恶事就是正德元年三月，高凤和太监李荣一起帮商人谭景清奏请盐引。

"八虎"中其他几人的事迹，会在下文中穿插交代。其实，正德初年，得宠的宦官不仅"八虎"，还有新贵涌入司礼监。比如东宫的旧臣温祥、范亨、徐智、王岳四人。

肩负着先皇的重托，却眼睁睁看着新皇一步步堕落，走向"昏君"的行列，刘健、谢迁、李东阳等人心急如焚。

大学士刘健挺身而出，他上疏怒斥太监丘聚、魏彬、马永成等人，斥责皇帝只知每日与他们厮混，亲小人远君子。

正德元年夏，外廷的官员们借助灾变，纷纷上疏要求严惩"八虎"。

九月，太监崔杲以织造为名，奏乞长芦盐引 1.2 万。给事中陶楷、御史杜旻、邵清极力反对，户部尚书韩文、大学士刘健、李东阳、谢迁等人也表示极力反对。

这一次，武宗朱厚照跟外廷大臣们较上了劲，他跟大臣们讨价还价，最后大臣同意给崔杲一半盐引。

武宗一脸严肃地对刘健等人说："天下之事岂都是宦官坏了。文官中，十个人之中，也仅有三四个好人，坏事者十之六七，先生们应该很清楚吧。"

正德一朝，为何成为宦官参政的一个高峰期？观武宗其言，答案相信不言自明了。

九月，钦天监五官监侯杨源借助星变，上疏要求皇帝去除内官中的佞幸小人。刘瑾大怒，杖责杨源 30 下。杨源不肯低头，再一次上疏乞请皇帝远离"八虎"。这一次，杨源又被杖责 30 下，发配肃州，半路上，伤口发作而死。

杨源的上疏将外廷官员的弹劾"八虎"行动推向高潮。内阁刘健等人接连上疏，指名道姓要求皇帝诛杀刘瑾等八人，但是朱厚照对之一概不理。

十月，韩文的一份上疏竟然吓得朱厚照哭泣不已，不思饮食。奏疏是李梦阳为韩文起草的，提到刘瑾等八人，只知道蛊惑皇上徇私舞弊，如果不治罪，将来"八虎"必然更加无所忌惮，危害社稷。口气之严厉，让初登政治舞台的朱厚照胆战心惊。

原来户部尚书韩文是外廷反对"八虎"的领军人物，他感叹形势糜烂，常常在属下面前感叹流泪。郎中李梦阳说："韩公乃大臣，应该跟国家休戚与共，哭又有什么用。"韩文问他应当如何，李梦阳建议他联合朝臣一起上疏以死相争，必然要剪除"八虎"。就这样，韩文的奏疏由李梦阳起草润色，呈到武宗面前。

　　韩文听说皇帝见到奏疏的表现后，约了一些大臣来到宫门前，要求面见皇帝当面陈词。

　　武宗没有见他们，派司礼监太监李荣到了左顺门，跟大家传话："先生们说的都对，只是这些宦官侍奉皇帝久了，皇上不忍心立刻处置他们。过段时间，皇上自会处置。"韩文听了以后，情绪激动，慷慨陈词："现在天下局势大坏，都是群小作祟，韩文作为大臣，怎能不言不语。"李荣回道："皇上知晓，只是想稍微宽些处置。"

　　这时吏部侍郎王鏊担心事情有变，上前一步问李荣："假如皇上不处置他们怎么办？"李荣说："我脖子上裹着铁，不担心掉脑袋吗？我怎么敢坏国事。"

　　武宗在外廷文官们的压力下，慌了手脚，几次派出司礼监太监陈宽、李荣、王岳等人前往内阁，与阁臣们商议如何处置"八虎"。

　　其中一次，司礼监太监八人同时来到内阁，其中王岳跟诸位阁臣们说："先生们所议极是。"

　　原来，王岳也是出身东宫旧阉，他性格刚正不阿，对"八虎"所作所为甚为不满。所以尽管他是作为说客，被武宗派来与阁臣们谈判，可是他表明态度，对阁老们的建议表示支持。

　　众司礼监太监中，陈宽和李荣是宪宗朝的人，高凤第二次进入司礼监，其他如黄伟、温祥、段聪、王岳、范亨、徐智等人都是新朝入司礼的新人，王岳在其中态度最为鲜明，翻翻他的履历，也看得出他执法之严厉。

　　正德元年五月，锦衣卫镇抚司管事指挥佥事王锐和象房管事指挥佥事张铭，以咳嗽为由，请假没有上朝。东厂校尉侦探到王锐出城游玩去了，而张铭跑到涿州。二人竟然敢欺骗皇上，翘班游玩，这还了得。东厂太监王岳将王、张二人下了刑部大狱。

　　其实，王、张二人后台都很硬。王锐是内廷某权监的家人，而张铭则是英国公张懋之子。王岳执法严厉，他可不管什么后台不后台，依法将二人革职法办。

　　王岳与自己关系密切的太监范亨和徐智等人商议，一起在皇上面前再添一把"火"，请求皇上诛杀"八虎"，同时联络外廷大臣，一起给皇上施压。

　　户部尚书韩文等人得到王岳的来信，打算第二天联合九卿大臣们，一起力争除掉"八虎"。

眼看"八虎"就要命丧黄泉了，如果不出意外，朱厚照将顶不住压力，被迫对自己的玩伴们下杀手了。

可是，意外还是不期而至了。

十月十二夜，一个黑影偷偷进入"八虎"的居所。原来此人是告密之人，将外廷大臣打算第二日给皇帝施压、除掉"八虎"的计划和盘托出，并将内廷王岳等人勾结外廷之事也原原本本说了出来。

这人就是吏部尚书焦芳，他参与群臣密议，却将众人计划泄露给"八虎"。

"八虎"听了这个消息，有的当场落泪，有的吓得哑口无言，只有刘瑾恨恨咬紧牙关，从牙缝里蹦出几个字："只有铤而走险！"

一番密议之后，刘瑾率领其他七人，一起来到武宗寝宫，八人齐刷刷环绕着皇帝跪倒，一起放声大哭。

他们边哭边以头触地，说："如果皇上不降恩保护，奴才们都要被砍碎了喂狗了。"

武宗问为何。刘瑾说："谋害我等的就是王岳。王岳之前掌管东厂时，曾经跟言官们说你们有上言就跟皇上说。阁臣商议除去我等，只有王岳表示支持。王岳说我等进献狗、马、鹰、兔给皇上，王岳也曾经进献过啊，皇上您心中是清楚的。为何要以此独独怪罪我等。"

说完，刘瑾接着伏地痛哭。刘瑾偷偷看了武宗的表情，皇帝脸上已经开始变色。他决定继续火上浇油："狗、马、鹰、兔这些算什么，有什么大损害？现在外廷那些大臣们敢于放肆无忌议论您，就是因为司礼监没有您的心腹之人啊！如果有，皇上则可以随心所欲，没有人再敢说什么了。"

"王岳打算结交阁臣，控制陛下，因为我等碍手碍脚，所以打算除掉我们，再达成所愿呢！"

刘瑾厉害，几句话，句句说到武宗的软肋。

首先，刘瑾揭露了王岳的虚伪，点出他也曾经进献各种玩好给皇上，却装出一副正人君子的模样。

其次，刘瑾点出王岳勾结内阁和外廷之事，说他们结交就是要联手控制皇帝。

要知道，内外廷之间的交结一直是皇帝最忌讳的事情，而王岳和内阁还有韩文等人确实有勾结之嫌。刘瑾抓着这点，就是"打蛇七寸"，说中了武宗最担心的事。

最后，刘瑾点出如果皇上同意让"八虎"中人进入司礼监，他们作为皇帝最亲密的心腹之人，必然会帮助皇帝力排非议，树立皇权之威。这其实也是年轻的皇帝朱厚照最渴望的事情。

好一个刘瑾，句句说到武宗心坎上。

武宗当即下旨捉拿王岳、范亨、徐智三名太监。同时，他又将刘瑾任命为司礼监太监，丘聚提督东厂，谷大用掌管西厂。没错，就是西厂，自从成化年间被革除之后，正德初年又一次重新开张了。

一夜之间，形势逆转，内外廷大臣落败。王岳、范亨、徐智被降为南京净军。刘瑾本着赶尽杀绝的精神，派人在半路追杀三人。王岳和范亨在临清被杀，徐智侥幸保全性命，却断了一条胳膊。

韩文和他的两个儿子都被削籍为民。韩文被贬斥出京，只有一车行李。刘瑾还派出官校暗中盯梢，希望发现点韩文的什么罪状，结果一无所获。

对外廷曾经反对过自己的官员，刘瑾等人绝不放过。正德二年正月，户部员外郎李梦阳被降职为山西布政司经历司经历。三月，大学士刘健和谢迁名列朝廷公布的"奸党"前两名，一共大大小小 53 名官员被列入"奸党"名单。

其实，反思刘健等人落败的原因，对武宗逼迫太急是一个重要原因。

群臣上疏要求除掉"八虎"，武宗派出司礼监太监到内阁商议，打算将"八虎"革职到南京闲住，其实这在政治上已经等于是废人了。

可是刘健等人力主除恶务尽，将"八虎"诛杀。当时尚书许进就提醒过刘健态度过于激烈，担心有变。可是刘健、谢迁、韩文等人执意要除掉"八虎"，这也迫使本来打算接受南京闲住的"八虎"绝地反击，利用皇帝的信任和忌讳，反败为胜。

内阁只剩下李东阳一人继续任职，因为其与刘瑾关系较好，另外，他对处置"八虎"态度上稍为缓和，也为刘瑾所喜。

刘瑾全面掌权，意气风发，打击异己，不亦乐乎。一位正德朝名气最盛的"心学圣人"竟然也涉入其中，还有人说他被追杀，险些丢了性命呢！

## 王阳明是否被刘瑾追杀？

刘瑾最仰慕大太监王振之为人处世，现在自己大权在握，终于扬眉吐气，多年的坎坷经历终于得以结束，权力可以让人迷醉。

正德元年腊月，户部主事苏时秀被降为镇江通判，因为苏时秀收取城门钞课，刘瑾暗中让东厂校尉调查他的过错，终于抓住把柄，将其降职。

这一年注定不会平静。南京给事中戴铣等人弹劾刘瑾，被下狱治罪。当时有一位文官上疏论救戴铣等人，也被刘瑾传旨廷杖40下，并列入"奸党"名单之中。

这位文官可不得了，他就是大名鼎鼎的王守仁，也就是阳明先生，时任兵部武选司主事。刘瑾等人还不解恨，撺掇着武宗下旨将王守仁贬为贵州龙场驿驿丞。

后世有人记录刘瑾还打算故伎重演，派出杀手追杀王阳明，王阳明巧施妙计，将帽子扔到钱塘江上，伪造落水自杀的现场，才逃脱追杀。

这段故事颇为传奇，各种王阳明传记都采信其事，以突出刘瑾之凶残和阳明先生之睿智。

只可惜，仔细分析，却发现此事破绽太多。

王阳明在赶赴贵州时，取道杭州，以生病为辞，在杭州停留修养。

当时王阳明不想去贵州任职，就以生病为借口暂住杭州。

刘瑾对此将信将疑，他派人跟随王阳明到了杭州，并非为了追杀，而是调查其生病的真假。

当然最后调查的结果，是王阳明没病装病，刘瑾很生气，但并不等于他就一定要派人追杀王阳明。

首先，王阳明不是王岳那样与自己有生死之恨的对手，刘瑾没有必要为了这样一个在当时政坛上并不显山不露水的小人物而动杀机。

其次，如果真有追杀之事，作为王阳明弟子的钱德洪和黄绾必然在为尊师所作年谱和行状中大书特书，一如他们记载王阳明逃脱宁王朱宸濠追兵的故事那般。

再次，从刘瑾对王阳明父亲王华的态度上来说，刘瑾也并没有将王阳明赶尽杀绝之意。

刘瑾以前曾经跟随王华的乡人方正学习书史，从方正这边听说了王华处家孝友之贤名，刘瑾十分敬仰王华为人，一心希望他这样的名士能投入自己门下。做过武宗老师的王华也为武宗所敬重，考虑到这层关系，加之本身就对王华仰慕，刘瑾当不至于对其子王阳明痛下杀手。

最后，如果真有人追杀，王阳明哪里有时间从容伪造投江现场？不过，王阳明确实也曾经伪造过投江现场，这是因为考虑到刘瑾确实有追杀对手先例，为了预防万一，他托言投江，让刘瑾以为自己已死，不再派人调查自己。之前，刘瑾也确实派人调查王阳明装病之事，王阳明为了摆脱刘瑾的追查，托言自杀，也是情理之中。

王阳明就此事跟好友湛若水承认，伪造投江是为了避世。

可见，刘瑾派人追杀王阳明之事，纯属子虚乌有。

可是有一事，虽听起来似天方夜谭，却是真真切切发生过的。

## 宦官招女婿

正德三年春，各省举子进京会试，这一年正是大比之年。

忙着备考登"龙门"的举人们听到这样一则消息：刘瑾要为女择佳偶了，而且刘瑾扬言一定要为女儿招一个得名士大夫。

刘瑾幼年入宫，怎会有女？其实刘家之二女非是刘瑾之女，而是其兄长刘景祥之女，也就是刘瑾的两个侄女。刘瑾无后，对侄女爱若掌上明珠，称作自己的女儿。外间也就传闻刘瑾有二女。

这次，刘瑾要为大侄女招亲。

戴大宾成为首选。当时戴大宾年方19，出口成章的他中了殿试第三名探花，进入翰林院做了编修。真可谓年轻有为，前途无量。

刘瑾看中戴大宾，为他建造府邸，赠给车马、仆从。但是戴大宾内心却不情愿与刘府结亲，他每日饮酒放纵，酒后耍酒疯，就鞭笞刘府家奴。家奴到刘瑾面前哭诉告状，说戴为人轻浮，人品堪忧。

刘瑾对戴大宾渐渐不满，正好有术士告诉他，戴大宾寿命不永，一副短命相。刘瑾也就不再考虑婚事了，果不其然，戴大宾不久死于归乡途中。

既然戴大宾不成，刘瑾又将眼光定在邵晋夫身上。此人为陕西凤翔人，是刘瑾的陕西老乡，16 岁上就中了陕西乡试解元。

邵晋夫虽然内心不情愿，可是迫于刘瑾的权势，还是被迫做了刘府女婿。邵晋夫为人倒是十分低调，他不依仗刘瑾权势胡作非为，反而整日里闭门谢客，埋头读书，在刘瑾败落之后，他倒是得以保全性命，最后善终。

不管怎么样，对刘瑾来说，正德三年开年运势不错，为侄女择得佳偶，也了结了自己一桩心愿。

只不过接下来，一封匿名检举信将刘瑾推上风口浪尖，也闹得朝廷上下不得安宁。

## 匿名信事件

正德三年六月二十六早朝，北京城酷暑难耐，挥汗如雨。

散朝之后，有人发现御道上有一封匿名文簿，侍班御史连忙上奏武宗。武宗打开一看，里面都是指责刘瑾专权祸国之事。武宗大怒，传下旨意，令司礼监传旨当面诘问。

发现匿名信是在后班官员站立之处，因此刘瑾请武宗下旨，将后班的 300 多名官员统统召回罚跪。

夏日午时的炎炎烈日之下，300 多名官员跪在奉天门外，刘瑾厉声质问匿名信是何人所为。

翰林院官员们首先表态，他们对刘瑾说平日翰林院与太监们关系甚好，感激刘瑾还来不及，怎能做此悖逆之事？

刘瑾听着有理，挥挥手，就让翰林官员都站了起来。

刘瑾的心腹、御史宁杲跟刘瑾求情说言官们都是遵守法度，不会做出这种匿名书信之举，请求刘瑾放过科道言官。

刘瑾不为所动，他说："这些官员把朝廷的事情都败坏了，如果对他们稍加处置，他们就怨恨不已。太祖高皇帝的法度，他们没有见过，还没有听说过吗？"

刘瑾打算追究出投放匿名信之人，他让官员们站在原地不准动，看看放匿名文书的地方站着哪些官员。

这时，太监黄伟对刘瑾说："按照规定，上朝官员四品以上才能按照班次站立或者跪拜，四品以下随意站立后面，投放匿名书信的人怎么可能还站在那里？"刘瑾听了，命诸位官员继续跪下，他又打算派人去各个官员家中搜求匿名信底稿，黄伟又说："写匿名书者连妻子都不会告知，怎么可能留下底稿？"刘瑾听着有理，一时间没了主意。不过他还没有放过百官之意。

烈日当头，有几名体弱官员实在耐不住酷暑，一头晕倒在地上，被刘瑾命人抬走。黄伟见此情况，心内焦急，大声叱问："匿名书中所言都是为国为民，谁写的，应该是不怕死的，站出来，死了也是好男儿，何必连累他人。"

可是任凭他喊破喉咙，百官还是鸦雀无声，没有一人站出来承认。

刘瑾也骂了几句，实在是口干舌燥，于是进入屋内休息。

太监李荣可怜被罚跪的官员，他命人搬出一些西瓜，让官员们吃些西瓜解暑。百官也不顾风度，又渴又热的他们抓起西瓜大口大口吃了起来。恰好此时，刘瑾又走了出来。李荣远远看到，连忙让百官不要再吃，收起西瓜。可是，刘瑾已经看在眼里，又对百官一顿训斥，扬言如果今日查不到投放匿名信之人，官员们就一直跪下去。

这一日申时，宫中传旨，将跪了半天的官员们统统送往锦衣卫镇抚司大狱。当天还有旨意下令，勒令李荣闲住，他司礼监掌印的职位由刘瑾接替，黄伟被降职为南京守备太监。

李荣是孝宗朝司礼监的人，曾经承受先皇顾命；而司礼监太监黄伟是武宗幼年时的伴读，跟皇帝关系亲昵，武宗从来不直呼其名，而是喊他"伴伴"。就这样两位内廷太监，因为在百官面前表现得令刘瑾不满，他在武宗面前告了二人一状，就导致他们被驱赶出司礼监，足可见刘瑾权势之盛。

第二日，大学士李东阳上疏申救各位官员，300多名官员被关押了一夜，才被武宗下旨释放。

据说，那一天太热，有三名官员竟然因此热死。在阳光下跪两个小时就能死人？史官所记似有夸大其词之嫌。

史官为了突出刘瑾罪恶，曲笔论断也未可知。

刘瑾紧锣密鼓地追查了一夜，他发现匿名信确实不是外廷官员所为，而是内廷宦官所为。史书没有交代，最后刘瑾是否追查出匿名书事件的指使者，不过从黄伟和李荣两人被贬斥出外，我们也可以做一个大胆的猜测：这两人作为内廷司礼监太监，应该与匿名书事件有脱不开的干系。这是一次有预谋的反对刘瑾的行动，只不过，最后内廷还是斗不过被武宗强力支持的刘瑾，最终落败。

当然，这次事件最大的受益者还是刘瑾。他通过此事，排挤走自己在司礼监最大的竞争对手黄伟和李荣，跻身司礼监掌印太监之列，成为真正的赢家。

不过，他以钟鼓司出身，又没有内书堂读书的经历，他是如何掌控司礼监这样的核心部门呢？

### 刘瑾如何玩转司礼监

司礼监作为宦官第一衙门，其在帝国中央政务运转中的重要性自不必言。担任司礼监太监，有不成文的规定，必须出身内书堂的知识型宦官，而且须在文书房、司礼监、内官监等重要部门有过任职经历，而这些刘瑾恰恰都不具备，他出身冷僻衙门钟鼓司，而且被人指斥为粗通文字。

其实，刘瑾的文化水平倒不见得有多低。他没有发迹时，就曾经跟随王华乡人方正学习书史，他还有考试和评价别人的诗词水平。

司礼监太监需要整日里与各种公文奏疏打交道，当然批红是他们主要的职责。批红只是代替天子批复阁票，前提还得是皇上亲自过目无异议才能由司礼监太监批红。

各种史籍记载，明武宗放心将一切政务交给刘瑾，刘瑾将奏本带回家中批复，其权势之大，以至于京城中有刘瑾是"立皇帝"的说法。明武宗俨然成了不管事的玩乐皇帝。事情真的这么简单吗？

皇帝交给刘瑾处理政务，并不代表完全置之不理，刘瑾后来施行的一应变革方案都是在武宗许可下进行，武宗其人并非我们传统认知上的昏庸帝王，他立志恢复祖先的辉煌武功，对军事改革尤其上心。充其量，刘瑾不过是皇权的工具而已。司礼监掌印太监权势之盛，只不过是表面现象，刘瑾的一举一动并没有逃开武宗的视野。

刘瑾为了职掌司礼监权势，也有自己的一帮智囊团。具体来说，他的妹夫孙聪、松江秀才张文冕都是他的"文胆"，刘瑾经常跟他们一起商量奏疏的批复。

刘瑾跟前面几位权监相比，他的党羽是最强大的，包括内阁、部院、地方官、宦官等几类人物。

内阁先后三位大学士成为他的同党，也就是焦芳、刘宇、曹元。

焦芳是天顺年间进士，被大学士李贤引荐，成为翰林院庶吉士。他与刘瑾交好，在正德元年那场"八虎"与朝臣的争斗中，做了告密人，将朝臣的计划和盘托出，才使得刘瑾等人有机会反败为胜。

刘瑾感念他的襄助，在成为司礼监掌印之后，他援引焦芳以吏部尚书兼文渊阁大学士。

刘宇，从知县一直做到右都御史，靠行贿刘瑾，坐到兵部尚书的位置，后他以吏部尚书兼文渊阁大学士。

曹元，早年结交刘瑾，正德五年升为吏部尚书兼文渊阁大学士，跟焦芳和刘宇比，其人能力较差，整日只知道饮酒作乐而已。

部院大臣中，在刘瑾败后，张彩、韩福、王敞、刘璟、刘玑、毕亨、朱恩、李善、柴昇、李瀚、李逊学、陆完、崔严、胡谅、王九思、张纶、蔡中孚、张桧、杨廷仪、吴世忠、屈铨等人都被列入刘瑾一党的名单。

其中张彩和韩福是刘瑾最重要的心腹之人。

张彩，陕西安定人，初任吏部主事。他有才，名臣刘大夏也非常欣赏他。焦芳将他引荐给刘瑾，张彩谈吐惊人，口才极好，让以口才著称的刘瑾初见便佩服不已。刘瑾欣赏他的才气，将其提升为吏部侍郎。

韩福与刘瑾是西安老乡，因事下诏狱，刘瑾施以援手，将其救出。韩福遂死心塌地为刘瑾办事。

外廷官员中，上至内阁，再到吏部、兵部、户部等要害部门，下到言官、翰林院、地方州县官员，都有刘瑾的朋党，这些人襄助刘瑾职掌司礼监大权，同时正是在这些人的大力配合下，刘瑾的新政得以施行。

刘瑾施行新政，主导变法？读者们没有看错。大明王朝从正德二年到五年，三年时间内，确实施行了一场影响深远的全面改革。

### 刘瑾变法

这场改革与其他历次改革不同之处，在于这是一次宦官在前台主导的全方位改革。

明中叶以后，开国 140 年的大明王朝积弊甚重。政治上，文恬武嬉，贪污横行，各衙门冗官冗费，行政效率低下。经济上，盐法、钞法、钱粮、屯田都出现了大量问题。军事上，武官冗滥，军队战斗力低下。

面对这些弊政，刘瑾在政治、经济、军事等方面开展了全方位的改革。

改革首先从裁撤官职开始。天顺朝之后，各衙门增设了一大批官职，造成冗官冗费。正德二年二月，吏部上奏，将天顺之后增添的内外大小官职 124 员裁撤。

正德二年三月，朝廷又裁撤天顺朝之后设置的通判等官 445 员。针对刘瑾裁革通判之事，吏部认为可以保留 248 员，刘瑾却置之不理，将之全部裁撤。

正德三年，刘瑾以巡抚之职本祖制所无，打算将天下巡抚罢除，内阁出面劝阻，刘瑾才同意施行试点，先将内地的巡抚革除，保留了漕运和边境的巡抚。除了巡抚之外，朝廷还裁革部分州县的县丞、主簿和一些少数民族地区的流官。

编户不到 20 里的州县，县丞和主簿都被革除，因为地小官冗，百姓负担较重。地方狭小政务简略，官员众多，不但造成办事效率低下，还造成地方财政负担沉重。由此，根据当地实际需要进行裁革冗官，实在是有利于国计民生的措施。

针对朝廷对官员封赠和荫子过滥的情况，刘瑾又刻意对此进行抑制。

官员封赠，从太祖朝就规定文职官员一到五品，有功绩者，皆可加赠。这样一来，符合加赠规定的官员范围就特别大，很多官员浑水摸鱼，钻政策的空子，或者弄虚作假，骗取朝廷的封赠，这也增加了国家财政负担。

正德二年，刘瑾令文职官员二品以上者，政绩显著，才可以获得加赠。而公、侯、伯等勋贵要立军功，才能获得加赠。如果政绩一般，不管官衔多大，品级多高，都无法获得加赠。

正德初，京官荫子，品级三品以上，经三年考满而且给诰命者，才能获得恩荫子的待遇。

翰林院是内阁大学士储才之处，也是清望之职，但翰林官长于文墨，疏于政务锻炼，如果将来入阁，难免有缺乏历练之弊。

正德四年正月，刘瑾将很多翰林官员调任到六部属官或者州县官员。在六部任职郎中、主事可以具体分管国家政务，而地方官更可以熟悉民情，历练处理民事的能力。

刘瑾的这项措施，如果不是因为刘瑾之败被革除，翰林官就可以更多地锻炼政务能力，从而为内阁培养更多熟练政务民情的实干型内阁大学士。

正德四年，朝廷访求地方贤达，浙江的周礼、徐子元、徐文彪和许龙入选，刘瑾以四人皆为谢迁同乡，怀疑有徇私舞弊之嫌，下令自此后余姚人不得选为京官。

江西人勿要授予京官之事，有人说是因为焦芳和江西人彭华交恶之事，建议刘瑾禁止授予江西人京官。

其实余姚人和江西人不得授予京官一事颇类似洪武年间规定的户部官不能用浙江、苏松和江西人。

这样的规定不仅有刘瑾等人的私人恩怨，更多的是出于平衡不同地区利益，抑制浙江、江西等经济文化发达地区士大夫在朝中势力的考虑。

明代对官员的考察分为京察和外察。京官六年定期考察一次，始于弘治年间。

正德四年正月，吏部侍郎张綵请刘瑾不定期考察京官，刘瑾从之。其实不定时考察官员，洪武年间就有，只不过针对的是地方官，张綵这次所请的是对京官不定期考察。

明中期，随着经济社会发展，商品经济活跃，民间奢侈之风日盛。文武官员也随波逐流，追求物质享受，各种贪赃枉法的行径屡见不鲜，整个官僚集团正在一步步走向腐化堕落。面对官员们吏治败坏、玩忽职守等严峻情况，刘瑾主导推行严厉惩罚措施，开展了一场大规模的整顿官员作风运动。

正德三年正月，朝廷命吏部与都察院考察天下各级官员，共罢免56人。原因有守制、赴任、养病违限等。刘瑾认为这些行为属于官员营私，懈怠旷职的表现，必须予以大力惩治。

对此，朝廷做了明确规定，如果违限三个月，可以饶恕；如果到四五个月，罚俸三月；若达到六七个月，逮捕法问；如果到八九个月，勒令致仕；若到十个月以上，削除官籍。

正德四年四月，江西按察使陆完升职为都察院右金都御史，因为赴京上任延误了三个月，刘瑾遂令其改为试职。这时陆完撞在"枪口"上，刘瑾拿他做了典型，针对他赴任违限，做了处分。

刘瑾在掌权之后，一段时间内大肆受贿。吏部郎中张志淳、詹事杨廷和、魏国公徐俌、刘宇等人都曾经向刘瑾行贿。

不过，自从听了一个人的建议之后，刘瑾对受贿一事大大收敛，相反还开始加大对贪污的打击力度。这个改变刘瑾的人就是张䌽。

张䌽劝说刘瑾："刘公您知道贿赂的钱来自哪里吗？这些行贿官员的钱不是来自官府府库，就是来自对天下百姓横征暴敛。他们借助刘公的名声来为自己牟取厚利，其实您所得不过十分之一，但是天下的怨恨都集中在您一人身上。"刘瑾细细想来，觉得张䌽所言极是，由此决定严禁贿赂。

山东巡按御史胡节回京，先期派人将贿金送给刘瑾，刘瑾将其下锦衣卫镇抚司狱处死。

此外，侍郎张鸾出使福建，聚敛两万银两送刘瑾，给事中欧阳平、御史贝仪、少卿李宣、指挥赵良合伙向刘瑾行贿，都被惩处。

刘瑾如此雷霆手段，打压官员盘剥百姓之弊，一时之间行贿受贿之事大大减少。

刘瑾惩治贪腐手腕之狠辣，也让宦官同僚们咋舌不已，暗中称他是"小太祖"。

官场百年积弊岂是一朝可以革除，还是有人顶风作案。正德四年正月，监察御史欧阳云和工科给事中吴仪从陕西办事回京，向刘瑾行贿。刘瑾以二人素有贪污之事，将二人罢黜为民。随后，江西布政使马龙又以贪污罪被罢黜，正德五年八月，湖广布政使涂旦和郧阳知府曹廉以贪腐被罢黜为民。

东厂也在这一时期，成为反腐"利器"。正德二年四月，真定府通判冯锐解马到兵部，以聚敛自部属的钱财，行贿兵部吏员，结果被东厂缉事校尉得知。兵部尚书阎仲宇等引咎。

五月，工部郎中刘汝靖被罢黜为民。因为其在家丁忧时，侵占了官家之地，被东厂官校所揭发，逮捕入锦衣卫狱。武宗下旨将其杖责 30 下，罢黜为民。

正德二年七月，翰林院编修谢丕被罢黜为民。因为谢丕之前曾经请求归乡省亲，这一次又以生病为辞再请回乡，刘瑾将其罢黜。

当然，刘瑾也不是完全不讲人情。

九月，河南按察使副使郑瑞在来京办事途中，上请朝廷，顺道看望一下老母。当时法令严厉，不过刘瑾考虑到郑瑞第一次赴任河南时，路过家乡也没有拜见母亲，所以这次批准了他的请求。

刘瑾对失职的官员还实行追责法。正德三年二月，湖广布政司派遣韦经等人入京输送当地造的弓箭，韦经等人寄宿京城民家，很久都没有将弓箭入库，他们担心延期被治罪，所以畏罪潜逃。

刘瑾派出锦衣卫官校将韦经抓获，右布政使陈良器、经历张敏德和知州何璋一起也被捉拿入京，下了诏狱。

历年经管建造输送弓箭之事的湖广当地数十名官员，也被一起抓捕追责。

正德三年八月，监察御史王润在浙江巡盐，因为督价有所延迟，被户部弹劾，武宗命将其下锦衣卫狱。因为王润在巡盐过程中，隐匿了正课，耽误了大事。刘瑾建议加以重处，将其杖责 30 下，罢黜为民。

正德四年二月，刑部云南司吏董逊之揭发本司郎中周涤和员外郎虞岳、主事严承范、章文韬盗取赃物，东厂上奏此事。武宗下旨，将涉案官员除名，而举报人董逊之则被升为本部司务。五月，大宁前卫都指挥佥事董斌和副千户胡刚巡查失职，导致盗贼劫掠，刘瑾得到缉事校尉的探报，将失职的两名官员抓入刑部大牢。胡刚畏惧，自杀而死，董斌被贬为同知。

刘瑾不仅打击贪腐或者失职不法的文武官员，对宦官违法之事，也照样予以惩治。

正德四年六月，内官监太监杨镇带着官银万两还有长芦盐引 8000 前往南京买丝织造。杨镇为公家办事，徇私舞弊，偷偷买了盐，动用官民船 600 多艘，运送私盐，打算贩卖。不仅如此，杨镇沿途勒索官吏，得到贿银 1.62 万两，家人韦庆也得到几千两银子。

内行厂的校尉探听到此事，刘瑾下令南京三法司查办此案。结果，杨镇被降为奉御，发南京闲住；韦庆发辽东广宁卫充军。

接下来，都御史刘孟因为办公事时，回了家一趟，被告发，刑部拟罪为民。刘瑾命将其戴上重达百斤的大枷，在吏部大门口示众，因为天气暑热，吏部乞请，才将其释放。

正德四年九月，南京户部主事张键擅自留宿都察院，而且索要马和民夫，被内行厂校尉得知，刘瑾将他下诏狱，降职为河南卫辉通判。

正德五年正月，御史刘寓生在贵州负责刷卷时，因欺凌属下，佥事陆健不堪其辱，与之争辩。结果被内行厂校尉奏告，刘寓生被逮捕入锦衣卫诏狱，戴枷于吏部衙门外，几天之后释放，罢黜为民。

正德五年八月，内行厂旗校刘昇自湖广还，将布政使涂旦、郧阳知府曹廉贪污之状禀告刘瑾，两个贪官被下吏部劾治，被罢黜为民，并夺去诰敕。

这也是刘瑾一生中，经手处理的最后一件贪污案。

驿传按照朝廷规定，只有在京大臣以礼致仕，奉旨驰驿还乡或丁忧病休者才能使用驿站的马匹及船只。在正德朝之前，官员外出办事乘坐轿子和随行人员乘驿马的情况相当普遍，驿站人员深受其扰，也给国家财政造成损失。

刘瑾自正德二年开始，将违例乘轿、擅用驿马、借用官车的官员处以充军、为民、降职、夺俸或者罚米的处罚，尚宝司卿崔璇、湖广副使姚祥、工部郎中张玮因为违例乘轿或冒乘传被发辽宁铁岭卫永远充军；而山西右布政使沈林因为擅自调用驰驿被罢黜为民，不仅如此，他还要赔偿13万的雇值，交纳500石米输送大同仓库。

可见，大明朝在刘瑾主导的这次变革中，对公车私用打击相当严厉。

刘瑾对违法官员的惩罚措施中，罚米法是一种比较普遍适用的方式。罚米法在永乐年间成为定例，官民死罪以下者，可以以赎罪米上纳京城仓。

遭受过罚米惩罚的官员范围很广，从正二品的尚书、都御史到正七品监察御史，一律被处罚过。被罚的不仅有真正犯法的官员，还有刘瑾的政敌甚至党羽。例如大学士刘宇，在正德五年就因为以前巡抚大同时，曾经征收过舍余丁银，即使那时已经回家省祭，也被罚米800石。

所有被罚的官员都是行事有亏，被厂卫人员缉查而获罪。刘瑾曾经派出科道言官查盘粮仓，因为粮草湮烂，负责的官员都被治罪。

罚米导致很多官员倾家荡产，例如户部尚书韩文被罚 1000 石，为了交纳罚米，倾其所有也未能全部缴齐。

罚米大部分用于输边，居庸关、大同、宣府等边防重镇的粮仓一时间堆满了被罚官员的粮米。另一部分用于皇家工程建设。

其实，罚米法的行用之所以在刘瑾变法时期达到顶峰，跟当时的政治经济形势有关。

武宗即位之初，国库亏空，财政吃紧，边防粮食储备不足。而各种公私开销只增不减，面对困局，刘瑾一方面盘查全国仓库，凡是有仓储不足定额的都要勒令各级官员设法补足；另一方面，大规模使用罚米法，这种经济处罚措施客观上也加强了各地仓储。

当然，也应该看到，罚米法也是刘瑾打击政敌的一种手段。韩文、杨一清、杨守随、刘大夏、马文升等官员就是得罪了刘瑾，被他以指摘细故，轻罪重罚，很多人因此破产。

正德初年，大明朝已经存在三个特务机构：东厂、西厂、锦衣卫。刘瑾犹嫌不足，又于正德三年八月设立内行厂。办公场所在荣府旧仓地。谷大用领西厂、丘聚领东厂、石文义领锦衣卫，这三人都是刘瑾党羽，刘瑾对他们还是不放心，他上奏武宗设立内行厂，自己亲领，就是为了监督制衡东、西二厂。

当然，内行厂也是刘瑾为了推行新法的暴利工具，打击政敌，强行推行新法。

对于科举方面，刘瑾也制定了改革措施。乡试、会试名额皆有定数，刘瑾于正德五年正月减江西乡试名额 50 人，从表面来看，这是借助萧明举之事给予的惩治，实则也是国家平衡南、北方整体政治资源而采取的措施。

正德三年，经礼部和翰林院商议后，将北方各省乡试名额大幅增加，陕西由 65 人增加到 100 人，河南由 80 人增加到 95 人，山东由 75 人增加到 90 人，山西由 65 人增加到了 90 人。除了陕西，是刘瑾考虑到乡梓之情而格外照顾外，其他北方各省增加乡试录取名额，更多的是出于利用国家行政权力调控南北方文化政治资源的不平衡，使得北方士子有更多的机会参与国家政治，这也是维护政治稳定的一种方式。洪武年间的南北榜案其出发点就与刘瑾这次调整乡试名额极其相似。

正德五年，贵州和云南乡试名额各增加五人，这也是平衡西南地区较为落后的文化教育水平而采取的照顾措施。

另外，对于会试录取名额，刘瑾也做了有益于北方学子的改革，这种行政手段推行利益公平的方式，一定程度上对于北方和西南教育文化相对落后地区，增加对国家的向心力起到作用。

不仅在政治方面大兴改革，在经济方面，刘瑾也针对时弊，采取了力度很大的革新。

首先，刘瑾从正德二年开始，开展大规模的查盘府库钱粮。

当然朝廷查盘府库之事，前朝皆有，基本是三年一次，很多情况是流于形式。刘瑾派遣大批科道言官对宣府、大同、四川、宁夏、贵州、湖广、甘肃、辽东、延绥等地粮草和马匹进行严格的盘查，尤其以宣府、大同、辽东、甘肃等边镇地区为重点。

盘查官员查到各地仓库粮草浥烂的情况后，都要对涉及官员给予处罚。他们多是因为执法不严、管理不善、疏于详验等原因，导致粮食浥烂。

如正德三年六月，兵科给事中潘希曾、监察御史刘子厉负责盘查湖广和贵州仓储。湖广巡抚汤全、管粮右参议华福、管屯副使金献民和都指挥佥事张塄等涉事官员被治罪，当时汤、华、金已经不在任，可是仍然被追责，全家被抓。

对于地方上亏空浥烂的粮草，一般是令各地犯罪官员赔偿，就是当事官员死亡，其家人也要替其完纳。

其次，清理盐法也是刘瑾经济革新的重要组成部分。

明代一般使用食盐专卖的收入来充实边镇粮饷。武宗即位后，盐法沿袭近一个半世纪，弊端丛生，已经到了影响边镇供给的程度。

针对各种谋求私利之人奏讨盐引之弊，刘瑾于正德五年传旨，不许于内地中买盐课，不许奏开残盐。各边镇上奏缺乏时，户部开送本色粮草，而不许折纳银两。

盐引本是商人交纳实物或者金银之后，国家发放给他们的支盐凭证。但是许多奸商在盐引上投机取巧，他们利用一年的盐引多次支取，甚至有人一年盐引支取过十余年的专卖权。

正德五年，朝廷下旨，盐商必须在规定时间内，将盐引带到巡盐御史处缴纳注销，如果违反，以私盐罪处罚。

另外，不法商人还通过在官盐中夹带私盐或者通过正常引盐夹带私盐。正德五年规定，商人支取的盐引，如果三个月以上没有买卖活动的，问罪。延迟半年以上，盐引没收入官。

为了加强对盐法的管理，正德五年六月，朝廷在多地增设了巡盐御史。

刘瑾在正德四年九月，上疏提出盐法改革的四条纲领：

一、请免征天下户口食盐银钞；

二、请令巡盐御史亲自检验盐引等事，以防欺弊；

三、请禁空文虚引；

四、请禁私自贩盐夹带私盐等事。

户部覆奏后，将第一条否定，其他三条通行全国，并在司礼监立碑刻文，以便时常省察。

刘瑾盐法针对时弊，连明末清初的史学家谈迁在他的《国榷》中也提到，盐法改革契合现实，不能因人废言。

刘瑾提出的第一条明显是为了减轻百姓负担。按照户口食盐法，天下民户都要承担额外的税负，他大胆革新，敢于提出废除这项民间重敛，虽然武宗考虑到国家税收没有同意，但刘瑾为民请命的做法依然让人赞叹。

明初，各地卫所屯田兴盛，太祖朱元璋也曾经自豪地说他养兵百万，不费百姓一粒米。

随着时间的推移，各地屯田废弛，加之宦官、军官、土豪世家的侵夺，屯田面积大大减少，收入极具锐减。卫所屯军也大量逃亡，造成屯田的荒芜。

屯田存在的严重问题，朝廷上下的文武官员不是不清楚，可是谁也不敢站出来整治。要知道，整治屯田必然得罪军官和势要之家，这些人手握兵权，或者掌管财权、政权，一旦得罪了他们，必然会下场悲惨。

刘瑾可不管这套，于正德四年派出多名官员，赶往各边镇，主抓军屯测量工作。

户部侍郎韩福赴辽东，兵部侍郎胡汝砺赴宣府，大理寺丞杨武赴大同，通政司左通政丛兰赶赴延绥，大理寺少卿周东赶往宁夏，尚宝司卿吴世忠赶赴蓟州，兵科给事中高涝前往沧州。

这次行动可是动真格的。负责清查沧州屯地的高涝，将涉案的61名官员提拿，其中竟然包括他的父亲高铨。

这年九月，朝廷下达诏令给边镇各级官员：总兵和镇守内官，国家给予一定数额的免税土地，除此之外的田地要拨给屯军屯种，如果有吞并或者奏讨屯田者，科道官勘查并给予重罚。

刘瑾不仅整治屯田，而且革罢了年例银。

年例银是北京每年从户部掌管的太仓和内帑内承运库中，拨给边镇的例行军费。

到了正德年间，数量巨大的年例银绝大多数被边镇将领和官吏所贪污，这笔钱并没有用到士兵身上，朝廷的钱养肥了一批贪官。

正德三年三月，刘瑾奏请取消了年例银。因为洪武、永乐年间并没有年例银，而且现在的边镇有屯田，又有各地州府输送的粮草，足以应付边防费用。

对于民间疾苦，出身草根的刘瑾还是很清楚的。他于正德元年至正德五年，多次奏请蠲免逋赋。正德五年三月，天下水旱灾频发，各个受灾地区的逋赋都被免除。除此之外，因为地震、战乱、水旱灾害减免的赋税更是不计其数。

水利对于民间农业生产的重要性不言而喻。正德二年三月，刘瑾奏请添设清江浦新坝闸二座；九月，大通桥至通州河道得以修复。

经济革新中，清理盐法和查革占田是核心内容，也是得罪既得利益群体最大的两项措施。盐法和屯田在刘瑾的主持下，渐渐取得成效。接下来，刘瑾将重点放在整顿军队体制上。

为了防止武官冗滥，影响军队战斗力，刘瑾规定武官子孙旁支不得袭替军职，同时递减袭替之法，不孝和败伦者不得袭替。这些举措一方面减少卫所武职官员的世袭范围，抑制了武官队伍的膨胀；另一方面为国家减轻了财政负担。

公、侯、伯爵位的勋臣可以世袭罔替，这种制度下培养的纨绔子弟担任高级军职，不但不能发挥应有的作用，反而会加剧军政的废弛。正德元年十一月，刘瑾奏请勋臣世袭增加比试环节，若比试不中，减少俸禄的一半，后来又规定可以世袭，比试不中要减少俸禄三分之一。

对于地方镇守内臣，刘瑾还提升了他们的职权，军事、政治、民事、刑名各个领域，镇守内臣都有涉及。不但如此，镇守内臣还有朝廷专门铸造的关防。

刘瑾是十分重才的。对于康海等才子，他敬仰不已。刘瑾早就想结交康海，可是康海不给他面子。得罪过刘瑾的李梦阳被下狱，求康海救他，康海为了朋友，放下架子，亲自登门去求刘瑾手下留情。刘瑾看在康海面上，放过了李梦阳。不过，康海在刘瑾败后，也受到牵连，竟然也被列入刘瑾一党。

李东阳的死党焦芳打算让儿子焦黄中做状元郎，刘瑾当面考试，发现焦黄中的石榴诗写得实在太烂。

刘宇曾经送重金行贿刘瑾，他想入阁，刘瑾满足了他。当刘宇真正要入阁办事时，刘瑾对他说："你打算做丞相啊？此地岂能再入。"刘瑾深知刘宇的能力欠缺，对他不能加以重用。

而对于真正有才的人，刘瑾通常委以重任。韩福、张综等人以真才实干得到刘瑾的重用和信任。

对贤能者，刘瑾有时候又能表现出敬仰和重用之意。正德四年八月，内行厂的缉事校尉报告刘瑾，江西新建县主簿孙环廉洁而且能力超群，刘瑾上奏武宗，要求擢升重用孙环。

太仆寺卿屈直在别人请托他办事时，正色拒绝。结果得罪了小人，他们在刘瑾面前告状，刘瑾经过调查，发现屈直此人刚正不阿，由此对他十分尊重。

刘瑾的变法不仅体现在国家大政上面，有时候还体现在移风易俗上面。

例如正德三年八月，针对京城游食无业人群，刘瑾打算将他们逐出京城，防止他们成为不稳定因素。因为千余人闹起暴动示威，最后刘瑾被迫放弃。

正德四年夏，刘瑾又下令寡妇重新嫁人以及停丧未葬者要实行火葬。这两条因阻力太大，没有实行，不过其中闪烁的人文主义光芒，也令人惊叹。

按照理学思想，寡妇要终生守节，岂能再嫁？刘瑾令寡妇再嫁，简直是超越了时代。

丧而不葬也是一种落后的习俗，很多人为了找风水宝地或者获取一个孝顺的名声，就长时间不下葬逝者，这是一种恶俗。刘瑾针对此事，提出要丧而不葬者火葬，这是一种移风易俗之举。

可以说，刘瑾针对当时社会各方面存在的问题，掀起了一场政治、经济、文化、军事领域的全面改革，只可惜，改革最终失败，刘瑾也落入万劫不复的境遇。

**刘瑾的悲惨结局**

作为文武官员或者宦官，如果有人让厂卫各种特务时刻监视你行使职责时的一举一动；如果有人因为你的不法行为，追责你几年甚至十几年前的过失；如果有人因为你的过错，罚米让你倾家荡产；如果有人随时随地都可能让朝廷考查、考核你；如果有人让你不能公车私用；如果有人严格执法，让你在私盐和屯田上不能再获取更多私利；如果有人要革除你本来可以贪污掉的年例银；如果有人动不动就抓住你的错误不放，你会怎么样？

答案很明显，刘瑾的变法得罪了太多既得利益集团，从文武官员到勋贵，从商人到土豪权贵，从宦官到藩王，刘瑾几乎得罪了个遍。

悲剧就这样不可避免地发生了。

事情源自正德四年，大理寺少卿周东在宁夏清查军屯。这是刘瑾变法的一项重要措施，实质是朝廷和官豪人家争夺土地的斗争，以官僚豪强为主要的打击对象。

周东在宁夏的措施确实也过于激进了，他为了多丈量些土地，在刘瑾面前创造政绩，邀功请赏，竟然以 50 亩为一顷。本来清丈田地就是要那些占田的权贵补交多年隐瞒的税收，周东立功心切，不顾实际，也更加加剧了矛盾的深化。

宁夏是边镇，对军屯土地的清查，直接得罪的是上层军人，他们的既得利益受到损害，岂能善罢甘休，大家私下里对刘瑾恨得咬牙切齿。有一个人看在眼里，乐在心中，他不是别人，正是封藩在宁夏的安化王朱寘鐇。朱寘鐇属于庆王府下藩王，术士曾经说他有帝王之相，搅动了他那颗躁动不安的心。

有朱棣起兵的榜样在前，朱寘鐇想想自己血管里也流淌着太祖高皇帝的血液，为什么不能将朱厚照取而代之？

正好这时周东在宁夏镇清查激起了军官的愤怒，而参议侯启忠又来到宁夏催征粮草，真可谓火上浇油。

朱寘鐇打算以诛杀刘瑾为借口，起兵造反。

叛兵们杀死了巡抚安惟学和周东，还有宁夏镇守太监李增等人。

消息传到北京，不亚于引起了九级地震。要知道，大明自宣德年间汉王朱高煦叛乱后，已经80多年没有藩王造反了，安化王的造反震惊朝野。

朝廷决定派出都御史杨一清担任平叛主帅，以神英为总兵官，以张永为监军太监。

说起张永，可是大有来头。张永，字德延，别号守庵，保定新城人。

成化十一年，十岁的张永被选入宫中，在乾清宫侍奉宪宗。后张永被升为内官监右监丞，宪宗驾崩后，张永又被派往茂陵司香，当时刘瑾也跟他一样，想必两人也在无数日夜里相互鼓励安慰吧！也许，张永跟刘瑾的友谊就是那时候结下的。

弘治九年，张永被调到东宫侍奉太子朱厚照。朱厚照即位，照顾东宫旧阉，将张永提升为御用监太监。张永曾经奏求已故太监吴忠上交朝廷的七里海等处庄田，户部大臣指责他违禁，应该论处。武宗却下诏张永接管庄田。

武宗对张永的宠信不断升级，作为"八虎"之一的张永获得在宫中骑马、乘轿的权利，他还被赏赐蟒衣、玉带，负责督管显武营兵马。

正德元年十月，武宗命张永提督十二团营和神机营，并兼掌乾清宫事。

乾清宫那可是皇帝的寝宫，张永掌管皇帝寝宫，可以跟皇帝朝夕相处，就这样君臣二人的感情也在相处中不断升温。

没有永恒的朋友，只有永恒的利益。作为刘瑾曾经的好友，张永得到武宗的宠信并不亚于刘瑾，加之刘瑾的改革往往六亲不认，张永的一些不法行为也曾经被刘瑾整治，就这样二人之间的裂痕越来越大。

以至于有一次，两人竟然在武宗面前打了起来。张永和刘瑾为了一件事，在武宗面前争论了起来，权势滔天的刘瑾岂容他人公然跟他叫板，于是一气之下，刘瑾狠狠地揍了张永一拳。

张永也不是善茬，当即回了一掌，就这样两人在皇帝面前厮打在一起。

武宗命谷大用摆下筵席为两人调解，张永表面上跟刘瑾重归于好，实则内心恨透了刘瑾，恨不能置他于死地。

正德三年，张永针对弘治以来钱钞缺乏、不足供给的情况，提出以天财库和户部布政司库钱，关给征收，并严禁私自铸钱，这些建议也被武宗采纳了。

其实，张永之所以被选为平叛大军的监军太监，并不是刘瑾决定捐弃前嫌了，而是别有所图。

刘瑾觉得张永不在皇帝面前，可以慢慢疏远他跟武宗之间的关系，然后再找机会收拾他。

杨一清、张永还没有到前线，就传来捷报，说仇钺已经把安化王等人拿下了。

这真是天大的喜讯，虽然叛乱平定了，宁夏地方还需要安抚。杨一清和张永来到宁夏，负责处理善后事宜。

在一起共事中，杨、张二人渐渐默契，交情也渐渐深厚。

杨一清跟张永有一个共同的敌人，那就是刘瑾。两人心中各有所思，终于有一次，他们在一起密议，二人达成协议，要一起对付刘瑾。最后，商定的办法是张永在武宗面前揭发刘瑾之罪。

张永担心皇帝不信，杨一清说："公公可以在皇上面前伏地不起，跪地求死，务必请求皇帝除掉刘瑾。"

就这样，两人定下除掉刘瑾的计划。而这一切，刘瑾却浑然不知。

正德五年六月十七，刘瑾的兄长、后军都督刘景祥病死。满朝文武为了巴结刘瑾，争前恐后前往东华门刘瑾的私宅吊唁。

刘瑾定于八月十五中秋节那天为兄长送葬。而杨一清、张永班师回京的日子也是那一天。

刘瑾心情很差，觉得张永存心跟自己过不去，他派人让张永晚些回京。不成想，张永反而提前四天回京了。武宗隆重迎接了张永一行人。

武宗心内欢欣，亲自摆下盛宴，为张永等人庆功。酒宴从白天持续到晚上，席间，张永滔滔不绝、绘声绘色地讲述西北的见闻。武宗听得津津有味。已经深夜了，忙碌了一天的刘瑾实在支撑不住了，他哈欠连天，跟武宗告假提前离席了。

刘瑾刚离开不久，张永忽然收起笑容，脸色一变，一脸严肃地扑通一声跪倒在武宗面前。

武宗惊诧不已，连问他这是为何？

张永从怀中掏出一份提前准备好的奏疏，声称要揭发谋反罪人刘瑾。

　　紧接着，张永滔滔不绝，讲述了刘瑾17条大罪。

　　武宗已经半醉，口中喃喃说道："刘瑾负了我。"

　　席间，不止张永，还有谷大用、马永成等宦官，这些人表面是"八虎"成员，实则也恨透了刘瑾。刘瑾的变法也损害到他们不少利益，让他们少得了不少好处。

　　此刻，他们一起跪倒，一起声讨刘瑾，说他意图不轨。

　　武宗大喝一声，让四名长随前往刘瑾的值班房抓人。

　　刘瑾在司礼监值房已经睡下，被外面的喧嚣声吵醒。

　　四名长随闯了进来，口称奉旨捉拿刘瑾，刘瑾心中一震，知道大事不妙。

　　被五花大绑的刘瑾，在四名长随押送下，送往菜厂关押看管。

　　刘瑾在京城的私宅全部被封。

　　武宗将张永弹劾刘瑾的奏疏发往内阁，并且降下圣旨说自己委托刘瑾为心腹，整理庶务，刘瑾不能体会圣意，蒙蔽专擅，变乱成宪，使官员、军民深受其害。

　　最初，武宗打算将刘瑾降为奉御，发往南京闲住。其司礼监掌印太监之职，由魏彬接替。锦衣卫都指挥佥事张容掌管锦衣卫，而张容正是张永之弟。

　　刘瑾一夜之间倒台，他所推行新政也被全部废除。真可谓，人未亡而政已息。

　　刘瑾在狱中听说了自己将被发往南京闲住，暗中庆幸自己还能做一个富太监。

　　只不过很多人不想让刘瑾继续活下去了，遑论做什么富太监。

　　而将刘瑾下狱的朱厚照心情是极其复杂的。他接到刘瑾在监狱中的请求，说自己已经身无一物，只求皇帝能赏赐一件御寒的衣服给他。武宗念起昔日刘瑾对自己的忠心，心中不忍，让人给刘瑾送了一些衣物过去。

　　张永等人听了大惊失色，他们最担心的就是武宗突然改变主意，将刘瑾释放，看来必须要制造出更有力的证据，让刘瑾永远不能翻身。

　　几天之内，一则消息传遍了京城：刘瑾打算在八月十五兄长出殡那天，将参加送葬的满朝文武官员全部控制，打算谋反。

　　朝廷内外官员都决定要彻底将刘瑾置于死地。他们封锁了刘瑾的住宅，在他的家里塞进去很多违禁之物，例如伪造玉玺、盔甲、武器等，最有杀伤力的是一把扇子，里面装进去一把匕首。至于为什么第一次搜查时，没有发现这些"谋反证据"，没有人关心，也没有人想去关心。

这一切安排好以后，官员们奏请武宗亲自赶往刘瑾家里，观看抄家现场。

抄家过程中，发现了刘瑾家中藏有金银数百万，宝贝不可胜数，还搜出伪造玉玺一方、盔甲弓弩等。最令武宗生气，也是让他对刘瑾动了杀心的，是一把扇子。这把扇子是刘瑾经常随身携带的，里面藏有两把利刃，武宗对刘瑾绝望了，他大怒道："刘瑾果然要谋反。"

武宗下旨将刘瑾从皇城转押到锦衣卫诏狱。

六科给事中谢讷、十三道御史贺泰等一起联名上疏，弹劾刘瑾 19 条大罪，要求武宗诛杀刘瑾。

主持审问的是刑部尚书刘璟，明明他是审问官，见到刘瑾，却依然忌惮，竟然一句话都说不出。其他列席的朝廷大臣们，也个个噤若寒蝉，连连后退。

眼看这场廷审就要尴尬了，淳安公主的驸马蔡震突然站了出来，对刘瑾怒声斥责。

刘瑾不认得他，问道："你是何人，竟敢忘记我的恩德。"他以为此人是受过他恩惠的朝臣。没有想到，蔡震厉声说道："我乃是国戚，怎么可能依赖过你。"

说完，蔡震命官校上前，对刘瑾用刑拷打。

刘瑾的案子最后的审判结果是以变乱祖宗成法、私造兵甲、谋反等罪，被判处凌迟处死。

张永特意交代刑部，将人犯立刻执行，就是担心武宗会念及旧情，突然反悔。

八月二十五，刘瑾被押赴西市，处以凌迟之刑。

这一年，刘瑾刚好 60 岁。说到凌迟，也就是民间所说的千刀万剐，是极其残酷的刑罚。

刑部主事张文麟作为处死刘瑾的监刑官，记录了刘瑾被凌迟处死的整个过程。

第一天凌迟刘瑾时，刘瑾的肉被一片片慢慢割下，整个人变成了一个血"葫芦"，可是人还活着。晚上收入顺天府宛平县的监狱，刘瑾还讨要了两大碗粥，狼吞虎咽地吃了下去。

第二天刘瑾被押赴刑场，继续凌迟。因为前一天，他说了很多宫闱秘闻，这一天预先将一块麻核桃塞进他口中，防止他胡言乱语。

第二天凌迟十几刀后，刘瑾被处死。

刘瑾败亡，他的家属也跟着倒霉，从孙刘二汉年龄只有十岁，有人建议从宽处理。刑部主事张文麟以刘瑾造反都是为了推举刘二汉当皇帝为辞，坚决要求杀掉这个孩子。结果，刘二汉最终难逃一死。

与刘瑾交好的 26 名官员被列入刘瑾奸党。

其中吏部尚书张綵死于监狱之中，大学士曹元、前大学士刘宇等人都列入奸党名单之中，并被治罪。

刘瑾内行厂的官校彭玉等 57 人，也被下狱论罪。真可谓，树倒猢狲散。

刘瑾之败，很大程度上归咎于他的贪腐，那刘瑾到底是不是传说中的富豪呢？

## 刘瑾家资巨富之谜

《亚洲华尔街日报》说，刘瑾的家产有黄金 1200 万盎司，白银 2.59 亿盎司，按照这个标准，他可以排进世界千年以来的富豪之列。

就是明朝人王鏊的记载，刘瑾拥有金 1205 万两，银 2.59 亿两。不过，后世也有人不相信这个惊天数字的，清末史学家夏燮就怀疑这个数字的真实性，他觉得刘瑾的家产累计数百万是比较靠谱的。

其实，刑部题本记载的刘瑾财产情况是赃款有数百万两，这接近事实的真相。

刘瑾确实在掌权之初，大肆贪污。刘宇曾经以万金行贿刘瑾，其他贪腐行为也不少。不过，从正德四年开始，刘瑾听从张綵建议后，开始拒贿，并开始打击其他官员贪腐行为。

刘瑾在短短三年多时间内，能贪污上亿银两吗！？按照这个贪污速度，要凑齐 2.59 亿两白银，那得日夜不停地每天贪污 18 万两银子才行。要知道，当时明朝全国存银量恐怕也没有 2.59 亿两这么多。80 年后的张居正改革时期，明朝国库存银才 1200 万两。

刘瑾的家产当在数百万两是比较接近事实真相的。

不过话说回来，就是数百万两也不是一个小数目了，至少在当时的明朝，也算巨富了。这说明了刘瑾确实贪污严重，也是他走向失败的一个重要原因。

**刘瑾败亡原因分析**

随着刘瑾的败落，他主持的新政全部被废除，清丈田地的活动结束了，已经清丈出来的也都不算数了，盐法改革停止了，一切弊端如旧。自正德二年开始实施的改革措施全部恢复到弘治十八年时的原样。

刘瑾的失败带有必然性。

首先，刘瑾的宦官身份决定了他变法的局限性。身为宦官，主导这样一场全局性的变革活动，阻力很大。本身改革就触动了文武官员的利益，宦官作为刑余之人来主导，更容易被套上道德枷锁，进行灵魂上的审判。

其次，刘瑾权力过于集中，破坏了权力制衡法则。刘瑾在担任司礼监掌印太监的同时，又掌管内行厂，破坏了司礼监太监和东、西厂太监各司其职的原则。并且，锦衣卫和西厂掌权之人，也是他的党羽，这样一来，权势过大，必然是引火焚身。

再次，刘瑾变法本身存在诸多问题。求治过速，措施过猛，打击过于严厉，这些都是不可忽视的问题。为了效仿太祖、太宗旧制，刘瑾以严厉刑罚处置不法官员，一定程度上确实有整顿官僚队伍的积极意义，不过，积弊已深，若单纯严刑峻法，只能取效一时，却不能形成持久作用。百官被压得越重，反弹力也就越强。导致刘瑾失败的直接事件，周东勘察宁夏屯田一事，就是周东行事过迫，激起了兵变，从这个角度来说，刘瑾的改革失之于过速。

刘瑾某些做法盲目效仿祖宗旧制，不能适应变化的形势。例如废除巡抚一事。巡抚之设确实有利于地方管理和协调中央地方关系，刘瑾以明初无此职为由，废除巡抚，某种程度上造成了管理缺失。

刘瑾的改革触动了各个阶层的利益。从皇亲权贵到文武官员，再到宦官，各个阶层的利益都在这场变革中受到极大触动，这也是他们为何极力反对刘瑾，要将其置于死地的原因。

刘瑾最后结局之惨，是从他主持这场得罪既得利益集团的改革之初，就已经注定了的。

最后，主持改革的刘瑾并不是无懈可击的道德完人，他的贪污最终成为他败亡的重要原因。

刘瑾的贪污是十分严重的，在四大权宦里面，他是贪污之最。

一个主持改革的人就要像王安石那样，做一个清廉之人，让反对派不容易抓住把柄。而刘瑾不是这样的人，他贪污却打击贪腐官员，这如何让人心服口服？

所以，改革者一定要首先管好自己和自己的家人，不能给既得利益集团以把柄，不然一旦遭受反扑，结局必然十分悲惨。

至于，为什么史书中的刘瑾难有一句好话？想想这样一个触动过文官士大夫阶层切身利益，而且在明中叶还要恢复洪武"严霜"政治的人，能指望掌握历史话语权的文官们说他什么好话吗？

所以，刘瑾的改革措施史书上难觅踪迹，我们只能从片言只语中了解一个梗概，更多的细节已经被从历史的记忆中彻底抹除，仿佛这四年间，并没有发生过任何变革。

这是明朝的可悲，刘瑾的可悲，也是明武宗朱厚照的可悲。

那话说回来，朱厚照为什么要处死刘瑾？应该说，朱厚照对刘瑾的信任确实超乎寻常，他让刘瑾在前台主持如此一场大规模的变革，这显示了他打算有所作为，革除祖宗积弊的决心。

只是，政治经验不足的朱厚照，发现随着变革不断深入，遭受的各方面反对越来越多，各个阶层开始反攻，他面临的压力是空前的。

最终，在文官和宦官集团的合力下，武宗再也顶不住压力，放弃了对刘瑾的支持和信任。加之，张永等人刻意制造刘瑾谋反的假象，武宗一时糊涂，听信了这些言辞，最终杀掉了刘瑾，同时放弃了自己的改革大业。

从武宗的角度来说，自己如此信任刘瑾，他却要谋反，加上改革确实面临的阻力空前，他没有魄力继续下去，所以将改革措施也全部终止。从朝臣的角度来说，刘瑾这样不顾生死之人再也难寻了。主持改革的刘瑾下场如此悲惨，自然不会再有人敢出头，做刘瑾第二。从此之后，没有人敢出头得罪整个官僚集团了。

于是乎，刘瑾的改革犹如昙花一现，流星般划过明朝历史的天空，消失得无影无踪。

当然，刘瑾的改革对明朝的影响也是深远的，很多后来的改革者接受了他的教训，改革过程中尽量不去触及宗藩和勋贵的利益，从而减少了改革阻力。而刘瑾以血淋淋的事实告诫了后来者，恢复洪武祖制是不可行的，这也就是为什么到了万历年间，海瑞口口声声要恢复洪武酷刑，却被其他人都视作"怪物"，连张居正和神宗对他都不敢重用的原因了。

刘瑾的故事讲完了，明武宗一朝其他宦官显然也不甘寂寞，在历史舞台上继续着他们的表演。

### 张永的封侯梦

刘瑾被杀，作为第一功臣的张永自然得到朝廷的奖赏。他本人被赐金银财宝，岁禄加到300石。张永的兄长张富被封为泰安伯，弟弟张容被封为安定伯。

张永得到厚赏，谷大用、魏彬、马永成等看得眼红，纷纷跟武宗上言说诛灭刘瑾、讨平安化王也有他们的功劳，武宗一高兴，就将众人的兄弟都封赏了。谷大用的兄长谷大宽被封为高平伯，魏彬的弟弟魏英被封为镇安伯，马永成的兄长马山被封平凉伯。除此三人，武宗还将自己的一个义子封为永寿伯。这人本是裴姓太监家的奴仆，冒了裴姓，凭借一手好厨艺，获得武宗宠爱。

刘瑾虽然死了，朝廷上看似平静了很多，文武官员们也纷纷松了一口气，从刘瑾的苛察政治下解脱出来，那感觉真的很不错。可是，没过多久，朝臣们惊奇地发现，有个太监的权势之大，渐有取代刘瑾之势。

这个太监就是张永。正德五年上半年，北方大旱少雨。北直隶有个知县王銮上疏说张永西征，曾经经过真定，大雨随之倾盆而下，百姓们都说雨露是张永带来的。这段谄媚之词，让人肉麻万分，知道的是张永过境，不知道的还以为龙王过境呢！

武宗就坡下驴，接到这封奏疏之后，命司礼监和内阁拟表彰敕义，在全国隆重宣传张永的光辉事迹。

这样的马屁拍得张永神魂颠倒，飘飘然的他竟然做起封侯美梦了。

恰好此时，张永也立下大功一件。

正德六年七月，顺天府涿州男子王豸脚上有涅刺龙形，手上还隐隐地出现"人王"两个字。刺事者告知张永，张永派锦衣卫捉拿他下狱审问。审问结果是王尨试图谋反。

这下不得了了，张永又立下大功一件。兵部尚书何鉴为了讨好皇帝面前的这位大红人，主动奏请皇帝加张永恩典。武宗命下廷臣会议。

这一日，几个司礼监太监来到内阁，传达皇帝旨意，说是张永平定王尨谋反大案，要重重褒扬赏赐。大学士杨廷和建议给张永多加禄米，写敕书奖励。司礼太监们连说还不够，皇帝打算给张永加爵位。

杨廷和不紧不慢地回答："我朝官制乃是太祖高皇帝制定，祖训有记载，内官最高四品，从未有加爵位的。"

司礼监太监范璁说："谁说没有，刘马侯不是吗？"

杨廷和问他："谁是刘马侯呢？从来没有听过这个称号，只是听说早些年有个太监叫刘永诚的，伺候历代皇上70多年，功劳卓著。他在御马监掌事时间久，京城人称他为'刘马太监'。但是他也没有封侯，这些都是有证据可考的。"

说完，杨廷和从内阁翻出一本《类博稿》，里面记载了刘永诚的墓志，里面确实没有封侯一说。

没想到范璁还是不肯善罢甘休，说："我朝没有，可是古代有封侯之事。"

熟读史书的杨廷和胸有成竹，随口应道："汉朝宦官一日之内五人封侯，那可不是盛世之事。宋朝童贯封王爵，最后下场如何呢？"

范璁仍然坚持："可以让吏部和兵部集合官员商量一下。"

杨廷和说："张公公立下大功，天下皆知。多名官员会议，大家谁也不敢阿顺皇上之意，自取重罪。大家必然坚持正论，并且将建议传之天下，张公公企图封侯被拒一事，传到天下，恐怕也不是张公公的本意吧！"

好一个杨廷和，伶牙俐齿，舌战群监，当时张永也在场，他虽然整个过程没有发表意见，内心却被杨廷和说动。

张永反复思量，终于主动表态，上疏请求辞去恩典。其实，张永能放弃封侯之梦，也跟杨一清的劝说有关。毕竟，张永对杨一清还是充满钦佩之情的。

最后，武宗只好又给张永加岁禄48石，彩缎50表。

张永上疏辞让，最终没有接受。

张永在刘瑾死后，也进入司礼监，不过他发现想办成点事情太难了，皇上身边佞幸太多，想办事就要得罪人。

终于，在司礼监待了一年后，张永还是离开了这个是非衙门。

张永离开司礼监，掌御用监事，他指使库官吴纪等人从库中窃出银7000余两，带进他的私宅，来建造玩好等物。御用监太监丘聚揭发此事，吴纪等人被送锦衣卫镇抚司。张永多方营救自己，最终仅仅是御用监闲住而已，吴纪等人被降职处分。

从张永的封侯梦灭也可以看出，走刘瑾的老路显然不现实。

**纵盗为乱的宦官们**

要说明中叶规模最大的民变，当属刘六、刘七兄弟之乱，这场暴动遍及南北数省，一度危及京畿地区。

要说起这场暴动的缘起，还真跟宦官脱不了干系。

张茂是文安县大盗，他家有高楼列屋，深墙大院。可谓是"地头蛇"豪强加盗匪。张茂结交江湖亡命之徒，刘宸（刘六）、刘宠（刘七）、齐彦名、李隆、李锐、杨虎、朱千户这些都是他的党徒。

太监张忠，号曰"北坟张"，他在文安老家的宅子临近张茂家。作为邻居，两人关系越来越近，张忠与他结拜，以张茂为义弟。

张茂也通过张忠的关系，认识了很多内廷太监，如马永成、谷大用、于经等人。

张茂用金银打点这些太监，他就想去宫内看看。没想到，这些太监得了好处，还真把他领进宫内，张茂还陪武宗踢过球呢！

有了这段经历，张茂更加肆无忌惮。

正德五年春夏之间，河间参将袁彪几次击败张茂和众贼。张茂窘迫，被迫向义弟张忠求救。

张忠还真讲义气，他在家中置办酒席，将袁彪和张茂都请来了，两人东西面对面而坐。

张忠首先举起酒杯，指着张茂，对袁彪介绍说："这位，是我的弟弟。以后你要好好对待，不要相互伤害。"

说完，张忠不顾袁彪错愕的表情，举着酒杯跟张茂说："袁参将今日与你有一面之好，你以后不准再侵扰河间府。"

好个张忠，把国事当儿戏，竟然在官军和盗匪之间做起调解人。袁彪畏惧张忠，席间唯唯诺诺。

当时刘瑾还在位，他派出都御史宁杲到北直隶一带剿匪。有一个李姓的巡捕为了立功，假扮一个弹琵琶的优伶混入张茂家中。

李巡捕成功打入张家后，作为内应，接应宁杲带领的骁勇士兵数十人，攻入张茂家中。

张茂被擒拿，一条腿还被斧子砍伤。宁杲将他押入囚车，送到北京献俘。

张茂手下的刘宠、刘辰等人连忙上京营救大哥，他们找到张忠和马永成，请他们想想办法。

张忠这时开足价码，跟刘氏兄弟说必须要献出 1 万两银子，才能救出张茂。

刘氏兄弟哪里能有这么多银两。他们只好带着杨虎等人劫掠四境，一场大乱就此爆发。

刘六、刘七盗贼团伙在发展壮大的过程中，张忠起到关键作用，正是他给袁彪施压，才为他们提供了政治庇护，让他们更加肆无忌惮地劫掠地方。

当然，张茂被铲除，也是因为得罪了宦官。因为之前张茂曾经在内丘县劫掠过康海的财物。康海是刘瑾所亲厚的乡人，这就等于得罪刘瑾，所以刘瑾派出宁杲来消灭张茂。

当然，刘六、刘七暴动的平定，太监谷大用、尹生、陆訚、张忠等人在其中调度监军，也立下功劳。事后，武宗下旨加谷大用和陆訚禄米 48 石，二人弟侄各一人被荫为锦衣卫世袭指挥使。监枪内臣张忠和尹生岁加禄米 24 石，荫弟侄一人为锦衣卫世袭正千户。

正德年间，各地镇守内臣，或廉洁无私或贪婪横暴，也上演了一幕幕历史活剧。

### 正德年间各地的镇守内臣

正德八年，太监崔和奉命镇守云南金齿和腾冲等地。之前，历任镇守太监张成、王阳、刘玉等多是贪婪无能之辈。

一日崔和经过潞江安抚司，当地官吏送他过江银 300 两，景东、蒙化也以年例、军伴、纸札银等名目馈赠崔和。崔和开始不打算接受，跟来人说："你们这是看低了我等内臣。"崔和又谈到平生与何文鼎这些人为友，自己曾经承蒙孝宗信任。最终，崔和以潞江安抚司的银两复建众安桥，以景东和蒙化之银修寺庙，并且说："为人在世，须要做些好事，若只要钱，也没什么意思。"

跟文武官员一样，镇守内官中有廉洁无私的，也有贪婪横暴者。

正德九年正月，监察御史刘天和与王廷相相继来到陕西按察。他们看到陕西镇守太监廖堂贪婪无度，于是对他加以裁抑，招致廖堂的怨恨。

廖堂奉旨在兰州等处造办进贡烧饼，本应告知巡按御史，刘天和以兰州为御史马溥然所管辖为名，拒绝前往兰州。洛川人邵进禄打算作乱，事情败露，他主动投官自首。王廷相将他释放。廖堂知道此两件事，抓住大做文章。

廖堂一纸诉状，告到武宗那里。武宗下旨将两名御史押解入京，关入锦衣卫镇抚司审问。二人被关押了很久都没有释放，大臣们纷纷论救。最终，刘天和与王廷相被贬为县丞。

正德十一年十月，浙江镇守太监王堂采办土产鲜品进贡，浙江按察使金事韩邦奇奏请停止，加上韩邦奇瞧不上王堂，凡事都不同他协商。王堂弹劾韩邦奇阻格进贡是沽名钓誉，而且僭用轿乘，用刑残酷这些违法之事。

韩邦奇被下锦衣卫大狱审问，最终革职为民。

正德年间，如廖堂一般的跋扈镇守内臣不少，给地方造成严重的扰乱，这也是嘉靖皇帝即位后，顺应朝臣所请，将镇守内官革除的重要原因之一。

在刘瑾被诛后，东厂以其严酷执法，又激起文官们的不满，最终东厂太监张锐的获罪，很大程度上也是因为得罪了太多朝廷官员。

## 宦官张锐和东厂

自刘瑾被诛后，内行厂和西厂被革除，只剩下东厂。正德七年五月，以御马监太监张锐提督东厂。张锐提督东厂不久，就有所兴革。当时东厂有庄地50亩，每年收的籽粒专用于修理刑具等。张锐觉得不够，又奏请武清县北汪庄官地70余顷给东厂管理，武宗特许。这下，东厂的活动经费大大增加了，张锐决定放开手脚，大干一场了。

正德八年九月，刑部主事陈良翰的妻子程氏杖杀了一个奴婢，她怕事情败露，残忍地将奴婢尸体肢解，藏在木柜之中。程氏毒妇之性难改，又想杀另一个奴婢，她拿刀想砍杀奴婢，多亏奴婢及时逃脱。

东厂校尉探听到此事，将陈良翰下锦衣卫监狱拷打审讯。

罪行确定之后，都察院提出处理意见：程氏穷凶极恶，以故意杀人律斩首，陈良翰纵妻为恶，发配边卫。武宗同意了都察院的奏请。

东厂破获的这个案件，可以说，在民间是大快人心。

紧接着，十一月，兵部尚书何鉴乞请致仕，武宗同意。何鉴的家僮打着主人的旗号，骗取了求晋升者的贿赂，结果被东厂侦事校尉所揭发，科道言官交相弹劾何鉴，他被迫引罪求退。

正德九年四月，东厂官校在正阳门西河内得到工部员外郎、主事等官牙牌八面，太监张锐上奏武宗，皇上命缉事衙门访查，尚宝司查审号数。

尚宝司卿朱宏以前些年刘瑾取旧牌以及吏员崔拱辰盗取牙牌之事为辞，上奏皇帝，企图逃脱责任。武宗以其典守不严谨，仍然命人调查。朱宏等人被迫引咎，武宗命查明注簿以便稽考。

此案明显是一起因有关部门玩忽职守，而导致牙牌丢失的案件。

正德十一年八月，通州知州坚晟征营建大工物料，听信了牙侩人的话，将价值估算太高。州民韩得等贿赂吏人，谋求转解，侵占羡余十倍有余，结果被东厂校尉告发。

正德十四年九月，户部署员外郎马驯负责监城西草场，隶卒与输草之人勾结作弊，结果被东厂发现。马驯被坐以徇私容隐之罪，逮捕到锦衣卫拷打治罪。

张锐提督东厂办事得力，得到武宗的赏识。同时，宁王朱宸濠也欲结交权贵，用重金结交武宗面前的红人钱宁。而钱宁又与张锐相交，张锐也从宁王处得到不少好处。

张锐有个朋友谢仪，他经常出入张锐家中。此人狡黠善于奉迎，很受张锐信任。谢仪和同乡御史熊兰都受到宁王迫害，熊兰屡次准备告发宁王有反意之事，又担心祸及同宗。熊兰跟谢仪商议，劝说张锐不要再接受宁王的贿赂。

张锐问谢仪缘故，谢仪将宁王欲为不轨之事和盘托出。张锐觉得大事不妙，此时他正好与钱宁有矛盾，正打算斗倒钱宁。钱宁和宁王勾结之事正好可以被利用。

钱宁还蒙在鼓里，以张锐为心腹之人。他约张锐一起到皇上面前，为宁王求褒扬之旨，张锐找个理由没去，钱宁独自在皇上面前为宁王美言，应当如巡按所言，对宁王进行褒奖。

张锐的揭发信到了武宗面前，但是武宗没有回应。

之后，钱宁结交宁王的逆谋终于败露，武宗对张锐的信任也升级了。

七月，东厂和锦衣卫的旗校侦探到刘学和孟贵等人聚众百余人，打算在河南作乱。谋乱之人被捕获，逆谋被扼杀在"摇篮"之中。

武宗以张锐提督东厂之功，加其禄米 120 石。

八月，武宗将江彬任命为提督东厂、锦衣卫官校行事，江彬兼有东厂和锦衣卫之权，其权势之大，令人咋舌。

正德十六年三月，武宗在豹房驾崩，驾崩之前留下遗言，还提到要命张锐召集司礼监太监前来。

正德十六年四月，新即位的世宗将张锐等一干宦官打入江彬党羽，将其执送到都察院审问。

张锐被下狱治罪后，有一个内廷太监暗中襄助，打算解救他，结果被大臣揭发。这位太监就是司礼监太监萧敬。

### 寿考久任的宦官萧敬

明代史学家王世贞曾经提到明朝有这样一位大太监，他做太监时间长达 70 年，寿命 91 岁，可以称作是宦官中的寿考久任之人。

此人就是萧敬，字克恭，别号梅东，延平府南平县人。他自幼入宫服役，因为聪明伶俐，被选入司礼监内书堂读书。萧敬读书认真，进步很快。

天顺初年，萧敬被授予长随。英宗在便殿慰劳赏赐近臣，金钱堆积很多，萧敬分发得很准确，一一登记，一点错误都没有出。英宗看在眼里，觉得他很有心计，所以很信任他。

天顺二年，萧敬被升职为奉御，没多久，又升为御用监左监丞。天顺五年，萧敬被升为右少监，赐给他蟒衣、玉带、各种珍奇宝物。端午节那天，英宗亲自检阅射箭，指着萧敬说："我知道你写文章不错，能射箭吗？"

萧敬连发三箭，箭箭射中。英宗十分高兴，对这样一位文武全才的宦官十分赏识，当时萧敬才25岁，真可谓年轻有为。

萧敬也不负英宗的重托和信任，他奉命前往荆州、襄阳地区办事时，行事安静，不骚扰沿途百姓。

天顺八年，英宗驾崩，萧敬被派往神宫监负责司香。

成化三年，萧敬改任内官监，负责督管仓储和粮饷。他将账目记录得清清楚楚，革除了过去很多弊端。不久，萧敬被晋升为司礼监金书。他受命前往武岗、蕲州等宗藩大案，萧敬审案公正，得到宪宗的赞赏。

萧敬与掌管东厂的太监尚铭走得比较近，尚铭在成化末年被治罪。成化二十三年，萧敬为了避免受尚铭一案牵连，主动乞请到裕陵司香。

弘治初年，萧敬屡次遭到朝臣弹劾，孝宗庇护他，曾经给刘大夏说："萧敬只是我的顾问，我一直没有放权给他。"

弘治三年，司礼监有了空缺，众人都认为萧敬是老成练事者，他被启用为司礼监太监。萧敬为人谨慎，熟悉国朝典故，每当皇帝咨询他什么事情，他都能应答如流，而且他能时时劝谏皇上，孝宗很敬重他。

萧敬多次奉命安排朝廷婚嫁冠丧等重大典礼，检阅团营军队，受命协同三法司审理大案，所有这些，他都能办理得井井有条。

张皇后的兄弟张鹤龄和张延龄依仗帝后宠爱，纵容家仆违法乱纪、聚敛钱财。萧敬负责审理这类案件，都能做到严格执法，不稍宽贷。

弘治十八年，孝宗皇帝病危，当时萧敬作为顾命太监之一，涕泪横流地回答道："臣怎敢不尽力。"

正德初年，萧敬请假回到私宅之中。家居六年后，正德七年，武宗启用他为司礼监掌印太监，并赏赐坐、蟒袍，准许他乘坐肩舆出入宫中。

萧敬这时已经74岁了，可是眼不花、耳不聋，头脑还极其灵活，能对时事提出好的建议。

正德十二年到十四年间，武宗经常在外巡行，萧敬和一些同僚一起劝谏皇帝，但是无法阻止。

武宗命萧敬留守京城，京城内外人都倚重他。

萧敬曾经和宁王交结，所以宁王造反后，萧敬也受到牵连。武宗怜惜他年老，没有逮捕他，仅仅以罚钱和罢职了事。

世宗朱厚熜即位后，因为萧敬德高望重，又熟悉宫中各种事务，所以特地诏令他入宫管理机务之事。

萧敬时年 85 岁，依然头脑灵活，精力充沛，在宫中办事极有分寸。

不过，萧敬因为暗中援救被下狱的好友张锐，被大臣毛伯温揭发弹劾。

屡次受到弹劾的萧敬，于嘉靖元年告老乞休。世宗准请，考虑到他往年的功劳，每月加禄米十石，并赏赐时令食品等。

嘉靖七年，萧敬在私宅去世。世宗给予他的葬礼规格极高，大学士翟銮为他撰写墓志铭，杨一清为他书写墓表。

萧敬其人，聪慧敏捷，小时候读书就能知道书中大义。后来，他又博览群书，学识更加丰富。他的诗作清高飘逸，并没有华丽的辞藻。

萧敬的书法临摹欧阳修，后来转为沈体，尤其喜欢草书。

他曾经历侍六位皇帝，四次担任司礼监掌印太监，四次担任司礼监秉笔太监，前后在司礼监任事长达 50 年。萧敬名下有百余名宦官，他对待士人温和恭敬，杨一清因为公事，对萧敬并不是十分恭敬，萧敬也不以为意。

萧敬年老退休后，深居不出，闭口不谈时事。只有相知的好友经过时，他才跟好友们赋诗、鼓琴、下棋。

他病重时，嘱咐侄子、侄孙说："做臣子的人，最重要的就是不欺罔。"萧敬其人无大过，不敛财、不滥用权力，是一个难得的好宦官。

明朝宦官不缺乏正能量人物，就有一人，竟然被人称作"青天"，敢与包公齐名，足可见其人之廉洁无私。

### 满满正能量的"莫青天"

莫英，字国器，广东肇庆恩平人，父亲莫满，母亲梁氏，继母邹氏。莫英自幼天资聪颖。天顺五年，莫英 12 岁，家里人用网捕捉了一条大鱼，莫英奉家人之名，挑选了大鱼身上肥美的肉，送给沙岗姑姑家。

正好此时苗人叛乱，莫英被流贼劫掠而去。成化元年，官兵平定苗乱，莫英也被一起俘虏，被阉割进入内廷效力。

成化二年，莫英入内书堂读书；成化六年，他成为供用库书办。后来，他历任奉御、副使、大使、内官监右少监、太监。

太监蒋琮与他不和，莫英以君臣大义相责，结果两人矛盾更深。蒋琮诬告他，莫英被降为小火者。蒋琮后来得罪下狱，孝宗才醒悟到莫英是被冤枉的。他将莫英从奉御又提拔到司礼监太监。

一个梁姓宦官曾经将投奔自己的父亲赶走，莫英对梁宦官晓以父子之恩，梁宦官置之不理。莫英只好自己掏钱将梁父送回故乡。

宪宗时，有人送数千金给莫英，报答他的恩情。莫英拒绝说："我每天就一盂饭足矣，千金于我何用？"有人推荐他去任职御司房、东宫伴读、六局官，都被他一一推辞。他知道这是权贵推荐，叹息着说："在这些职位上容易欺君盘剥百姓。"

乡亲来北京办事，虽然是差役，莫英也待之以礼，以恩德对待。

皇帝给他恩宠，荫官给他家人，莫英身边的仆从给他使眼色，让他接受，他却厉声说："国家名器，岂能滥用。"此事遂止。

莫英负责督京城仓库，廉洁自律，秋毫无所取，被人们称作"莫青天"。

莫英经常给自己的侄子们说："我不幸成为名教罪人，你等应该苦学，光大莫家门第。"他经常监督侄子们读书到三更天，然后让他们坐在自己卧榻前，以修身理家为训，孜孜教导。

莫英负责京城仓库时，同事者有打算扩大草场火道的，这就要拆迁附近民居。莫英说："这对上于国无益，对下使得百姓流离失所。"他上奏皇帝取消了这个行动。

莫英离开京仓，到上林任职时，百姓们纷纷挽留这位"莫青天"。

宪宗命莫英访求仙术，被他劝谏而停止。宪宗召入番僧，莫英劝谏道："恐怕贻笑大方，给后人留下祸患。"

宪宗命他查访司礼监太监怀恩有没有贪赃行为，莫英不避权贵，如实禀奏。

孝宗打算在崇文关外建造延寿塔，命令莫英负责此事。莫英劝谏说："此非盛世之事。"事后，言官们也跟莫英说法一样，劝谏孝宗停止此事。

孝宗驾崩的消息传来，当时莫英在郊外，他失声大哭，穿上孝服，素食表示哀悼，一片忠君之心拳拳可鉴。

莫英好读书，读到历史上的忠义之事，情绪激昂。他对待弟弟友爱，对侄子爱护有加。

正德十三年，莫英去世，噩耗传来，京仓附近的百姓们哀痛无比，如丧考妣。

如此德行完备的宦官，明朝并不罕见。

武宗一朝，多被人批评为任用宦官，与文臣多有抵牾，君臣之间的冲突也有激烈表现，明朝历史上三次大规模廷杖的第一次就发生在正德十四年二月。

**廷杖怎能离开宦官？**

事情源自武宗要巡视江南和山东。文武官员拼死劝谏，结果激起武宗怒气，下旨将舒芬等100多名劝谏的大臣廷杖。

只见午门之外，100多位官员被扒了裤子，露出白花花的屁股，重重的大杖下去，血肉横飞，一片哀号和哭喊声。

四月，黄巩等39名大臣再次被廷杖，结果11人被打死。

廷杖，就是由皇帝下令，在朝中杖责大臣。廷杖的实施，数目由皇帝说了算，一般少则30下，多则百余下。打的时候，其他官员列队在午门外观看，左边有30名宦官，右边30名锦衣卫，下面站立旗校百余人，司礼监太监坐在上首监视。

负责行刑的是锦衣卫校尉。成化朝之前，受杖责官员还可以穿上棉裤，或者垫上棉或毡的厚垫子。到了正德朝刘瑾掌权时，受杖者扒光裤子受刑，没有任何遮挡之物。这样的廷杖往往对身体伤害更严重。

廷杖开始时，司礼监太监等数十人高喊"带犯人"，受杖者被押出来，再喝"跪下"，然后受杖者跪听宣读杖数。

然后，一个校尉用麻布袋把犯人腰部束住，使得他趴在地上，头脸着地；另一个校尉捆住他的双脚，只露出屁股。监杖太监事先要请示皇帝杖责的轻重程度。

得到皇帝指示之后，监杖太监喊"着实打"，靴子尖向外成八字形，杖责校尉下手会稍微轻一些，不至于打死；若监杖太监喊"用心打"，靴子尖朝里，校尉下手会非常重，受杖者不死则残。

可见，司礼监太监不仅仅是掌握机要，有时候还掌握百官杖责之刑，这也着实令人生畏呢！

话说武宗杖责百官之后，也暂时搁置了巡游的计划，不过造化弄人，没多久，一个惊天消息传到朝廷，宁王朱宸濠造反了。

### 宁王之乱中的宦官们

从第一代宁王朱权开始，就与朝廷有着说不清的恩恩怨怨。朱棣起兵夺权后，没有兑现当初的诺言，将朱权封在南昌。到了第五代宁王朱宸濠时，竟然想效仿朱棣，再一次来一个地方推翻中央的好戏，夺取皇位。

为了这一天，朱宸濠也做了不少准备，他拿出大量资金贿赂朝中权贵，兵部尚书陆完、锦衣卫指挥使钱宁、东厂太监张锐、教坊司乐官臧贤等人都受过宁王的贿赂。

不仅中央，地方各地镇守太监，也有不少受过宁王的好处，成为他的党羽。例如镇守江西的御马监太监毕真。

毕真，正德十三年受命镇守江西，他与宁王一见如故，两人交往日繁，成为好朋友。

宁王也对毕真不薄，在他与御史范辂斗争中，给予强有力的奥援。

范辂为人刚正不阿，他受命来到江西巡按，负责清理军伍。范辂巡查到毕真很多不法之事。他上疏弹劾毕真本为刘瑾之余党，他在江西种种不法之事，早晚要激起地方变乱。

范辂弹劾奏疏上去，武宗却没有回应，毕真知道了消息，深深恨透了范辂。

一次，范辂乘坐轿子拜访毕真，两人言语冲撞，毕真一气之下，竟然让人砸烂了范辂的坐轿。然后毕真串通宁王，对范辂进行诬告，结果范辂被下锦衣卫监狱，贬斥为地方小官。

毕真还打算插手王守仁在江西的剿贼之事，多亏了兵部尚书王琼在朝中大力支持，责成王守仁专权事宜，才避免了毕真的捣乱。

正德十四年二月，毕真在宁王帮助下，调任浙江脂膏之地。接任江西镇守太监的是御马监太监王宏。

正德十四年六月，宁王朱宸濠杀了不肯屈服自己的孙燧和许逵。镇守太监王宏等人吓得抖如筛糠，当即投降了宁王。

宁王叛旗一举，交好于他的地方镇守太监也开始传出种种接应之事，他们是镇守河南太监刘璟、南京守备太监刘琅、浙江镇守太监毕真。

刘璟通过贿赂钱宁，得到镇守河南之职，在经过江西时，他接受宁王的贿赂，与之交好，成为宁王一党。

刘琅是南京守备太监，他经常派遣弟弟刘璋往来他和宁王之间，作为两人之间的牵线之人。宁王叛乱的消息传到南京，南京城内人心惶惶，大家纷纷传言刘琅聚集百余名家丁，准备做宁王内应。

刘琅做贼心虚，听到这些消息，连忙派人四处捉拿散播流言者，这样一来，人们更加相信他有反叛之心了。

与此同时，浙江的毕真将杭州城各个城门钥匙收入自己手中，还调动官兵封锁了镇守府。

由于地方官员的严防死守，三个镇守太监在响应宁王方面，都没有起到多少作用，反而都被捉拿下了锦衣卫大狱。

宁王反叛的消息传到北京，武宗却十分兴奋，终于有了一个借口，可以光明正大地去江南了。武宗下旨派遣"总督军务威武大将军总兵官镇国公朱寿"，也就是他本人，率领精兵数万南下平定叛乱。

武宗率军于八月二十六到达涿州，住在太监张忠家里。在这里，他接到一个消息，宁王叛乱已经被王阳明平定了。

江彬等人给武宗出主意，将王阳明的报捷奏疏扣下不发，平叛人军继续前进。

安边伯许泰和提督军务太监张忠因为王阳明奏疏中，有一句请惩罚天下奸佞挽回天下豪杰之心，这两人把奸佞两字往自己身上套，恨透了王阳明，就诬陷王阳明早就跟宁王勾结，只是担心事情不成功，才被迫起兵。

许泰和张忠又给武宗出了一个馊主意，让王阳明把宁王释放到鄱阳湖，然后由武宗亲自将之擒拿，这样才算皇帝亲征，功德圆满。

许泰、张忠逼迫王阳明交出宁王，王阳明上疏请求当面献俘给武宗，却又被武宗拒绝。

正在进退维谷之际的王阳明，突然想到只有一人才能帮他解围。此人就是诛杀刘瑾的第一功臣——太监张永。

张永此时正在杭州。王阳明星夜赶赴杭州，见到张永，他以江西大乱之后，难以再承受皇帝巡幸为名，请求张永劝阻皇帝来南昌。张永当即答应，王阳明又将宁王等一干俘虏交给张永，自己回到南昌。

许泰、张忠来到南昌，没有得到宁王等俘虏，更加痛恨王阳明。他们回到南京，在武宗面前极力诋毁王阳明。张忠还对武宗说王阳明必然造反，可以试着召他来南京，他必然不肯来。

张永暗中派人告诉王阳明，让他火速赶来。果不其然，在得到皇帝旨意之后，王阳明马不停蹄地立刻赶到南京。

尽管因为张、许二人的阻挠，王阳明没有见到武宗，不过张永还是在他临行前，对他面授机宜。张永叮嘱王阳明，奏疏需要写明是奉了威武大将军的方略才平定了叛乱，武宗身边的佞幸也要写入捷报有功人员里面。

王阳明遵照张永嘱托，才逃过佞幸的迫害，就此来看，张永还真是护佑王阳明的有功之人呢！

### 武宗南巡，宦官扈从

武宗南巡沿途和在南京期间，他身边的宦官们或正或邪，上演了一幕幕活剧。

正德十四年九月，武宗南征大军到达临清。当时扈从的太监黎鉴家中有一个人，因为横征暴敛被都御史王玨治罪，黎鉴偿还家人不法所得给官府，并四处活动，求王玨放过家人一马。没有想到王玨坚持不肯，言语间，两人起了争执，黎鉴以头撞击王玨，两人打了一架。

黎鉴哭着在武宗面前告状，武宗说："这一定是你有所求，王巡抚没有答应你，否则他怎么能折辱你呢？"黎鉴见武宗不好糊弄，也只好默默无语，识趣地退了下去。

腊月，武宗驾临扬州府。之前，太监吴经早先一步来到扬州，奉命为武宗选行宫，他选了一个壮丽气派的民房，作为武宗的临时行宫。

吴经假传旨意，说皇上要从未婚女子和寡妇中选取美女，侍奉皇上。结果，闹得扬州当地人心惶惶，有女之家一夜之间将女儿嫁出，或者连夜逃出城避难。

知府蒋瑶劝说吴经不要骚扰百姓，吴经反而大怒，斥责他说："你不过是个小官，经过这样，你脑袋想被砍下来吗！？"

蒋瑶不为所动，缓缓答道："小官我违背了皇帝的意思，想来也是必死，但是百姓者，是朝廷之百姓，如果被激变，朝廷肯定要追责的。"

吴经当然没有被他吓倒，他提前摸清了城中寡妇和娼妓之家的情况，半夜带人闯入他们家中，这些妇女无一幸免，都被他暂时送进尼姑寺寄宿，有两名妇女愤恨而死。

其实，吴经主要是为了勒索，如果被扣押妇女的家人能拿出银子来赎人，就将她们放走，贫困无力赎回的，则被送往总督府。

这个吴经究竟何许人也，竟然如此胆大？

吴经，字太常，江西余干人，幼年聪敏，被选入宫廷。正德四年，他通过贿赂张锐和司礼监太监张雄，得到南京守备太监的美差。

吴经在南京督织造期间，领取长芦盐引，获取私利。正德十二年二月，吴经又出镇山西，他肆意妄为，竟然指使家人殴打兵备副使秦伟，事后也没有得到任何惩处。

吴经得到武宗的信任，担任御用监太监，之后他通过行贿江彬，获得扈从武宗巡游江南的机会。

世宗即位后，清算前朝佞幸，吴经被执送都察院问罪，贬斥南京孝陵卫充净军，得到他应有的下场。

武宗在南京驻跸大半年时间内，多亏了南京守备太监黄伟协助南京兵部尚书乔宇、应天府丞寇天叙同心协力，确保了南京一切维持正常，没有给地方百姓造成过多骚扰。

黄伟，曾经侍奉过幼年的朱厚照读书，武宗称呼他为"伴伴"而不直呼其名，作为发小，武宗对他的话还是依从的。

武宗在南京颇有些"乐不思蜀"，群臣的上谏他置之不理，其中有一位太监也跟随群臣一起劝谏，最终说动了武宗回京。

这位太监名叫魏文质。他别号药庵，陕西平凉府隆德县弼隆里人，家中世代务农。

成化年间入宫后，七岁的魏文质因为聪明伶俐，被宪宗遣往内书堂读书。

武宗朝，魏文质一度担任司礼监掌印太监、尚衣监掌印太监。跟随武宗北巡期间，魏文质沿途不索取财物，武宗命他负责太皇太后的丧事。

后来，魏文质又扈从武宗南征，他协同内阁大学士梁储、蒋冕悉心办理政务。宁王被擒拿后，众人建议就在南京将其斩首。魏文质却提出："应该将宁王带回京城，祭告太庙和太皇太后，会同勋贵文武重臣，审问明正其罪，再行处决。"武宗同意了他的奏议。

武宗在南京驻跸时间过久，南京百官跪请皇帝回京，武宗大怒，这时候魏文质边哭边奏请武宗："他们都是忠臣，为了天下社稷，皇上不可不听。"武宗这才平息了怒火，好言抚慰群臣，最终确定了回北京的日子。

正德十五年闰七月，武宗起驾回京了，路过清江浦时，他心血来潮，要在湖中泛舟钓鱼，结果船翻了，人落入水中。

虽然抢救及时，武宗却落下了病根，最终一病不起。

武宗于正德十六年三月十四，病死在豹房。当时，他身边只有太监陈敬、苏进二人。

武宗病重期间，还曾经贬斥过一个太监，他就是于经。之前，于经帮助武宗创立了多处皇店，为皇帝敛财，得到武宗宠信。在武宗生病之后，于经却不上心侍奉，言语之间甚至多有触犯之处。武宗大怒："你这竖子愚憨到这种地步，送到内书堂，让翰林官严格约束，每日从早到晚反思，直到出言能慎重了，再告诉朕。"

当时于经年纪大了，也不识字，从此以后，他也失去武宗的宠信，再没有见过皇上。

武宗其人一直被后世视作昏君典范，清朝人如果遇到皇子不认真读书，就拿他来说事："你想学明朝的朱厚照吗！？"

其实，拨开历史的迷雾，我们可以看到武宗并不是一个无能昏聩之辈。他起先任用刘瑾全面革新，可惜最终失败，刘瑾也作为改革失败的"替罪羊"被押赴刑场。在此之后，武宗将精力放在军事革新上面，他以边军京军对调平定了刘六、刘七叛乱，他亲征鞑靼小王子，取得应州大捷，他时刻掌握权力，亲自处理政事，多次对水旱灾区的难民施行大幅度蠲免赋税。总之，明武宗朱厚照是被抹黑的帝王，是一个总体合格的皇帝。

武宗驾崩后，司礼监太监魏彬协助杨廷和等大臣，一举拿下江彬、神周和李琮三人，将他们作为"武宗佞幸"永远扫入历史的"垃圾堆"。大明王朝又翻开了崭新的一页，长达 45 年的嘉靖王朝，宦官们在政治上又有哪些表演呢？

# 九、鲜为人知的嘉靖朝宦官往事

明武宗朱厚照盛年之际驾崩，因为无子，由内阁、司礼监和张太后一起做主，按照兄终弟及之意，拥立武宗的堂弟、兴王朱厚熜为帝，是为明世宗，年号嘉靖。

嘉靖一朝，一向被视作明史上宦官较为安静的一段时间，明世宗也以严厉约束宦官被史官称颂，其实揭开表象背后的真相，我们发现世宗一朝，实则对宦官严中有宽，宦官作为明代政治体系不可缺少的一环，已经深深嵌入政治体制之中，宦官与帝国政治须臾不可分离。

## 打击前朝旧阉

世宗朱厚熜是个雄猜之主，即位之际，他虽是 16 岁的少年，但是行事果断，出乎朝臣们的意料。

为了树立权威，同时是为了清除先帝朝的"余孽"，侍奉先帝的很多宦官被作为"佞幸"受到惩治。太监谷大用、丘聚被降为奉御，前往南京孝陵司香；太监张锐、张雄、张忠、于经、刘祥、孙和、刘养、佛保、赵林、马英等被锦衣卫捉拿，送往都察院问罪。魏彬和张永也被勒令在私宅闲住。

张永的闲住时光也没有持续多久，他遭到御史萧淮的弹劾，前往南京孝陵司香。

世宗即位之初，就下旨将正德朝额外增添或者差往各地守备或者织造的太监调回京城。

正德十六年六月初三，根据御史胡浩的弹劾，世宗将宦官陈贵、牛广、赵隆、张奎、浦智和李镇或降职或充净军。

七月，世宗又下旨将结交宁王叛乱的太监毕真凌迟处死，内臣卢明、商忠、秦用、赵秀斩首示众。

针对部分镇守太监为害地方之事，正德十六年六月，南京大理寺左评事林希元在奏疏中，将罢除镇守内臣作为朝廷紧要大政。接下来，言官和兵部官员接连上奏，要求世宗革除镇守内臣。

一开始，世宗执意不从。在取得大礼议的胜利之后，世宗听从了内阁大学士张璁和桂萼的建议，最终于嘉靖八年二月，将宁夏、辽东、甘肃、宣府等地镇守内臣一律调回。接下来的三年内，各地镇守内臣被一一撤销，嘉靖十年八月，全国各地镇守内臣除了个别特殊地区，基本被革除。

嘉靖十七年，武定侯郭勋曾经建议恢复镇守内臣，世宗为之所动，一度恢复了一些地区的镇守内臣，只不过为时短暂，一年之后，因为星变，世宗又将镇守内臣革除，并且终嘉靖朝不复设。

嘉靖在治罪先朝权监的同时，又大力提拔跟随自己的王府旧阉，例如张佐、鲍忠和黄锦等人，他们或掌司礼监，或掌东厂，他们在兴王府时，就受到严厉的管束，不敢放肆。他们熟知朱厚熜的脾气，知道这不是位好侍奉的主子。

世宗对宦官的管束确实比较严厉。正德十六年七月，浙江巡抚许廷光弹劾杭州抽分太监马俊诈取官银的罪行，世宗一怒之下，将马俊逮捕审讯，并罢除了抽分太监。

世宗对身边的宦官要求极其严厉，经常有犯事宦官被打死，打死之后还要陈尸示众。这可是从宣德朝之后，历代明朝皇帝都很少做过的事情。

当然，世宗对待宦官严厉，还引出一个忠义宦官。这人叫作孙裕，是孝宗朝的老宦官。因为大礼议，世宗皇帝将孝宗认作皇伯父，这相当于孝宗一脉香火断绝。孙裕感念孝宗对他的恩遇，哭泣着在世宗面前力争，情绪极其激动。试想，世宗面临左顺门上百个哭谏的大臣都不曾害怕，还会在乎一个小宦官的言语？世宗将孙裕鞭挞了一顿，绝望的孙裕最终在寺庙中上吊自杀。

正德一朝叱咤风云的很多大太监下场都很悲凉。例如谷大用，他虽然有迎请世宗之功，但屡屡被朝臣弹劾，作为先朝权监，他的下场只能是悲惨的。

一开始，谷大用被贬斥到南京孝陵司香，后来又被召回北京，在康陵守陵。南京御史乔祺又上了弹劾奏疏，要求世宗将其发配远方，不要在天子身边蛊惑圣听。

不过言官们的担心是多余的，谷大用死后，其家产全部被抄没入官。

那作为诛杀刘瑾的第一功臣，曾经也得宠一时的太监张永下场又是如何呢？

### 大宦官张永的晚景

张永的事迹我们前文陆陆续续有过交代。他字德延，别号守庵，保定新城人。其父张友乐善好施，张永家中兄弟四人，他排行第二。

武宗一朝，他先是被列入"八虎"行列，只不过，他为事并无大恶。因为跟刘瑾矛盾激化，最后跟杨一清结成同盟，一举击败了刘瑾。之后，他掌管司礼监，在宁王叛乱时，扈从武宗南下，襄助王阳明逃脱了奸佞的陷害。

武宗驾崩后，张永辅助魏彬擒获了江彬，他当时负责督查京城九门，保证了空位期的京师稳定。

作为先朝权监，张永成为世宗的清理对象，他被言官弹劾后，到南京闲住了五年。

嘉靖六年十一月，大学士杨一清为张永说情，请求世宗以张永先朝之功绩，召回北京供职。世宗准许张永回京，担任御用监掌印太监，并且提督团营和神机营操练。嘉靖七年冬，张永死于任上。

杨一清不负张永，为之书写墓志铭，但是令他没有想到的是，最终导致他政坛落败的一个重要原因，也是别人诬陷他收受贿赂，为张永书写墓志铭。

当然，除了打击先朝部分权监外，世宗也善于拉拢旧权贵，对一部分正德朝掌权宦官也委以重用，比如掌管东厂的芮景贤和毕云。

### 东厂宦官芮景贤、毕云

正德一朝，东厂和西厂、内行厂一起，牵制朝臣，打击他们的不法行为，让朝臣们吃尽苦头。

现在新帝即位，清除前朝权监，于是就有人试探着上了一道奏疏，要求废除东厂。这人就是山东巡按御史胡松，他首先请求裁撤东厂官校，如果不能立刻革除，也请皇上严格管束，不能越理民事诉讼，参与外事。

世宗当然不会同意，西厂、内行厂撤了也就罢了，东厂作为皇权的"利器"，岂能弃之不用。胡松的裁撤要求被拒绝，世宗只答应了他要严格管束东厂。

事实证明，世宗是说到做到的。

世宗提拔了正德朝担任南京守备太监的芮景贤来职掌东厂。

芮景贤，字尚德，别号直庵，真定府武邑县人。父亲芮铭，母亲李氏，家中兄弟二人，兄长芮珊，他是次子。成化十八年，16岁的芮景贤进入宫廷，两年后，他被送入内书堂学习。

学习期间，芮景贤勤奋不懈怠，博览群书，看到历代古贤人的事迹，他也心生羡慕。他的楷书出色，笔法精美。

弘治年间，芮景贤在东宫侍奉太子朱厚照。他从长随、奉御、惜薪司的左司副做到内官监太监。

武宗又将他先后提拔为提督苏杭织造和南京司礼监太监，充任内守备。

世宗即位后，听说了芮景贤的名气，将他召到北京，任命为御马监太监，特命总督东厂。

提督东厂太监芮景贤作为打击不法文官的"利器"是合格的。嘉靖二年十月，临洮府知府郭九皋因为前任永平府的事情，被栾州百姓赵纪告发到东厂，芮景贤上奏世宗，命官校将郭九皋逮捕审问。

十一月，刘最被调任广德州判官，他沿途仍然使用礼部旧衔，乘坐船，使用夫役，作威作福，而长芦巡盐御史黄国用还巴结他，两人之事被东厂太监芮景贤得知，世宗命将刘、黄二人逮捕入诏狱。刘最被发配边方，黄国用被降职。

之后，芮景贤领衔的东厂一直比较安静，办理了这几起大案后，国史中再没有见其他记载。

芮景贤为人淳朴，不喜欢珍奇宝物，在两都任职期间，名声显著，能得到皇帝的信用。

嘉靖十二年七月初九，御马监太监芮景贤病死家中。

接任芮景贤东厂太监职位的是毕云。

毕云，字天瑞，北直隶保定府容城县人。他生于天顺七年十一月，六世祖曾经任职大宁都司。到了父亲毕玉，已经是平头百姓一个了。毕云是家中二子，因为生活所迫，成化年间毕云入宫为奴。

毕云入宫之初，在惜薪司外南厂工作。他工作兢兢业业，为人低调，得到大家的好评。

武宗朝，他从长随被提拔为奉御。正德三年，毕云又晋升为司正。毕云虽然职位节节高升，但他拒绝受贿，严格办事，廉洁和谨慎的名声愈来愈著。

正德五年，毕云晋升为司设监右少监，总理司房事务。四年后，他又成为司设监太监。他依然坚持自己做事谨慎认真的作风，保持洁身自好。

世宗登基后，知道毕云虽然是先朝旧人，但是办事谨慎勤劳，而且没有劣迹，这是非常难得的。朱厚熜打算对他委以重用，而毕云也全力配合他的革新运动。

嘉靖十二年，芮景贤去世，东厂太监缺人，世宗跟众臣商议，大家都说："只有毕云才能胜任。"世宗顺应大家所请，任命毕云为东厂太监。

一开始，毕云担心自己不能胜任，曾递交辞疏，世宗下旨对他温言勉励，以大义相激励，毕云只好接受。

毕云接管东厂的第一天，就跟属下宣布，必须严肃法纪，严格约束东厂校尉，不能为非作歹，要严格依法办事。

毕云大力整顿，东厂在京师治安和打击违法案件方面发挥了不少作用。

毕云不骄不躁，对皇帝谦恭内敛，没有一点自满之相，世宗非常欣赏毕云的为人，打算将他列入乾清宫近侍行列。毕云觉得自己没有精力兼任两项要职，婉言谢绝了世宗的美意。

之后的四年内，毕云领导的东厂低调行事，臣民们几乎感觉不到他们的存在。

嘉靖十五年，世宗特许毕云皇宫内骑马，恩宠之深，可谓罕见。

嘉靖十六年四月，总督东厂司设监太监毕云去世。他秉性敦厚，寡言少语，不苟言笑，耿直不阿，事君以忠，事亲以孝，待人以诚，驭下以宽。其品行之高，可谓是东厂掌印太监中的佼佼者。

嘉靖朝出名的宦官不多，有一位宦官以司礼监掌印太监职位兼掌东厂，也可谓明史上的异数了。

### 司礼监掌印宦官兼掌东厂的第一人

麦福，字天锡，号升庵，广东广州府三水县人。正德年间，幼年的麦福进入宫廷。正德十二年，他在清宁宫供职；正德十三年，又被改为乾清宫近侍。

麦福因为勤劳聪慧，办事慎重，行事果断，被武宗赏识。

《明史》中言麦福是兴王府的旧阉，但是从正德十三年，他担任乾清宫近侍到正德十六年武宗驾崩期间，麦福并没有调任兴王府的记录。

可见，这条记录不确定。

世宗皇帝即位，对前朝旧阉有打有拉，对麦福，朱厚熜加以重用。嘉靖元年，麦福迁为御马监左监丞，后改御用监左少监。嘉靖三年，麦福升为御用监太监，赐在皇城骑马，不久又改为御马监太监，监督勇士四卫营。嘉靖七年，麦福成为御马监掌印，提督勇士四卫营禁军。

嘉靖八年，麦福受命提督十二团营兵马，掌管乾清宫事。可见，世宗将保卫京师和自己寝宫安全的大权交到麦福手上，帝王恩宠之隆，可见一斑。

嘉靖八年三月到六月，麦福针对户部制定的马匹放牧时间和数量，提出反对意见，因为这些都侵害到御马监的利益。

作为御马监太监，麦福提出要求再次征收已被开垦占用的牧场征收草场地租。这种地租曾经在弘治年间征收，到了嘉靖改元后，废除了此项地租。麦福所请正跟张璁等文官主导的嘉靖革新相违背，世宗皇帝并没有答应麦福的请求。

不过，麦福为御马监争取到征收草场籽粒银的权利。麦福与革新政策相违背的请求，被世宗驳回，也没有得到世宗的责备。可见，朱厚熜对他还是有宽纵之嫌的。

说到御马监，通常被视为内廷中的武职衙门。顾名思义，掌管御马是御马监得名的来由，不过御马监可不是像《西游记》里孙悟空担任的弼马温那样，只管管御马。

御马监一项很显著的权责是，该衙门统率一支强有力的禁军，也就是腾骧四卫营和勇士营。

御马监统领禁兵开始于永乐年间。最初，这支禁兵的主要来源是各地卫所挑选出来的精锐士兵，以及来自蒙古地区逃回的青壮年男子。

这支禁兵最初有3000多人，到了弘治正德年间，定额为6500余人。

四卫营和勇士营在明朝历史上发挥了巨大作用。土木堡之变后北京保卫战中，御马监太监刘永诚侄子刘聚负责守卫西直门，而彰义门出击瓦剌军的也是这支禁军。

南宫之变中，御马监太监郝义被英宗所诛杀，原因就是郝义计划调动四卫勇士擒杀太监曹吉祥。而之后，平定曹钦兵变的主力也是四卫营和勇士营的禁军。

除了统率四卫营和勇士营之外，御马监还有扈从出征、掌管兵符火牌、提督京营和坐营监枪、出镇地方、监军、提督西厂等权力。

嘉靖初年，虽然对御马监太监势力进行了强力打击，麦福重新职掌御马监之后，对勇士营士兵的员额、草场子粒银的征收等事情上面，与文官集团展开激烈的论争。御马监统领的四卫营和勇士营士兵数量一度增加到近万人。足见，嘉靖时期的御马监权势也并没有衰减，而是在持续的增长中。

当然，权力制衡是明代国家权力机构的游戏规则。御马监虽然掌管火牌兵符，但是要发出这些来调动兵马，则必须首先经过兵部请旨，或者由司礼监传出圣旨方能发出。兵科给事中要复奏，然后才能发到兵部执行。

所以，御马监虽然有掌四卫营和勇士营之权，却没有调兵之权，真正调动这支禁军，是需要外廷兵部和兵科才能实现。所以，在明代，外廷的兵部和都督府，内廷的司礼监和御马监都无法单独调动军队。这也就能解释，为何同样是掌管禁军，为何唐代宦官可以调动神策军，拥立皇帝，诛杀朝臣；而明代宦官掌管四卫营和勇士营，却无法兴风作浪，进而影响王朝的政局。

可以说，制度制衡的精妙设计，使得御马监掌管的这支禁军更多是为了稳固皇权而服务。

　　回头再说麦福和他掌管的御马监。议礼新贵掌握了明朝中央权力之后，大刀阔斧地开展了一系列改革。其中，有一些是针对政府冗员和军队系统滥冒现象的裁革。

　　嘉靖九年，麦福上疏请求四卫军士，不必经过科道言官点阅，新补充人员也不必经过兵部查验。这明显是与议礼派文官的革新措施背道而驰。当然麦福的请求，再一次被世宗拒绝，可是跟之前争草场租税事件一样，麦福并没有受到任何责备。

　　其中蕴含的意义值得人回味，世宗看到议礼派新贵势力迅速崛起，也有利用暗中支持麦福，来牵制群臣的意思。

　　嘉靖十六年，御马监掌印太监麦福被任命总督东厂，并且兼管尚衣监大印。作为君主钳制天下的"利器"，东厂掌印太监绝对是皇帝最信任之人来担任。麦福能任此职，正说明世宗对他的无比信任。

　　嘉靖二十二年，麦福卸任御马监掌印，两年之后，他任职司礼监并卸任东厂太监之职。嘉靖二十七年，麦福再次受命总督东厂，他担任东厂太监期间，安静无事，缙绅们纷纷称赞他贤明。

　　嘉靖二十八年，已经是总督东厂的麦福升任司礼监掌印太监，这实际上开创了一个明史上的先河：司礼监掌印太监兼掌东厂。

　　司礼监掌印太监本已经是位高权重，但遇到东厂太监奏事时，都要例行回避，东厂作为皇帝的"喉舌"要害部门，一般不能由司礼监掌印太监担任，麦福成为首位集行政、监察大权于一身的权监。

　　麦福与徐阶关系密切，在徐阶与仇鸾之争中，麦福是站在徐阶一方的。山东佥事赵时春曾经得罪仇鸾，仇鸾欲吞并他在山东招募的精兵。徐阶在辅师之时，对赵时春赞誉有加，并且通过麦福，将赵时春之美誉传到世宗耳中。仇鸾的计划遂破灭。

　　可见，麦福与部分朝臣关系密切，也参与到他们的政争之中。

　　世宗对麦福的宠信是一以贯之的。除了破例让他以司礼监掌印兼掌东厂之外，还赏赐他银记，准许他像其他股肱之臣一样，拥有密奏的权利。

　　麦福掌管东厂安静无扰，并且他在东厂之内的空地上，建造了祭祀孔子等儒学圣人的堂室。不仅如此，麦福还热心公益，建桥修路。

　　嘉靖三十一年十二月二十九，麦福去世。徐阶为之撰写墓志铭。

麦福在第一次卸任御马监太监后，接任他掌管御马监的是太监高忠，这位高忠在庚戌之变中又有何表现呢？

## 庚戌之变中的宦官高忠

嘉靖二十九年八月，蒙古首领俺答汗率军破古北口，长驱直入内地，以至于围困北京，史称庚戌之变。

当时，负责提督京营的太监是御马监掌印太监高忠，他也是麦福的好友。高忠，字廷显，别号进斋，顺天府霸州人。高忠家中兄弟六人，他排行第四。正德二年，高忠进入宫廷；正德八年，他被选入乾清宫当值。

高忠在世宗登基之后，被选为近侍。他有颜值优势，长身玉立，举止合乎礼仪，得到世宗的赏识。

嘉靖三年，高忠升迁为御马监右监丞；嘉靖六年，迁为右少监，不久又成为御马监太监。他秉性谨慎，虽然权势日重，但能自省，保持安静。

嘉靖十一年，高忠为内官监掌印太监，在世宗崇道大兴土木，修建道教建筑和修缮陵墓的各项大工程中，高忠都能尽职尽责，保质保量完成。由此，他也得到不少赏赐。

嘉靖二十二年，他接替麦福担任御马监掌印太监。在庚戌之变中，高忠统率的京营表现很差，几乎溃不成军，作为掌营太监，高忠被撤销提督京营的职务。

这已经算是比较轻的处罚了。世宗对高忠的信任并没有降低，之后高忠接连被委以重任，处理各项皇室事务，嘉靖四十三年，他成为司礼监太监，不久去世，享年 69 岁。

庚戌之变中，还有一个小插曲，俺答在通州抓住宦官杨增，还命他带着番书到世宗面前求贡。

有趣的是，嘉靖朝的大大小小事件还都少不了宦官的身影，尽管这一朝"严驭宦官"。

说到宦官干政的机构，离不开东厂，而东厂又跟锦衣卫并称"厂卫"，嘉靖朝的锦衣卫迎来一个黄金发展期，掌管锦衣卫的陆炳权势之大，竟然还上奏皇帝处死了四名太监，这又是怎么一回事呢？

### 陆炳和锦衣卫的黄金期

应该说，陆炳跟世宗皇帝的关系无人能及。首先，陆炳的生母是世宗的乳母；其次，陆炳自幼跟世宗生活在一起，可以称之为发小；最后也是最重要的，陆炳对世宗有救命之恩。

嘉靖十八年二月二十八，南巡显陵的世宗车驾抵达河南卫辉。当夜四更天，卫辉行宫发生一场大火灾，危急之时，陆炳背着世宗跳窗逃出。

另外一次，就是嘉靖二十一年十月，壬寅宫变之中，世宗险些丧命。关键时刻，也是陆炳接到皇后懿旨，带着锦衣卫将谋逆宫女拿下。

嘉靖二十四年，陆炳掌管锦衣卫。陆炳权势日增，他联合严嵩，对抗内阁首辅夏言。夏言被世宗斩杀后，陆炳又秉承严嵩之意，将仇鸾斗倒。

陆炳掌握锦衣卫期间，东厂的势力大大低于锦衣卫，这在明史上也是不多见的。东厂前后三任太监宋兴、麦福、黄锦都同陆炳保持了良好关系。

陆炳的政治能量实在可怕，他竟然成功致死四名太监。嘉靖三十六年二月，陆炳弹劾司礼监太监李彬侵盗帝真工所物料和内府钱粮数十万计，而且私自役使军丁在黑山会造坟，坟墓僭越如帝陵规制。世宗一听，勃然大怒，将李彬等人下锦衣卫镇抚司狱拷问审讯，结果刑部定罪，以盗大祀御用等物论罪，李彬和太监杜泰、李庚、王恺一起被斩首示众，家产40多万两被抄没入官。

陆炳和锦衣卫一起，达到职业生涯的顶峰，但是随着嘉靖三十九年陆炳的去世，锦衣卫短暂的黄金时期也宣告结束了。

嘉靖朝，内阁与宦官关系又如何呢？是否如前朝一般合作多于对立呢？

### 嘉靖朝内阁与宦官

嘉靖朝的一名宦官曾经说："我辈在宫中服侍久了，见过不少世事变更。昔日张璁先生进朝，我们都要打个弓表示问候；后来夏言先生入宫，我们就只平眼看他；现今严嵩先生见了我们，都要向我们拱拱手，才进去。"这段话简单勾勒出张璁、夏言、严嵩三位内阁首辅当政期间，对待宦官的不同方式，也折射出嘉靖一朝宦官势力的变化。

张璁刚入内阁就奏请世宗裁抑宦官势力，他当政时，宦官见而畏惧之，不敢随便说一句话。夏言当政后，上疏请求世宗不要委政于宦官，还奉命查革宦官庄田，弹劾宦官赵霦诸不法之事。所以宦官也对夏言毕恭毕敬。

夏言在家中接待世宗派来的宦官时，对这些人呼来喝去，犹如奴仆。跟心高气傲的夏言相比，严嵩对宦官十分恭谨。

严嵩不但请他们就座，还奉送礼金，因此宦官们往往会在世宗面前美言严嵩而贬斥夏言，这也是导致夏言渐渐失宠的原因之一。

严嵩平时注重结好宦官，关键时刻往往能派上用场。比如户科都给事中厉汝进曾经弹劾严世蕃受贿，严嵩就是通过求助宫中宦官得以化解此事。

其实，从表面来看，张璁、夏言不屈事宦官，但鲜为人知的是，张、夏二人也都与宦官有所交结。

张璁为了排挤政敌，同云南镇守太监杜唐合谋，一起陷害云南巡抚欧阳重。欧阳重是护礼派，并弹劾张璁是奸臣，要求世宗罢黜他。由此，得罪了张璁。

而夏言为了获得圣宠，曾经勾结太监高忠，让高忠代自己向世宗进献美女和珍玉。夏言因此更获世宗宠信，不过后来世宗知道夏言和高忠内外勾结之事，也曾警告高忠不能结交外臣。

有意思的是，一向被视作结交宦官的严嵩，在废除镇守内臣制度上，也跟张璁和夏言保持高度一致，保证了嘉靖中后期世宗没有恢复此项制度。

嘉靖朝权势最盛的三名内阁大学士，都曾经结好宦官，这足可见所谓宦官权势收敛的嘉靖朝，一切政治运作还是离不开宦官的身影，宦官已经作为一项政治制度嵌入明代国家权力机构之中。

内阁大学士结好宦官，这无关道德、无关品质，只是跟固宠和事功有关，明代中后期的内阁大学士要想做出点政绩，很少有离开宦官能成功的。

嘉靖朝末期，对世宗皇帝影响最大的宦官，无疑是司礼监掌印太监黄锦，他的一句话缓解了世宗的暴怒，也保下一代清官的性命。

### 一句话救下海瑞的大宦官黄锦

黄锦，字尚纲，别号麓山，河南洛阳人。黄锦小时候聪颖谨慎，不躁动，也不喜欢多言，见到他的人都认为他将来能成大器。

正德初年，黄锦被选入宫廷，一开始他在内书堂读书，后来被选为兴王朱祐杬的伴读。朱厚熜在兴王世子时代，黄锦陪伴左右，有侍奉之功。

朱厚熜即位后，黄锦先后被提拔为御用监太监、尚膳、司设、内官等监太监。嘉靖二十四年，黄锦转为司礼监金书；嘉靖三十二年，他又成为司礼监掌印兼掌东厂太监。黄锦感念世宗的隆恩，对皇帝忠心不二，凡事处理得井井有条。

世宗对待宦官严厉，很多人由此得罪，而黄锦却一直得到世宗的宠信，以至于皇上呼他为"黄伴"而不直呼其名，以表示亲切之感。

世宗曾经命黄锦修缮显陵和兴王府邸的龙飞殿，他省去费用数以百万计。

奉天殿火灾，有人建议更换地址，重新修建，黄锦说："这是耗费无级的事。"他上疏请求世宗在旧址重修。

黄锦奉命检阅京营士兵和审案时，都能持论公正，办事严明，得到人们一致好评。

黄锦督管东厂时，破获冯璜妖术谋乱案，还捕获过倭寇和蒙古的奸细，他还屡屡告诫东厂部属，不要骚扰百姓。所以，黄锦掌管东厂时，京城的官民都安静自若，仿佛东厂不存在似的。

黄锦也得到世宗的恩宠，各种赏赐数不胜数，最后禄米达到一年500石之多。至于，他被允许在皇城骑马和乘坐肩舆，更是特殊的恩典。

黄锦对政治的影响力不可忽视。嘉靖四十一年五月，考选庶吉士贿赂公行，竟然有贫穷者为了考选采取了贷款贿赂的方式。有人拿着券寻求贷款，竟然找到黄锦府上。黄锦密奏给世宗，世宗十分生气。于是，他传下旨意，将内阁选定的50名庶吉士全部取消。

另一件事也发生在嘉靖四十一年，严嵩在政争中落败，他以万金行贿黄锦，让他揭露术士蓝道行，最终将其下狱处死。

其实，让黄锦真正青史留名的是一句话。

嘉靖四十五年二月初一，户部主事海瑞上了一道闻名于世的奏疏，他猛烈抨击世宗对斋醮的迷信和为政的过失。

这道奏疏言语之激烈犀利，堪称嘉靖朝之最。世宗看过后，爆发出雷霆之怒，立刻将奏疏扔在地上，向左右大声喊道："快去抓了这厮，千万别让他跑了。"

当时，侍立在旁的黄锦，内心被海瑞的一片忠心所感动，眼看暴怒的世宗就要捉拿海瑞，甚至有可能杀了他。不行，万万不能让皇上背上杀害谏臣之名。想到这里，黄锦连忙躬身奏道："此人素有痴直之名，听说他上疏时，自知道有去无回，已经提前买好了棺材。他跟妻子诀别，在朝门外等候被判罪，家中的奴仆也都跑光了，他自己是肯定不会逃走的。"

黄锦这一劝说，世宗头脑稍微冷静下来，他又取过奏疏仔细阅读，读罢之后，叹了一口气说："此人忠直，可与比干比拟，但是朕却不是纣王。"有了这句话，海瑞的命算是保住了。

因为一句话，黄锦保住了海瑞的性命，足以留名青史了。

世宗大渐之时，黄锦劝说其从西内搬回乾清宫。世宗驾崩后，黄锦拥立朱载垕登上皇位，是为穆宗皇帝。穆宗登基不久，黄锦去世。

波澜壮阔的嘉靖朝落幕了，隐忍多年的朱载垕继承了父皇的江山，面对内忧外患，隆庆一朝宦官们又有何表现呢？

## 十、波澜不惊的隆庆朝宦官

隆庆一朝虽然只有短短六年，宦官们在政治舞台上却不甘寂寞，他们或跋扈不法，或忠心劝谏，或争权夺利。当然，六年间并没有出现王振、刘瑾那样的权监，但是波澜不惊的表象下暗流涌动，一个多才多艺的太监，将在接下来的万历时代，对政治产生深远影响。

### 忠心上谏的宦官李芳

说起来也巧，穆宗隆庆年间有两个同名同姓的宦官，他们都叫李芳。一个李芳是从穆宗朱载垕做裕王时就在藩邸侍奉的宦官，他与担任裕王府侍读的张居正关系不错，经常向张居正请教文章书意，当然有时候他们二人也会谈及政治。穆宗朝，李芳担任司礼监掌印太监，李芳为了排挤内阁首辅李春芳，为张居正上位打通道路，说动了穆宗，引进高拱进入内阁，从而以其控制赵贞吉，进而排挤走李春芳。可见，这个李芳政治能量之大。

另一位李芳，是我们要着重介绍的。他为人正直，公正无私，得到穆宗的信任。内官监太监李芳第一次出现在国史记录中，是隆庆元年二月，他弹劾原任工部尚书徐杲，当时他已经被革职闲住。事情是这样的：嘉靖年间，匠役徐杲因为营造之功，升为工部尚书。徐杲为人贪婪，他在修建卢沟桥时，贪污了数以万计的银两，同案犯还有监正王儒等五人。

李芳弹劾他时，徐杲已经不在任，但是穆宗决定追责，命锦衣卫将徐杲执送到法司审问。刑部将其判处流放充军，赃物抄没入官。

李芳并不打算就此罢休，他又奏请裁革冒滥官衔太仆寺少卿、苑马寺卿、布政司使参议、郎中、员外郎、鸿胪寺丞、光禄署正等数百人，穆宗从之。

三月间，提督上林苑内官监太监李芳奏请穆宗裁革上林苑监增加的皂隶、冠帽、习仪等项俸银开支，得到穆宗的应允。

隆庆二年正月，内官监太监李芳上疏，请穆宗停止征收近年加增的白熟细粳米4500石、白青盐3万斤，并请穆宗隆庆二年以后岁派，按照成化、弘治年间事例，征收米1.15万石、盐13万斤。穆宗对李芳节用爱民的建议十分赞赏，命有司执行。

李芳这些建议对百姓有利，但是损害了其他宦官的利益，因为本来他们是可以从中捞取不少好处的，断人财路的李芳自然成为他们的"眼中钉""肉中刺"。

当时，司礼监太监滕祥、孟冲、陈洪等曾经侍奉穆宗并得到皇帝的宠信。他们为了进一步邀取帝宠，到处寻找各种新奇好玩的物什来讨好穆宗。元宵节时，他们安排人将彩灯堆叠成巨鳌山一般，诱导穆宗终夜饮酒为乐。

穆宗因为饮酒，几次不御朝，大臣们也很少能见到皇上。内阁首辅徐阶并无一言劝谏，李芳见状，内心焦急万分。他几次劝谏穆宗，穆宗非但不听，次数多了，穆宗也渐渐对李芳产生厌烦之感。

滕祥等人乘机挑拨是非，穆宗被激怒，隆庆二年十一月，他命锦衣卫逮捕了被勒令闲住的李芳，将其杖责80下，然后关进刑部大狱准备处决。

刑部尚书毛恺上奏："自古以来，圣君明主将有罪之人在街市处刑，不但可以使罪犯服罪不称冤，也能震撼旁人，让他们畏惧不敢触犯刑法。李芳在内廷供事很久了，一旦判处死刑，罪状不明，臣等也不知道怎样才能安定人心，让天下服公。"穆宗回道："李芳在侍奉我时，无礼至极。"

李芳被下了大狱，滕祥等人更加肆无忌惮。滕祥是前任司礼监掌印太监黄锦属下，他奏请为黄锦恢复被革除的荫职，工部尚书雷礼弹劾滕祥，却被穆宗勒令致仕。而滕祥没有受到任何责罚。

孟冲传圣旨，将海户王印判处充军，外廷司法衙门却一无所知。陈洪收受肃王藩邸辅国将军贿赂，使得他袭封为肃王；甚至殷士儋也是走了陈洪门路，进入内阁。

穆宗在太庙祭献时，滕祥、孟冲、陈洪三人狐假虎威，戴着进贤冠，穿着祭服跟随。弹劾他们的朝臣多是下场不妙，太常少卿周怡被外调，言官石星、李已、陈吾德、詹仰庇等人被杖责后罢官为民。

再说被关押在监狱的李芳，在吃了一年半牢饭后，隆庆四年四月，刑科都给事中舒化奏请穆宗宽恕李芳，李芳才得以被释放，到了南京充净军。

当然说起那位跋扈的滕祥，他也不是一无是处。隆庆三年四月，司礼监太监滕祥奏请朝廷裁汰匠役以便节省用度。滕祥奏请裁革匠役2440人，只剩下1.3万多人。

可见，人性的复杂，并不是一句好人、坏人可以概括的。

当然，穆宗其人也不是对宦官无原则宠信，对了某些不法宦官，他也能加以整治。

### 整治不法宦官

隆庆元年六月，礼科左给事中王治等人上奏清查内府各监局库布绢香蜡等数目，并弹劾了掌管供用库宦官翟廷玉、掌丁字库宦官马尹等干没之罪。穆宗命将翟廷玉、马尹送到司礼监治罪。

隆庆二年七月，内使许义因为携带利刃抢劫财物罪事发，巡视中城御史李学道没有等到参劾，就将许义抓了鞭笞，许义的同党之人都不服。

这一日下朝后，内使数百人突然在左掖门冲了出来，将下朝的李学道狠狠揍了一顿。

宦官们简直无法无天了，穆宗大怒，命锦衣卫将为首的十几人捉拿到东上门，将为首的杖责100下，充军到烟瘴之地；其他都杖责60下，发到孝陵卫充净军。

不过，值得深思的是，李学道也因为没有事先奏请就鞭笞宦官，被调外任。穆宗可谓是，对宦官和文官各打50大板了。

隆庆二年十月，南京织染局的内使张进朝诈传圣旨，称奉敕命到湖广和南直隶选取秀女，结果消息传出，引发一股"拉郎配"的恐慌，民间百姓为了不让自己的闺女去皇宫受罪，随便在大街上就拉一个男子成婚，这一闹剧随着张进朝的被斩而结束。

十一月，穆宗下令锦衣卫将宦官杨义、陈钿杖责30下，送到刑部监押。

隆庆三年正月，钟鼓司金书内官李智和王进、巩真被杖责100下，下刑部大狱。

二月，南京内官监太监邢保贪污工部银两，被给事中张应治弹劾，刑部以邢保监守自盗被充军。

四月，杖责内使高朝100下，下刑部大狱。显陵神宫监左监丞李禄被充孝陵卫净军，因为其侄盗伐显陵树木，李禄知道但是没有举报。

十一月，尚衣监右少监黄雄，是乾清宫的近侍出身。他曾经在外出休假期间，擅自征收子钱，与百姓在街市中争斗，结果被五城兵马司逮捕，送到巡视皇城御史杨松面前。

杨松弹劾黄雄横暴不法，诈传圣旨，黄雄申辩，不肯承认。穆宗以杨松奏事不实并且不奉旨就拘拿内侍官之罪，降三级，调外任。

十二月，南京神宫监太监王成采以盗伐孝陵树木被论斩。

隆庆五年十一月，南京司设监右监丞田孜因为盗取司钥库银两，被发边卫充军。

穆宗一朝为时短暂，却兴革甚多，隆庆开关、俺答封贡这些都是影响后世的大事件，穆宗朱载垕虽然本人能力有限，但是他的手下人才济济，将隆庆王朝推上历史兴革的风口浪尖。

隆庆六年五月，穆宗大渐，他将大学士高拱、张居正、高仪召到乾清宫承受顾命，有一太监宣读皇帝给顾命大臣的遗嘱："朕继承祖宗大统，今年才六年，偶然间得了重病，一病不起，有负先皇重托。东宫太子幼小，朕今日托付三位爱卿，你们同司礼监一起协心辅佐，遵守祖制，爱卿等功在社稷，万世不泯。"

当然，还有一份遗嘱是给皇太子朱翊钧的："朕不行了，皇帝你来做，一切礼仪自有安排。你要依靠三位阁臣，还有司礼监辅导，进学修德，用贤使能，不要荒怠，保守住帝业。"

高拱等人痛哭流涕，叩头退出。承受顾命的一众司礼监太监们也悲恸不已，其中，有一位就是叱咤万历初年的大太监冯保。


## 十一、万历盛世的宦官群体


万历一朝长达48年，这48年间，清修《明史》有言，说明朝亡国祸端实则开始于万历，其实大谬不然。考诸公私史乘，万历一朝实则是明朝繁花似锦的盛世，政治上，明神宗朱翊钧平衡各派势力，驾驭内阁和宦官为己所用，保持了政治稳定。经济上，长期的政治稳定为民间经济繁荣提供了保障，民生堪称是明朝之最。军事上，三大征有声有色，全部取得完胜。就是神宗晚年的萨尔浒之败也事出有因，而且明朝并未由此伤筋动骨，所以清人之言不可信。明神宗万历时代实则是明朝盛世，堪称万历盛世。

万历时代出现过权监冯保，也有不少宦官参与政治之中，对政局产生了正面或负面的影响。

### 从"大伴"到罪臣：大宦官冯保的沉浮人生

冯保，号双林，真定府深州人。其人勤奋诚实，做事干练敏捷，为世宗朱厚熜所欣赏。嘉靖十五年，冯保被选入内书堂读书，十七年进入司礼监六科廊写字。

冯保书法极佳，被世宗称为"大写字"而不直呼其名。冯保喜爱琴棋书画，学识极佳，在宦官中属于出类拔萃的人物，有如此多的优势，他官运十分亨通，嘉靖三十二年进入文书房，嘉靖三十九年掌管文书房，随后不久又被任命为司礼监秉笔太监。

司礼监太监不但是皇帝的机要秘书，他们也有一套工作班子，也就是私臣：掌班，负责一家之事；管家，管理食物办理、出纳银两；上房，负责管理箱柜锁钥；掌班、领班，管理两班答应宦官；司房，打理批文书、誊写应奏文书。

嘉靖四十五年，世宗驾崩，冯保因迎立穆宗有功，隆庆元年，被任命为提督东厂并掌管御马监事。当时司礼监缺少掌印太监，按照论资排辈，冯保对此职位是当仁不让。

事情不巧，冯保因为一点小事触犯了穆宗，穆宗正看他不爽。而内阁首辅高拱也对冯保的权势比较忌惮，担心他以司礼监掌印兼掌东厂，权势过大。嘉靖朝倒是有麦福、黄锦兼掌司礼监和东厂的先例，不过高拱可不打算让历史再次重演。

于是，高拱推荐了御用监太监陈洪掌印司礼监，其实按照惯例，御用监掌印太监不能掌管司礼监，高拱这种不合常例的推荐显然是为了打压冯保，冯保对此怀恨在心。

陈洪被高拱所推荐，对高拱感恩戴德，事事为高拱内援。但是不久，陈洪因为触怒穆宗，被罢职外出。这下，冯保内心十分得意，觉得这次自己该接任司礼监掌印了。

但让他万万没想到的是，高拱推荐尚膳监掌印太监孟冲接任司礼监掌印太监。孟冲大字不识，只因为主管皇上伙食，为穆宗所喜。这样一来，冯保更加痛恨高拱，发誓一定要报此仇。

说起来也有意思，司礼监秉笔太监例从内书堂毕业的宦官中提拔选用，因为涉及机要政务，学识渊博那是最基本的要求。可是，明朝偏偏有几位司礼监秉笔太监大字不识一个，例如穆宗朝的孟冲、神宗朝的张明、熹宗朝的王朝辅三人。当然这些都属于特例了。

张明是提督御药房的太监，他精通医药，获得神宗盛宠，晋升为司礼监秉笔并掌管内官监内府供用库大印。

这位张明因为不识字，所以他只挂着司礼监秉笔的虚衔，不负责批阅文书。

万历二十八年夏，张明病故，京城之人闻听后，都高兴地说："张打鹤死了。"原来，神宗每次去见生母慈圣太后时，张明会手执藤条在前清道。太后居住的慈宁宫丹墀之上，有一个古铜仙鹤，高达五六尺，张明高度近视，以为是个人，没有让道。张明拿着藤条，边打铜仙鹤，边骂道："圣驾来了，还不躲开。"随侍神宗的众人，一片嬉笑。于是，张明就有了"张打鹤"的绰号。

回头再说冯保，眼看一个文盲伙夫掌管了司礼监，他恨透了高拱。穆宗信任高拱，他没有机会。等穆宗一驾崩，冯保到处活动，争取皇后和皇贵妃的支持，最终成功赶走孟冲，自己取而代之。穆宗的遗诏中，就有冯保掌管司礼监大印之语。

穆宗一病不起之时，冯保暗中嘱咐张居正预先起草遗诏，正好被高拱撞见，高拱当面责备张居正："我当国，为何你和宦官起草遗诏？"张居正当场面红耳赤，给高拱道歉。而高拱越发厌恶冯保，打算将他驱逐。

一场权力的角逐开始了。其实，早在隆庆六年三月，围绕朱翊钧读书问题，高拱和冯保就展开了较量。当时，皇太子朱翊钧因为年幼，高拱担心讲官不用心，上疏建议阁臣每五日看视经筵。没想到，冯保跟皇上启奏："东宫幼小，请阁臣每日轮流派一人看视才好。"穆宗表示同意。

本来高拱想讨好皇帝，却落得个怠慢懒散的嫌疑了。阁臣每日到文华殿关注皇太子的经筵学习，也为冯保和张居正之间的交结提供了条件。这一点，也是高拱始料未及的。

高拱打算回击了，神宗皇帝登基后，他向皇上建议以后有内降命令、部府章奏等，都应该跟自己商量，这是明显要扩大内阁权力，从而抑制冯保，不让他过多涉入机要政务。

高拱还跟内阁阁臣高仪商议，打算将已经拟好的陈五事疏上奏给神宗，借机斗倒冯保，牵制张居正。

此奏疏要害部分就在于罢黜司礼监批红之权，权力归于内阁，这是高拱对帝国已经实行 150 多年的监阁体制"动刀"，彻底改变中枢权力机构的尝试。

应该说，高拱的理想很丰满，可是现实很骨感。且不说，这样一来，帝国政治的制衡就此会被打破，内阁大学士权力陡增，将成为权相。另外，如果真的这样，冯保就成为"刀俎"，任高拱宰割了，就是皇帝也有可能就此被架空，成为可怜巴巴的傀儡呢！

当然，冯保也有把柄握在文官们手中。神宗皇帝登基那天，他站在皇帝宝座旁边，跟皇帝一起接受百官朝拜，这在文官眼中，简直是无法无天了。

高拱觉得可以利用言官们的激愤情绪，在他的授意下，工科都给事中程文首先发难，他弹劾冯保"六大罪、四逆、三大奸"，当然罪名都是骇人听闻，但毫无证据，甚至连冯保害死穆宗这种罪名都扣上了。

这是要冯保的项上人头了。

紧接着，吏科都给事中雒遵、礼科都给事中陆树德、广西道试御史胡涍等先后上疏，猛烈弹劾冯保，一时间大有泰山压顶之势，文官们有一举将冯保打倒、永世不得超生之意。

眼看高拱就要取得全胜了，没有想到局势竟然急转直下，上演了剧情大反转。

其实要怪，还怪高拱出言不慎，被对手抓住把柄。穆宗驾崩之时，高拱感念先皇的无比信任和托孤之情，悲痛得难以自已，在大庭广众之下，脱口而出一句话："小皇帝才十岁，天下可怎么治理啊！这可让我怎么办。"其实，这就是一句感慨，高拱深感自己担子之重，他担心幼主能否肩负起治理国家的重任，又担心自己能否辅助幼主，不负先皇重托。

高拱的这句话，早被东厂的探子报到冯保那里。当时，冯保并没有在意。现在，高拱指使言官要取他性命，冯保岂能坐以待毙？他面对危局，突然想到高拱说过的这句话，正好可以加以利用，以此除掉心头大患。

隆庆六年六月，是高拱人生中最难忘的一个月。月初，他还准备在六月十六的朝会上，等待皇帝当众宣布他的改革计划，然后自己再将冯保驱逐或者处死。

高拱太自信了，自信到自负的地步。他低估了冯保的政治能力，冯保找到神宗和神宗的生母李贵妃，他涕泪横流，跟两位主子说："高拱不相信先帝让老奴辅政的遗诏，他表面上要驱逐老奴，实则要控制陛下您啊！"

李贵妃听了大吃一惊，她还在将信将疑之际，冯保乘机抛出他的"撒手锏"："高拱在先皇去世当日，在内阁当众大喊'十岁的孩子，怎么能做天子呢！'当时，很多人在场。"

这句话真可谓一个"重拳"，击打到神宗皇帝和李贵妃的要害之处。现在可谓主少国疑之际，作为朝廷重臣的高拱竟然如此不将皇帝放在眼里，驱逐冯保，去掉皇家"羽翼"，然后革除司礼监权势，内阁高拱将大权独揽，进而控制朝政，皇帝成为傀儡。想到这里，李贵妃出了一身冷汗。

冯保在关键时刻，将高拱的这句话扭曲篡改，起到意想不到的效果。李贵妃和神宗拿定了主意，对于怎么样处理高拱，他们已经有了定论。

隆庆六年六月十六的朝会，高拱高昂着头，意气风发地走入大殿之下。他在等待着神宗皇帝驱逐冯保的旨意，没想到，冯保却大摇大摆地走了出来。

冯保高声断喝一声："高拱接旨！大学士高拱擅权揽政，威福自专，我母子日夜惊惧。着令回籍闲住，不许停留！"

高拱彻底懵了，巨大的打击导致他伏地不能起身。

清修《明史》中有一个桥段，说这时候张居正在旁边看高拱可怜，连忙将他搀扶起来，走出皇宫。怎么看，怎么都是一副猫哭老鼠的假慈悲。

这是真相吗？不可否认，张居正结好冯保，但是他与高拱并无大恶。而且六月十六的朝会，张居正正在天寿山负责穆宗陵寝事宜，直到六月十九才正式销假上班。

既然不在现场，如何与高拱假慈悲，虽然张居正在高拱走后，继任了内阁首辅，是既得利益者，但是并不能就此认定，在驱逐高拱事件中，张居正勾结冯保，起到关键作用。因为朝会事件前后，张居正毕竟有不在场的证据。

当然，张居正结好冯保是切切实实存在的客观事实。高拱被驱逐后，张居正跟冯保结成同盟关系，内阁和司礼监在此期间同心协力，将万历之治推向一个新的高峰。

对于冯保来说，高拱虽然被驱逐，但置他于死地，才是冯保的目的。冯保一时间苦于没有机会，机会却不期而至了。

万历元年正月，神宗皇帝在上朝的路上，遇到一个鬼鬼祟祟的男子，此人穿着宦官服饰，往宫门赶去，被守卫捉拿。

经过东厂的审问，才知道事情的原委：原来此人名叫王大臣，他是从蓟辽前线逃回的士兵，原属戚继光部下。王大臣流落到京城之后，投靠到一个宦官家中当差。他偷了宦官服饰，怀揣利刃，潜入宫中，欲行偷盗。没有想到，却被侍卫当场拿下，还撞上了皇上。

应该说此事疑点颇多，一个混迹江湖的逃兵怎么就能顺利进入宫禁森严的宫廷？而接下来，冯保对此案的审理更让人不得不怀疑，王大臣有可能就是冯保暗中为其提供便利，让其混入宫中，然后再将此事跟高拱牵涉在一起，最终给高拱栽赃罪名，将他送上不归路的惊天阴谋。

冯保让家人辛儒给了王大臣20两银子，给他好吃好喝，要他陷害高拱，就说是高拱因为被撤职，心怀不满，打算派他刺杀皇帝。辛儒还嘱咐王大臣审讯时，要将高拱家人高本、高来和李宝供出来，就说此三人也是同案犯。

王大臣当时答应了下来。冯保觉得这下高拱死定了，他派出五名东厂校尉，前往河南新郑，捉拿高拱的家人，准备给高拱定罪。

隔了一天，锦衣卫左都督朱希孝等人前往东厂会审王大臣，严刑拷打之下，王大臣竟然当场翻供了，他大声喊道："既然许我富贵，怎么又拷打我。"

在一旁陪审的冯保，听到这句，气急败坏，问道："是谁主使你来的？"

王大臣回答："是你主使我来的，你怎么能不知道？还来问我。"冯保怒声呵斥："昨天你说的是高阁老指使你来行刺，如何今日改供？"

王大臣说："你教我说的，我根本不认识什么高阁老。"这下，眼看再问就透露更多隐情了，朱希孝连忙草草停止会审。

冯保还不打算收手，他以高拱行刺上奏神宗。神宗身边有个70多岁的殷姓宦官，他力保高拱是忠臣，不可能行刺皇上。殷宦官又对冯保说："高胡子是正直忠臣，顾命大臣，你若是陷害高阁老，我等内官必然受祸，千万使不得。"冯保心中有所触动，太监张宏也力劝他此事不可行，张居正也劝说冯保罢手。

冯保命人用生漆酒将王大臣灌哑，然后法司宣判，将其匆匆处斩。

一场惊天大案就此落幕。

高拱已经下野，冯保对往日旧仇念念不忘，打算将政敌彻底置于死地，政治斗争的险恶性，由此可见一斑。

冯保陷害高拱不成，朝中官员却借此看清了他的狠辣，愤怒的"种子"正在众人心中"萌芽"，只等待适当的机会，怒火将不可遏制地"喷发"。

文官们虽然对冯保恨之入骨，两宫皇太后却对他信任有加。神宗皇帝大婚之前，已经成为慈圣皇太后的李氏就特别嘱咐冯保，让他引导皇帝以正道，严加管束，不能事事顺从皇上，让皇上放纵，以至于伤害圣德。

冯保将李太后的嘱托铭记在心，他确实是严格按照太后的要求来做的。有时候皇帝正跟小宦官玩耍，远远见到冯保来了，马上正襟危坐，小声说："大伴来了。"神宗一般对冯保不直呼其名，而是称呼他"大伴"。

冯保见皇帝对自己如此畏惧，也有些飘飘然了。神宗的外祖父、武清侯李伟见了冯保，也要叩头尊称他为"老公公"。冯保心中欢欣，只是微微回礼道："皇亲免礼。"

对于那些见了他叩头的驸马，冯保更是不屑一顾，只是垂手表示扶掖，连礼都不回一下。

不久，有一件事，使得神宗朱翊钧对冯保的不满达到顶点。

乾清宫的执事太监孙海和客用是神宗的近侍之人，他们跟皇帝关系亲昵。为了迎合皇帝，孙、客二人经常诱导皇上舞刀弄棍。不仅如此，二人还屡次诱导神宗夜游别宫，还进献珍奇之物来讨取皇上欢心。神宗对孙、客二人也十分宠信。

冯保对孙、客极为反感，他希望以文教导皇上读书习礼，在这一点上，冯保的理念倒是跟英宗朝王振类似。

有一天，神宗在孙海、客用陪同下，在西城曲宴喝得醉醺醺的。席间，神宗命一个小宦官唱新曲助兴，小宦官说不会，神宗大怒，拔出佩剑就要砍下去，多亏随从一再劝说，神宗才割下小宦官的头发，戏称这是学曹阿瞒割发代首。

孙海、客用平时也经常受到冯保的斥责侮辱，此刻他们见皇帝大醉，二人也深知皇帝对冯保早有不满，便乘机以言语激怒神宗，神宗果然大怒，将身边的两名小宦官重重责打了一番。这两名小宦官是冯保的养子。

孙、客二人又跟随神宗骑马到了冯保住所外面，大声高呼冯保之名。冯保听了十分害怕，命人抱起巨石撑住了府门。第二天，冯保跑到李太后那里告状。李太后一听，火冒三丈，她换上青布袍，头上去掉簪饰，扬言要召集内阁和六部大臣，拜告列祖列宗，要将神宗废除，另外立神宗之弟潞王为帝。神宗时年已经18岁了，他得知此消息，大吃一惊，连忙到生母李太后面前请罪。李太后训斥他说："天下大器岂是你自己能承受的？"她边斥责边命冯保取出《汉书》，要冯保读其中《霍光传》一节，这是要效仿霍光废黜昌邑王刘贺，废除神宗，另立新君了。

神宗惊惧不已，跪在地上痛哭流涕多时，李太后才最终心软了下来，收回成命。

按照李太后的意思，神宗需将孙海、客用驱逐出宫，还有太监孙得秀、温祥、周海等人也一并被赶出宫去。原因就是这几个人跟冯保素有积怨。

将这些人赶走以后，神宗还宣谕给冯保说："尔等司礼监诸人，收到朝廷爵禄，我一时昏迷，导致犯错，你等应该力谏，以后若再有奸佞小人，你等司礼监还有管事牌子，一定要举名劝谏我。"

此事是导致神宗和冯保关系恶化的关键事件。如果说之前，神宗对冯保有敬畏和依赖之感，略微带些不满的话，这件事之后，神宗对冯保就是只剩下怀疑和怨恨了。因为孙海、客用之事，是冯保在太后面前告状的，导致自己帝位差点被母亲废掉。

不但如此，冯保在事后还找到张居正，要张居正代替神宗起草罪己诏，向列位阁臣认错，神宗面子上是挂不住的。

认错就认错吧，偏偏这份罪己诏措辞写得十分抑损，神宗的自尊心受到极大挫伤。

这一事件后，神宗对冯保和张居正产生了深深的厌恶，只不过他将这种厌恶和怨恨埋藏在心里。不久之后，神宗还是忍无可忍，对冯保的怨恨爆发了。

有一天，神宗结束经筵听讲之后，亲自书写大字赏赐众臣。谁也想不到的一幕发生了，神宗用毛笔蘸满了墨汁，猛然向着身旁侍立的冯保身上甩了过去。瞬时间，冯保鲜艳的大红衣衫上面溅满了黑色墨迹。

冯保大吃一惊，张居正也脸色大变，手足无措，神宗却像没事人一样，将大字书写完毕，扬长而去。

神宗此时已经像唐代宗一样，对飞扬跋扈的宦官李辅国和鱼朝恩起了杀心，而"明朝的李辅国和鱼朝恩"冯保还将神宗视为幼主，殊不知，自己的灾祸就要降临了。

不可否认，冯保对神宗是忠心耿耿的，皇上经筵讲读，寒暑不断，而冯保孜孜劝导神宗向学，并且侍奉皇上经筵日讲，终日并无一丝倦怠。

冯保还主持对宫中的用度节省。减少御膳用度、裁减惜薪司的柴炭、节省御马监的饲料，这些都是在冯保支持下施行的。

当然冯保的节约用度，他本人认为是出于维护国家利益，可是神宗有时候并不这么想，尤其是冯保节约到皇帝本人身上的时候。

万历二年闰腊月，冯保就配合张居正一起给皇帝做思想工作，劝导他不要效仿先帝，元夕办什么鳌山烟火，这是靡费穷民之举。

其实，天长日久，冯保也渐渐察觉万历皇帝看自己时的怨恨眼神，他在万历八年十一月上疏神宗，以老病为由乞求退休，神宗却以不能离开冯保辅佐为理由拒绝了，当然这很大程度上也是李太后的意思。

其实冯保乞求退休，神宗没有应允，还考虑到张居正的关系。作为朝中最重要的辅佐大臣，张居正对于万历革新举足轻重，万历皇帝政治能力尚需磨炼，朝中须臾不能离开张居正。而张居正跟冯保也是政治联盟，现在让冯保退出，显然不是最好的时机。

冯保跟张居正的关系确实不一般。张居正的主张，经过冯保在神宗面前传达，必然会得到执行。冯保经常跟万历皇帝说："张先生是忠臣，先帝留下的顾命大臣来辅佐皇上的，他所说的话应该听从啊！"

当然，张居正对于冯保也能在协助中有所规劝和扶正。万历四年，冯保的侄子、都督冯邦宁酒后欺凌市民，正好张居正部下姚旷路遇此事，他来劝导冯邦宁。

冯邦宁用手推搡姚旷，姚旷也不落下风，将他的衣带扯碎。两个人一起来到朝房，找到张居正评理。

张居正了解了事情原委后，手书一封信函给冯保，说他的侄子酒后失态，应该严加管制。冯保得信后，将冯邦宁杖责 40 下，上奏神宗要求将侄子革职待罪。

通过此事，张居正也给冯保传达一个信号：你、我虽然是政治盟友，但是我的改革事业需要你的全力配合，你要约束好家里人，不能给政敌以把柄。

冯保一段时间内能约束家人，可是贪婪的本性最终害了他。冯保门下有一个得力管家，名曰徐爵。由他出面，多次收受朝臣贿赂，再由冯保请托办事。吏部尚书梁梦龙，以3万两银子委托徐爵贿赂冯保，谋取补缺，还将孙女许配给冯保的弟弟做儿媳。事成之后，梁梦龙前往徐爵家中拜谢，两人夜宴到二更天才结束。

冯保还勒索自己的同僚。二十四监的富有宦官，冯保必然会暗中搜查他们的过错，然后恐吓他们破财消灾；如果有病故的，冯保就会封锁病故宦官房屋而搜索其家资。

冯保受贿还导致贿选驸马事件。万历十年，冯保受命为神宗胞妹永宁公主选驸马。

选中的是富家子弟梁邦瑞，没想到成亲那天，驸马爷竟然鼻子流血不止，差点连婚礼都没有办成。

面对众人疑问，冯保竟然搪塞诸人说这是"挂红"。其实，梁邦瑞本来就是个病秧子，梁家有钱，为了给已经病入膏肓的儿子冲喜，竟然使了几万两银子贿赂冯保。

而掌管选婚大权的冯保糊弄了李太后和张居正，将梁邦瑞夸成一朵"花"。就这样，冯保为了几万两银子，全然置永宁公主的幸福于不顾，将她一生的幸福当作儿戏。

仅一个月后，驸马梁邦瑞病死，时年15岁的永宁公主竟然守了12年寡，于27岁的花样年华凋零离世。

出于巩固自己权势的考虑，冯保竭力支持张居正。在万历五年"夺情事件"中，吴中行等人被杖责，也是出于冯保的撺掇。

当然，冯保跟张居正的关系也是微妙的，对于张居正的一些不妥当做法，冯保也能及时提出。内阁出现白莲，翰林院出现一双白燕，张居正打算以祥瑞之名进献给神宗。

冯保派人告诉张居正："主上年幼，不能以异物开启他的玩好之心啊！"冯保和张居正在政治上确实是一对黄金搭档，能及时指出彼此的错误，相辅相成，共同推进万历新政的施行。

只可惜，随着万历十年张居正的病故，冯保的最终结局也来了。

万历十年六月，当国十年的内阁首辅张居正病故。神宗皇帝表面哀悼不已，内心却有一种别样的轻松。他想起自己每当犯错时，李太后都会提起一句话："如果张先生知道了，看你怎么办。"是啊，十年了，张居正犹如童话故事里面的恶魔一样，伴随着朱翊钧的少年时代成长，对张居正，神宗更多的是畏惧，而不是发自内心地尊敬。

如今，张居正走了，冯保更加孤立了。

张居正曾经留下遗疏推荐潘晟入内阁，冯保也打算将潘晟引入内阁。御史王国等人力言不可，潘晟也主动请辞。内阁大学士张四维拟旨同意潘晟的辞疏，冯保斥责张四维："我刚生了点小毛病，你眼睛里就没有我了吗？"后来，张四维没有顺从冯保荫弟侄为都督金事的要求，又被冯保斥责为忘恩负义。不管怎么发牢骚，现在的内阁已经无人像张居正一样力挺冯保了。

万历十年腊月，山东道监察御史江东之弹劾锦衣卫指挥同知徐爵，这是明显的投石问路，先动摇冯保的"羽翼"，来试探神宗的意思。

神宗毫不犹豫，下旨将徐爵投入大狱，刑部拟定斩首示众。

紧接着，冯保的东厂掌印太监之位被司礼监太监张鲸代替。其实张鲸早就开始为神宗秘密策划剪除冯保的计划了。

对于司礼监秉笔的位置，张鲸显然是不满意的，而这些年冯保对宦官严格约束，也使得张鲸难以忍受。现在终于等到搬除这座"大山"的机会了。

张鲸的老上司张宏知道他的计划后，曾经暗中劝说张鲸："司礼监冯公是前辈，他办事不错，留着他多好啊！"张鲸不予理睬。

当时，冯保的另一个强力后援李太后也归政很久了，对于外朝政治不闻不问。而冯保得罪过的太监张鲸、张诚等人又乘机在神宗面前说尽了冯保的坏话，并为皇上出主意驱逐冯保。慑于冯保多年的权势，神宗还有些畏惧地问："如果大伴上殿来，朕怎么办？"张鲸回道："既然有旨意，他怎么还敢再来。"

正好这时，江西道御史李植弹劾冯保十二大罪，并建议将冯保处死。

神宗顺坡下驴，宣布了对冯保的处理：冯保欺君祸国，罪恶深重，本应该处死，念及他是先帝托孤之臣，效劳日久，姑且从宽处置，降为奉御，发往南京闲住。冯保的弟侄被革职为民，冯保的另一个心腹宦官张大受被遣送到南京孝陵司香火。

神宗还念及冯保多年效力的份上，赏赐了他白银1000两，衣服两箱给他聊养余生之用。

文官们认为这个处置太轻了，浙江道御史王国上疏说冯保罪大恶极，应该处死。

但是剥夺冯保的政治权力是神宗的最终目的，他并不想也不忍心处死自己朝夕相伴的"大伴"，他从来没有怀疑过冯保对自己的一片忠心。只不过，冯保确实对自己约束过严，而且有不少跋扈不法之事，加上他跟张居正之间的关系，也是自己所忌惮的。

其实，还有一层原因，神宗不能跟外臣表露，却跟母亲坦然说出了。李太后听说冯保被发往南京的消息，非常惊讶，她找到神宗问询。神宗一开始敷衍道："老奴冯保被张居正蛊惑，也没有什么大罪过，过些天就回来了。"潞王正在准备大婚，用度上比较紧张，神宗跟李太后说："一些无耻官员，行贿张居正、冯保两家，将他们家产抄没，可以置办潞王婚礼。"

神宗将冯保、张大受、徐爵等人家产抄没，抄没的冯保田产变卖银两1.9万余两，冯保住宅变卖银两6.9万余两。

冯保确实贪墨了不少财产，他到南京时携带着辎重骡车20多辆，这还是被抄没之后的余财。

万历十四年二月，冯保还派家人冯继清来到北京，到通政司投奏本，请求恩赦还乡。神宗命锦衣卫纠察冯继清背后的主使之人。

三月，宦官段庆和孔朝等人被杖责，降为净军，发往南京孝陵卫种菜，就是因为他们为冯保营求回京。

最终冯保再没有回到深州故乡，他死于南京，葬在皇厂。

冯保文化修养很高，他在司礼监期间，为了劝导皇上向学，主持刻印了很多书籍，例如《启蒙集》四书、《书经》《通鉴直解》《帝鉴图说》等，宫中之人后来有看到的，还感叹不已。

冯保书法精妙，精通乐理，琴艺高超，还收藏了很多古琴，他自己还制造了很多琴。

冯保其人有儒者气度，他更像一个有治国之志的文官，只可惜，他的贪婪，又将他送上不归之路。

冯保之后，几位大珰相继执掌司礼监，波澜不惊地辅佐神宗皇帝成就万历盛世。

### 后冯保时代的司礼监掌印宦官

接替冯保担任司礼监掌印太监的是张宏。张宏字德父，别号容斋，广东新宁人。他为人淡泊无他嗜好，唯喜读书，公务之余，手不释卷。他通读史书，明习法令故事。

世宗时代，张宏因为少年聪颖，被选为乾清宫近侍，后来累次迁升到司设监太监。世宗恩宠他，赏赐给他蟒衣、玉带。

虽然得到皇帝的格外青睐，张宏却兢兢业业，丝毫没有骄傲之色。世宗巡幸经过卫辉行宫时，夜间大火，张宏跟陆炳一起护着世宗逃出火海。

张宏在惜薪司任职时，看到有奸人利用漏洞，盘剥商人，他整肃弊端，省去巨额经费，得到商人的赞许。世宗朱厚熜也对他另眼相看，将他提拔为乾清宫管事。

隆庆年间，张宏担任南京守备太监，到了南京，他镇静不扰民，经常跟随文人士大夫们游玩，畅谈古今。

神宗即位，张宏被召回北京，担任内官监掌印太监。万历五年，张宏负责为神宗选后，在外地，他秋毫无犯，不扰民。神宗对他十分赞许，亲笔写下"文雅端慎"四个字赏赐给他，并给禄米百石。

自从张居正夺情事件之后，满朝文武多忌恨冯保。司礼监秉笔太监张鲸乘机秘密为神宗谋划，驱逐冯保。张鲸是张宏名下太监，张宏得知张鲸的密谋后，暗中劝说张鲸："司礼监冯公是前辈，他是有风骨，办事得力之人，留着他继续任职多好。"张鲸不听，辅助神宗驱逐了冯保。

神宗对张宏的恩待虽然不及冯保，但是推心置腹的信任超过冯保。万历十二年三月，张宏受命阅视京营。

两三年后，神宗左右之人用财货蛊惑他，神宗好财之心遂起。张宏不敢劝谏，内心忧虑无比，他选择一种无声的抗争方式，绝食数日而亡。

张鲸，新城人，他是太监张宏名下之人。原来，小宦官最初入宫时，都要投靠一个大太监，认其为主人，谓之曰名下。张鲸在辅助神宗驱逐冯保后，职掌东厂。他任职东厂期间，没有过错大恶，以贤明闻名。

万历十一年，慈宁宫宦官侯进忠和牛承忠私自偷出宫门，调戏妇女，还要打抓他们的巡逻者。巡视北城御史潘士藻私自发文给司礼监，要求惩罚他们。神宗得知后，十分不高兴："东厂做什么的，这样的事情怎么让外廷先发现了？"他下旨杖责这两名宦官，其中一人被打死。张鲸得知此事后大怒，借助潘士藻劝谏神宗之时，故意激怒神宗，皇上发怒，将潘士藻降职外调。

张宏卒后，张鲸继任司礼监掌印太监。

张鲸性格刚果，神宗对他十分倚任。张鲸职掌东厂时，也兼掌内府供用库之大印。

张鲸放任其司房邢尚智贪污受贿，御史弹劾邢尚智和张鲸。神宗庇护张鲸，只是将邢尚智下狱治罪。

言官们多次弹劾张鲸，神宗皆置之不理。直到大理寺评事雒于仁上酒色财气四箴，指张鲸涉嫌贿赂。神宗大怒，命大学士申时行传谕训斥张鲸，从此之后，张鲸为文官士大夫们所鄙视，神宗对他的宠信也渐渐淡薄。数年后，张鲸病故。

张诚，原是在东宫侍奉过太子朱翊钧的。神宗朱翊钧登基后，张诚对冯保的权势十分不满，可是又无可奈何。不久，张诚被冯保驱逐出宫，神宗却暗中嘱咐张诚侦查冯保和张居正结交的情况。

张居正死后，张诚在神宗面前揭发冯保和张居正勾结擅权的情况，并且说冯保有大量财富。万历十二年，张诚职掌司礼监，神宗曾经命他负责抄没张居正的家产。

万历十八年，东厂掌印太监张鲸因为贪赃，回私宅闲住。司礼监掌印太监张诚兼掌了东厂。万历二十四年，张诚因为违禁，与武清侯家联姻，擅作威福，被言官弹劾，被降职为奉御，发到南京孝陵司香，家产被抄没。

田义，别号渭川，陕西华阴人。儿童时代的他聪慧过人。嘉靖二十一年，田义入宫。进宫后，田义被选入内书堂读书。隆庆年间，田义迁六科廊掌司。

万历二年，神宗皇帝将田义提拔为文书房管事，后升为内官监太监，赏赐给他蟒衣、玉带。

万历二十四年，田义成为司礼监掌印太监。其人办事周密慎重，老成练达，侍奉三代皇帝，没有出过过错。

对于矿税，田义和文官们的立场一致，是持极力反对的态度。神宗有一次病重，自以为不起，留下遗诏准备召回各地矿税太监。没有想到，此事随着神宗病情的好转而作罢，田义闻讯大愤，指责内阁不能坚持主张，劝谏皇上彻底罢除矿税之事。

司礼监太监田义颇有文官士大夫劝谏之风，他先后劝谏神宗批发内外奏疏和宽免犯事宫人和内官刑罚。

田义之后继任司礼监掌印太监的是陈矩，另外有文详细介绍其生平。

陈矩之后，成敬掌管司礼监，其人性情豪爽，善饮酒，乐善好施，善于骑射，颇有将军风度。万历三十七年正月，京城讹传蒙古人从黄花镇来犯北京。男女避难者塞满道路，京城城门大白天关闭不敢开。

神宗召见成敬问对策，成敬安慰皇上说："没有事，万岁爷放宽心。如果真的有警报，兵部怎么可能没有塘报？这必然是讹传。"后来才知道，是蓟镇总兵王国栋带兵夜过昌平，擅自拆毁民居篱笆院，燃火取暖，火光冲天，从远处望见，以为是蒙古人进犯，遂引起惊慌。

成敬掌管司礼监之时，魏伸掌管东厂，魏伸办事谨慎，东厂延续陈矩时代的安静风格。

万历三十九年，李恩掌管司礼监，卢受掌管东厂。李恩之后，卢受兼任司礼监掌印太监和东厂太监。

除了这些名声不著的司礼监掌印太监外，还有两位太监在万历时代留下了贤名。

### 史宾和张维：义宦和诗宦

史宾，嘉靖四十一年选入宫中，学问多，书法好。他交友广，擅长琴棋，喜欢在扇子上题字。神宗打算提拔一个秉笔太监，看到史宾的姓名，郑贵妃也偶然间对史宾赞不绝口。神宗怀疑史宾走了郑贵妃的门路，一怒之下，将史宾贬斥到南京。后来，史宾又回到北京担任司礼监秉笔太监。有一次，神宗又怀疑他跟内阁阁臣勾结，将其再次贬斥到南京 20 多年。直到泰昌元年八月，光宗即位，史宾才再次被召回朝中。

天启元年，魏忠贤在熹宗面前大力推荐史宾担任秉笔太监，后来又畏惧他的廉洁，让其退出闲住。

史宾为人俭朴，曾与米万钟交好。米万钟借了他 800 两银子，因为终身困顿无力归还，史宾干脆焚烧了贷券，京城人都称赞他的义举，故其人可称之为"义宦"。

张维，字四维，别号范吾，蔚州益津人。他家世代耕读为业，父亲张仁，母亲董氏。有弟兄四人，张维是家中老小，他十岁时，父亲去世，后来母亲又离世。

张维跟随哥哥嫂子度日，不忘读书向学。嘉靖三十八年，张维入宫。

他拜司礼监太监高忠为义父，以司礼监掌印太监张宏为叔父。

张宏教导他忠君爱国，并传给张维很多书籍。

隆庆二年，张维受命辅导东宫太子朱翊钧读书。

神宗即位后，每次经筵结束有问题，都会请教张维，张维就引用古代史书明正以对。张维历任御用监太监、尚膳监太监等职。

万历十三年，张维受命出使湖广一带，正好均州和邓州闹饥荒，导致人相食的惨剧。张维拿出内帑银赈济灾民，救活了上万人，得到神宗的嘉奖。

张维擅长诗文，精于琴画，可谓一才子。

万历十二年三月二十七夜，张维在乾清宫西廊侍奉神宗。神宗问他："你为张宏服孝三年满了？"张维回奏说仰仗圣恩，三年已满。神宗也深情回忆起张宏，他说："我常想张宏是不错的老人，每见我打算处置一个谏官，他就叩头流涕，善言劝解。我也因为他的缘故息怒，他是何等忠爱。"张维叩头回答："这是圣德善于纳谏，非是臣下所能挽回。如果是圣怒不息，张宏岂能成功？"

神宗对张维说："你为他服孝三年期满，作一首诗给我看看。"张维出口成诗，末位两句是"仁皇夜半思耆旧，重奉恩纶下紫薇"。

神宗对他的诗才赞不绝口。

万历十八年，张维因伤乞求退休，皇帝恩准。张维晚年读书为乐，手不释卷。

直到失明，他还能提笔手写行草。万历四十一年夏，张维以 80 岁高龄病故。他著作颇丰，《皇华录》《归来篇》《莫金山人集》《苍雪斋集》等都是他的作品。

张维诗才被神宗赏识，称呼他为"秀才"。张维曾经掌管兵仗局，神宗有一次驾临，把玩兵仗局所造的兵器。张维乘机劝谏神宗："兵者，凶器也。不是至尊的皇上所应该把玩的。"神宗微微一笑，听从了他的建议。

其实，万历年间贤名最盛的宦官还有陈矩，他死后万人空巷为其送葬，甚至被人称之为"佛"。

### 被称之为"佛"的贤宦官

嘉靖二十九年，注定是不平凡的一年。这年，蒙古俺答汗带领大兵南下破关而入，一路杀到大明京师北京城下。

战火纷飞之中，有一个年迈的太监，他身披重铠，忙于京城防务。他就是负责京师十二团营的太监高忠。高忠不知道，他忙碌的身影被一个 12 岁的少年宦官所注视并仰慕，这个少年敬仰高忠操劳国事、军事的忠心，他立志将来也要成为对大明朝有所贡献的人。

这个少年就是陈矩。

陈矩，字万化，号麟岗，北直隶安肃县人。其父名叫陈虎，本是农户出身。有一次，陈虎在服役过程中，因为供应出了问题，被宦官所鞭笞，心中愤懑不已。看着家中的三子陈矩，他狠了狠心，拿定一个主意：既然自己不能摆脱受人虐待、地位低下的现状，那就让儿子来替自己完成心愿吧！

宦官如此威风，陈虎决定让三子陈矩入宫为奴，兴许将来混出个模样，能为自己出这一口恶气。

陈虎这样的父亲确实不合格，为了自己可以扬眉吐气，竟然拿儿子一生的幸福当作赌注。

就这样，九岁的陈矩被送入宫中，当时正是嘉靖二十六年冬。

陈矩有兄弟四人，他排行第三，四弟陈万策的经历也颇为传奇。还是因为父亲陈虎，在另一次服役过程中，又被一名进士所鞭笞，他愤怒不已，让四子陈万策读书，最终考中进士，官坐到国子监博士。

愤怒的父亲多亏没有被皇帝所鞭笞，否则会不会让另一个儿子再造反称帝？

陈矩入宫后，在内书堂读书，他从小就显示出超过同龄人的机敏和懂事。陈矩在入宫之前，曾经进京，偶然间被陆炳所看见，善于鉴人的陆炳惊叹："这个孩子将来功名不在我之下，而美名还要远远胜过我啊！"

陈矩入宫之后的表现堪称优秀，被皇帝所赏识，并进入司礼监。陈矩一入宫便归入大太监高忠名下，高忠的一举一动也成为他学习的榜样。

万历十年，神宗皇帝拜谒皇陵时，司礼监推荐一些留守宫廷事务的宦官，皆不能符合神宗要求。神宗问左右之人："司礼监中那个个高、白皙的是谁？"左右之人告知神宗，那是陈矩。神宗这时候就已经知道陈矩办事得力。陈矩也由此升迁为司礼监典簿。

万历十一年，陈矩被升为右监丞，不久又转为左监丞。万历十二年，陈矩升为太监，被赏赐蟒衣，掌管礼仪房。

陈矩升迁速度如此之快，除了神宗的赏识之外，太监张宏在其中也起了关键作用。正是他的大力推荐，才使得陈矩迈入仕途的高峰期。

万历十五年，陈矩被任命在宫内教书。担任宫内教书的宦官，一般都要德才兼备，而且要无势力者。

万历十七年，陈矩以司礼监太监兼掌皇史宬，提督新房。万历十八年，陈矩被给予在禁城骑马的特权。

万历十九年，陈矩受命押送有罪的代王府奉国将军廷堂前往凤阳高墙。一路上经过各地州县，陈矩不扰民、不收礼，只是每日安静读书，对驿站的驿卒也能客客气气。这些驿卒见惯了外出奉使的跋扈宦官，这样难得的好宦官，他们还是第一次见到，大家都受宠若惊，纷纷称赞陈矩是"佛"。

陈矩事成之后，回京时经过家乡，这也是他一生中最后一次回故乡。

万历二十一年，陈矩升为司礼监秉笔太监。万历二十六年，陈矩以司礼监秉笔太监身份提督东厂，陈矩身份之高，已经成为仅次于司礼监掌印太监田义之下的第二人。

田义于万历三十三年病逝，之后陈矩受命司礼监掌印太监。

担任文华殿皇长子讲读的李廷机，与陈矩关系密切，陈矩也通过自己弟弟陈万策与朝臣们发生密切联系。

在侍奉皇长子朱常洛读书时，陈矩侍立在皇长子身旁，毫无懈怠之容，并且能深入浅出地讲解来辅佐皇长子进学。

虽然在争国本事件中，陈矩没有公开表态，但是从他尽心尽力辅导皇长子，还是可以看出他对皇长子朱常洛的维护之情。

万历二十二年，皇长子朱常洛出阁之前，需要安排一些内侍作为侍读陪伴在皇长子左右。王安就是这时候被陈矩推荐，成为皇长子伴读的。

太监王安在日后对皇长子着力保护，从这次推荐中，也可以看出陈矩在国本之争中的取舍，他是极力拥护皇长子朱常洛的。

万历二十六年，陈矩掌管东厂，他为人正直，有度量，能顾全大局，常常说："我只守着八个字，就是祖宗法度，圣贤道理。"所以对刑部、镇抚司监狱所关押的、丢了官的内臣和外臣，即使是犯了重罪的，也常想着"上天有好生之德"，对他们多方曲意保存。

陈矩还颇有谏臣之风。荣昌公主是神宗的嫡长女，光宗的妹妹，她和驸马杨元春吵架，杨元春一气之下，跑回老家。神宗非常愤怒，召陈矩商议，要从重惩办有关内臣和外臣。陈矩缓缓地说："这是闺房内的小事，不该惊动皇上，传扬出去对皇室影响不好。"神宗同意，授意他拟旨谕阁臣，让他们说杨元春不知什么缘故，出京到固安县去了。事后，神宗召杨元春回来，罚他到国子监演习礼仪，在陈矩的规劝下，一段风波就此平定。

万历三十一年，妖书案起，《续忧危竑议》一书指出当今皇上是不得已才册立东宫，有朝一日必将更易太子，并且指出大学士朱庚和沈一贯等人是郑贵妃的帮凶，共同为贵妃谋划更换太子。

神宗大怒，命东厂太监陈矩和锦衣卫一起捉拿编造妖书之人，眼看朝廷就要掀起一朝血雨腥风。

沈一贯打算借助此案诬陷和自己有隙的沈鲤、郭正域。他找到陈矩，却被陈矩一口拒绝。

为了不使更多的人陷入此案，陈矩捉获了无赖生员皦生光，他只是嫌疑人。陈矩心知造妖书之人未必是他，但是为了拯救更多的无辜之人，只好拿他"开刀"了。

瞵生光被指定为真凶凌迟处死，朝中一班清流大臣得以脱离险境。

万历三十三年，陈矩以掌东厂兼掌司礼监印，集纠政、监察大权于一身，这在明代宦官中也是少有的。虽然如此，他并没有滥用权力，而是力图纠正时弊缺失。万历中后期，矿税大兴，朝中文官们出于对自身利益考虑，多劝阻此事。有意思的是，跟我们的传统认知不同，宦官虽然是作为矿监税使的主力军，但是身为宦官的陈矩和文官们站在一起，极力反对矿税之事。当大学士沈鲤进谏时，陈矩支持他，也帮助其进言，于是矿税在不久后得到暂时停止。

对于其他劝谏的大臣，陈矩也多方回护。参政姜士昌上疏触怒了皇帝，神宗要廷杖他。陈矩心想：上次杖打王德完的时候，自己就和太监田义极力加以劝阻，现在自己任司礼监掌印，怎能让廷杖朝臣的事再次发生。于是他趁皇帝召见的机会，苦苦劝谏，终于阻止了这次廷杖发生，只把姜士昌谪为兴安典史。

万历三十四年，云南发生民变，愤怒的群众在地方官员参与下，杀死矿税使杨荣和他的随从，神宗震怒，连饭也不吃，要严查变乱情况，并逮捕地方官员到京师审判。当时首辅沈一贯请了假，只有沈鲤在内阁，他不敢处置，把这事报告了陈矩，和他商议。陈矩便向皇帝密奏说："奉使的内臣当然是遵循法度，不敢胡作非为的，但他们的随从仆役，难免会有个别无知惹事。如果仅仅归罪于地方官员，派缇骑去逮捕他们到京审问，只怕往返路途遥远，弄得到处惊慌，传说纷纷，反而不妥，还是在当地调查清楚，从宽处理为好，这样对安抚边远地区也有好处。"神宗听他说得恳切有理，便采纳了他的意见。一场轩然大波就这样被他很好地处理了。当然，陈矩之所以极力反对矿税，跟他与清流大臣的密切关系有关，陈矩的侄女嫁给李三才的兄弟为妻，这层姻亲关系也是他极力支持李三才等东林党人的重要原因。

福建矿税使高寀缴获了吕宋制造的器械和土特产，进献到京师，神宗让陈矩拟旨，送内库查收。陈矩奏称："这是岛夷小丑的一点点东西，现在让内库收储，恐怕会使人误会，以为天朝稀罕这点怪异的东西。还是写'著赃罚库查收'为妥。"从这件事，也可见陈矩处事时是考虑到大局，慎重稳妥。

万历三十四年，陈矩主持大审，有个御史叫曹学程的，因为谏阻封日本丰臣秀吉关白的事得罪问斩，已经坐了将近十年牢，虽有不少大臣请求赦免，但神宗都不准。这次，司法部门请求陈矩放了他，陈矩表面说他不敢。然而，他却秘密地向神宗求了情，解释曹学程的冤枉，曹学程才终于被免死刑，改判充军湖广宁远卫。

陈矩掌管东厂这段时间，是东厂抓捕人最少，京师秩序最平稳的一段。东厂大狱使用频率太少，以至于都长出青草。

陈矩为人谦和，但是在保全君德的时候，都很有决断，敢于担当。他衣食方面自奉甚薄，闲暇时喜欢弹琴、吟诵诗歌，收集古董书画。喜欢读《左传》《国语》《史记》《汉书》和有关儒学的各种书籍，周敦颐、张载、程颢、程颐、朱熹等人的文集；尤其是常常细读《大学衍义补》。万历三十三年，还上奏进送两部，请求发给司礼监重新刊印。遗憾的是，书印成时他已去世了。

万历三十五年，陈矩在内直房端坐去世。京城内外的百姓听说此事，都哀伤地说："陈公是善人，今日真的成佛了。"神宗赐谕祭九坛，祠额题为"清忠"。因为陈矩良好的人际关系，文武百官都亲临吊唁，穿着素白色衣服送葬的人多至堵塞道路。大学士朱赓、李廷机、叶向高亲自在棺前祭奠，祭文中有"三辰无光，长夜不旦"等句，充分表达他们对陈矩的敬慕之情。

从陈矩的故事，我们也可以看出，东林党人也是结交宦官的，他们一方面在怒斥结交魏忠贤的大臣们是"阉党"，另一方面，自己也通过结交陈矩、王安等大太监实现自己的政治目的，这种双重标准是我们今人读史时，要特别注意的。

### 杭州人永远铭记的贤宦官

明末王思任在他的《西湖手镜》（换句话说，就是西湖游览手册）中，提到这样一个景点：西湖边的孤山上，有一座生祠，是当地人自发建造的，祭祀的是明朝司礼监太监——孙隆。

这位孙隆，号东瀛，直隶三河人，嘉靖九年五月生人，18 岁时入宫。那个时候入宫做宦官，断子绝孙的事情，不是到万不得已的地步，哪个为人父母的能忍心让孩子走上这样一条道路？由此可见，幼年孙隆的家境十分困苦。

孙隆入宫之后，因勤奋好学，做事也能看上级眼色行事，颇为嘉靖皇帝所赏识。嘉靖帝赏赐他个好差事，去裕王府当差。这位裕王朱载垕就是日后的隆庆皇帝。

　　孙隆在裕王府兢兢业业，不敢有丝毫懈怠，他侍奉裕王的儿子朱翊钧读书、生活。这可是绝好的资本，为他将来仕途的飞黄腾达，奠定了坚实基础。

　　朱翊钧登基后，当然不会忘记孙隆的侍奉之恩，将其提升为司礼监太监。要说宦官部门哪个最显贵，当然还要说是司礼监。

　　万历四年正月二十六，孙隆奉命带着酒食看望内阁首辅张居正，于此，也可见万历皇帝朱翊钧对孙隆的信任。

　　万历四年六月，孙隆受命到苏杭织造。这可是个肥差。苏杭是江南富庶之地，在苏杭担任织造，可是安逸清要之位，很多太监都可望而不可即呢！

　　因为江南水患严重，李太后感念江南民生艰苦，特意让万历皇帝召回孙隆。

　　孙隆一直拖到万历七年才回京。在京短短一个月时间，他的暴脾气惹出一场祸端。当时太医院御医赵世美来到圣济殿的御药房，传取随驾夫马银两，孙隆同宦官魏秀等人私设了公堂，宣读赵世美罪状。

　　赵世美不服，跟孙隆争辩了起来，两人越说越火，孙隆干脆来个"小人动手不动口"，对赵世美一顿拳打脚踢。

　　礼部奏请万历皇帝处分，万历虽然将孙隆和魏秀送到司礼监惩治，这只是为了堵住众人悠悠之口。不久，万历皇帝就因为大婚龙袍事宜，再次派出孙隆提督苏杭织造。

　　孙隆在苏杭织造任上，能体恤民情，提出一些合理建议：万历十四年二月，孙隆奏请将内帑袍服归并到五府织染局，4000匹之内的令食粮额匠织造，不再另行招募工匠，这样每年可以节省数千两银子。

　　十一月，孙隆针对当年由春入夏时连续阴雨天，导致织造缎匹变色的情况，奏请不要退换，以免贫困匠人为了补偿，而卖儿卖女。孙隆的意见是挑选其中堪用的缎匹解送到京城使用，万历皇帝准许了他的奏议。

　　孙隆的这些建议，有效地减轻了民间负担，节省了额外用度和开支。

　　明朝的税收体制长期以来，存在严重弊端：帝国税收以农业税为主体，商业高度发达，却只征收百分之三的税率，可谓极低。这也跟明朝工商业发展的高度极不相称。为了缓解财政危机，万历皇帝派出一大批矿监税使奔赴各地征收工商税。

孙隆就是这些外派的太监之一。万历二十七年二月，他被派往苏杭征收税课。万历二十九年五月，孙隆来到苏州征收工商税，他只是将每台织机加征三钱银，每匹丝绸加增三分银，就引发当地织工的暴动。其实暴动背后，是既得利益集团的暗中指使，几乎可以忽略不计的几钱银子的增加，就能引发暴动，足可见既得利益集团的强大。

万般无奈的万历皇帝将孙隆的税监职位免去，让他继续担任苏杭织造太监。

孙隆在织造太监任上，尽职尽责，一直到万历三十七年，以 80 岁高寿离世。

孙隆在苏杭期间，对当地官员以礼相待，谦虚谨慎，得到当地士绅的好评。

不仅如此，孙隆为西湖的建设做出了卓越贡献。他喜爱西湖的秀丽景色，拿出大量资金来修缮西湖景观。

明末才子袁宏道曾经夸赞孙隆是"西湖功德主"，将其与苏东坡和白居易相提并论。

孙隆在杭州期间，对净慈寺、十锦塘、湖心亭、问水亭、烟霞寺、片云亭等进行了修缮。十锦塘就是原先的白堤，修整后的华丽程度超过苏堤，当时人们将其称之为"孙堤"。

孙隆早年在内书堂接受过系统的教育，他对历史上人物忠奸有自己的认识。对于秦桧这样的奸臣，他恨之入骨。孙隆主持修缮了岳飞坟，为了表达对奸臣的痛恨，他还在岳飞坟前修缮了秦桧、王氏、张俊、万俟卨四人跪像，供游人永世唾骂。

孙隆热心民生工程，打算开渠清河，但是遇到巨大阻力，未能实现。杭州当地有个监税官打算进献集翠裘讨好万历皇帝，司礼监太监田义将其退回，交给孙隆处理。孙隆访查到进献之人，将其罚银 3000 两，用于重建湖心亭。

孙隆还能积极救助灾民。万历十六年，杭州闹灾，米价高涨，很多贫民只能靠食用树皮度日，饿殍满地。面对此情此景，孙隆心中不忍，他出资购买粮食赈济灾民。他在净慈寺施粥，救活了半数的灾民。

正因为孙隆在杭州当地实施的各项德政，他才能受到百姓的拥护，并甘心为他建造生祠来纪念。

孙隆文化修养极高，他擅长诗书绘画，其制墨技术堪称一绝。其"清谨堂墨"

墨品，在故宫博物院还有收藏。

孙隆去世后，万历皇帝下旨给他隆重办理葬礼，并高度评价和表彰了他一生的功绩。孙隆也因为其办事不扰民，得到苏杭一带人民的追思。

### 万历矿税，究竟动了谁的"奶酪"？

后世谈到万历一朝，总会拿万历贪财、敛财说事。神宗贪财、敛财的一大证据就是万历中后期开始派出矿税太监，在各地征收矿税。在反对的人中，东林党人、凤阳巡抚李三才的言辞尤其激烈，他在万历二十八年五月上了一份《请停矿税疏》，其言语堪称气势汹汹，一派对神宗朱翊钧的指责之词跃然纸上：那些被皇帝派出各地的征税太监贪婪残暴，夺取百姓私产，这样下去天下必然大乱。

神宗征税在当时和后世的大部分人认知中，成为明朝灭亡的诱因之一，也给"明亡于神宗论"增添了一个有力的证据。

尤其是矿税的征收者都是皇帝派出的太监，于是宦官祸国乱政又成为人们对矿税事件的重要认知。

但是事实的真相确乎如此吗？多数人认为的就一定是合理正确的吗？

表面来看，万历派往各地征税的太监有些确实跋扈横暴，也激起一些"民变"，但是我们仔细分析，却发现矿税之征事出有因。

首先，我们来看神宗到底为何征收矿税，真的是性格贪婪使然吗？

万历前期的商业税收制度存在严重缺陷。万历年间，商业得到极大发展和繁荣，而传统的税收制度依然以农业税作为国家的税收主体，商业税入极其低下，与商业高度发展的地位极其不符。

万历初年的农业税岁入是商业税岁入的六点五倍之多。就是这有限的商业税征收还是集中在运河一线和两京附近地区。

商业税收既然极低，多数权贵之家纷纷染指商业，他们投机取巧、走私贩卖，为了高额利润无所不用其极。权力寻租在商业领域的介入，又造成更加严重的恶果，就是商业税征收更加困难。

正是因为过度依赖农业税，到了万历中期，出现严重的财政危机。皇宫宫殿的修缮资金已经十分困难，更不要说北方九边每年巨额的军费开支和赈济帝国各地水旱灾害的银两。

出现这种财政危机的原因就在于明代中后期的畸形财政税收结构。国家的大部分产出转移到工商业上，而国家财政收入开支几乎要依赖农业税。而农业税"看天吃饭"，受到天气和收成的影响极大。

在这种背景之下，万般无奈的神宗只能依靠征收商业税来缓解财政危机。

问题是，商业集团的代表人物充斥着帝国高层，他们通过自己的代理人也就是文官集团来保护自己的利益。如果有谁敢于增加商业税征收，无疑是触动了既得利益集团的利益。所以，文官们不管是东林党也好，非东林党也罢，在反对增加商业税上的态度，是惊人的一致。

神宗皇帝明白，继续增加农业税无疑是"剜肉补疮"，农民已经苦不堪言，不可能再经受加税，如果这样下去，只能酿成大规模的民变。所以，他只能增收商业税。这些增加的商业税也并非像一些人说的那样，仅仅是用于满足皇室的消费，万历三十三年之前的收入内帑的矿税银在天启年间被大量用于辽东前线的军费。万历三十三年的矿税有一半，被神宗下旨收入国库备用。

矿税银也有很多被用于赈济灾荒的例子，万历四十五年，江西水灾，神宗下旨拨出税银 2 万两用于赈灾。万历四十六年，广东水灾，神宗将上一年征收的税银全部用于救济灾民。

在当时的背景下，神宗加增商业税是合情合理，也是挽救帝国财政危机的一剂"良药"。但是，因为大商业集团和他们的代表文官集团极力反对，神宗只能依靠宦官和一些武官来帮助自己征税。这就是他派出矿监税使的主要原因了。

矿监税使避开了文官集团的直接干涉，却因为他们被人鄙视的身份，加之确实有少部分矿税太监胡作非为，给了文官集团更多的攻击口实。

再来看，文官笔下矿税太监造成的地方"民变"事件，按照文官们的说法，是征税太监刮地皮式的搜刮，激起民众的反抗，造成地方暴动。而征税太监们向神宗申诉，说这些暴乱很多都是地方官在背后操控。

两者所言，孰是孰非？

例如文官们说征税太监陈奉，在湖广激起规模庞大的民变。此次民变遍及武昌、汉口、襄阳等州县，规模浩荡，就是为了反抗陈奉的暴政。

武昌兵备佥事冯应京弹劾陈奉有"九大罪"，而陈奉弹劾冯应京阻拦征税并且侮辱税使。

官司打到神宗面前，神宗下旨将冯应京逮捕到京城审问。圣旨一到武昌，当地就发生了民变，"愤怒的市民"将陈奉手下六名爪牙扔进长江，并且他们还火烧了陈奉的税监府邸，殴打了锦衣卫人员。

此事背后应该是冯应京的指使。此人在万历二十八年，为了驱赶李贽，曾经指使一些地痞流氓扮作普通百姓，去打砸龙潭寺，并火烧芝佛堂。按照此人一贯之伎俩，继续煽动暴民反抗政府的征税行为，是做得出的。

文官们反对太监征税的办法层出不穷。太监潘相被派往江西上饶查矿，他提前通知当地知县李鸿，希望能相互配合。哪里想到，李鸿下命令，禁止百姓供应潘相食物，违令者杀无赦。潘相在山中没吃没喝，只好空手而归。

太监陈增在运河征税，影响到漕运总督李三才的利益和收入，他竟然买通了死囚犯，让他们做伪证，诬告是陈增的随从指使他们杀人的，然后李三才堂而皇之地将那些被诬告的陈增随从下狱致死。

万历二十七年，神宗派遣太监孙隆在苏州征收工商税。当时并没有额外增加税收，只是按照三十税一的额定税率正常征税。苏州城却依然发生了骚乱，机户罢工，商户罢市。孙隆只好退步，宣布苏州城内暂时不征税，才算平息了这次风波。

两年后，孙隆为了完成神宗指定的税收任务，将每台织机加征三钱银，每匹丝绸加增三分银，就是这微小的增加，也引发苏州再一次商户罢市、机户罢工。

机户就是拥有纺织机的纺织店老板，他们一停工，手下雇用的那些机工们可不干了，他们失业了，就要忍饥挨饿。

于是，2000多名失业机工在一名叫作葛成的机匠领导下，分头焚烧孙隆手下税使的住宅，三天内，苏州城内孙隆的手下基本被机工们杀光。在整个事变中，机工们表现出明确的组织性，只是打死税使就立刻离开事发地点，并没有伤及其他民众。

孙隆增收的银子少到几乎可以忽略不计，更别说影响机户商户经营，导致亏本的地步。但是这种情况下，机户和商户却一致开展大规模罢工和罢市，幕后必然有人指使，才能做到如此步调一致。

更加奇怪的是，机工们不去找作为雇主的机户理论，却行动一致地以打死税使为目的，这难道不是背后有人告诉他们，打死税使就有钱了吗？

孙隆在暴乱发生后，要求苏州知府朱燮元调兵弹压，朱燮元却予以坚决反对。无奈的孙隆只好到京城向神宗告状，神宗接到朱燮元的上奏，只将为首的葛成等人治罪，其他人一律赦免了。

整个事件的指使者就是文官集团和大商人集团，因为太监征税损害到他们的利益，他们策划了这场暴力抗税运动。

万历三十四年的云南民变，地方官更是直接参与其中。当地官员贺世勋和韩大光等人带人闯入税监杨荣住处，将杨荣和他手下随从200多人杀死，并将尸体投入火中焚烧。可见，此刻的文官集团已经多么猖獗了，将国家公务人员200多人杀死，这背后该是怎样一股强大力量在支持他们。

这种行为不管放在哪朝哪代都是赤裸裸的暴行了，可是文官们将责任全部归结于杨荣的横征暴敛，说地方官出于义愤才如此。神宗十分生气，面对强大的文官集团，他只能选择绝食三天来抗议，他哭着说："死了一个杨荣倒无所谓，关键是国家的纲纪怎么废弛到这种地步，太令我痛心了。"

万历矿税就是在面临如此巨大的阻力下，从万历二十四年到万历三十四年，开征了十年。十年内，太监们征收了六七百万两的税银。当然后面十年内，也陆续开征了一些，总数应该不会超过1000万两的银子。

这笔银子如果摊到每年，也就是六七十万两。这笔钱多不多，分跟谁比。当时一个富有布商家中就有百万银两之巨，做一次生意，他们就要动用几十万两白银。相比布商，盐商、海商的收入和资产更是惊人。

几十年就征收了这么点银子，连文官们都觉得不可思议了，于是就有了一种新说法，说是矿税太监们私下贪污了巨额的银两，他们的贪污所得远远超过进献给神宗的数字。

矿税太监贪污不可否认，确有其事，但是不像文官们说的那样严重。在地方文官和宦官相互监督下，再加上东厂和锦衣卫的督查，派驻地方的太监们不敢太过于放肆。因为之前神宗皇帝也曾经有抄没太监家产的先例，谁也不敢拿自己的前途和生命开玩笑。

　　冯保、张诚等太监被抄家了，还有一些所谓贪污巨额矿税的太监被抄家，但是这些太监的家财并不像传说中的那样巨大。于是就有人说，他们在被抄家之前，就把财产转移了。嘉靖朝抄没严嵩家产时，有人这么说；万历朝抄没张居正家产，又有人这么说。只不过，这些说法实在是立不住脚。

　　矿税太监横暴，给地方造成骚乱的说法确切吗？在地方上，矿监税使经常遭受有组织的反抗和所谓"民变"，在这种情况下，他们多是夹着"尾巴"做人，极少有人敢飞扬跋扈，趾高气扬。

　　那万历年间的这些矿监税使们，给地方造成多少伤害呢？

　　首先，1000多万两的税银对工商业根本没有造成严重伤害。相比大商人集团获得的商业巨额利润，这点税收对他们来说，只是九牛一毛。根本谈不上什么对明代工商业造成巨大打击和损害之类。而这些税收，前面我们也讲过，很大程度上被神宗用于国防军事和赈济灾民上，切切实实发挥了重要作用。

　　神宗去世后，留下了700万两银子，这些很大程度上被用于辽东军费。极具讽刺意味的是，当世和后世人们口中的贪财皇帝，一门心思"搜刮"的"民脂民膏"，却实实在在用了边防军费上，为保卫大明帝国千千万万的子民发挥了重大作用。

　　其次，至于说到万历中后期的民生，不管是吴梅村、顾梦游、丁耀亢等文人的诗词和笔记中，都记载着万历年间的民生富庶、社会安静和谐的景象。

　　丁耀亢在他的《长安秋雨夜》诗作中写道：

　　忆昔神宗静穆年，四十八载唯高眠。风雨耕町歌帝力，边廷远近绝烽烟。

　　这首诗作反映的正是万历中后期的所谓"矿监税使横行时期"，这个时期明显跟某些人口中社会混乱，一片萧条的场景对不上号。

　　可见，所谓神宗征收矿税导致社会混乱，征税太监飞扬跋扈骚扰地方这类定论明显存在漏洞。

　　明神宗征收的这些商税，遇到文官集团的极力抵制，最终难以为继，在明光宗即位后，加征商税的政策就彻底停止了。我们需要看到的一个事实是，经济繁荣程度远远低于明朝的南宋，单单盐、酒、茶税三项收入，每年就接近5000万两白银，相比明神宗20多年费尽力气，留下千古骂名，才辛辛苦苦积攒的1000

万两白银，不啻云泥。

在文官集团的大力抵制下，神宗的商税政策最终失败了，随着神宗朱翊钧的驾崩，庞大的大明帝国也在一步步走向深渊，谁也不知道帝国的明天会怎样。

# 十二、一月天子明光宗朝宦官

神宗皇帝的皇长子朱常洛在战战兢兢挺过 20 多年的国本之争后，终于登上梦寐以求的皇帝宝座。只可惜，老天跟他开了一个残酷的玩笑，好不容易登上帝位，却无福消受，在一个多月后，就抛却了大好江山，空留蹉跎付于后人叹。

一个多月，实在太短，短到年号都只能使用不到半年，这一朝宦官故事也就相对紧缺。

不过，有一个大太监我们还是要隆重介绍一下。

### 司礼监掌印宦官杜茂

杜茂，字子康，别号瑞庵，世代居住在陕西咸阳。其父名三聘，母亲王氏。嘉靖十九年十一月二十辰时，杜茂出生。

杜茂 19 岁那年，被选入司礼监供事，不久又任经厂掌司。万历二十年，杜茂负责文书房事宜，并兼掌惜薪司，从左右监丞，一直到升任太监，掌管天下诸司章奏。

大理寺评事雒于仁上疏神宗，指出皇帝有"酒、色、财、气"四病，神宗勃然大怒，打算狠狠修理一下雒于仁。杜茂跟宦官季清、赵安一起联名上疏，愿意以身相代，乞求赦免雒于仁的憨直直言。

朝野内外知道此事后，都称赞杜茂将来肯定是有所作为、闻名天下的宦官。

万历二十二年，杜茂奉命前往承天府镇守。当时，承天一带官员和军队积弊甚重，杜茂到任后，立刻大张旗鼓开展革新，革除宿弊，将赋役、陵户、乐籍等事务处理得井井有条。

杜茂在当地还热心公益事业。在他主持下，废弛已久的黄家湾堤堰被修缮一新。

杜茂曾经读到过世宗父亲兴献王的诗集，里面提到兴国当地有一个岳武穆祠，感念岳飞的精忠报国，杜茂想拜会岳飞祠，却未能找到。杜茂根据典籍的记载，在原址上修建了岳飞祠，供世人瞻仰、祭拜。

对于当时神宗皇帝在楚地开征矿税之举，杜茂上疏请求神宗蠲免整个楚地税额之半，留下足够的经费用于赈济灾民，这些都得到神宗的首肯。

杜茂在承天府镇守期间，做出卓越的功绩，当地官民受惠深远。只可惜，后来他以疾告归，楚人依依不舍，以诗歌称颂杜茂的治绩。

熹宗登基后，将杜茂召回复职，只可惜，天不假年，泰昌元年十月二十八，杜茂去世。

### 崔文升与红丸案

明光宗朱常洛登基之后，打算有一番作为。他在东林党支持下，将天下矿税罢除，各地税监张烨、马堂、胡滨、潘相、丘承云等人都被召回。至此，明神宗苦心经营的矿税事业彻底终结，大明朝又走向完全依靠农业税支撑的老路。

明光宗本想继续有所兴革，但是谁也没有想到，登基十天之后，光宗便一病不起。

病根今天已经无从查考，但是沉迷于声色的可能性不大，应该跟朱常洛长期处于压抑的情绪有关。

这时候司礼监秉笔太监掌御药房的崔文升进献光宗一个"妙方"。

崔文升原是神宗郑贵妃身边的内侍，光宗即位后，他升任司礼监秉笔太监并兼掌御药房。光宗病倒之后，给事中杨涟听到小道消息，说崔文升给皇帝用药失误，导致皇上一病不起，这背后是郑贵妃所指使。

于是，杨涟上疏弹劾崔文升说他误用大黄药，导致圣体受损，要求严厉处置崔文升。可是崔文升进药导致光宗病重之说，却是疑点重重。

在东林党党魁叶向高领衔编纂的《明光宗实录》中，有这样的记载：面对群臣的上疏弹劾，光宗对崔文升并没有任何处置，只是回应群臣已经有旨。试想，宫内御医众多，若真的是崔文升用药失误导致光宗病情加重，他岂能如此维护一个太监？

光宗病重之际，群臣包括杨涟都奉旨问安，光宗亲口对他们说他在东宫时就感染过寒症，一直调理未能痊愈。登基之后，诸事繁杂，劳累悲伤又导致病情加重。他已经半年没有用过药了，作为大臣，不要听信外间的流言蜚语。

应该说，光宗的死确实跟李可灼进献的红丸有关，加速了本来就病入膏肓的光宗死亡。

至于崔文升，到底有没有进献过药物或者是不是因为他的用药失误导致皇帝病情加重，这已经成为历史疑案。

熹宗朱由校即位后，崔文升被贬到南京。魏忠贤掌权之后，崔文升又被任命总督漕运河道。崇祯帝即位，崔文升被召回朝中，御史再次弹劾他的罪过。听到消息的崔文升按捺不住，在宫门外伏地痛哭，哭声直达崇祯耳中。崇祯帝大怒，下旨将崔文升和其同伙杖责 100 下，充孝陵净军。

明光宗之后，他的儿子朱由校即位，是为明熹宗，熹宗一朝，一个大太监横空出世，掀起一场轩然大波。

# 十三、"九千九百岁"的沉浮人生

### 魏忠贤的困顿岁月

先从一个谶语说起。天启初年，有一道人借宿在京城有名的朝天宫道观。这名道士有些疯癫，整日里衣冠不整，口中念念有词，时间久了，大家才听清楚，他不断重复着十个字："委鬼当朝立，茄花满地红。"谁也不清楚这十个字到底是什么意思。大家只是当一句疯话，一笑而过。

几年之后，随着朝中大太监魏忠贤的掌权和皇帝乳母客氏的得势，聪明人才意识到这十个字原来是一句谶语："委鬼当朝立"指代魏忠贤当权，而客氏作为姓，在当时京畿地区发音同"茄"字相近，"茄花满地红"暗指客氏大红大紫。

中国古代的谶语可谓层出不穷，很多是出于政治目的的宣传。例如亡秦者胡、刘秀当为天子、"桃李子，得天下"、女主昌等，这些谶语无不一一应验，大明朝天启年间的这条谶语背后将是一场朝堂上的血雨腥风。

说起谶语的男主角魏忠贤，可谓中国历史上知名度最高的太监之一。鲜为人知的是，他的早年岁月十分困顿，抛开人品、德行不说，他的上位史还颇具传奇色彩。

隆庆二年正月，北直隶河间府肃宁县梨树村一个贫苦的农户家中，传出响亮的婴儿啼哭声，一个小生命诞生了，这个男孩的降生，对于农民魏志敏来说，自己又有了一个传宗接代的儿子，依靠着几亩薄田，再加把劲儿，辛苦一些，全家老小的温饱问题至少可以解决的。

母亲刘氏望着怀中嗷嗷待哺的婴儿，心中充满了无限憧憬，俗话说："皇家爱长子、百姓疼小儿。"对于二儿子，魏志敏夫妇疼爱有加，什么活计基本都是由长子魏钊帮助父亲操持。

溺爱是最好的"毒药"，在溺爱之下，这位被取名魏进忠的孩子虽然出身贫寒，却手不能提，肩不能扛，整日里游手好闲，这也为他日后入宫埋下伏笔。

随着家中又增添几个孩子，魏家的生活开始变得更加艰难，为了糊口，魏志敏只好进县城打工，就这样，魏进忠成为"留守儿童"。

不管是权贵还是普通百姓，望子成龙的心情都是一样的。父母省吃俭用，供魏进忠读了一段时间的私塾，因为他太过于顽劣，只好中途辍学。

父亲魏志敏只好让他学厨艺，也别说，魏进忠这方面进步飞速，也是凭借一手好厨艺，他进宫后才获得主子的青睐。

魏进忠虽然是一个乡间无赖，但是人模样生得高大魁梧，仪表堂堂。加上能言善辩的口才和胆大心细，魏进忠在十里八乡也是名声响当当的人物。

魏进忠的业余生活可谓丰富多彩，他跟肃宁县马厂的马头混得熟了，就央求马头将骏马借给他骑乘。凭借着一股聪明劲儿和悟性，不久魏进忠的骑术越来越精湛。不仅如此，他马上射术也功力大涨，达到箭无虚发的水平。

魏进忠还爱上了赌博，魏志敏夫妇十分焦急，为了将他拉回正道，为他娶了一门婚事，新娘是涿州人冯氏。婚后不久，小两口就有了一个女儿。

父亲魏志敏因为积劳成疾，壮年病逝，母亲刘氏只好改嫁一个姓李的。从此，魏进忠也随继父改姓为李了。

婚姻和家庭，并不能收回李进忠那颗放荡不羁的心。他整日里走马赌博，家中那点可怜的财产被他全部赔光了。

妻子冯氏改嫁他乡，剩下一个五岁的女儿，竟然也被狠心的父亲李进忠卖给杨六奇家当童养媳。

李进忠想不出自己的出路在何方，需要付出辛劳的活计他懒得做，对于一个底层出身的"草根"，他突然想到了，自己还有另一条出路。只不过这条出路，也是一场赌局，那就是入宫为奴。

想到同样是出身"草根"的王振、刘瑾等人呼风唤雨的权势，李进忠开始飘飘然了，即使不能如这些大太监那样风光无限，至少也可以像朱升那样荣华富贵吧！

朱升是万历初年的儒生，他在京城穷苦潦倒，偶然间，遇到一个算命先生跟他说："你受刑之后会有长久的富贵。"朱升不信，只当听了一个笑话，随口回道："现在又不是乱世，怎么可能像英布一样受黥刑后称王？"他回到住处反复思量，恍然大悟，自宫后投奔太监张大受名下，而张大受又是大太监冯保的亲信，冯保器重朱升，朱升后来提督武英殿，名下田产无数，果然是大富大贵。这个故事在京畿一带传播甚广。

下定了决心，也为了躲避那一屁股赌债，面对这场人生的豪赌，李进忠不再犹豫。他一狠心，给自己做了手术，从此走上一条不归之路。

### 初入宫廷的魏忠贤

自己做手术，缺乏安全医疗保障，李进忠失血过多，晕倒了过去。多亏过路的一个和尚，将其救助，才慢慢苏醒了过来。

自宫之后的李进忠处境仍然困顿，那时候为了谋生或者富贵，做这种手术的人多了，可并不是人人都能入宫为宦官。宫廷招收宦官名额有限，多数只能是成为四方游荡的乞丐花子。

因为没有门路，李进忠最初也只能做叫花子。有一天，他来到涿州的碧霞元君道观，穷极无聊的他求了一个签，是上上签，说他将来大富大贵。蓬头垢面的他觉得现在能吃上一顿饱饭，才是最大的奢望。他问道士们乞讨剩饭，可是多数道士都懒得搭理他，只有一个好心的小道士偷偷拿出一些道观里面的剩饭给他充饥。

穷困潦倒的李进忠打算去京城碰碰运气。不得不说，他的运气很好，经人推荐，他去了司礼监秉笔兼提督东厂太监孙暹家里当佣工。

凭借着一股机灵劲儿加上好口才，李进忠渐渐被孙暹所赏识。万历十七年，孙暹推荐21岁的李进忠入宫，做了小火者，这是宦官中地位极低的。但是对李进忠而言，总算看到了希望。

小火者负责宫廷杂役，看门、跑腿、打扫卫生等，反正是什么脏活、累活都是他们来做。

李进忠一改他游手好闲的样子，低头拉车的同时，抬头看路。他四处打听宫内的规矩和受宠嫔妃的情况。

李进忠被分配到御马监太监刘吉祥处照管。他的工作是打扫马圈。

工作之余，李进忠又拾起喝酒、赌博的老本行。他结交了同属孙暹名下的宦官徐应元和赵进教。

三个人成了酒肉朋友，他们经常偷偷溜出宫去赌博、喝酒甚至逛妓院。

宦官多信因果，李进忠有时候也会去宣武门外的文殊庵拜拜菩萨。一来二去，就跟庵内的秋月和尚混得厮熟。有时候，李进忠也会给秋月和尚一些香火钱，听他讲讲佛经、佛理。

李进忠为了在险恶的宫廷自保，有时候故意装出一副呆傻模样，于是宫中人都叫他"傻子"。

可是，谁也没有意识到，一副憨憨傻傻的外表下，隐藏着一颗工于心计的"七窍玲珑心"。

在宫廷服役的十几年内，李进忠的仕途依然没有起色，他在孙暹面前请求，让他前往四川投奔矿税总监邱乘云手下效力。邱乘云原先是孙暹手下的掌家，他在四川期间，将秦良玉的丈夫马千乘陷害致死。

李进忠主意打得很好，却没有想到他这一去，引起一个人的强烈不满。这人就是邱乘云京城府邸的掌家——徐贵。

徐贵知道李进忠的底细，将他平时的无赖行为写信告诉了邱乘云，还提醒邱乘云，此人万万不能用。

邱乘云对徐贵的话，深信不疑。李进忠风尘仆仆赶到四川，见到邱乘云后，招待他的却是邱乘云一顿劈头盖脸的臭骂。骂完之后，邱乘云还下令将李进忠关押起来，三天三夜不给饭吃，眼看着李进忠的小命就要交代在四川。

也该着他命不该绝，他的至交秋月和尚恰好云游到四川一带。秋月和尚来拜会邱乘云，听说李进忠的事情，他出面劝说邱乘云放过李进忠。

邱乘云卖了一个人情给秋月和尚，给了十两银子作为路费，像打发叫花子一样将李进忠驱逐出门，李进忠只好打点行囊，悻悻而归。

在赴京之前，李进忠对救命恩人秋月和尚叩头道谢。秋月和尚修书一封给自己的好友、宫中太监马谦，嘱咐马谦好好关照一下李进忠。

马谦得到秋月嘱托，出手帮忙，将李进忠安排在宫内甲子库当差。

不料此事又被徐贵得知，他在司礼监太监王安那里狠狠告了李进忠一状，将他平日放浪形骸之事说了出来，要求王安给予严惩。关键时刻，还是马谦施以援手，四处打点，帮助李进忠免受责罚。

李进忠安安心心做起他的甲子库保管员。在甲子库任职期间，李进忠捞了不少好处，他将自己的积蓄用来结交内廷的权贵。

### 发迹的契机

李进忠结交的权势人物里面，跟他关系最近的就是太监魏朝。魏朝是司礼监太监王安名下宦官，是太子朱常洛和皇孙朱由校的近侍，后来升为乾清宫管事，掌管兵仗局。

不得不佩服，李进忠的政治眼光是敏锐的。神宗皇帝并不喜爱朱常洛，这也引发外廷的争国本事件。内廷当中，很多人都是势利眼，眼见朱常洛不受宠，大家冷嘲热讽，恨不能离朱常洛远一些才好。而李进忠却预感到朱常洛迟早会登上大宝，而通过结交他身边的近侍宦官魏朝，就是接近这位储君的捷径。

李进忠此时已经恢复了本姓，现在我们可以称他为魏进忠了。魏进忠对魏朝阿谀奉承，无所不用其极，因为两人是本家，他们又结拜为兄弟。当时人们都叫他们"大魏""小魏"。

魏朝，整日里被他这个干兄弟吹得神魂颠倒，逢人便说魏进忠的好话，尤其是在王安面前，对魏进忠赞不绝口。

魏进忠先前学过厨艺，魏朝大力推荐他，前往朱由校生母王才人处管理膳食。这可谓是魏进忠发迹的重要一步。

魏进忠性格中也有仗义的一面，看到王才人母子处境困难，他也心生怜悯，越发卖力地侍奉这对可怜母子。

也就是在这段时间内，魏进忠跟皇孙朱由校有了密切接触。困境中的陪伴，是朱由校终生难忘的。这也是日后，他成为天启皇帝之后，对魏忠贤大力宠信的重要原因之一。

王才人病故之后，魏进忠只好又回到甲子库工作。魏进忠为了自己的前途考虑，又开始牢牢巴结上司礼监太监王安。

王安在光宗朱常洛即位后，成为新皇身边炙手可热的人物。王安生病时，魏进忠经常去探望，并送上一些药物和王安喜欢吃的食物。王安对魏进忠的好感与日俱增，将他调到东宫典膳局官的位置上。从此，魏进忠又可以频繁地接触皇长子朱由校了。

在之后的移宫案中，魏进忠一度被杨涟等人弹劾，说他参与盗宝案，实则是一个错谬，魏进忠并没有在李选侍宫内服役，未参与移宫案，未曾盗宝，这也是事实。盗宝的实则是李选侍身边的宦官李进忠，恰好跟魏进忠之前重名重姓。

虽然魏进忠是被冤枉的，但是多亏王安出面相救，才使得他没有被处置。

泰昌元年，魏进忠已经52岁了，还没有混出个模样，就在他已经觉得自己注定一生如此的时候，局势又发生想象不到的巨变。

## 魏忠贤上位史

明光宗登基一月之后病逝，皇长子朱由校继承大统，是为明熹宗。明熹宗对陪伴自己成长的魏进忠不能忘怀，先后将其从惜薪司升任为司礼监秉笔太监兼提督宝和三店。

魏忠贤一步登天，除了他自身的努力之外，还跟一个女人的襄助分不开。

这个女人就是熹宗的乳母客氏。

客氏，原名叫作客印月，北直隶保定府定兴县民侯二之妻，生有一子侯国兴。

她相貌美艳，性情妖娆，被选入礼仪房。

礼仪房是司礼监管理的机构，设在东安门外，常年养着 40 名奶妈供皇室使用。

朱由校刚出生时谁也不认，喂不了奶。太监们连忙从礼仪房找来十几个奶妈，其中就包括客氏。朱由校和客氏是有缘的，他认客氏的奶，于是，客氏就顺利入宫，成为朱由校的奶妈。

按照明宫规矩，皇子六七岁时，乳母就要出宫。可是朱由校须臾离不开客氏，他生母死得早，自己对客氏的感情是真挚的，他在内心其实已经把客氏当作母亲。这是心理学上的代偿心理。

明熹宗在 15 岁登基，17 岁大婚之后，还是与客氏形影不离，难舍难分。他刚即位，就加封客氏为"奉圣夫人"，荫封其子侯国兴为锦衣卫指挥使。客氏在宫中可以享受抬轿待遇。

客氏对熹宗的生活起居照顾得无微不至，她亲自操办熹宗的膳食，名曰"老太家膳"。

客氏与熹宗不同寻常的关系，引起朝臣们的非议。天启二年，熹宗迫于压力，曾经让客氏出宫。可是，不久，他就对客氏思念到流涕不止的地步，客氏很快就回到宫里。

应该说，客氏对熹宗的感情也是真挚的，她将朱由校从小到大的胎发、落齿、指甲等，当作宝贝收藏在一个小匣子里。她每天到乾清宫侍奉熹宗的起居，从清晨的洗漱、更衣开始，一直忙活到很晚才回去。

将近 20 年的陪伴下来，她跟熹宗之间情同母子就很好理解了。当然，得到熹宗无限恩宠的客氏，渐渐开始膨胀起来。

知名的大太监如孙暹、刘应坤、李永贞、王朝辅、石元雅等人，每天见到她，都要叩头问好，行子侄大礼。至于她所经之处，宫女、宦官们更是齐声高呼"老祖太太千岁！"

魏进忠最迟万历四十三年，在管理王才人伙食时，就已经结识客氏。只不过，那时候他还不敢觊觎美艳的客氏，因为客氏的对食是魏朝。

对食是搭伙共食的意思，指的是明宫中的宦官和宫女结成名义上的夫妻关系。

明太祖朱元璋对前朝的这种现象十分憎恶，严禁宫内出现对食。可是人性终究是禁不住的，到了明中后期，这种现象渐渐增多，皇帝也见怪不怪，反而是没有对食的宫女或者宦官会被同侪所嘲笑了。宫女相中了某宦官，结为伴侣，称之为"菜户"。

结为菜户的宫女、宦官，多在花前月下彼此盟誓，终生彼此相爱，不再与别人发生感情。宦官如果发现他所爱的宫女移情别恋，往往万分痛苦。万历年间郑贵妃宫中的宫女吴氏，曾和宦官宋保相爱，后来又移情宦官张进朝。宋保不胜愤怒，终至万念俱灰，出宫削发为僧，一去不返。宫中的宦官对宋保评价极高。如吴氏移情别恋的情形在明宫中较为少见，宫女和宦官结为菜户后大多能终身相守，并且彼此都以守节相尚。如果其中一方死去，另一方则终身不再选配。

《万历野获编》曾记载，有一个读书人寓居于城外寺庙中，见寺中有一室平日紧锁，甚觉奇怪。趁寺庙中人打扫的机会，他进去看了一下，竟发现里面全是宫中宦官奉祀的已亡宫女的牌位，牌位上都写有宫女的姓名。寺庙中人告诉这位读书人，每逢宫女的忌日，与其结为菜户的宦官便会前来致祭，其悲伤号恸，情逾寻常夫妻。

客氏本来和魏朝对食，关系亲密。但是自从结识了仪表堂堂的魏进忠，客氏的心中渐生情愫。

随着接触的增多，魏进忠的胆子也越来越大，他不再顾忌魏朝，渐渐与客氏产生了感情纠葛。

客氏移情别恋，已经公开与魏忠贤勾肩搭背、如胶似漆地谈起恋爱。

熹宗即位后几个月的一天深夜，魏朝路过乾清宫西阁，他听到里面传出一阵阵的嬉笑声，仔细一听，原来正是魏进忠和客氏在调情嬉戏，一股无名怒火涌上心头。想到这里，魏朝冲进屋里，一把揪住魏进忠，抬手便打。

魏进忠也毫不示弱，挥拳反击，两人从西阁一直追打到乾清宫外。

已经入睡的熹宗朱由校被打斗声和叫骂声吵醒。司礼监掌印太监卢受、东厂太监邹义、司礼监秉笔太监王安、王体乾、宋晋、高时明等值班太监连忙赶过来，劝住正在酣战的"二魏"。

按理说，深夜在宫廷打斗，惊扰了圣驾，是要重重处罚甚至处死的。但是"二魏"都是熹宗身边的宠臣，熹宗没有生气。

他笑眯眯地看着客氏，问道："你要跟从谁，我替你做主。"客氏见有皇帝做主，毫不犹豫地点名要跟从魏进忠。魏朝不甘心，苦苦哀求客氏回心转意。王安见他太不像话，挥手给了他几个耳光。

魏朝可谓丢了夫人又折兵，一败涂地。不但失去客氏，还因为熹宗的偏袒，魏进忠传旨将其驱逐，发配到凤阳守陵。

魏朝在发配途中，深知依照魏进忠的狠辣，不可能放过自己。他中途逃窜，到了寺庙中躲藏，却又被捉拿。在魏进忠授意之下，魏朝被活活勒死在献县。

## 大宦官王安之死

王安，字允逸，号宁宇，北直隶雄县人。万历六年，王安被选入内书堂读书，由秉笔太监杜茂照管。王安当时年幼贪玩，学习不上进，杜茂生气，用绳子将王安捆在书桌的两脚，背不过书就责打。正是在这样严厉的教育下，王安的学问才得以不断增长。

万历二十二年，王安被司礼监秉笔太监陈矩推荐到皇长子朱常洛身边做伴读。当时郑贵妃想将自己儿子福王朱常洵推上太子之位，她经常在神宗耳边说朱常洛坏话，并派人搜集朱常洛的过失。

多亏王安的教导和保护，才使得郑贵妃不能得逞。朱常洛是一个不受神宗待见的太子，他身边的势利之人纷纷离他而去，只有王安紧紧追随，忠心不二。

万历四十三年五月，梃击案发生。王安从稳定大局出发，建议朱常洛奏请神宗将张差等犯人尽快处决，他还替太子起草了解除群臣疑虑的文告，这样一来，不管是神宗还是郑贵妃，对此都十分满意。神宗赏赐了太子，还提升了王安。

王安为了贴补太子用度，在灵济宫西侧开设布店，还征收房租、地租。王安身材不魁梧，身体多病，气力欠佳，他说话十步之外，别人听不到。

王安长期闭门养病，每年冬至、千秋节等大节日时，才入宫叩见一日半日。他喜爱读书、写字，经常题写扇面送给与他交好的士大夫。

皇帝有事时，他才在别人搀扶下来到皇帝面前。凡是有文书，都经过他手下赵恩、张永龄等呈禀，而王安只是在膝上或案上，用右手食指划写字形，或者用眼神表达，所以不熟悉他的人，很难理解他的意思，并因此而受到责罚。

王安虽然有脾气暴躁的一面，但很善于发现别人的优点。他发现司礼监太监刘若愚写得一手好文章，建议司礼监秉笔太监高时明好好善待、鼓励他，并跟左右说："如果皇城内的人都像刘若愚这样喜好读书写字，我就放心了。"

光宗即位后，王安不争权夺利，只掌管巾帽局一印，光宗对他十分信任。王安和中书舍人汪文言交好，他劝说光宗发放内帑为边饷，启用大臣邹元标、王德完等人。光宗打算杖责请蠲金花银的给事中周朝瑞，也是王安极力劝谏，才得以脱免。在移宫事件中，王安配合刘一燝、杨涟、周嘉谟等人，拥立朱由校登基。

熹宗十分感激王安的拥立之功，亲笔题写"辅朕为仁明之主"七字扇面赐给他。一时间，王安成为宫中最有权势的太监。

但是王安这个人，有巨大的性格弱点。他太顾及情面，喜欢别人的阿谀奉承。而且他为人粗疏，不善于察觉人心变幻。

魏进忠就是通过讨好王安，迷惑了王安的视听，误将其当作良善之辈，加以提拔和任用。

当然，后来王安也觉察到魏进忠对自己的潜在威胁。泰昌元年十一月，王安以魏进忠侵权日甚，就奏报熹宗，要求严惩此人。熹宗当时正对王安信任有加，将魏进忠交给王安鞫问。

可就是这次难得的机会，又被王安轻易浪费了。魏进忠哀求王安放过自己，他一心软，就信了魏进忠的承诺，将其释放。

很快，王安就为自己的这次决定付出生命的代价。

天启元年五月，司礼监掌印太监卢受被罢黜，熹宗打算任命王安担任此职。魏进忠的心腹，太监王体乾对掌印太监一职觊觎已久，他找到魏进忠和客氏商量，劝说他们要阻止王安任职，客、魏知道王安是他们权力道路上的一大阻碍，三人一拍即合。

恰好此时，王安又给了他们一个绝好的机会。按照惯例，王安接到司礼监掌印太监的任命，要上疏推辞一番，等皇帝下达旨意再上任。魏进忠抓住这个机会，指使与他结好的给事中霍维华乘机弹劾王安，说王安假意推辞，其实他并没有病，还去西山游玩，这是拿皇帝的任命当作儿戏。客氏想到王安之前曾经在一件事情上揪住不放，心头涌上一股恨意。原来，在熹宗未婚时，客氏曾经违制私自进献养女，这事被王安知道后，他曾经打算纠察。为了帮助情人魏进忠扫除障碍，也为了解自己心头之恨，客氏也在熹宗面前劝说他答应王安的辞呈。就这样，熹宗接受了王安的辞职请求。

其实，熹宗对王安的不满由来已久。王安曾经想与内阁首辅刘一燝一起效仿冯保和张居正所为，这实际上就是要控制熹宗。王安对熹宗的起居要求很严，整日里以诗、书、礼、法相约束，熹宗渐觉不堪忍受。

另外，王安在泰昌和天启初年，确实有过矫诏行为。李选侍的移宫事件中，朝廷以熹宗名义发布的诏谕，都是太监王安等人的手笔。

在东林党和王安等人控制下，熹宗刚登上皇位时，确实发表了一些对李选侍责备的诏书。但是一年后，熹宗对李选侍的态度又来了一个三百六十度大转弯，对李选侍又是一片赞誉之词。曾经大力促使李选侍移宫的王安，自然成为熹宗否定的对象，加之王安严苛对待熹宗和他的矫诏行为，熹宗对他的不满已经是与日俱增。

所以，熹宗对魏进忠等人对王安的处置，采取了默许的态度。

对于如何处置王安，一开始魏进忠是有所犹豫的。因为，毕竟王安曾经几次救过自己的性命，在关键时刻也没有对自己痛下杀手，魏进忠心中似有不忍。客氏的一番话，使得王安加速了走向"鬼门关"的道路："你不要忘记移宫时，王安对待李选侍的情形，如果现在不除掉他，后患无穷。"最终，魏进忠采纳了客氏的建议。

王安被发配到南海子充当净军，南海子总提督宋晋心地慈善，魏进忠知道他不会杀害王安。于是，曾经与王安有矛盾的刘朝代替了宋晋的位置。

刘朝到任后，逼着王安做苦工，打算饿死他。没有想到王安得到当地人救助，一时半会死不了。刘朝不耐烦，干脆直接把王安勒死了事。

王安名下太监惠进皋、曹化淳、王裕民、杨公春、张若愚等人都被发配到南京，而王安手下的赵恩、张永龄、史辅民、张和等人，则先后被魏进忠害死。

魏进忠又借机除掉了曾经差点整死自己的太监徐贵。不仅如此，魏进忠还处死了刘荣、赵冈、刘可敬和马鑑等与自己作对的宦官。

内廷得到清洗，王体乾继任司礼监掌印太监，魏进忠和自己的心腹梁栋、诸栋、裴升、张文元等人成为司礼监秉笔太监。

对于魏进忠成为秉笔太监，公私史乘都说魏进忠是一介文盲，大字不识一个，却打破国朝惯例，非内书堂毕业不能入司礼监，以一介白丁成为司礼监秉笔太监。实则，此说大谬不然，魏进忠是内书堂毕业的，他学识不逮，但不至于是文盲一个。

### 魏忠贤不是文盲

天启二年，魏进忠被熹宗赐名"忠贤"，魏忠贤这个名字在中国历史上可谓是无人不知。

最早上疏指责魏忠贤目不识丁的是御史周宗建。熹宗在文华殿日讲，当时周宗建也在场。日讲结束后，魏忠贤在熹宗面前哭泣，反驳目不识丁之说，要求落发为僧，熹宗为之动容，下旨杖责周宗建100下，多亏内阁叶向高等人救免。

若魏忠贤真是文盲，能在大庭广众之下，当着皇帝如此公然申辩喊冤吗？

其实，结合史籍中的一些记载，还是能发现魏忠贤确实曾经就读于内书堂的线索。

万历二十六年，时年已经30岁的高龄学员魏忠贤（当时他还叫李进忠），跟宦官刘朝一起，进入内书堂读书。入内书堂读书最小者六岁，一般都是十几岁者居多，魏忠贤这样30多岁才进入内书堂读书的可谓高龄学生了。

就是因为30多岁才进入内书堂读书，魏忠贤接受能力有限，功课成绩很差，也因此魏忠贤虽然是内书堂毕业，却一直不能提升，在宦官中地位和职位都较低。

魏忠贤的老师是翰林院检讨沈漼，是年，他与叶向高、董其昌、韩爌等人一起教授内书堂。天启元年七月，沈漼在其内书堂学生魏忠贤和刘朝襄助下，进入内阁，晋升为太子太保文渊阁大学士、少保武英殿大学士。

除了魏忠贤内书堂读书的经历，一些史事的记载也反证了目不识丁说的错谬。

阉党成员崔呈秀将《东林点将录》交给魏忠贤后，魏忠贤阅读之后，十分高兴，说："崔家爱我，替我出气报仇了。"他将此书奉为圣书。

魏忠贤不仅能读，还能写。天启六年闰六月，魏忠贤撰写了1000多字的奏疏，弹劾霸占黄山树木资源的吴春养和吴君实。在杨涟弹劾魏忠贤二十四大罪后，他立刻上疏申辩。

当然，魏忠贤虽然不是文盲，但是其学业不精，只能说是粗通文字。因此，他常让手下宦官代批阅本和奏疏，自己只是最后过目把关而已。

之所以会出现魏忠贤目不识丁，以文盲之身而入司礼之说，更多是出于东林党贬斥魏忠贤的一种政治宣传手段。阉党被打倒之后，掌握历史话语权的东林党及其后裔们，将魏忠贤文盲说传之后世，流传至今，几乎成为一种定论。

### 血腥的党争：阉党与东林党之争

要说阉党和东林党之间的激烈党争，我们首先要讲讲熹宗朱由校。传统史籍将朱由校描述成一个只知道沉迷木匠活，将朝廷生杀大权全部交给魏忠贤的"文盲"皇帝。

其实，大谬不然。首先，熹宗朱由校年纪很小时，就由其父朱常洛身边的伴读吴进忠教习读书。朱由校为皇孙时，虽然没有正式出阁，接受正规教育，可并不代表他没有接受过教育。

其次，在正式登基之后，朱由校曾经参加经筵日讲，而且跟他的老师孙承宗感情深厚。这也是日后朱由校用血腥手段清理东林党人，却唯独放过孙承宗的重要原因。

最后，熹宗朱由校在处理日常政务时，考诸实录，常有亲自批阅奏疏，并提出自己正确的政务见解之事，这压根就不是一个文盲可以做到的事情。

熹宗朱由校确实比较喜欢木匠活，但是在明末宦官刘若愚的记载中，他是一边做木匠活，一边用心倾听魏忠贤、王体乾等太监奏报紧要文书，听完之后，他交代："尔等用心办事，我知道了。"熹宗这是把办事权力交给魏忠贤等人，决定权还抓在自己手中，这跟沉迷木匠活导致荒废朝政，八竿子够不上。

另外，朱由校如此沉迷木匠活，也很可能跟当时进行的三大殿修建工程有关。

可见，朱由校是一个接受过系统教育，并有独立政务处理能力的皇帝，他交给魏忠贤一部分权力，并放手让他打击东林党，是出于自己的决定，而并不是魏忠贤的矫诏行为。

东林党到底是怎么样一个党？

晚明的党争开始于万历时期，当然之前明朝也存在不同程度的党争，只是到了万历朝，党争的规模、程度和影响都大大超过了以往。

神宗朱翊钧在内阁首辅张居正去世后，掀起一场大规模的批张风潮，在这一风潮中，朝中言官势力得到极大发展。言路大开是把"双刃剑"，一方面形成了对朝政运行的监督；另一方面，朝中官员也借助言路相互争斗。

言路失控，加之国本之争中，神宗采取了"无声的抗争"，后果就是长期的怠政导致中枢机构运行出现了不少问题。

言官的言路在皇帝怠政背景下，变得更加肆无忌惮。到了万历后期，终于酿成言路势力各自把持政治，分门立户，形成了党争局面。

东林党正是在这一时代背景下形成的。

万历三十二年，被神宗削去官职的顾宪成回到家乡无锡，开始了讲学活动。他重修了宋朝杨时曾经讲过学的东林书院。同年十月，顾宪成会同顾允成、高攀龙、安希范、刘元珍、钱一本、薛敷教、叶茂才（时称东林八君子）等人，发起东林大会，制定了《东林会约》，规定每年举行大会一两次，每月小会一次。

东林创立之初，只是一个学术团体，但是他们借助讲学，评议官员，讽议朝政，渐渐开始走向另一个方向。万历中后期随着东林社会名望的高涨，一些别有用心之人的加入，他们借助东林之名干预政治，渐渐酿成门户之争。东林的成分也愈加复杂，有在野学者、在朝官员，他们的政治操守、品行观念各自不同。

东林党就此形成，其实质是代表着江南大地主、大财阀势力的朋党集团。

东林党形成之后，也加入晚明党争之中。本来都是一些较为容易解决的小争端，在朋党氛围下，越来越严重，最终闹到不可开交。

明末党争的实质就是严重内忧外患之下的结党营私行为。尽管东林党起初的动机只是以讲学为主，但是后来大家宁可误国，也不愿意放弃自己集团的私利，酿成了意气和权力之争。

从淮抚之争到国本之争，再到"三案"之争，东林党积极参与其中，在这些事件之中，东林党坚持清议，轻视事功，并且以党派为唯一评判标准，这就在很大程度上导致误国的严重后果。

具体到东林党组成人员，他们也不都是重视名节的贤良，总体来看，他们是一群缺少政治远见、缺乏治国才能、纠缠细碎之事、对非东林官员苛察、私心严重的士大夫群体。

东林党人在泰昌、天启初年，一度掌握了朝政大权，但是他们除了启用大批被罢黜的东林党人之外，就是打击异己，排斥齐、楚、浙、宣、昆党人员，面对迫在眉睫的紧要军国大政，他们却碌碌无为，拿不出一套有效的应对措施。

这种情况，在魏忠贤被打倒后的崇祯初期，表现得相当明显。面对危局，东林党人眼光短浅，沉迷党派之争，拼命维护自己所代表的利益集团，从而加速明朝的灭亡。

东林党人在万历末期曾经遭受打击，因为他们对朱常洛父子的大力支持，泰昌和天启初期，他们又得以重新掌握朝中大权。

天启初期，最能体现出东林党人党同伐异的就是天启三年的癸亥京察事件。

面对辽东危急局面，朝中掌权的东林党人推荐了辽东巡抚王化贞去挽救危局。

可是，这王化贞昏招迭出，最终导致辽东、辽西大片领土落入后金之手。

面对接二连三的惨败，熹宗朱由校再也坐不住了。他于天启二年二月，也就是广宁沦陷一月之后，下了一份诏书痛斥了朝中官员，大意是国家危急，你们还在搞党争，不办实事。广宁的陷落，就是因为经略熊廷弼和巡抚王化贞不和，希望你们吸取教训，不要重蹈覆辙。

两个月之后，朝中党争依旧，熹宗再也按捺不住，下达了最后警告：你们不顾朕的劝诫，依然沉迷党争，自从努尔哈赤崛起以来，朕兢兢业业操劳国事，你们却整日里结党排斥异己，如果再这样下去，朕只好以国家大法来收拾你们了。

以东林党为首，朝臣们还在纷争不已，并且各种谣言不休，熹宗岂能不气、不急？

朝中的东林党面对皇帝的一再警告，不理不睬，终于走上绝路。天启三年是京察之年，也就是对朝中官员进行统一考核的年头，这年农历是癸亥年，因此这次京察被称作癸亥京察。

主持京察的是东林党人、时任吏部尚书的赵南星。他背后是以首辅叶向高为首的一批东林党人的支持。万历二十一年时，担任吏部考功司郎中的赵南星就曾经在京察中排挤了一大批非东林党人士。

在赵南星的理解中，京察就是君子和小人之争。评价朝廷官员的好坏，不是以政务能力为标准，而是以东林党制定的道德标准为衡量尺度。简单来说，东林党人都是道德高尚的君子，其他反对东林党主张的就是道德败坏的小人，一切以党派为标准，这就使得京察彻底沦为党争的工具。

天启四年二月，京察结果公布了，共有 338 名官员被弹劾处置，这其中大部分是与东林党人为敌的"小人"。

其中为首的是赵南星口中的"四凶"，也就是反对东林党人的首领人物亓诗教、赵兴邦、官应震、吴亮嗣四人。除了与东林党对立的党派以外，还有一些没有结党，但是与东林党意见相左的人物，也被一并赶出朝廷。

在这种情况下，东林党人通过排斥异己，大有一统朝堂之势，一党独大，而且是这样一个不顾国家危局、一切以党派利益为标准的集团就要全面掌握朝廷大权，作为皇帝，熹宗朱由校再也坐不住了。

皇帝下定决心要整肃清理东林党人了，随着一个人的被捕入狱，一张"大网"开始全面撒向东林党人。

天启四年四月，东林党关键人物汪文言被魏忠贤下令逮捕入狱。汪文言官职虽然不大，仅是从七品的内阁中书，但是他身处中枢机要之地，是东林党的信息传递员。

汪文言人品本就不堪，他在担任黄山县城看守库房的小吏期间，就因为偷盗库房银两被判充军。汪文言半路潜逃，到了北京，结识了东林党人、内阁中书黄正宾。黄正宾又推荐他到太监王安身边做事。

移宫事件中，汪文言在王安和杨涟、左光斗等人之间充当"传话筒"，也为东林党立下了赫赫功劳。

魏忠贤逮捕汪文言的罪名，是他接受了辽东经略熊廷弼的贿赂。原来，熊廷弼因为与王化贞的义气之争，放弃了锦州、宁远之地，退守山海关一线。但是朝廷规制严厉，失土之责是熊廷弼必须要承担的。

熊廷弼入狱被判处死刑，他为了自保，拿出 4 万两银子求汪文言在朝中为他打点，免除其死罪。

汪文言拿到 4 万两，自己扣了一半，拿着 2 万两去找魏忠贤，请求保住熊廷弼的命。但是没有想到，魏忠贤没有收这笔钱，还将汪文言抓了起来。

其实，最初，魏忠贤是想过要跟东林党人合作的。魏忠贤曾经想招揽官员中魏姓者修宗谱，朝中只有东林党人魏大中不肯附和他。魏忠贤曾经想结交赵南星、孙承宗，也都被拒之门外。魏忠贤在玉泉山为自己营造坟墓，请求东林党人缪昌期为自己书写墓碑，也遭到拒绝。天启四年六月，他在遭到杨涟弹劾请求内阁次辅韩爌调解时，也被冷酷拒绝。魏忠贤之所以屡次欲结交东林党人，除了他们控制朝廷政局之外，还与他们对舆论清议的控制有关，但东林党人对他的主动示好一次次拒绝，这就使得魏忠贤内心改变了对东林党人的态度。

东林党人因为王安之死，对魏忠贤耿耿于怀，加之魏忠贤本身人品的不堪，更使得东林党人对他不屑一顾。

对此，东林党领袖高攀龙就提出东林拒绝与魏忠贤合作确实有失妥当。加之在癸亥京察中，一些被排挤的官员成为东林党人的政敌，他们纷纷投入魏忠贤阵营中，与东林为敌，其中不乏官誉较好的官员。例如张捷在朝中进言多有可采之处，却被赵南星排挤出为江西副使，刑科都给事中李春晔在朝中敢言上谏，就因为跟东林意见相左，被赶出朝廷，出为湖广参政。这些人被魏忠贤重新启用后，对东林充满了仇视，不遗余力地帮助魏忠贤一起打击东林党势力。

回头再说汪文言，他被逮捕入狱后，魏大中曾经找到锦衣卫指挥同知刘侨，嘱托他说："汪文言不足惜，只是千万别让他乱说，使得大家受祸。"汪文言曾经给予东林党巨大帮助，关键时刻，东林党人不予申救，为了自保，却打算让他一人承担责任，撇清与自己的关系。东林党人这种功利性的交往，确实令人齿寒。

天启四年六月，东林党骨干杨涟上疏弹劾魏忠贤二十四宗大罪，这标志着东林党人与魏忠贤的彻底决裂。

其实在杨涟上疏之前，东林党内部有着不同的意见。缪昌期曾经忧心忡忡地对左光斗说："现在内部没有张永，外部没有杨一清，弹劾魏忠贤能像当年扳倒刘瑾一样吗？"黄尊素也劝阻杨涟，但是杨涟执意上疏。说句题外话，缪昌期其人道德状况堪忧，他在翰林院任职期间，竟然曾经猥亵过年轻帅气的翰林学士冯铨。冯铨的父亲冯盛明在任辽阳兵备时，曾经逃离前线。为了救父，冯铨曾经有求翰林院的同事们，就在他危难之时，缪昌期乘机占了冯铨不少便宜。从这个事情也可以看出，东林党的鱼龙混杂。

杨涟弹劾魏忠贤的二十四宗大罪，归结起来大概是以下五点：一、魏忠贤以内官干预外事，坏祖宗200余年之政体。二、严刑峻法，翦除异己。三、滥袭恩荫，僭越朝常。四、掌管东厂，倾陷朝臣。五、杀害王安，迫害嫔妃。

其实仔细分析，就会发现杨涟提出的这24条罪名多是莫须有之事，尤其是迫害嫔妃等更多是道听途说，熹宗朱由校并不是一介昏君，对自己宫闱之事岂能坐视不理？

杨涟的弹劾还是引起魏忠贤的惊恐。他曾经求内阁韩爌调解，但是被拒绝。他还上疏要求辞去东厂职务，内阁大学士魏广微拟旨安慰劝留。他的党羽客氏、王体乾、李永贞等人在熹宗面前为其不停美言，加上熹宗心里明白，杨涟弹劾魏忠贤的罪名，除了那些捕风捉影之事，都是自己所允许之事，他怎会治罪魏忠贤？

魏忠贤不但没事，杨涟还被熹宗下旨革职为民。工部郎中万燝继续弹劾魏忠贤，结果被熹宗下旨廷杖而死。

下狱之后的汪文言，在魏忠贤心腹许显纯的酷刑拷打下，拒绝承认东林党人受贿之事。许显纯还是根据一份值得怀疑的供词，说杨涟等人受贿。于是，天启五年三月，杨涟、左光斗、袁化忠、魏大中、周朝瑞和顾大章被以受贿罪逮捕入狱。

不得不说，魏忠贤以此罪名逮捕东林党人入狱，确实证据不足，存在诬陷的事实。在遭受非人的残酷虐待后，以杨涟为首的"六君子"先后惨死诏狱。

天启五年，崔呈秀将《天鉴录》和《东林点将录》交给魏忠贤。他们别出心裁地按照《水浒传》里面108将顺序将东林党人编排进去。天启五年腊月，熹宗颁布了《东林党人榜》，列出了309人的东林党名单，这些人中生者被夺取官籍或者逮捕追赃，死者被追夺功名。东林党人遭受沉重打击。

天启六年二月，在魏忠贤策划下，经过熹宗的允许，下诏将东林党人周宗建、缪昌期、周起元、周顺昌、高攀龙、李应升、黄尊素七人逮入诏狱。起因还在于征税太监李实在苏州的征税活动，遭到巡抚周起元的抵制。

周起元经常审联高攀龙、周顺昌、缪昌期、黄尊素等人，在家中议论政治，他们主张抵制太监的征税活动，另外他们还商量如何对各种商税少交或者不交。

巡抚周起元还将朝廷拨下的 10 万两用于支付织工的工钱，变换成缺斤少两的薄钱，这中间的差价都被他贪污了，当地人对其恨之入骨。

在魏忠贤派出锦衣卫缇骑来抓人的时候，苏州当地爆发动乱——一个锦衣卫被打死。

魏忠贤并没有被吓倒，他派人镇压了动乱，逮捕了为首的五个闹事之人，将他们斩首处决。随后，周起元等七人先后在诏狱中被折磨而死。

经过"六君子之狱""七君子之狱"，熹宗和魏忠贤在肉体上消灭了一批东林党骨干人员，阁臣叶向高、韩爌、朱国祯等人相继被逼走，赵南星、孙承宗等手握内外大权的东林党重臣也被赶出朝廷。

魏忠贤的杀戮一旦开始就很难停下了，天启六年十月，有人张贴了匿名榜，上面写了魏忠贤和其党羽密谋造反之事，阉党成员怀疑是出自国丈张国纪和被罢黜的东林党人之手，他们打算再次兴起大狱，将东林党人诛杀干净，并将张皇后废掉，改立魏良卿之女为皇后。但是因为熹宗在关键时刻对张皇后的保护，最终只有张国纪被勒令回籍，对东林党的彻底清算并没有实现。

魏忠贤在前台指挥的这场对东林党的血洗行动中，因为有了阉党成员的大力襄助，魏忠贤才能得偿所愿。那么阉党又是由怎样一群人组成的呢？

**庞大的阉党集团**

对东林党人实现血洗之后，帝国的政治中枢实现了"大换血"，但是又一个问题渐渐浮出水面，也许此刻的熹宗并没有意识到：魏忠贤的党羽已经遍布帝国的内阁、六部、督抚等要害部门。魏忠贤掌权时期，四名内阁大学士中，有三人是阉党；六部尚书和左都御史中，有五人是阉党；地方 30 名总督、巡抚中，有阉党 13 人。

阉党成员复杂，主要由太监、魏忠贤的亲属、东厂锦衣卫的首领官和文官组成。一种是魏忠贤得势后，主动投靠他的官员。例如首辅顾秉谦竟然在一次家宴中，对魏忠贤叩首说道："我本来要认您为父，恐怕您不喜欢我这样的白胡子儿子，就让我的小儿子认您为爷爷吧。"其寡廉鲜耻令人惊讶。

另一种就是以徐大化为首的所谓"邪党"官员。他们与东林党人意见不合，在政治上遭受过东林党的排挤和打击。

阉党成员一时间有"五虎""五彪""十狗""十孩儿""二十小孩儿""四十猴孙""五百义孙"之称。

阉党主要人员有以下几人：

司礼监掌印太监王体乾，内阁大学士沈㴶、顾秉谦、魏广微、冯铨，兵部尚书崔呈秀、吏部尚书王绍徽、工部尚书吴淳夫、太常寺卿田吉、吏部尚书周应秋、兵部尚书霍维华、邵辅忠，工部尚书徐大化等人。其他还有太仆寺少卿曹钦程、李鲁生，锦衣卫左都督田尔耕、锦衣卫都指挥佥事许显纯等。

有意思的是，阉党集团在合力消灭东林党人之后，开始因为权位展开内部之争，其勾心斗角和排斥异己不亚于当初的东林党人。

阉党内部以徐兆魁、乔应甲、王绍徽、亓诗教等人为首形成了"老人集团"，他们是万历时期的当政重臣；而天启时期当政的则成为"新人集团"。

新人集团内部也存在激烈争斗。冯铨和崔呈秀就为了入阁展开激烈竞争。杨维垣为了帮助徐绍吉谋取户部侍郎一职，遭到魏广微进谗于魏忠贤，因此杨的职位一直没有得到升迁。

魏忠贤为首的阉党集团除了争权夺利之外，也在政治、军事、经济领域做出有限的改良。

### 魏忠贤的政治作为

某些国人看历史喜欢用非黑即白的态度，好人就一好百好，恶人就十恶不赦。其实，历史人物本是复杂的，就拿魏忠贤来说，绝对不是脸谱化的人物，他虽然人品极差，在政治上并不是一无是处，为了挽救大明帝国，也做出一些改良之举。

缪昌期曾经劝说自己的老师叶向高弹劾魏忠贤，叶向高却说了魏忠贤两个故事：有一次，熹宗打算带着梯子爬上房梁抓鸟，魏忠贤知道以后，担心熹宗安危，紧紧抓住皇上衣袖，阻止他爬上去。还有一次，熹宗很高兴地赏赐一个小宦官绯衣，这是四五品官员才能穿戴的官服。那个被赏赐的小宦官很高兴，就穿在身上。魏忠贤看到以后，呵斥这个宦官脱下衣服，并说："这不符合你的身份，即使是皇上赏赐，也不能穿戴。"可见，魏忠贤是一个办事认真，遵守礼仪之人。

另外，从政治角度来看，魏忠贤也做出一些改良。天启四年，东厂太监魏忠贤奏请减香品，熹宗应允，将四川、两广、福建、浙江的香贡免除，这也减轻了这些地区的一项负担。

天启五年腊月，魏忠贤上奏，要求各地巡抚巡按衙门挑选廉洁干员来置办钱粮，不准无赖之徒乘机侵夺百姓之产。

本月，东厂缉获了梁逢恩等人盗取米仓，并牵出监守自盗的主事李柱明，其被锦衣卫押到镇抚司严刑审讯，追夺赃款。

天启六年三月，东厂破获了后金奸细武长春，他是后金李永芳的女婿，混入京城为奸细，被东厂捉拿后下锦衣卫大狱审讯。

天启六年闰六月，魏忠贤将苏杭等处各种名色费用减免。本来当地机户需要承担额外的铺垫等费用，很多人因此倾家荡产，魏忠贤此举可谓减轻了机户们的负担。

天启六年七月，魏忠贤又奏请减免天启六年中秋节和七年正旦、中秋两节应办钱粮11万两，此举是体恤商民艰苦之意。

天启六年腊月，魏忠贤主持的山海关修建工程完工，他还主持督运各种军用物资到山海关前线，由此得到熹宗的嘉奖。

天启七年正月，魏忠贤将熹宗御赐建造府邸的3.52万多两白银节省下来，这笔银子被发解到山海、宁远，用于修缮城堡。

本月中，魏忠贤促成瑞王、惠王、桂王三王之国，并且严厉约束宦官，做到沿途不侵扰百姓。

魏忠贤曾经利用黄山案打击过地方豪强势力。黄山案的起因在于重修三大殿，这是从天启二年动工的国家级重大工程。

皇家采木一般是在云南、贵州地区，但高额的成本也是不可忽视的问题。为了节约成本，受命主持三大殿重修工程的魏忠贤打算在黄山地区采木。

黄山地区吴家是当地最大的木材商人，同时他们还是大盐商。天启五年九月，刑部给事中霍维华上疏，建议在黄山地区采木，用于三大殿工程。

吴家人担心朝廷采木，会损害到他们的既得利益，于是吴养春派出家人吴文节带着3000两银子，在北京行贿，借此取消朝廷在黄山采木的计划。

魏忠贤知道此事后，派人逮捕了吴养春和吴文节，吴养春为了自救，托人花几万两银子行贿田尔耕，却遭到拒绝。经过审讯，得知吴家长期霸占黄山木场，倒卖当地木材，非法盈利高达 60 万两。

通过对吴氏家族的打击，铲除了当地的豪强势力，65 万两银子没收入官，帮助吴家打点生意的程梦庚等人的 13.6 万两赃银也被没收。

在军事方面，魏忠贤为了支援辽东前线，大量捐助自己的私财修建城墙城堡。不仅如此，魏忠贤专权期间，明军在辽东前线还十分难得地取得两次胜利，也就是宁远大捷和宁锦大捷。

袁崇焕对魏忠贤曾经有过歌功颂德之举，天启七年四月，他与蓟辽总督阎鸣泰一起，奏请朝廷在宁远为魏忠贤建造生祠。袁崇焕和魏忠贤之间，存在较为密切的关系。

正是在魏忠贤的大力支持下，加上毛文龙在皮岛的军事配合，袁崇焕才取得两次大捷。

不过，因为袁崇焕后来与后金的议和，魏忠贤对他的态度开始转变。

袁崇焕对于议和一事一直比较热衷，按照他的理解，议和是奇招。在守卫宁远时，袁崇焕没有全力救援被后金围困的锦州，因为此事，他被朝臣弹劾，魏忠贤也开始对他不满。

袁崇焕主持与后金的议和，却在军事上放松警惕，导致后金对朝鲜和锦州的攻掠。这些失误的严重后果，开始在辽东前线显现，一开始曾经支持议和的魏忠贤见局势不妙，开始反对议和，并且对依然坚持议和的袁崇焕更加不满。

天启后期，袁崇焕在内外交困中，不得不请辞，得到了朝廷准许。

除了军事方面，魏忠贤在天启五年十月，主持征收榷税，这笔钱直接进入内库，而不是政府的太仓库。但是，榷税征收并非一帆风顺。天启六年五月，王恭厂发生了大爆炸，朝臣们甚至阉党成员崔呈秀接连上疏，要求熹宗罢免榷税，熹宗无奈，只好将征收七个月的榷税废除。

魏忠贤为了缓解当时朝廷的财政危机，除了榷税外，还通过提解羡余、强行捐献、强征拖欠赋税、对东林党人抄家追赃等方式来筹集到大量钱财，这笔钱很大部分被用于三大殿的修建和辽东前线的军费。

现在总结下魏忠贤的政治作为。政治上，他辅佐熹宗打击东林党，却造就阉党的崛起壮大，新的党争又在阉党内部"开花发芽"；军事上，他修缮边防重镇，支持袁崇焕取得一些胜利；经济上，他为朝廷搜刮到资金，用于边防和国家重大工程建设。

魏忠贤确实对明朝做出过一些贡献，但绝不像某些人说的魏忠贤的死，加速了明朝灭亡。

魏忠贤确实征收过商税，也就是榷税，只不过仅仅维持七个月，熹宗因为压力太大，只好放弃，所谓东林党废除商税的说法并不完全准确。另外，魏忠贤敛财的加派方式，与后来崇祯一朝的大臣们别无二致，并不具备改变明朝历史命运的奇效，顶多只能为明朝"续命"而已。所以，魏忠贤的历史作用不宜过度夸大。

相反，魏忠贤作为明朝最后一个权监，他对明朝政治"肌体"的损害作用也不容小觑。熹宗把他作为翦除东林党的工具，东林党被打击了，阉党却乘机坐大，这种血腥的高压政策只能见效一时，带来的长远负面作用却是巨大的。阉党的残酷行为给明朝政治生态造成严重损害，加速了人心涣散，并且不可能完全消除党争，这种阉党"余孽"和东林余党的争斗一直持续到南明，直到南明小朝廷的彻底终结。

魏忠贤这个狡黠的大太监，最终也难以脱离悲剧命运，随着天启七年一个人的离世，魏忠贤在权力的巅峰之上，第一次感觉到深入骨髓的恐惧。

**魏忠贤和阉党的败落**

掌权后的魏忠贤感觉不错，甚至开始有些飘飘然了。朝中对他一片阿谀奉承之声，虽然魏忠贤知道，这些人俯首膜拜的是他背后的天启皇帝，但是权力的快感还是让他不能自持。

天启六年闰六月的一封奏疏，让魏忠贤的快感升上天。阉党分子、浙江巡抚潘汝祯上疏，说因为厂臣魏忠贤蠲免了苏杭机户的各种杂费，机户们自愿为厂臣修建生祠，以便供世代膜拜，请求朝廷批准。是不是机户们出于自愿，已不可考，但是熹宗一口应允了下来，就这样这座被皇帝赐名"普德"的生祠建造了起来。

潘汝祯作为始作俑者，起到引领作用，各地官员们纷纷效仿，为魏忠贤建造生祠竟然成为一股政治狂潮。

一时间，厂臣魏忠贤的生祠几乎遍布大明两京 13 省。天启七年秋，天津卫城的魏忠贤生祠落成，户部尚书黄运泰、保定巡抚张凤翼为了迎接魏忠贤的雕像入祠，率领着文武官员远远在郊外迎接，并施五拜三叩首之大礼。虽然他们顶礼膜拜的是魏忠贤背后的皇权，可是那副谄媚之态依然让人作呕，士大夫的气节扫地，令人可发一叹。

天启七年五月，国子监生陆万龄的一封上疏，将吹嘘魏忠贤的造神运动推上顶峰。陆万龄提出："孔子作《春秋》，忠贤作《要典》，孔子诛少正卯，忠贤诛东林。"他由此建议在国子监内建造魏忠贤生祠，这是赤裸裸地提出将魏忠贤和孔圣人并列。身为读书人，却沦落到如此卑贱，大明朝的人心士风确实已经到一个危险的境地。

人们畏惧魏忠贤背后的皇权，天启六年开始，一些奏疏中已经不敢对魏忠贤直呼其名，而是以"厂臣"来尊称之。

魏忠贤从一开始的惴惴不安，变得心安理得，享受着天下臣民对他俯首膜拜的感觉。他没有意识到，这种吹捧恰恰是他的催命符，人在权力顶峰站得越高越容易跌下来。

为了加强统治，魏忠贤控制的厂卫实行了恐怖高压统治。他们通过无孔不入的侦查手段打击一切异己分子，在肉体上消灭政治反对派。

跟以往相比，魏忠贤专权时期的东厂变得更加恐怖血腥。一日深夜，京城四名百姓在密室中饮酒，一人喝高了，突然大骂魏忠贤。另外三人虽然喝了酒，却没有酒壮怂人胆，只是惴惴不安地在一旁听着。突然，东厂的番子破门而入，将四人捉拿，送到魏忠贤面前。骂人者被凌迟处死，另外三人被赏赐重金。

不仅如此，魏忠贤还实行文字狱，比较有名的一起是"刘铎诗扇案"。天启五年十一月，锦衣卫密探在民间发现什方寺僧人本福在寝室墙壁上张贴了一首《冬至遇雪诗》，其中有一句"阴霾国事非"，显然透露出对现实政治的不满，落款是"罗浮道民"，图章名字是"刘铎"。本福被锦衣卫捉拿，并交代刘铎是扬州知府。

刘铎被抓入锦衣卫诏狱拷打，但是他不承认诗是自己写的，笔迹也明显对不上。

本福和尚后来交代那首诗是他的朋友，南京锦衣卫知事欧阳晖所作。刘铎的印章是他根据先前刘铎赠给他诗扇上面的图章所仿造的。真相大白，欧阳晖被杖责100下，革职为民。刘铎本是无辜，也被鞭笞40下后还职，本福则被杖责100下，流放3000里。

刘铎的悲惨遭遇并没有结束，七月间，他又被牵涉进行贿案中，最终被流放边远地区充军为卒了。

魏忠贤的政治命运，随着一个人的病重，开始走向下坡路。天启五年五月十八这天，熹宗朱由校在西苑游玩，不慎翻船落入水中，人虽然紧急抢救了上来，却落下病根。

熹宗的病一直拖到天启七年五月初六，眼看着不行了。

魏忠贤焦急万分，这焦急多数出于跟朱由校的感情因素，毕竟朝夕相处那么久，而且皇帝对他还十分信任。另一些也出自对自己权势和未来的担心，若是没有皇上庇护，自己将来该何去何从？

魏忠贤打算死马当作活马医。他让人从内库中取出金"寿"字大红纱，给皇上身边所有的近侍人员都穿上，为了图个吉利。

魏忠贤还找了一些小宦官在宫内各处巡行，一边走一边喊："万岁万安啰——"

另外，他嘱咐自己手下四处寻找良药。兵部尚书霍维华进献了一个叫作"灵露饮"的妙方，就是将五谷放进木甑里面蒸熟，然后以银瓶接蒸出来的米露。

这种淀粉水怎么能当良药治病，熹宗饮下后，病情丝毫不见好转。

魏忠贤只好为自己的后路打算了，熹宗无子，按照惯例，继承皇位的必然是他唯一的弟弟、信王朱由检。

信王并不是那么好控制，魏忠贤和他的党羽们打算让某嫔妃假称怀孕，然后以侄子魏良卿之子顶替，来一个李代桃僵，即位大统，但是这事情不能绕过张皇后。张皇后抵死不从，魏忠贤一伙只好作罢。

另外一个方法是让张皇后垂帘听政，魏忠贤摄政。但是又遭到内阁大学士施来凤的反对。

事情终于无可挽回了，熹宗朱由校临终嘱咐信王朱由检："吾弟当为尧舜。"

这就是要将天下大统交给朱由检。

除此之外，熹宗最后的嘱咐是让弟弟好好看护嫂子张皇后，并且说魏忠贤可以委用。

天启七年八月二十二，熹宗朱由校驾崩，时年23岁。

18岁的信王朱由检继承皇位，改年号为崇祯。

魏忠贤在熹宗殡礼上哭肿了双眼，一半是思念旧主，一半出于对自己未来命运的担心。

但是接下来两个月，新皇帝的种种表现，却一度让魏忠贤以为自己多虑了。

崇祯帝对魏忠贤和客氏依然以礼相待。九月初，魏忠贤为了试探崇祯的态度，上疏请求辞去东厂太监职务，却被崇祯帝拒绝，并且下旨挽留他。

魏忠贤开始放心了，看来传说中心思极重的信王不过如此。

当然，对于客氏来说，因为先皇驾崩，她必须要出宫了。在哭哭啼啼地焚烧了收藏的熹宗指甲和毛发后，客氏离开皇宫。

对于各地送到北京请求为魏忠贤建造生祠的奏疏，崇祯帝留中不批。魏忠贤还是敏感地觉察到新皇的态度，他主动请求推辞这些建造生祠的请求。崇祯帝顺坡下驴，答应他的请求。

到了天启七年十月，种种迹象表明，崇祯帝已经开始策划反击了。对魏忠贤表面的客气，背后是一种冷淡，跟先皇那种温情脉脉的态度相比，崇祯已经打算清理魏忠贤了。

阉党成员内已经有人察觉到这一点。御史杨维垣上疏弹劾魏忠贤的心腹崔呈秀，这明显是一种试探，并没有直接以魏忠贤为攻击对象，而是以他的心腹来试探新皇的态度。

接下来，包括阉党成员贾继春在内的一些弹劾奏疏又摆上崇祯帝案头，崇祯帝果断"亮剑"，同意崔呈秀回籍守制。

仿佛是受到鼓舞，海盐贡生钱嘉徵上疏列举魏忠贤十大罪状，并将其直呼为"权奸"。魏忠贤再也坐不住了，他上疏请求辞官养病。崇祯帝毫不犹豫地批准了，并将魏忠贤心腹王体乾任命为东厂太监，以自己的亲信太监高时明出任司礼监掌印太监。

十一月初一，崇祯突然发布上谕，指责魏忠贤种种罪行，说本应该对他凌迟处死，但是考虑先皇尸骨未寒，暂将其发配凤阳，魏忠贤和客氏家产籍没入官。

魏忠贤只好乖乖上路了，带着亲信李朝钦和壮士800多人沿途护送。崇祯帝得知魏忠贤罪犯之身，还有如此大的排场，不禁大怒，他派出千户吴国安率领人马星夜兼程去扭解魏忠贤。

十一月初七，魏忠贤到达北直隶河间府阜城县城外20里处的新店。

他安插在朝中的亲信太监李永贞派出快马飞报，说皇上已经派出锦衣卫人员要逮捕他。

魏忠贤得知这个消息，吓得瘫软在地，曾经威风赫赫的"九千九百岁"，此刻只是一个畏罪的老人。他在随从的搀扶下，勉强在阜城县内的旅店住下。

旅店虽然干净，但是矮小简陋，跟之前魏忠贤居住的豪宅相比，确实冷清、寒酸了太多。

当时已经是寒冬岁月，屋内没有生炉火，寒风从门缝中钻进来，吹得桌上那盏暗淡的灯光摇曳不定。

魏忠贤此刻一个人躺在床上，唉声叹气，他闭上眼回顾自己的一生。从一个赌徒混到天下为之战栗的大太监，他享受了无上的辉煌。可是如今，年仅18岁的新皇帝一登基，自己就沦落到如此地步，甚至自己面对他，不敢有一丝的反抗，只能听从命运的安排。

他正在胡思乱想，突然听到外面有人在唱京城人白书生所作的《挂枝儿》，歌词婉转凄凉，句句唱到他的心坎中："如今寂寥荒店里，只好醉村醪，又怕酒淡愁浓也，怎把愁肠扫？……随行的是寒月影，吆喝的是马声嘶，似这般荒凉也，真个不如死！"

是啊，从天堂到地狱，从掌权天下到不值一名，这种过山车似的人生反差太大。崇祯皇帝不会放过自己，等待自己的只有死路一条，不如自我了断来得痛快。想到这里，魏忠贤颤颤巍巍地解下自己腰带，打了个死结，将脖子伸了进去，自缢而死。

他的心腹李朝钦也追随魏忠贤自缢而亡。

权倾朝野的大太监死了，在他身后，崇祯对阉党骨干也进行打击，将他们几乎涤荡一空。

魏忠贤一生对明朝有贡献，也有败笔，正是在他专权时期，明朝的政治生态败坏到无可挽救的地步，他对东林党人的血腥屠杀确实令人发指。

因为明代政治制衡设计的完美，面对困境，魏忠贤也无法举兵造反或者自己取而代之，只能接受命运的审判。这也是明代太监区别于其他朝代一个很重要的方面，能为乱而不能为变。

随着魏忠贤的死，崇祯皇帝终于亲自操控权柄，面对大明帝国的内忧外患，崇祯皇帝和他身边的宦官们将如何面对呢？

# 十四、崇祯朝宦官的最后努力

魏忠贤死了，崇祯帝将他的尸体挖出来处以凌迟之刑，死人自然是不知道疼痛。但是接下来，活着的那些阉党成员却遭受灭顶之灾。

在将阉党骨干或杀或贬之后，崇祯二年，崇祯帝向天下公布了《钦定逆案》，根据这个文件，阉党被分为八等定罪，魏忠贤、客氏虽然已死，仍然被判以凌迟之刑。260多名阉党分子被治罪处分。

阉党失败了，之前天启朝被贬斥罢官的东林党人纷纷回归，一时间"众正盈朝"的局面再次出现，但是这对积重难返的大明朝是好事吗？

崇祯帝在钦定阉党逆案之后，王体乾、李永贞、涂文辅、李实、石元雅、徐应元、纪用、梁栋、刘应坤等阉党中的宦官骨干被处死或者革职、贬斥。

铲除魏忠贤和打击阉党，并不意味着崇祯帝可以放弃帝国的一项重要传统，那就是政治领域内对宦官势力的任用。

### 东厂权势的提高

崇祯帝重视对东厂太监的任用，他将东厂提督京营的宦官改成"总督"，这标志着其职级和权势都大大提高了。

崇祯帝上朝之外，很多时间跟东厂宦官在一起，听他们讲宫内、宫外的琐事。

这些琐事有市井趣事，也有一些朝臣的隐私秘事。

有一天，崇祯问东厂太监卢际九："你有几个小厮？"卢际九回答说："有五人。"崇祯帝命他将五人叫来，让他们讲讲自己的见闻。其中有个叫作钱守俊的小宦官，对宫中琐事讲述的最有趣。崇祯帝听了很高兴，指着他对卢际九说："这个小厮很灵巧。"

崇祯十年，李自成、张献忠的民军势力越来越壮大，崇祯帝心内焦急，打算选派一个得力统帅前往镇压。两广总督熊文灿进入崇祯帝的视野，为了了解熊文灿的才能，也为验证他是否真的剿灭了海盗刘香，崇祯帝派出一个宦官以采办名义前往广州。熊文灿送了很多好处给这个宦官，而且夸夸其谈，这个宦官回去之后推荐他担任兵部尚书，负责六省军务，镇压民军。

### 监理天下财政的宦官张彝宪

崇祯帝在铲除魏忠贤后，在东林党人的建议下，曾经一度撤销各地镇守内臣。崇祯二年十月，清军三路攻入大明，崇祯帝看到东林群臣执着党争，各立门户，导致兵败。崇祯四年，他又开始重用宦官，派出许多宦官外出监军、镇守。

司礼监太监张彝宪就是这时候被任命掌管户部和工部出入，被称作"户工总理"。大臣们劝谏崇祯帝，崇祯帝却执意不听。

张彝宪这个职衔，位居尚书之前，侍郎之下的官员见了他都要拜谒。张彝宪对不附和自己的大臣们进行排斥打压。而且他还利用手中掌握的权力来勒索和中饱私囊。

时间长了，张彝宪的恶行传入崇祯帝耳中。群臣也不断上疏劝谏，崇祯帝将张彝宪的户工总理职务撤销。崇祯九年，张彝宪受命守备南京，不久死于任上。

### 被崇祯帝诛杀的大宦官王裕民

崇祯帝一方面重用宦官，一方面也能严格约束，也做出诛杀不法宦官之事。

王裕民是大太监王安名下宦官，崇祯八年，他受命镇守凤阳。滁州民军杀向凤阳，多亏了太监王裕民配合巡抚朱大典严防死守，才使得民军不敢攻打。

崇祯十四年，洛阳落入民军之手，崇祯命驸马都尉冉兴让和总督京营司礼监太监王裕民慰劳福王世子朱由崧，并让王裕民带着 3.1 万两黄金赈济宗室人员。

崇祯十四年，周延儒通过门生张溥等人，以重金行贿王裕民、曹化淳，才得以实现入阁梦。

崇祯十五年正月，太监刘元斌监京军讨伐民军，经过雄县，军纪严明。回师时候，他们到了山东剿李青山民军，王孙蕃弹劾刘元彬军淫掠，崇祯帝下旨派官兵拿问，此疏是密封下六科。但是刘元斌知道了消息，并上疏申辩。王孙蕃上疏弹劾司礼监太监王裕民："刘元斌为裕民名下宦官，裕民泄露了臣先前的弹劾奏疏内容，所以元斌才能自辩。"崇祯帝将王孙蕃晋升两级，王裕民下狱，不久后与刘元斌一起被斩首。

其实，王裕民之死不仅仅是泄露密疏内容那么简单，他与兵部尚书陈新甲相交甚厚。而陈新甲因为泄露崇祯帝与清人议和之事，被崇祯帝所深恶痛绝。正好借助刘元斌一案，崇祯将王裕民处死。

诛杀王裕民前一天，崇祯帝还要弄了一个心计。内阁大学士周延儒虽撤军、内操，但是他跟宦官来往密切。崇祯帝将周延儒召到宫中，屏退左右，只说些泛泛之语。而五鼓时分，王裕民已经被斩首。周延儒才得知消息。宦官们得知周延儒在王裕民被杀前一天，曾经跟皇上密谈，他们都以为周延儒大力赞成皇上诛杀王裕民。周延儒虽然极力申辩，宦官们却不相信。从此，宦官们对周延儒恨之入骨，每日搜集他的过失报告给崇祯帝。崇祯帝离间周延儒和宦官之间关系的目的达到了。

### 一言难尽的宦官高起潜

高起潜，大兴人，崇祯时候担任司礼监太监，他曾经担任宁锦军监军。清军大将阿济格自独石口逼近北京，经过保定，再从建昌冷口出边。其间高起潜未曾与他一战，等清兵出口两日后，高起潜才带人到石门，割下死难百姓的首级冒功。

崇祯十一年，多尔衮、岳托在通州会师，随后杀至涿州。关宁重兵由高起潜统领，他与卢象升一起援救。明军中有大炮，清兵畏惧，暂时退却。

这时候，明军最高统帅关于下一步行动发生分歧。卢象升主战，高起潜和杨嗣昌主张议和。两方谁也不能说服对方。卢象升率领他的精锐天雄军，自涿州进兵保定、巨鹿，以5000人迎战清兵数万人，距离战场50里的高起潜坐视不救，最终卢象升的天雄军全军覆灭，卢象升悲壮战死。

更令人痛恨的是，卢象升战死后，高起潜担心朝廷归罪，故意隐瞒消息。

崇祯十一年冬，济南被清军围困，高起潜拥重兵却不敢出战，坐视山东陷入清军之手。

恬不知耻的高起潜还请功求世荫，结果被孙嘉绩所驳回。

高起潜对孙怀恨在心，图谋报复。一日，崇祯帝在观德殿检阅兵器，高起潜乘机进谗言，导致孙嘉绩被下狱。

崇祯十七年春，高起潜奉命总监山海关、蓟州、宁远军队。听说京城陷入李自成之手，高起潜逃入西山。

弘光帝即位后，高起潜又南下投奔。弘光帝命他提督京营，在浦口驻屯。他修建长江防御工事，加强防备。期间，高起潜还上疏说边将不宜内转，请求卖马增加粮饷，弘光下诏以太仆寺银5万两和浙江、福建加派银20万两给高起潜军。

高杰死后，黄得功率兵争夺扬州，高杰手下大将李本深等人打算兵变。弘光派出高起潜和宦官李应升劝解双方。黄得功依然留驻扬州，高起潜和李应升去安抚高杰部下。

高杰妻子邢氏感觉孤立无靠，打算让儿子高元爵认史可法为义父，史可法对此有些为难。他的幕僚建议说："有高太监在，让高元爵认他为父不就成了。"邢氏答应下来，宴请众将，席间就让元爵拜高起潜和史可法。史可法不接受，绕着柱子避开。

第二天，高起潜宴请史可法，史可法刚就座，几个小宦官就将史可法牢牢按在座位上，邢氏带着儿子，让儿子拜史可法为义父。史可法不得已，只好接受，这样一来，高杰部军心得以稳定。高起潜这次和事佬做得十分成功。

清兵攻陷南京，高起潜和宦官李进逃亡到杭州，跟随潞王。杭州沦陷，高起潜降了清军。

### 军功宦官卢九德

卢九德，字双泉，江都人。崇祯四年，他任职司礼监，负责京营的军事。崇祯六年，他与太监杨进朝、京军将领倪宠、王朴带兵 6000 人征伐河南民军，在武安斩杀民军首领混海和插翅虎等。高迎祥、李自成、张献忠大败，佯降卢九德。他放松警惕，接受了投降。没有想到，一日夜间，高迎祥等人率军渡过黄河，酿成大祸。

崇祯十年，卢九德击败马进忠，斩首民军 1700 人。崇祯十一年八月，卢九德到襄阳。熊文灿打算分兵掩击民军。卢九德说："分兵则兵力薄弱，一旦失利全军动摇。莫不如四面合击敌军。"众人赞成。卢九德以张大经监军左良玉和陈洪范之军，孔通判监军龙在田之军，明军按照他的策略攻击民军，获得大胜，斩首民军 2000 人。

崇祯十四年，卢九德和黄得功率领勇卫营在凤阳大败张献忠。卢九德经常率军作战，立下不少战功。不过，有时候卢九德又显现出庸懦一面，事情紧急就命和尚诵佛护身。

弘光帝即位后，卢九德率兵到浦口朝见新帝，他受命提督京营。卢九德见国是日非，常常在殿上痛哭流涕。扬州告急，他曾经率军援救。南京落入清军手中，卢九德投降了清朝。

### 勇卫营的最后努力

御马监统领的勇士营和四卫营，在崇祯五年到九年之间，已经改编为勇卫营，这是一支以宦官为首领的禁军。

这支军队经过崇祯大力经营，以孙应元、黄得功、周遇吉等将领大力训练，成为明末的一支劲旅。

崇祯九年七月，勇卫营太监孙维武、刘元斌以 6500 人防守马水沿河。勇卫营成立后，表面上归属御马监，实则为司礼监太监所操控。司礼监太监王裕民、曹化淳、韩赞周等人都操控过勇卫营。

在镇压民军的作战中，勇卫营屡立奇功。黄得功命手下军士画虎头于皂布罩在衣甲之上。民军远远望见黑虎头军，多畏惧逃跑。

在外征战的勇卫营始终由太监刘元斌和卢九德分领，这就保证了军权的相对稳定集中。勇卫营作为天子亲军，初期军纪较为严厉，将领不像地方军阀一样跋扈不法，由此也保证了战斗力强大。

崇祯十年八月，勇卫营在将领孙应元和黄得功、监军太监刘元斌和卢九德带领下出征，在郑州和密县先后斩首民军 1700 人。

首战告捷，在接下来的平乱战争中，勇卫营一直转战在河南和湖北之间。张献忠被迫接受朝廷招抚，也跟勇卫营的军事压力有一定关联。崇祯十三年七月，勇卫营大败罗汝才等部，当时称之为荆楚第一功。

只是局势恶化太快，勇卫营万余名士兵毕竟兵力有限，难以挽救危局。勇卫营的建制在甲申国难后依然保持，历经弘光时期的韩赞周，一直存续到永历年间的庞天寿，最终与南明同归于尽。

### 宦官曹化淳开门之辩

曹化淳是通州武清人，他本是出自王安门下，王安被魏忠贤害死后，曹化淳也受到牵连，被贬斥到南京。

崇祯帝即位后，因为给王安平反，又将曹化淳召回，任命为内官监太监。崇祯二年，曹化淳受命前往南京织造，不久被召回任命为司礼监太监兼掌东厂。

清兵围困京城，曹化淳提督九门阅视京营。朝中党争，曹化淳也参与其中，匿名文书揭发曹化淳接受钱谦益 4 万金，温体仁抓住这个机会，奏报崇祯帝。曹化淳请求崇祯帝侦查密谋之人，崇祯帝得知温体仁也有党派，温体仁被迫辞官告归。

先前，文震孟入阁后，曹化淳知道他深受皇帝喜爱，打算结交他。曹化淳派人对文震孟说："内阁和司礼监往来，是故事也。"他的主动示好却被文震孟拒之千里。曹化淳嫉恨不已，挑唆温体仁逐走文震孟。曹化淳以一太监，逐走文震孟和温体仁两位内阁大学士，足见其政治力量之大。在崇祯十一年修建卢沟桥城堡工程中，曹化淳先后筹集到 11 万两银子，事成之后，崇祯称赞他为"公清直亮"。

崇祯十七年北京城被李自成攻破之际，各种公私史乘都记载是曹化淳打开彰义门，迎接民军入城。

其实，彰义门并非曹化淳所开，而是城内回人趁乱打开城门迎接闯军入城。

更何况，曹化淳在仕清之后，顺治帝也曾经为他辩诬，说他是"无端抱屈"。

曹化淳也感念旧主崇祯帝之恩，筹划到数千两金子，维修和看护崇祯帝后之陵墓。

曹化淳并没有打开彰义门投敌，但是李自成大军兵临城下之际，确实也有太监投靠民军，成为可耻的叛徒。

### 甲申国难中的宦官众生相

李自成的大军步步紧逼，一路上过关斩将，一直杀向北京城。崇祯十七年三月初一，崇祯帝下密旨收葬魏忠贤遗骸。曹化淳面对日益败坏的局势，曾经跟崇祯帝说过："如果魏忠贤还在，时事必不至此。"魏忠贤确实杀伐果断，但是以他的一味高压统治，并不能挽救明朝。曹化淳此语，只是聊作安慰而已。但是说者无意，听者有心，崇祯帝真的有所感悟，才下旨秘密收葬了魏忠贤，也许这是他最后的心理慰藉而已。

太监杜勋和申芝秀成为闯军俘虏，为李闯王做了说客，劝说崇祯帝与他议和。但崇祯帝不肯听从，打定主意要与北京共存亡。

北京内城被攻陷，司礼监太监王德化和各个监局掌印太监出降。太监杜之秩还为闯军入城做了前导，太监杜秩亨为李自成选了百余名宦官以供他驱使。

再说城破之后的崇祯帝，他不肯请和，更不肯降敌。崇祯帝与司礼监秉笔太监王承恩来到煤山，两人一起在寿皇亭旁边自缢身亡。大明朝真的与宦官相始终了。

大厦倾倒之际，有的宦官选择降敌，也有的选择殉国。除了王承恩之外，还有方正化。他是山东人，崇祯时担任司礼监太监。崇祯十七年二月，他受命出镇保定，离别之际，方正化叩首跟崇祯帝说："老奴此行不过一死以报答主上之恩。"崇祯帝也为之感动落泪。

方正化与文官邵宗元等人一起守卫城池，城池被闯军攻陷，闯军问方正化，他是何人？方正化厉声回答："我是总监方公。"闯军将他乱刀砍死。

退休的司礼监掌印太监高时明在李自成攻打北京城之际，举火自焚殉国。司礼监秉笔太监李凤翔和提督诸监局太监褚宪章、张国元皆死于甲申国变之中。

崇祯帝虽然殉国了，北京城也被攻陷，但是南方依然掌握在明朝手中，南明小王朝相继建立，依然上演了一出出悲壮的历史大剧。

## 十五、血色残阳：南明宦官的最后表演

甲申国难，山河崩裂，崇祯帝自缢煤山之后，明王朝并没有彻底终结。大明王朝的两都制在关键时刻，发挥了重要作用。留都南京完整地保留着一套六部中枢的建制和官员，宫殿虽然破损，但是勉强可以供帝王居住。

在一帮文武群臣拥立之下，神宗皇帝之孙、福王世子朱由崧在留都南京即位，改年号为弘光，南中国依然高举着大明的旗帜。

从弘光朱由崧到鲁王朱以海，从隆武帝朱聿键到绍武帝朱聿镇，再到永历皇帝朱由榔，南明共历经四帝一监国。这期间为了维护汉家王朝最后的尊严，无数仁人志士洒热血、抛头颅，用生命谱写了一曲曲壮丽悲歌。

宦官们也不甘寂寞，在南明政治舞台上演了最后一出"活剧"，最终跟随南明王朝走向命运的终点。

韩赞周，字相文，为人忠诚谨慎。崇祯九年时，他曾任职司礼监，清兵入塞之际，他担任京营副提督负责巡城。第二年，韩赞周担任南京守备太监。崇祯十七年甲申国难之际，韩赞周与史可法等大臣拥立朱由崧监国。

抽签决定阁臣时，史可法推荐吴甡，他跟韩赞周商量，韩却不答应。大臣祁彪佳请韩在内帮忙调护，韩赞周却避谢推辞。

弘光帝以韩赞周为司礼监秉笔太监，提督京营和勇卫营。朝廷打算派出重臣前往扬州督师，韩赞周请马士英为督帅，以史可法居守。

韩赞周曾经在朝堂上呵斥过勋贵汤国祚、刘孔昭。御史黄澍当面纠弹马士英时，太监何志孔帮着黄澍一起说话，韩赞周对何志孔说："御史言事，是他的职掌。内官为何妄言？"

太监王坤请求催缴浙江、福建的金花银，韩赞周极力以东南民困为言劝说，王坤打消了这个念头。

当时有人建议恢复东厂，韩赞周说："先帝勤政 17 年如一日，是贤君。就

是因为听信内臣，导致了悲剧。东厂就是一剂'毒药'。"弘光帝并没有听从他的建议。

韩赞周为了壮大军威，请求调动西洋大炮加强军备。

韩赞周对弘光帝还多有劝谏，颇有谏臣之风。除夕夜，弘光帝在兴宁宫闷闷不乐，侍臣问他何故，他说："后宫冷清，新春南方没有新音乐。"韩赞周哭着劝谏说："臣还以为陛下思念先帝、思念皇考呢，为何您有这种念头？"元夕节，弘光帝张灯为乐，韩赞周劝说："天下之事正是棘手之时，卧薪尝胆还担心不能取胜，您却在这里玩耍。"弘光帝无奈地回答他："天下大事有老马在，你不必多言。"韩赞周见难以劝说，四次上疏请求辞官。

清兵南下，攻陷了镇江，弘光帝召集宦官们商量计策，韩赞周说："兵力单薄，死守和讲和都不行，不如亲征。成功了，则能保住宗庙社稷，不成的话，也可以保全自身。"弘光帝却没有听从他的建议。

弘光帝最终落入敌手，韩赞周本来想追上护驾，却没有赶上，他打算投水自杀，却被人劝阻，并被送到报恩寺。

到了九月间，韩赞周听说弘光帝要被押赴到北方，跳楼自杀殉国。

孙进，晋州人，曾经在魏忠贤身边做事。他为人宽厚，掌管文书房，改任南京守备。清兵南下，他扈从弘光帝到黄得功军中。朱由崧被擒拿，孙进不能救护，回到南京后，自刎殉国。

马姓宦官，在明孝陵负责司香。清兵攻陷南京，洪承畴下令砍伐明孝陵的树木，马宦官的从子马二拼死护卫陵树，并斩杀一个清兵。洪承畴审讯他，马二以命抵命。马姓宦官也因为暗通瑞昌王被处死。

孙元德，负责督催浙江、福建内库和户部工部积欠的钱粮盐印，他奉命清查期间，削夺平湖知县陈台孙、杭州南关主事林日光的职位，将他们提讯追赃。孙元德奉命到浙江造桑皮纸，不到一年工夫，就赚了个盆满钵满。清兵南下，孙元德将自己的私财交给潘中军保管，结果被将士们所籍没。财物珍贵，有高三尺的金瓶，珍珠宝物不可胜数，将士们往返 13 次，才将宝物全部搬完。南京沦陷，孙元德前往宝华山为僧，法号顿悟。

李国辅，字腾宇，大兴人，韩赞周的义子。崇祯九年，他担任御马监太监，守卫紫荆、倒马各关口防备清军。后来，他又追随韩赞周守卫南京。崇祯十六年，李国辅受命诏谕左良玉军队。

弘光帝即位后，李国辅被任命为司礼监太监，督勇卫营，以徐大受和郑彩分领水、陆两军。宦官屈尚忠、田成、张执中等人，结交马士英和阮大铖，导引弘光帝享乐，而李国辅从中多所劝谏。

马士英厌恶他，暗中指使心腹上疏说开化、德兴、云雾山可以开采，李国辅相信了，于是请命前往。

马士英之子马锡乘机掌管了李国辅所督的勇卫营。

南京沦陷，李国辅到苏州，与杨文骢诛杀了巡抚黄家鼎。之后，李国辅与田仰、荆本澈奉义阳王命驻扎在崇明岛。失败之后，李国辅又投奔鲁王朱以海。鲁王失败后，李国辅投奔永历帝，他曾经受命偷偷前往南京祭拜孝陵。

永历三年，李国辅回到朝廷，皇帝朱由榔问他孝陵情况，李国辅伏地痛哭："孝陵被破坏严重，本来孝陵陵木被保护。但是自从洪承畴来了以后，下命居民随便开采。榜文下达三个月，却无人应答。洪承畴大怒，骂道：'天寿山陵树已经被砍伐光了，江南蛮子出榜让你们砍伐，三个月不伤一木，为何迂腐至此？'他又下令南京各城门，如果不是砍伐钟山树木的樵夫不能入城，导致了城中居民断绝炊烟。百姓们无奈，只好砍伐孝陵树木，哭声震动钟山山谷。现在陵树已经被全部砍伐了。"李国辅说到这里，情不自禁，以头触地，大声哭泣。朱由榔也为之悲痛落泪。可见，洪承畴之可恶，更在清人之上。

李国辅请求再次前往，他说："如果皇上您早日恢复江山，我会在江上迎接圣驾。如果事情不成，我愿意以这把骨头丢在太祖陵前，为野狐所食，不再来见陛下了。"说完，他顿首大哭。

永历帝穿上素服停止朝会，在太庙痛哭，他命李国辅再次前往南京探视孝陵。李国辅到了梅岭之后，就失去消息，再无音讯。

王坤，字弘祖，大兴人，御马监太监。崇祯时，他受命巡视宣府，陷害过大臣胡良机。御史魏呈润曾经弹劾他，王坤丝毫无事，魏呈润却被降职。

王坤甚为崇祯帝所信任，他弹劾内阁大学士周延儒，吏部尚书李长庚、给事中傅朝佑、副都御史王志道上疏说："内臣不应该弹劾内阁辅臣。"三人因此被崇祯治罪。

王坤从此更加骄横，跟太监曹化淳结交，群臣不敢再弹劾他。弘光初年，王坤迁升为司礼监秉笔太监。他受命督催浙江、福建金花银，留在了福州。他曾经侍奉隆武帝，却不被信用，只好流落到广东。

永历帝即位，又任命王坤为司礼监秉笔太监，他知道内廷都畏惧清兵，于是劝说朱由榔放弃肇庆到梧州去。

朱由榔以为他是忠心之人，对他十分宠信。两广总督王化澄通过结交王坤，擢升为尚书。李永茂推荐两京十三布政司名声卓著者，刘湘客名列其中。但是王坤不喜欢其人，推荐海内人望数十人，去掉刘湘客的名字。瞿式耜和刘蕭上疏说："王坤是内臣，不能推荐人。"王坤激起永历帝愤怒，打算将刘蕭驱逐，多亏瞿式耜大力申救得免。

王坤怀疑刘蕭的奏疏出自方以智之手，又借助经筵之事激怒永历帝，驱逐方以智出朝廷。

广州陷入清兵之手，王坤扈从永历帝逃亡梧州。不久，王坤与刘承胤交恶，被刘当面在朝堂上呵斥，并用锁链捉拿王坤。永历帝将王坤安置在永州。

后来王坤又追随永历帝，当时马吉翔、庞天寿正得到皇上宠幸，王坤不再像之前那样得宠。他请求出督四川、湖北军务，跟从何腾蛟在湖南，因功被赏赐一品官服。后来，王坤死于桂林。

庞天寿，大兴人，崇祯年间担任御马监太监，颇为皇帝信任，在甲申国难发生之前，奉命前往南京。弘光朝，他奉命管理两广珠池。之后，庞天寿又受命前往福建、两广征税，他刚到福州还未及开展工作，南京就已经落入清军之手。

隆武帝在福州即位，庞天寿被任命为司礼监太监，他奉隆武之命传谕宫廷倡导节俭之风。隆武帝当时面对危局，想到通过耶稣会士从澳门获得西方军事援助。

而庞天寿的天主教徒身份，使他成为出使澳门的合适人选。庞天寿崇祯二年就在北京洗礼入教。当时为他洗礼的是意大利耶稣会士龙华民。龙华民为庞天寿取的教名是亚楼基。这个名字源自荷马《伊利亚德》中的勇士阿喀琉斯，而当时庞天寿正任职具有武职衙门性质的御马监。也许，龙华民为他取这个教名，就是希望他成为阿喀琉斯那样的勇士吧！

郑芝龙曾经劝说庞天寿不要与传教士来往，但是庞天寿视传教士为心腹，并在福州热情接待了传教士何大化。两人言谈之中，庞天寿还说了一些葡萄牙词汇，并许诺将给予教会更多的帮助。

隆武二年，庞天寿受隆武帝之命，带着传教士毕芳济一起前往澳门请求援兵。不久，清兵攻破福州，隆武帝被杀殉国。

丁魁楚会同庞天寿、何腾蛟、瞿式耜拥立桂王朱由榔在肇庆监国。之前，庞天寿就曾奉命册封朱由榔为桂王。

因为这层关系，加上庞天寿带着前来救援的300名葡萄牙士兵赶到肇庆，朱由榔对他十分信任和重用。另一层原因，当时大太监王坤专权，所为多跋扈，永历帝朱由榔和太后对他十分不满，相比而言，庞天寿不贪财，在太监中堪称办事谨慎之人，所以永历帝对他越来越信用。

庞天寿带来的300名葡萄牙士兵由费雷拉率领，隶属副总兵焦琏所部。他们奉庞天寿之命，参与抵抗清将李成栋的战斗。

永历元年二月，刘承胤驱逐了太监王坤，庞天寿掌管司礼监和文书房之事。

永历元年八月，刘承胤在武冈叛乱，在桂林城内的永历帝仓皇之间却无法打开城门，多亏庞天寿率领壮士以利斧斩断门锁，永历帝才得以逃脱。

永历二年三月，朱由榔驻跸南宁，庞天寿因为护驾有功，被朱由榔任命为司礼监掌印太监并提督数千人组成的勇卫营。

此时，面对风雨飘摇的局势，南明永历小朝廷却又起党争。朝内大臣分为吴、楚两党，相互争斗不休。以朱天麟为首的吴党结交马吉翔和庞天寿作为奥援。

两党之争持续到永历四年二月，小朝廷的元气又被耗去不少。

庞天寿在此年十一月间，又伙同马吉翔谋杀了勇卫营将领林时望。

永历四年底，孙可望控制了永历小朝廷。马吉翔和庞天寿见其势力强大，遂甘心为之所用。

永历帝不堪忍受权臣的专横，私下跟宦官张福禄和全为国商量联络李定国，驱逐奸臣马吉翔、庞天寿、孙可望等。

不料此事被孙可望得知，他派遣庞天寿等人将参与此事的朝臣和宦官逮捕并杀害。

庞天寿闯入坤宁宫外，逮捕了张福禄和全为国，两人跪求太后保全。庞天寿却对太后和皇后怒目相视，自此内外大权归于庞天寿和马吉翔。

参与永历密谋的 18 位朝臣被处决后，庞天寿还建议废除皇后，但是永历帝坚决不许。

庞天寿在朝廷内争中，扮演了不光彩的角色。但是最初，他也曾请到传教士瞿纱微帮助王太后、马太后和王皇后洗礼入教。不久，又给皇后所生之子洗礼，取教名当定。

庞天寿曾经奉永历帝之命，前往澳门到耶稣会教堂三巴寺，为永历小朝廷之命运向天主祈祷。

永历四年，清军加强了对广州和肇庆的攻势。眼看朝不保夕，永历帝打算派遣使者前往罗马，请求援兵。

本来永历帝想让庞天寿去，但是他年事已高，加上担任要职，实在无法分身。

永历帝只好派出波兰的耶稣会士卜弥格和两名中国教徒郭若瑟和陈安德一起，带着一系列重要的信函。其中有庞天寿致罗马教皇英诺森、致葡萄牙国王、致威尼斯各公国、致耶稣会总会长等的信函。信函中庞天寿讲述了自己入教经过和对天主教的虔诚，以及宫廷太后和太子奉教之诚，并讲述了小朝廷局势之紧迫，希望欧洲各方势力出兵援救。

满怀希望的卜弥格使团到达欧洲见到教皇，只是得到礼节性的回复。在 1656 年，卜弥格在里斯本乘船出海返回中国，三年后，劳累过度的他在中国边境去世，没有见到永历帝最后一面。

永历十一年二月，庞天寿因为自己是孙可望之党，而担心李定国加害他，忧虑过度生病而死。

李国泰，大兴人，永历帝在南宁时，他与宦官李文芳、沈嘉熙、贡升等人迎驾。庞天寿死后，他代掌司礼监。其性格倔强，马吉翔有过，他曾经殴打马吉翔。

后来李国泰与马吉翔混在一起，赌博饮酒，成为心腹。

永历帝在缅甸时，李定国打算迎驾。李国泰唯恐他到来，将文武官员控制了起来。他与马吉翔将皇帝之宝打碎，分给诸臣。任国玺上疏请求太子开讲读书，并以宋朝末年奸臣往事讽喻，李国泰大怒，找个由头将其驱逐。

16. 李诩：《戒庵老人漫笔》，中华书局 1984 年版。

17. 顾起元：《客座赘语》，中华书局 1987 年版。

18. 田艺衡：《留青日札》，中华书局 1985 年版。

19. 郎瑛：《七修类稿》，上海书店出版社 2001 年版。

20. 杨士奇：《东里文集》，中华书局 1998 年版。

21. 邓士龙：《国朝典故》，北京大学出版社 1993 年版。

22. 高岱：《鸿猷录》，上海古籍出版社 1992 年版。

23. 谈迁：《枣林杂俎》，中华书局 2006 年版。

24. 王鏊：《震泽先生别集》，中华书局 2014 年版。

25. 余继登：《典故纪闻》，中华书局 2016 年版。

26. 沈德符：《万历野获编》，中华书局 1959 年版。

27. 赵吉士：《寄园寄所寄》，黄山书社 2008 年版。

28. 郑晓：《今言》，中华书局 1984 年版。

29. 张廷玉：《明史》，中华书局 2015 年版。

30. （美）牟复礼、（英）崔瑞德：《剑桥中国明代史（1368—1644 年）上卷》，中国社会
    科学出版社 1992 年版。

31. 万斯同：《明史》，上海古籍出版社 2008 年版。

32. 车吉心：《中华野史》，泰山出版社 2001 年版。

33. 焦竑：《国朝献徵录》，广陵书社 2013 年版。

34. 过庭训：《明朝分省人物考》，广陵书社 2015 年版。

35. 《明代笔记小说大观》，上海古籍出版社 2007 年版。

36. 冯梦龙：《智囊全集》，中华书局 2007 年版。

37. 陈建：《皇明通纪》，中华书局 2008 年版。

38. 《明人百家》，上海文艺出版社 1990 年版。

39. 罗亨信：《罗亨信集》，上海古籍出版社 2001 年版。

40. 王琼：《王琼集》，山西人民出版社 1991 年版。

41. 翟爱玲：《明弘治正德时期首辅刘健研究》，中国社会科学出版社 2017 年版。

42. 郑鹤声、郑一钧：《郑和下西洋资料汇编（增编本）》，海洋出版社 2005 年版。

43. 白晨光：《大明水师三百年》，台海出版社 2017 年版。

44. 郑一钧：《郑和全传》，中国青年出版社 2005 年版。

45. 周文林：《航海家郑和》，云南人民出版社 2016 年版。

46. 温功义：《明代宦官》，紫禁城出版社 2011 年版。

47. 胡丹：《明代宦官史料长编》，凤凰出版社 2014 年版。

48. 胡丹：《大明那些九千岁·壹·大太监是怎样炼成的》，太白文艺出版社 2016 年版。

49. 胡丹：《大明那些九千岁·贰·大太监斗法》，太白文艺出版社 2016 年版。

50. 胡丹：《大明后宫有战事》，太白文艺出版社 2015 年版。

51. （日）寺尾善雄：《宦官史话》，商务印书馆 2011 年版。

52. 杜婉言：《佞幸：中国宦官与中国政治》，人民东方出版传媒有限公司 2017 年版。

53. 杜婉言：《明朝宦官研究及其他》，中国社会科学出版社 2017 年版。

54. 王春瑜、杜婉言：《明朝宦官》，商务印书馆 2016 年版。

55. 齐畅：《宫内、朝廷与边疆：社会史视野下的明代宦官研究》，中国社会科学出版社 2014 年版。

56. 杜婉言：《中国古代宦官小史》，中国长安出版社 2015 年版。

57. 王春瑜、杜婉言：《明朝宦官史料》，商务印书馆 2016 年版。

58. 高志忠：《明代宦官文学与宫廷文艺》，商务印书馆 2012 年版。

59. 王玉德：《第三性世界：中国太监考》，东方出版社 2012 年版。

60. 张云风：《中华宦官故事》，四川人民出版社有限公司 2012 年版。

61. 卫建林：《明代宦官政治》，花山文艺出版社 1998 年版。

62. 余继林：《深居皇宫的神秘人群：趣话中国太监》，河南人民出版社 2010 年版。

63. 蔡石山：《明代宦官》，联经出版事业股份有限公司 2011 年版。

64. 毛佩琦：《永乐皇帝大传》，辽宁教育出版社 1994 年版。

65. 赵中南：《宣德皇帝大传》，辽宁教育出版社 1994 年版。

66. 赵毅、罗冬阳：《正统皇帝大传》，辽宁教育出版社 1994 年版。

67. 方志远：《成化皇帝大传》，辽宁教育出版社 1994 年版。

68. 郭厚安：《弘治皇帝大传》，辽宁教育出版社 1994 年版。

69. 李洵：《正德皇帝大传》，辽宁教育出版社 1994 年版。

70. 林延清：《嘉靖皇帝大传》，辽宁教育出版社 1994 年版。

71. 曹国庆：《万历皇帝大传》，辽宁教育出版社 1994 年版。

72. 林金树、高寿仙：《天启皇帝大传》，辽宁教育出版社 1994 年版。

73. 张德信、谭天星：《崇祯皇帝大传》，辽宁教育出版社 1994 年版。

74. 张德信：《明朝典制》，吉林文史出版社 1996 年版。

75. 徐凯：《明帝列传·泰昌帝天启帝》，吉林文史出版社 1996 年版。

76. 苗棣：《明帝列传·崇祯帝》，吉林文史出版社 1996 年版。

77. 张玉兴：《明帝列传·南明诸帝》，吉林文史出版社 1996 年版。

78. 苗棣：《魏忠贤专权研究》，中国社会科学出版社 1994 年版。

79. 韩大成、杨欣：《魏忠贤传》，人民出版社 1997 年版。

80. 徐文钦：《鬼才魏忠贤》，贵州人民出版社 2011 年版。

81. 清秋子：《魏忠贤：八千女鬼乱明朝》，陕西师范大学出版社 2007 年版。

82. 王兴亚、王宗虞：《宦官传》，河南人民出版社 1993 年版。

83. 冷东：《世界宦官丛谈》，辽宁教育出版社 1993 年版。

84. 信修明：《太监谈往录》，紫禁城出版社 2010 年版。

85. 王川：《市舶太监与南海贸易：广州口岸史研究》，人民出版社 2010 年版。

86. 彭勇、潘岳：《明代宫廷女性史》，故宫出版社 2015 年版。

87. 赵中男：《明代宫廷政治史》，故宫出版社 2015 年版。

88. 赵中男：《明代宫廷典制史》，紫禁城出版社 2010 年版。

89. 李建武：《明代镇守内官研究》，天津古籍出版社 2016 年版。

90. 谢贵安、谢盛：《明代宫廷教育史》，故宫出版社 2015 年版。

91. 方志远：《明代国家权力结构及运行机制》，科学出版社 2008 年版。

92. 方志远：《千古一人王阳明》，江西人民出版社 2017 年版。

93. 樊树志：《万历皇帝传》，凤凰出版社 2010 年版。

94. 晁中辰：《崇祯帝大传》，中华书局 2016 年版。

95. 陈梧桐：《朱元璋：从乞丐到皇帝》，江西人民出版社 2017 年版。

96. 钱海岳：《南明史》，中华书局 2016 年版。

97. 李晓鹏：《从黄河文明到"一带一路"（第 1 卷）》，中国发展出版社 2015 年版。

98. 李晓鹏：《从黄河文明到"一带一路"（第 2 卷）》，中国发展出版社 2016 年版。

99. 杜车别：《大明王朝是被谁干掉的（增补本）》，世界知识出版社 2017 年版。

100. 郦波：《千古名相：郦波评说张居正》，中国工人出版社 2016 年版。

101. 刘志琴：《张居正评传》，南京大学出版社 2006 年版。

102. 范金民、杨国庆、万朝林：《南京通史（明代卷）》，南京出版社 2012 年版。

103. 王毓铨：《明代的军屯》，中国出版集团、中华书局 2009 年版。

104. 薄音湖、王雄：《明代蒙古汉籍史料汇编（第 1 辑）》，内蒙古大学出版社 2009 年版。

105. 洪早清：《明代阁臣群体研究》，华中师范大学出版社 2012 年版。

106. 商传：《明朝文化概论》，南京出版社有限公司 2016 年版。

107. 南炳文、汤纲：《明史》，上海人民出版社 2014 年版。

108. 撷芳主人：《大明衣冠图志》，北京大学出版社 2016 年版。

109. 草色风烟：《锦衣卫》，台海出版社 2017 年版。

110. 李金海：《东厂》，台海出版社 2017 年版。

111. 马渭源：《大明帝国：成化帝卷》，东南大学出版社 2017 年版。

112. 傅小凡：《大明疑案 1》，电子工业出版社 2015 年版。

113. 傅小凡：《大明疑案 2》，电子工业出版社 2016 年版。

114. 鲁东观察使：《1514：发现大明》，北京时代华文书局、时代出版传媒股份有限公司 2016 年版。

115. 张显清、林金树：《明代政治史》，广西师范大学出版社 2003 年版。

116. 包诗卿：《翰林与明代政治》，上海古籍出版社 2015 年版。

117. 关文发、颜广文：《明代政治制度研究》，中国社会科学出版社 1995 年版。

118. 周明初：《晚明士人心态及文学个案》，东方出版社 1997 年版。

119. 指文烽火工作室：《明帝国边防史：从土木堡之变到大凌河血战》，吉林文史出版社 2015 年版。

120．南炳文、吴彦玲辑：《辑校万历起居注》，天津古籍出版社 2010 年版。

121．南炳文校：《校正泰昌天启起居注》，天津古籍出版社 2012 年版。

122．顾蓉、葛金芳：《雾横帷墙——古代宦官群体的文化考察》，陕西人民出版社 1992 年版。

123．陈宝良：《明代社会生活史》，中国社会科学出版社 2004 年版。

124．杨林：《篡明：朱棣和他的大明皇朝》，中信出版社 2011 年版。

125．宗承灏：《大明朝（1368—1644）：从洪武到崇祯的权力变局》，北京联合出版有限公司 2017 年版。

126．覃仕勇：《是谁在抹黑明朝？》，秀威出版社 2017 年版。

127．何孝荣：《明代北京佛教寺院修建研究》，南开大学出版社 2007 年版。

128．何孝荣：《明朝宗教》，南京出版社 2013 年版。

129．章宪法：《明朝大败局》，江苏文艺出版社 2016 年版。

130．林延清：《明朝后妃与政局演变》，人民出版社 2014 年版。

131．韦庆远：《暮日耀光：张居正与明代中后期政局》，江苏凤凰文艺出版社 2017 年版。

132．赵世明：《高拱与隆庆政治》，西南交通大学出版社 2014 年版。

133．赵中男：《明朝的拐点：永乐皇帝和他的子孙》，中华书局 2015 年版。

134．阮景东：《帝国的启蒙：明朝的历史裂变》，线装书局 2014 年版。

135．毛佩琦：《中国社会通史·明代卷》，山西教育出版社 1996 年版。

136．李宝臣：《北京城市发展史·明代卷》，北京燕山出版社 2008 年版。

137．杜婉言：《中国政治制度通史·明代卷》，人民出版社 1996 年版。

138．李治亭、林乾：《明代皇帝秘史》，山西人民出版社 1998 年版。

139．马良怀：《士人 皇帝 宦官》，岳麓书社 2003 年版。

140．余华清：《中国宦官制度史》，上海人民出版社 2006 年版。

141．冷冬：《被阉割的守护神——宦官与中国政治》，吉林教育出版社 1990 年版。

142．王守栋：《唐代宦官政治》，中国社会科学出版社 2009 年版。

143．王寿南：《唐代的宦官》，商务印书馆 2004 年版。

144．朱长祚：《玉镜新谭》，中华书局 1997 年版。

145．梁绍杰辑：《明代宦官碑传录》，香港大学中文系 1997 年版。

146. 中国文物研究所、北京石刻艺术博物馆编：《新中国出土墓志·北京》，文物出版社 2003 年版。

147. 《北京石景山区历代碑志选》，同心出版社 2003 年版。

148. 北京市文物研究所编：《北京工商大学明代太监墓》，知识产权出版社 2005 年版。

149. 黄宗羲：《明夷待访录》，中华书局 2011 年版。

150. 淳于南：《明朝正德年间的囧人囧事（第一部）》，湖南美术出版社 2010 年版。

151. 淳于南：《明朝正德年间的囧人囧事（第二部）》，现在出版社 2012 年版。

152. 王天有：《明朝十六帝》，紫禁城出版社 2010 年版。

153. 王天有：《明代国家机构研究》，故宫出版社 2014 年版。

154. 十年砍柴：《皇帝·文臣和太监：明朝政治局的"三角恋"》，广西人民出版社 2007 年版。

155. 永志强：《明朝首辅的为官智慧》，群言出版社 2010 年版。

# 后 记

目前市面上描写明朝宦官政治的书不多，而普通读者了解明朝宦官的渠道主要是一些影视剧，这些影视剧中的明朝宦官形象多是贪婪猥琐，残忍凶狠。但是这不是历史的真相。

其实，笔者写这本书目的很简单，就是帮助人们澄清长期以来对于宦官的误读，尤其是对明代宦官的误读。

明朝的宦官们留给世人的印象都是阴险狡诈，权势滔天。不过有意思的是，只要皇帝一声令下，再威风的宦官也会化为齑粉。如"立皇帝"刘瑾、"九千九百岁"魏忠贤。

明朝的宦官并不是脸谱化的存在，他们也是人，有着普通人的情感悲欢。在政治舞台上，他们与大明朝的文武官员一样，有功有过。

希望这本书能帮助读者诸君打开一扇重新认识宦官、重新认识明朝政治的"大门"。

写作过程中，得到各位历史学者的指导和支持，在此恕不能一一列举。

向所有给予我帮助和支持的人，表示最真挚的谢意。

希望这本书是一个新的开始，如果读者喜欢看，我还会继续努力，争取创作更多的作品。

郑云鹏

2023 年 8 月